Transformationen literarischer Kommunikation

spectrum Literaturwissenschaft/ spectrum Literature

Komparatistische Studien/Comparative Studies

Herausgegeben von/Edited by
Moritz Baßler, Werner Frick,
Monika Schmitz-Emans

Band 58

Transformationen literarischer Kommunikation

Kritik, Emotionalisierung und Medien
vom 18. Jahrhundert bis heute

Herausgegeben von
Jörg Schuster, André Schwarz und Jan Süselbeck

DE GRUYTER

ISBN 978-3-11-054143-4
e-ISBN (PDF) 978-3-11-054320-9
e-ISBN (EPUB) 978-3-11-054172-4
ISSN 1860-210X

Library of Congress Cataloging-in-Publication Data
A CIP catalog record for this book has been applied for at the Library of Congress.

Bibliografische Information der Deutschen Nationalbibliothek
Die Deutsche Nationalbibliothek verzeichnet diese Publikation in der Deutschen
Nationalbibliografie; detaillierte bibliografische Daten sind im Internet über
http://dnb.dnb.de abrufbar.

© 2017 Walter de Gruyter GmbH, Berlin/Boston
Druck und Bindung: CPI books GmbH, Leck
♾ Gedruckt auf säurefreiem Papier
Printed in Germany

www.degruyter.com

Thomas Anz zum 65. Geburtstag

Inhalt

Jörg Schuster, Jan Süselbeck

Transformationen literarischer Kommunikation

Kritik, Emotionalisierung und Medien vom 18. Jahrhundert bis heute – Einleitung

> Die Kommunikation der Kunstwerke mit dem Auswendigen jedoch, mit der Welt, vor der sie selig oder unselig sich verschließen, geschieht durch Nicht-Kommunikation; darin eben erweisen sie sich als gebrochen.[1]

1 Was ist literarische Kommunikation? Literaturtheoretische und literaturhistorische Spannungsfelder

Die Transformationen, die das digitale Zeitalter für die Literatur mit sich bringt, sind umfassend und radikal. Allerdings vollzogen sie sich auf eine andere Weise als die literaturwissenschaftliche Zunft es vor grob 20 Jahren prophezeit hatte. Erwartet wurde damals eine neue, elektronische Literatur, die unter den veränderten medialen Bedingungen die Avantgardekultur des frühen 20. Jahrhunderts fortführen würde. Das Zauberwort hieß ‚Hypertext‘, die komplexe Verlinkung eines Textes schien ein produktives Spielfeld für erzähltechnische Experimente zu bieten.[2] Dass der Leser[3] zugleich auch Produzent des Textes ist, galt nicht mehr nur als theoretische Prämisse, vielmehr führte die Möglichkeit, eigenständig Textsequenzen miteinander zu verknüpfen, zu tatsächlicher Interaktion. Nur vordergründig schien dadurch die Autorität des Autors, dessen Tod die poststrukturalistische Literaturtheorie bereits lange zuvor proklamiert hatte, unterminiert, tatsächlich wurde die Kontrolle des Autors über den Text noch verstärkt, indem er sie, gut kalkuliert (sprich: programmiert), an den Leser abtrat.

---

1 Theodor W. Adorno, Ästhetische Theorie, Frankfurt a. M. 1970, S. 15.
2 Vgl. Hyperkultur. Zur Fiktion des Computerzeitalters, hg. von Martin Klepper u. a., Berlin und New York 1996; Roberto Simanowski, Interfictions. Vom Schreiben im Netz, Frankfurt a. M. 2002.
3 Bei der Verwendung des generischen Maskulinums ist im Folgenden die weibliche Form stets mitgemeint.

DOI 10.1515/9783110543209-001

Die maßgeblichen literaturgeschichtlichen Entwicklungen verliefen zu Beginn des neuen Jahrtausends dann jedoch in einer anderen Richtung. Statt zu einer entscheidende Impulse setzenden elektronischen Avantgarde kam es zu radikalen Veränderungen im kommerziellen Vertrieb von ‚traditioneller‘ Literatur und: zur massenhaften Kommunikation mittels oder über Literatur, die in den sozialen Medien geführt wird. So erfährt etwa die professionelle Literaturkritik zunehmend Konkurrenz durch eine unermessliche Anzahl an Rezensionen, die Hobby-Leser im Netz veröffentlichen, und sei es in der Schwundstufe der Kundenbewertung, wie sie etwa vom Internetgroßhändler Amazon zu Werbezwecken massenhaft ins Netz gestellt werden. Mehr oder weniger fundierte subjektive Geschmacksurteile, die zuvor meist im rein privaten Austausch über Literatur erfolgten, sind durch die neuen Publikationsmöglichkeiten nun öffentlich zugänglich.

Bei allen qualitativen Vorbehalten gilt es dabei – mit Thomas Anz – festzuhalten, dass die Literaturkritik im Netz jene „dialogischen und populären Traditionen“[4] fortführt, die sie seit ihrem Beginn in der Epoche der Aufklärung besaß. Das Internet hat auf diese Weise der Literaturkritik neue Akteure und Adressatengruppen zugeführt sowie neue Gegenstandsbereiche bis hin zur Trivial- und Ratgeberliteratur erschlossen. Ein weiterer wichtiger Punkt ist darin zu sehen, dass Rezensionen zu beinahe jedem Buch im Netz, jedenfalls mittelfristig, verfügbar und suchbar sind. Das Internet fungiert somit als umfassendes Archiv, in dem Rezensionen „dauerhaft und leicht zugänglich bleiben“.[5] Man kann die Masse und Ubiquität der – oft dilettantischen – Literaturkritik im Netz also anprangern; vor allem aber kann man sie aufgrund ihrer einfachen Verfügbarkeit im digitalen Speichermedium analysieren – und darin besteht ein entscheidender Vorteil für den Literaturwissenschaftler. Noch nie ließen sich wohl Prozesse literarischer Kommunikation so flächendeckend und leicht untersuchen wie heute. Das gilt mutatis mutandis nicht nur für die Literaturkritik, sondern für vielfältige andere Formen literarischer Kommunikation im Internet – vom Literaturblog über ‚Mitmach‘-Literaturplattformen bis hin zur Fanfiction.[6]

---

4 Thomas Anz, Kontinuitäten und Veränderungen der Literaturkritik in Zeiten des Internets. In: literaturkritik.de Nr. 12, Dezember 2010; http://www.literaturkritik.de/public/rezension. php?rez_id=15120; letzter Aufruf 25.4.2016; vgl. Stefan Neuhaus, Vom Anfang und Ende der Literaturkritik. Das literarische Feld zwischen Autonomie und Kommerz. In: literaturkritik.de Nr. 2, Februar 2015; http://www.literaturkritik.de/public/rezension.php?rez_id=20276; letzter Aufruf 25.4.2016.
5 Anz, Kontinuitäten und Veränderungen.
6 Vgl. Literatur und Internet, hg. von Jörg Schuster, in: literaturkritik.de Nr. 4, April 2013; http:// www.literaturkritik.de/public/inhalt.php?ausgabe=201304; Jörg Schuster, Vom Experiment zur

Was aber ist eigentlich ‚literarische Kommunikation' genau, die aufgrund der gegenwärtigen medialen Revolution ins Blickfeld rückt oder, vor dem Hintergrund einer auf der ständigen Relektüre einiger hundert kanonisierter Werke beharrenden Literaturwissenschaft, vielleicht genauer: rücken sollte? Zweifellos handelt es sich um einen sehr umfassenden Begriff, den man beinahe synonym oder metonymisch zu ‚Literatur' verwenden könnte, denn offensichtlich meinen wir doch meist Prozesse, Akte oder Ergebnisse literarischer Kommunikation, wenn wir von ‚Literatur' sprechen. Ohne Text, ohne Autor, ohne Leser – die basalen Instanzen der Kommunikation – gäbe es jedenfalls keine Literatur. Diese Einsicht ist trivial und zugleich höchst komplex – so sehr, dass der Literaturtheoretiker zumeist nicht den Prozess literarischer Kommunikation in seiner Gesamtheit betrachtet, sondern Einzelaspekte wie das Medium (also den Text in seiner Materialität und Struktur, aber auch in seiner Beziehung zu anderen Medien), die Bedingungen seiner Entstehung, seiner Veröffentlichung und Verbreitung (einschließlich Institutionen wie Verlagen, Zeitschriften und Zensur) oder die Möglichkeit seines Verstehens – und was dergleichen text- und medientheoretische, diskursanalytische, produktions- oder rezeptionsästhetische Fragen mehr sind. Je nach literaturwissenschaftlicher Methode werden die Schwerpunkte unterschiedlich gesetzt.

Sehr holzschnittartig skizziert, versucht etwa die traditionelle Methode der Hermeneutik die schriftlich vermittelte, weitgehend einseitige und unpersönliche Massenkommunikation, die seit einigen Jahrhunderten den ‚Normalfall' literarischer Kommunikation darstellt, am Ideal des Gesprächs auszurichten.[7] Das Ziel ist es gewissermaßen, die Subjekte des Autors und des Lesers einander anzunähern – etwa indem man versucht, die Situation, den Kontext der Entstehung eines Werks zu rekonstruieren. Das Medium ‚Schrift' bzw. Text erscheint – überspitzt formuliert – als Hindernis, das es zu überwinden, aufzulösen gilt, um den vom Autor gemeinten Sinn zu erfassen. Demgegenüber vernachlässigen strukturalistische und poststrukturalistische Theorien – von Roman Jakobson bis zu Julia Kristeva und Paul de Man – die Instanzen des Autors und des Lesers und konzentrieren sich auf das Medium der Literatur, auf Texte in ihrer spezifischen Machart, ihrer Selbstreflexivität und ihrem Bezug auf eine potentiell unbe-

---

Massenkommunikation. Perspektiven der Netzliteratur in Forschung und Studium. In: Netzliteratur im Archiv, hg. von Jutta Bendt, Göttingen 2016, S. 93–106; Peer Trilcke, Ideen zu einer Literatursoziologie des Internets. Mit einer Blogotop-Analyse, in: Textpraxis 7 (2.2013); http://www.uni-muenster.de/Textpraxis/peer-trilcke-literatursoziologie-des-internets; letzter Aufruf 25.4.2016

7 Vgl. Hans-Georg Gadamer, Wahrheit und Methode. Grundzüge einer philosophischen Hermeneutik, Tübingen 1965, S. 365.

grenzte Zahl anderer Texte. Bei Roland Barthes stellt der literarische Text sogar den Gegenpol zum Bereich des Kommunikativ-Sozialen dar: „Der Text ist niemals ein ‚Dialog' [...]; innerhalb der – gängigen – menschlichen Beziehung bildet er eine Art winziger Insel, manifestiert er die asoziale Natur der Lust (nur die Freizeitbeschäftigung ist sozial)."[8] Theoretische Modelle für die Interaktion zwischen Autor und Leser im Hinblick auf die spezifische literaturhistorische Beschaffenheit literarischer Texte bieten hingegen die von Wolfgang Iser und Hans Robert Jauß seit den 1960er Jahren entwickelten Konzepte der Rezeptionsästhetik, die einerseits einen impliziten Leser aus dem Text ableiten, andererseits den ‚Erwartungshorizont' eines idealtypischen zeitgenössischen Publikums konstruieren, um anhand der relativen Abweichung von ihm das Maß an literaturgeschichtlicher Innovation abzulesen, das einen konkreten Text auszeichnet. In einem solchen Modell von Kommunikationsprozessen wird auch das Publikum zur produktiven Instanz: „Im Dreieck von Autor, Werk und Publikum ist das letztere nicht nur der passive Teil, keine Kette bloßer Reaktionen, sondern selbst wieder eine geschichtsbildende Energie. [...] Die Geschichtlichkeit der Literatur wie ihr kommunikativer Charakter setzen ein dialogisches und zugleich prozeßhaftes Verhältnis von Werk, Publikum und neuem Werk voraus."[9]

Jenseits der Antinomie von Hermeneutik und (Post-)Strukturalismus wurde vor einiger Zeit das Interesse wieder auf die Instanz des Autors gelenkt, indem im Rahmen der Analyse von Autorschaftskonzepten nicht substantialistisch nach dem Subjekt des Autors, sondern – mediale Vermitteltheit und Gemachtheit voraussetzend – nach seinen Inszenierungsformen und -praktiken gefragt wird, die fraglos große Bedeutung für die real existierende literarische Kommunikation besitzen.[10] Zu berücksichtigen gilt es auch die unterschiedlichen Formen symbolischen Kapitals, die nach Pierre Bourdieu mit der Produktion oder Lektüre bestimmter Texte verbunden sind.[11] Als produktiv erwies sich ferner die Frage nach der Materialität der Kommunikation sowie nach praxeologisch-performa-

---

8 Roland Barthes, Die Lust am Text, Frankfurt a. M. [13]2015, S. 24.

9 Hans Robert Jauß, Literaturgeschichte als Provokation der Literaturwissenschaft. In: Ders., Literaturgeschichte als Provokation, Frankfurt a. M. 1970, S. 144–207, hier S. 169.

10 Vgl. Rückkehr des Autors. Zur Erneuerung eines umstrittenen Begriffs, hg. von Fotis Jannidis u. a., Tübingen 1999; Autorschaft. Positionen und Revisionen, hg. von Heinrich Detering, Stuttgart, Weimar 2002; Autorinszenierungen. Autorschaft und literarisches Werk im Kontext der Medien, hg. von Christine Künzel, Jörg Schönert, Würzburg 2007; Schriftstellerische Inszenierungspraktiken. Typologie und Geschichte, hg. von Christoph Jürgensen, Gerhard Kaiser, Heidelberg 2011.

11 Vgl. Das symbolische Kapital der Lebensstile. Zur Kulturphilosophie der Moderne nach Pierre Bourdieu, hg. von Gerhard Fröhlich, Ingo Mörth. Frankfurt a. M. und New York 1994.

tiven Aspekten, also nach konkreten Akten der Produktion und Rezeption von Texten, nach (Schreib-)Geräten und Schriften sowie nach Ritualen und Inszenierungen von Schreib- oder Leseprozessen in ihrer Technologie und Körperlichkeit.[12]

Von zentraler Bedeutung ist schließlich – neben den theoretischen Modellen der Rezeptionsästhetik – der Strang der empirisch und sozialgeschichtlich vorgehenden Forschung. Dass gerade in diesem Zusammenhang mit besonderer Vorliebe der Begriff ‚literarische Kommunikation' fällt, ist bezeichnend – auch im Hinblick auf die bereits erwähnte Reduktion von Prozessen der Kommunikation auf ihre einzelnen Aspekte. So zielt Jost Schneiders Verwendung des Begriffs ‚literarische Kommunikation' auf die *Sozialgeschichte des Lesens* – so der Titel seiner ambitionierten, 2000 Jahre Literaturgeschichte abdeckenden Monographie. Es geht Schneider dabei nicht um die genaue Analyse einzelner kommunikativer Prozesse, vielmehr dient die Berufung auf die ‚Kommunikation' hier dem Zweck, jenseits der nur einen Bruchteil der literarischen Produktion darstellenden literaturgeschichtlich kanonisierten Werke nach denjenigen Büchern zu fragen, die, unabhängig von ihrem ästhetischen oder innovativen Wert, wirklich gelesen wurden – allerdings geschieht dies um den Preis einer abstrahierenden ‚schichtenspezifischen' Typisierung des Publikums, die sich „nicht an der Fülle des überlieferten Materials orientieren kann".[13] Das Schlagwort ‚literarische Kommunikation' und die Argumentation vom Leser her führen zu einer alternativen Literaturgeschichte jenseits des Höhenkamms, da elitär-selektive Literaturgeschichten, wie Schneider zu Recht feststellt, „an den Realitäten der literarischen Kommunikation vorbeigehen".[14]

An die Tradition der empirisch-sozialgeschichtlichen Literaturwissenschaft knüpfen auch die Überlegungen an, die jüngst Katja Mellmann angestellt hat. Hier geht es nicht um Lesemarktforschung, sondern, unter Berufung auf Niklas Luhmann, um „die konkret-empirische, d. h. quellenbasierte Arbeit an der

---

12 Vgl. Materialität der Kommunikation, hg. von Hans Ulrich Gumbrecht, K. Ludwig Pfeiffer, Frankfurt a. M. 1988; Schreiben als Kulturtechnik. Grundlagentexte, hg. von Sandro Zanetti, Berlin 2012; „Mir ekelt vor diesem tintenklecksenden Säkulum". Schreibszenen im Zeitalter der Manuskripte, hg. von Martin Stingelin, München 2004; „SCHREIBKUGEL IST EIN DING GLEICH MIR: VON EISEN". Schreibszenen im Zeitalter der Typoskripte, hg. von Davide Giuriato u. a., München 2005; „System ohne General". Schreibszenen im digitalen Zeitalter, hg. von Davide Giuriato u. a., München 2006; Schreibszenen. Kulturpraxis – Poetologie – Theatralität, hg. von Christine Lubkoll, Claudia Öhlschläger, Freiburg i. Br. 2015.
13 Jost Schneider, Sozialgeschichte des Lesens. Zur historischen Entwicklung und sozialen Differenzierung der literarischen Kommunikation in Deutschland, Berlin und New York 2004, S. 15.
14 Schneider, Sozialgeschichte, S. 8.

Rekonstruktion tatsächlich erfolgter *Kommunikationsakte und ihrer kommunika-tionsgeschichtlichen Bedingungen.*"[15] Damit ist das Problem in seiner gesamten Komplexität skizziert. Die Frage ist nur, welche konkreten Kommunikationsakte man auf welche Weise in den Blick nimmt. Von zentraler Bedeutung ist für Mell-mann die Unterscheidung zwischen Objekt- und Metasprache; so sei zwar etwa eine „erzählte Geschichte [...] Kommunikation, aber entscheidend ist, dass auf diese narrative Kommunikation metasprachlich referiert werden kann, sie also nicht nur selbst Kommunikation, sondern zudem potentieller Redegegenstand ist."[16] Das Interesse gilt also der Metaebene, das Medium, der literarische Text, gerät nicht selbst, sondern nur vermittelt in den Blick, sofern er zum Gegenstand von Kommunikation geworden ist, die ihrerseits in irgendeiner Weise überliefert, also archiviert sein muss.

Daraus resultieren zwei Probleme. Erstens stellt sich die Frage nach dem Korpus, das analysiert wird: Wie viele Zeugnisse historischer metasprachlicher Kommunikation liegen – etwa zu einem bestimmten Werk – vor und von wem stammen sie? Ist die Datenmenge wirklich belastbar genug, um aus ihr gültige Aussagen ableiten zu können? Die zweite Schwierigkeit ist darin zu sehen, dass der literarische Text, der doch Ausgangspunkt der analysierten Kommunikation ist, selbst nicht in den Blick gerät; er interessiert vielmehr nur „insofern (und in der Art und Weise, wie) er durch die literarische Kommunikation einer Zeit ‚benutzt' und zur sozialen Sinngenerierung eingesetzt wird."[17]

Paradoxerweise klafft also – anders als etwa im theoretischen Rezeptions-modell von Jauß – ein Spalt zwischen der analysierten Kommunikation über einen literarischen Text und dem Text selbst, der doch zentrales Medium und Knotenpunkt der Kommunikation ist. Wir erfahren etwas über Prozesse litera-rischer Meta-Kommunikation, vernachlässigen aber darüber ihren Gegenstand. Abermals handelt es sich hier um eine Form jener Reduktion, die offensichtlich immer vorgenommen wird, wenn von ‚literarischer Kommunikation' die Rede ist. So sinnvoll aus heuristischen Gründen die methodologische Konzentration auf

---

15 Katja Mellmann, Kontext ‚Gesellschaft'. Literarische Kommunikation – Semantik – Struktur-geschichte. In: Journal of Literary Theory 8.1 (2014), S. 87–117, hier S. 95; vgl. auch die Modellstu-die von Katja Mellmann, „Detoured Reading": Understanding Literature through the Eyes of Its Contemporaries (A Case Study on Anti-Semitism in Gustav Freytag's *Soll und Haben*). In: Distant Readings. Topologies of German Culture in the Long Nineteenth Century, hg. von Matt Erlin, Lynne Tatlock, Rochester 2014, S. 301–331.
16 Mellmann, Kontext ‚Gesellschaft', S. 99.
17 Katja Mellmann, Marcus Willand, Historische Rezeptionsanalyse. Zur Empirisierung von Textbedeutungen. In: Empirie in der Literaturwissenschaft, hg. von Philip Ajouri u. a., Münster 2013, S. 263–281, hier S. 265.

bestimmte Fragestellungen ist, so frappierend ist die Spannung zwischen der Weite des Begriffs ‚literarische Kommunikation‘ und den implizit oder explizit vorgenommenen Reduktionen. Eine zentrale Frage ist jedenfalls – in Anknüpfung an ältere rezeptionsästhetische Positionen wie an neuere Konzepte des New Historicism oder der Kulturpoetik –,[18] wie es zu Synergieeffekten zwischen den unterschiedlichen, hier skizzierten methodologischen Ansätzen kommen könnte – jenen, die Kommunikation *über* Literatur analysieren, und solchen, die das Medium, den die Metakommunikation erst auslösenden literarischen Text in seiner spezifischen Gemachtheit, ins Zentrum stellen.

Die Chancen, aber auch die Probleme, die eine Analyse literarischer Kommunikation in ihrer gesamten Komplexität mit sich bringt, können im Blick auf die gegenwärtige Situation des literarischen Felds noch einmal verdeutlicht werden. Angesichts von Massenphänomenen im Netz wie Kundenrezension, Literaturblog, Literaturplattform oder Fanfiction kann man gewiss nicht über eine zu geringe auswertbare Datenmenge klagen. Als Hindernis wirkt eher die traditionelle Berührungsangst der Höhenkamm-Literaturwissenschaft gegenüber solchen populären Phänomenen. Zu beobachten bleibt aber insbesondere, inwiefern das neue Medium die Beziehung zwischen Autor und Leser verändert und welche Folgen das für die literarische Kommunikation, die Literatur und die literaturwissenschaftliche Methodologie haben wird. Keineswegs nämlich hat der immense Technisierungsprozess, mit dem wir im digitalen Zeitalter konfrontiert sind, zu einer größeren Distanz oder Entfremdung zwischen Leser und Autor geführt, wie es vielleicht zu erwarten gewesen wäre. Zu beobachten ist im Gegenteil ein Effekt der Nähe, der durch die Kommunikation im Netz entsteht. Wie alle Personen des öffentlichen Lebens haben auch Autorinnen und Autoren zum einen die Möglichkeit, über ihre Homepages oder Facebook-Auftritte das von ihnen gewünschte Maß an Intimität herzustellen. Fast noch wichtiger scheint zum anderen die – etwa im Fall von Blogs schon fast selbstverständliche – Möglichkeit, mit dem Autor in eine Diskussion über den von ihm veröffentlichten Text einzutreten. Literarische Kommunikation erscheint unter diesen Vorzeichen nicht mehr schlicht als weitgehend einseitige, also rückkopplungsarme und anonyme Massenkommunikation.[19] Die leicht zu bewerkstelligende Anschlusskommunikation eliminiert im Grunde jenes Problem, das allererst das hermeneutische Vorgehen der Literatur gegenüber begründete: die Unmöglichkeit, wie in

---

18 Vgl. Moritz Baßler, Die kulturpoetische Funktion und das Archiv. Eine literaturwissenschaftliche Text-Kontext-Theorie, Tübingen 2005.
19 Vgl. hierzu grundlegend Christiane Heibach, Literatur im elektronischen Raum, Frankfurt a. M. 2003, insbesondere S. 55 ff.

der face-to-face-Kommunikation nachfragen zu können, was der Autor denn nun ‚gemeint' habe. Nur dürfte das die Probleme des Verstehens literarischer Texte kaum lösen.

Das kann leicht an einem literaturhistorischen Extrembeispiel verdeutlicht werden: Der hermetischen Lyrik etwa eines Georg Trakl oder Paul Celan gegenüber wäre die Nachfrage, was der Autor denn eigentlich mit ihr gemeint habe, inadäquat. Eine vermeintlich ‚erfolgreiche' Nachfrage würde den Text seines spezifischen Charakters, seiner Rätselhaftigkeit, berauben; im wahrscheinlicheren Fall eines Misserfolgs, also einer Antwort, die die Unverständlichkeit des Texts noch steigern würde statt sie zu beseitigen, hätte man sich die Nachfrage wiederum sparen können. Der Text ist das eine, die von ihm ausgelöste Meta- oder Anschlusskommunikation das andere. Deshalb sollte keiner dieser Aspekte vernachlässigt werden. Im Hinblick auf die gegenwärtige Situation bleibt wohl schlicht abzuwarten, welche neuen Formen der Literatur und der literarischen Kommunikation, welche Spielarten der Öffnung und Nähe oder des Sich-Verschließens und Sich-Entziehens die gegenwärtige soziale Kommunikation, das pausenlose Updaten, Downloaden, Posten, Twittern, Liken und Sharen, hervorbringen wird. Vielleicht lohnt es sich gerade deshalb, literarische Kommunikation in ihrer gesamten Komplexität, das heißt im Hinblick auf alle für sie relevanten Instanzen, den Autor (bzw. die Kontexte und Bedingungen der Entstehung und Veröffentlichung eines Texts), das Medium ‚Text' und den Leser zu beobachten.

Dass eine Komplexitätsreduktion notwendig und sinnvoll ist, um zu praktikablen Untersuchungsergebnissen zu kommen, steht dabei außer Frage. Der Anspruch sollte es folglich nicht sein, ‚die' literarische Kommunikation zu beschreiben. Wichtig erscheint jedoch, das methodologische Spannungsfeld nicht aus dem Blick zu verlieren, in dem wir uns befinden: Mit einiger Berechtigung wird literarischen Texten aufgrund ihrer artifiziellen Struktur und ihrer Selbstbezüglichkeit häufig ein monologischer Charakter attestiert – zu ihren Effekten gehört es gerade, dass der Autor wie der Leser ‚für sich', auf sich selbst verwiesen ist; gerade dieser Effekt ist jedoch wiederum Teil komplexer kommunikativer Prozesse, die es zu analysieren gilt – wie umgekehrt die Untersuchung literarischer Kommunikation inadäquat erscheint, sofern sie die spezifische Qualität, die formale Komplexität des Mediums, des literarischen Texts außen vor lässt. Es handelt sich um eine Form der Kommunikation, die – gemessen an Kriterien wie Pragmatik und Effizienz – in einem solchen Maß als ‚gestört' erscheint, dass man darüber vergessen könnte, dass überhaupt kommuniziert wird. Genau das macht ihre Untersuchung so interessant. Adäquat erscheinen ob der Komplexität des Gegenstands Fallstudien, die möglichst genau einzelne Aspekte in den Blick nehmen. Im Fall des vorliegenden Bands sind das – in mannigfaltigen Variationen und teilweise gerade unter Hinwendung zu Extremfällen wie Anti-

semitismus und Krieg – die Phänomene Literaturkritik, Wertung und Emotionalisierung, aber eben auch die Medien der literarischen Kommunikation. Diese
Aspekte entsprechen – cum grano salis – den Forschungsschwerpunkten des
Jubilars Thomas Anz, dem der Band gewidmet ist. Wie wenige andere hat Anz
stets gezeigt und zeigt er noch, was Kommunikation in Sachen Literatur bedeutet.

2 Literaturkritik und Wertung als Generatoren lite- rarischer Kommunikation

Eines der wichtigsten Felder der literarischen Kommunikation, das in dem vorliegenden Band behandelt wird, ist die Literaturkritik. Sie hat eine zentrale Sortier-,
Auswahl- und *Gatekeeper*-Funktion im Literaturbetrieb, und gleichzeitig ist sie ein
wichtiger Faktor für das kulturelle Diskursklima in einer demokratischen Gesellschaft. Die Literaturkritik ist damit eine der „wichtigsten Vermittlungsinstanzen
zwischen Texten und Lesern, an die die Erwartung geknüpft wird, lobende, war-
nende oder neutrale Informationen zu literarischen Texten zu liefern", stellen
Heinrich Kaulen und Christina Gansel in ihrem Sammelband *Literaturkritik heute*
fest. „Sie ist eine Institution der literarischen Öffentlichkeit, die individuelle und
kollektive Vorstellungen darüber prägt, was Literatur ist, was sie sein kann oder
sein sollte und wie einzelne Texte einzuschätzen sind."[20]

Auch nach Herbert Jaumanns Definition im *Reallexikon der deutschen Literaturwissenschaft* handelt es sich bei der Literaturkritik um eine „Institution des
literarischen Lebens, die literarische Texte, Autoren und andere Phänomene der
Literatur kommentiert und bewertet". Damit sei „jede Art kommentierende, urtei-
lende, denunzierende, werbende, auch klassifizierend-orientierende Äußerung
über Literatur" gemeint, also nicht nur niedergeschriebene und gedruckte Informationen über das, „was jeweils als ‚Literatur' gilt".[21] Demnach zählen also etwa
auch YouTube-Videos von Schulmädchen, die ihre ‚Meinung' über ein Buch in
ihrer regionalen Jugendsprache spontan in die Kamera sprechen und für ihren
Freundeskreis im Internet hochladen, zur Literaturkritik.[22] Dass der Begriff bei

---

20 Heinrich Kaulen und Christina Gansel, Vorwort. In: Literaturkritik heute. Tendenzen – Traditionen – Vermittlung, hg. von Heinrich Kaulen und Christina Gansel, Göttingen 2015, S. 9–12, hier
S. 9.
21 Herbert Jaumann, Sprachgesellschaft. In: Reallexikon der deutschen Literaturwissenschaft.
Bd. III, hg. von Harald Fricke u. a., Berlin und New York 2007, S. 476–479, hier S. 463.
22 Vgl. etwa die Video-Rezension der Bloggerin „Leni" mit ihrem YouTube-Kanal „Geschich-
tenmeer", in der Christian Krachts Debütroman Faserland (1995) besprochen wird, weil die Kri-

Jaumann so weit gefasst wird, ist kein Wunder. Was genau als Literaturkritik verstanden werden kann oder soll, wird sehr unterschiedlich eingeschätzt. Dies war im Grunde schon immer so, und nicht erst seit den neueren Debatten über die Rolle sogenannter Laienrezensenten im Web 2.0.

Peter Uwe Hohendahl fragte bereits 1985 in seinem Band zur Geschichte der Literaturkritik von 1730 bis 1980 ganz grundsätzlich: „Welchen Stellenwert hat die Literaturkritik innerhalb der Literaturverhältnisse? Welche spezifischen Aufgaben wurden ihr zugeschrieben? Welche Medien gelten als die angemessenen? Welche Verfahren werden entwickelt, um Literatur zu beschreiben und zu bewerten? Wer ist an der Kommunikation beteiligt? Gibt es zum Beispiel soziale Gruppen oder Klassen, die das Gespräch dominieren, oder andere, die ausgeschlossen sind?"[23] Die konkreten Antworten auf solche Fragen haben sich nicht nur stetig geändert, seit über Literatur disputiert wird, sondern sie differierten oftmals auch unter Nutzern unterschiedlicher Medien: Wer heute zum Beispiel nach ‚Kundenrezensionen' bei Amazon.de sucht, erwartet in der Regel etwas anderes von einer Besprechung als ein Abonnent der *Frankfurter Allgemeinen Zeitung*, der einen Feuilleton-Artikel von Herausgeber Jürgen Kaube liest. Je nach Stil und angenommenem Zweck der Kritik, je nach Praxiskontext und medialer Rahmung der Rezensionen oder auch je nach dem Erwartungshorizont der adressierten Leserkreise können sich die Definitionen der Literaturkritik also nicht nur im Lauf der Geschichte wandeln, sondern auch zu ein und derselben Zeit erheblich voneinander abweichen. So kommt Jaumann in seinem Lexikonartikel zu der sachlichen Einschätzung:

> Weder die Ausdifferenzierung als autonome Kritik noch die formelle Institutionalisierung als Einrichtung des Literarischen Lebens noch die Geltung einer Vermittlungsfunktion zwischen Werk/Autor und Publikum sind notwendige Bedingungen für Literaturkritik. Auch Abgrenzungen der Literaturkritik von explizit begründender Zensur, von literaturbezogener Satire und Polemik sind grundsätzlich nicht möglich.[24]

Hinzu kommen mögliche kulturelle Unterschiede. So wurde im angloamerikanischen Raum die Trennung zwischen Literaturwissenschaft und Literaturkritik nie

---

tikerin den Text „in der Schule lesen musste" und „toll fand", siehe https://www.youtube.com/watch?v=xE77rcZrGvs; letzter Aufruf 28.06.2016. Ein gutes Beispiel für die Formen literarischer Kommunikation heute: Eine virtuelle ‚Nähe' zum Autor des Romans stellte sich hier insofern prompt her, als Kracht den Clip auf seiner Facebook-Seite unter der Rubrik „In Youth is Pleasure" teilte.

23 Peter Uwe Hohendahl, Geschichte der deutschen Literaturkritik (1730–1980). Mit Beiträgen von Klaus Berghahn, Russel A. Berman, Peter Uwe Hohendahl, Jochen Schulte-Sasse und Bernhard Zimmermann, hg. von Peter Uwe Hohendahl, Stuttgart 1985, S. 3.

24 Herbert Jaumann, Sprachgesellschaft, S. 463.

so streng vorgenommen wie in Deutschland. Dort sind die Grenzen zwischen den verschiedenen Ebenen literarischer Kommunikation oftmals sogar noch fließender. Bezeichnend sind etwa folgende Formulierungen in einer amerikanischen Anleitung zum Schreiben von Rezensionen, die sich zwar an ganz andere Leser richtet als Jaumanns Lexikonartikel, aber dennoch eine ähnliche Botschaft hat: „A book review is many things to many people. It is a judgement, a recommendation, a criticism, a job, an ego booster, interpretation, retelling part of the story, and others. So when you ask what a review is, and what purpose it serves, you ask a simple question with a complex answer."[25]

Wie dem auch sei: Leitet sich der Begriff ‚Kritik' vom griechischen Wortstamm „krínein" her, was so viel wie „entscheiden", „unterscheiden", „teilen" oder „urteilen" heißt, so braucht die Literaturkritik in der Tat stets einleuchtende Vergleichswerte, um ihren Gegenstand angemessen bewerten zu können und dieses Urteil auch zu begründen. Dieses Kriterium ermöglicht es immerhin, in der Analyse von Rezensionen zu bestimmen, ob sie den Namen ‚Kritik' verdienen oder eher als bloße Geschmacksäußerung, haltlose Schmähkritik, korrupte Gefälligkeitsrezension oder schlicht als Form der Werbung einzustufen sind. Klar ist demnach auch, dass sich die Literaturkritik von letzterer Sphäre bei aller Komplexität unweigerlicher sozialer Vernetzungen der Kritiker möglichst distanzieren muss, um ihren Anspruch kritischen Wertens nicht aufgegeben bzw. nicht der Bedeutungslosigkeit anheimzufallen.[26]

Die Journalistin Sigrid Löffler hat es einmal so auf den Punkt gebracht: Der Literaturbetrieb brauche den Kritiker, könne ihn allerdings nicht *gebrauchen*, auch wenn die Verlage dies gerne so hätten, da ein instrumentalisierter Literaturkritiker für sie wertlos bleibe. Und zwar schlicht deshalb, weil es nur „die frostige Heiterkeit des leidenschaftslosen Urteils" (Vladimir Nabokov) ermögliche, den Kritiker zu einer angesehenen Instanz in der Öffentlichkeit zu machen, deren Urteil für die Leser, Konsumenten und Käufer ein überzeugendes Gewicht besitze. Diese widersprüchliche Situation bleibt nicht ohne belustigende und unterhaltsame Folgen, zum Beispiel für den Feuilleton-Leser: „Das Ergebnis ist ein fortgesetzter Eiertanz", schreibt Löffler, die permanente Gleichzeitigkeit der Hofierung und der Verachtung der Kritiker von Seiten der Verlage und ihrer Autoren. „Einerseits möchte der Literaturbetrieb, die Buchindustrie, den Kritiker vereinnahmen, ihn einspannen für Reklame, andererseits weiß die Buchbranche, daß nur der

---

25 Mayra Calvani und Anne K. Edwards, The Slippery Art of Book Reviewing, Kingsport 2008, S. 17.
26 Vgl. Thomas Anz, Theorien und Analysen zur Literaturkritik und zur Wertung. In: Literaturkritik. Geschichte, Theorie, Praxis, hg. von Thomas Anz und Rainer Baasner, München 2004, S. 194–219, hier S. 206.

nicht-vereinnahmte Kritiker für sie von Wert ist – nur von seiner Aura der Unvereinnahmbarkeit kann sie profitieren."[27]

Selbstverständlich muss sich auch die Literaturkritik stets fragen lassen, wo sie in diesem heiklen Konfliktfeld steht und inwiefern sie ihre Unabhängigkeit zu bewahren gedenkt, um nicht zum bloßen Werbeträger der Verlage und zur verlängerten privaten PR-Agentur der rezensierten Autoren herabzusinken. Das hat sie in ihrer Geschichte nicht zuletzt selbst immer wieder neu reflektiert: Seit ihrem Bestehen wähnte sich die Literaturkritik regelmäßig in existenzbedrohenden Krisen.[28] Die Literaturkritiker sahen sich dabei jeweils gezwungen, grundsätzlich zu überlegen, inwiefern sich Wertungs- und Literaturbegriffe gewandelt hatten, mit denen sie operierten. Andererseits mussten sie ihr ambivalentes Verhältnis zu den politischen Systemen, in denen sie agierten sowie ihre prekäre Nähe zur Ökonomie des Buchmarkts, also zur Werbung, immer wieder neu überdenken. Bei dieser Form der produktiven Selbstkritik handelt es sich jedoch um eine spezifische Qualität selbstreferentiellen Denkens, die im literaturgeschichtlichen, kulturkritischen und nicht zuletzt politischen Kontext begründet liegt, aus dem heraus die Literaturkritik entstanden ist und immer wieder neu hervorgeht. Die externen und internen Bewertungen der Literaturkritik waren stets Teil einer öffentlichen Arbeit am Literaturbegriff, und die diesbezüglichen Kontroversen sind nicht zuletzt von politischen Wandlungen, den Folgen des Aufkommens neuer Medien bzw. Vermittlungsformen und ihren ökonomischen Implikationen beeinflusst.

Genau deshalb aber ist die wissenschaftliche Untersuchung und Beobachtung dieses hochdynamischen intermedialen Feldes literarischer Kommunikation, das in besonderer Weise am Wandel seiner Vermittlungsformen teilhat und zugleich durch die beschleunigte Fortentwicklung der sozialen Medien herausgefordert wird, so ergiebig und aussagekräftig für den Status unserer Informationsgesellschaft: Der Literaturbetrieb kann selbst im Zeitalter des Web 2.0 nur dann funktionieren, wenn ihn die Kritik ständig *stört*. Zugleich droht diese Störfunktion jedoch seit jeher durch ökonomische, rechtliche oder auch mediale Faktoren zu erlahmen, was wiederum zu selbstreflexiven literaturkritischen Debatten über die Störung ihrer eigenen Störungsfunktion führt. Diese Beklagung der eigenen

---

27 Vgl. Sigrid Löffler, Die versalzene Suppe und deren Köche. Über das Verhältnis von Literatur, Kritik und Öffentlichkeit. In: Literaturkritik. Theorie und Praxis, hg. von Wendelin Schmidt-Dengler und Nicole Katja Streitler, Innsbruck, Wien 1999, S. 27–39, hier S. 36 f.
28 Vgl. Jan Süselbeck, Verschwinden die Verrisse aus der Literaturkritik? Zum Status polemischer Wertungsformen im Feuilleton. In: Literaturkritik heute. Tendenzen – Traditionen – Vermittlung, S. 175–195, hier S. 183.

Krise gehört gewissermaßen seit Anbeginn zum Betriebsgeräusch der Literatur-kritik.[29] Wirkliche Sorgen machen sollte man sich erst, wenn es verstummt.

Das Kommunikationssystem der Literaturkritik ist schon immer von viel-fältigen Konkurrenzen, Machtgefällen und Methoden der Akkumulation ‚sym-bolischen Kapitals' (Pierre Bourdieu) geprägt gewesen. Bis heute bestehen im deutschsprachigen Raum zudem Aversionen zwischen der Literaturwissenschaft und der Literaturkritik, die in der angloamerikanischen Forschung, wie bereits angedeutet, weniger ins Gewicht fallen, wo man für beide Prinzipien gerne den-selben Begriff des „literary criticism" verwendet.[30]

Zugleich dürfen aber die Anregungen nicht übersehen werden, welche beide publizistische Bereiche auch in Deutschland durch ihre gegenseitige Beobach-tung stets bekommen haben: Tatsächlich befruchten sich diese beiden Diszip-linen bei allen Konkurrenzen, Animositäten und Spannungen gegenseitig und haben vielfältige, teils überlappende Formen kulturjournalistischen und litera-turwissenschaftlichen Schreibens und Wertens in den Medien entstehen lassen.[31] Mehr noch: Da sich die Literaturwissenschaft seit vielen Jahren stärker als früher für die Gegenwartsliteratur interessiert, wäre im Blick auf ihren Wirkungsbe-reich genauer zu beobachten, inwiefern sie sich gezwungen sieht, nicht nur an den Chancen der Literaturkritik teilzuhaben, sondern auch lernen zu müssen, mit deren genuinen Problemen umzugehen. Dies betrifft etwa die Anforderung, schneller auf Neuerscheinungen und Debatten im aktuellen Literaturbetrieb zu reagieren als dies traditionellerweise im Fach der Fall war. Zudem schließt die Germanistik nunmehr Bekanntschaft mit dem heiklen Bereich einer unwei-gerlich notwendig werdenden Kommunikation mit den interpretierten und zu bewertenden Autoren selbst – ein Vorgang, den Literaturkritiker zum Beispiel möglichst vermeiden sollten, um ihre erwähnte persönliche Unabhängigkeit im Urteil zu wahren, teilweise im Betrieb aber gar nicht verhindern können, weil sie Interviews führen müssen, den Autoren auf Buchmessen, bei Lesungen oder als Juroren von Literaturpreisen als Laudatoren begegnen und vieles dergleichen mehr.[32]

---

29 Vgl, Michael Pilz: Zum Status der Rezension im deutschen Feuilleton. Versuch einer Bilanz in Kurven und Balken. In: www.literaturkritik.at. Online abrufbar unter: https://www.uibk.ac.at/literaturkritik/zeitschrift/1386022.html (letzter Zugriff: 04.05.2016). Siehe dazu auch den Beitrag von Michael Pilz im vorliegenden Band.

30 Vgl. Herbert Jaumann, Sprachgesellschaft, S. 466.

31 Vgl. Thomas Anz, Theorien und Analysen zur Literaturkritik und zur Wertung, S. 210 und 203 f.

32 Vgl. Jan Süselbeck, Kulturindustrie, nein danke. Ein literaturkritisches Grußwort an die Pres-sestellen der Verlage. In: Verlags-PR. Ein Praxisleitfaden, hg. von Ralf Laumer, Frankfurt a. M. 2008, S. 132–136.

Welche konkrete Aufgabe hat die heutige Literaturkritik also idealerweise? Inwiefern kann sie dem Literaturbetrieb und der Literaturwissenschaft nach wie vor nützlich sein? Thomas Anz fasst die Literaturkritik im Unterschied zu Jaumann weit enger als „informierende, interpretierende und wertende Auseinandersetzung mit vorrangig neu erschienener Literatur und zeitgenössischen Autoren in den Massenmedien".[33] Anz weist ihr außerdem folgende explizite Funktionen zu: 1. Eine *informierende Orientierungsfunktion* angesichts der unüberschaubaren Menge an alljährlichen Neuerscheinungen, 2. eine *Selektionsfunktion* durch a) die Vorauswahl rezensionswürdiger Literatur und b) explizite Bewertung besprochener Bücher, 3. eine *didaktisch-vermittelnde Funktion für das Publikum* im Sinne der Wissensvermittlung darüber, wie innovative Texte, die Verständnisschwierigkeiten bereiten, zu lesen sein könnten, 4. eine *didaktisch-vermittelnde Funktion für Literaturproduzenten* (Autoren, Verlage), die eine Verbesserung der Buchproduktion dort anmahnt, wo qualitative Schwächen sichtbar werden, 5. eine *reflexions- und kommunikationsstimulierende Funktion*, die das Räsonnement über Literatur sowie selbstreflexive Prozesse innerhalb des Literatursystems fördert und 6. eine *Unterhaltungsfunktion* als zentraler Aspekt des Feuilletons, der zugleich eine Funktion des Gegenstands der Kritik, der Literatur, ist, den sich die Rezension zu eigen macht.[34]

Zentral ist neben diesen Definitionsversuchen die Frage, wie in der Literaturkritik konkret gewertet wird. Seit Jahrzehnten ist der Ansatz, diese Formen literarischer Wertung im Feld der Literaturkritik und auch in der Literaturwissenschaft zu betrachten, immer weiter differenziert worden.[35] Simone Winko und Renate von Heydebrand sprechen von axiologischen Werten, also übergeordneten Wertungsmaßstäben oder -prinzipien, die auf verschiedene Objekte (z. B. auf den Autor als Person, seine Absichten oder Fähigkeiten, auf literarische Texte, ihre intendierte bzw. tatsächliche Wirkung auf den Leser) oder „attributiv" auf gewisse Eigenschaften dieser Objekte angewendet werden können. Hier kommen

---

33 Thomas Anz, Theorien und Analysen zur Literaturkritik und zur Wertung, S. 194.
34 Thomas Anz, Theorien und Analysen zur Literaturkritik und zur Wertung, S. 198 f.
35 Vgl. etwa neben seinem bereits zitierten Beitrag zu „Theorien und Analysen zur Literaturkritik und zur Wertung" und vielen weiteren Publikationen, die hier kaum aufzuzählen sind, auch den frühen Aufsatz von Thomas Anz, Literaturkritisches Argumentationsverhalten. Ansätze zu einer Analyse am Beispiel des Streits um Peter Handke und Botho Strauß. In: Literaturkritik – Anspruch und Wirklichkeit. DFG-Symposion 1989, hg. von Wilfried Barner. Stuttgart 1990, S. 415–430, und vor allem das Standardwerk von Renate von Heydebrand und Simone Winko, Einführung in die Wertung von Literatur. Systematik – Geschichte – Legitimation, Paderborn u. a. 1996. Siehe dazu auch den Beitrag von Stefan Neuhaus im vorliegenden Band, in dem sich weitere Literaturhinweise finden.

zudem die „Zuordnungsvoraussetzungen" ins Spiel, also die kulturellen Konventionen der konkretisierenden Anwendung abstrakter Wertausdrücke, mit denen diese Bewertungen jeweils vorgenommen werden.[36]

Wenn eine Geschichte also zum Beispiel „schön" sein soll, so wäre dies ein axiologischer attributiver Wert, der gewisse „Werterwartungen" voraussetzt, also ein „kollektives, konventionalisiertes Wissen der Wertenden", in dem ihre Werterwartungen sich bildeten und von denen der Rezensent oder der Literaturwissenschaftler annehmen zu können glaubt, dass seine Leser sie mit ihm teilen.[37] Literaturkritiker und Literaturwissenschaftler müssen in hohem Maße reflektieren, für welches Publikum sie ihre Texte schreiben, um vorausahnen zu können, welcher gruppenspezifische Konsens unter ihren Rezipienten wirksam ist und mit welchen rhetorischen Mitteln – bzw. mit welchen Emotionalisierungsstrategien, die meist explizit oder implizit damit verbunden sind – sie diesem Rezipientenkreis gewisse Wertungen plausibel machen können. Sogenannte Laienkritiker reflektieren derartige Aspekte meist weniger und gehen ganz einfach davon aus, dass ihre Wertungen dem ‚gesunden Menschenverstand' entsprechen. Oft schreiben diese Autoren, sie gäben ‚bloß ihre Meinung' wieder, um eine unabhängige und legitime Subjektivität zu betonen, hinter der sich in Wahrheit schlicht der unbewusst reproduzierte Gruppenkonsens ihres sozialen Umfelds verbirgt. Es könnte allerdings sein, dass die Masse der Leser an einer Erotik-Roman-Trilogie wie *Fifty Shades of Grey* von E. L. James (2011–2012) etwas ‚schön' findet, das ein erfahrener Literaturkritiker, der im Sinne der Klassischen Moderne und der Avantgarde des 20. Jahrhunderts nach ästhetischen Abweichungen von der Norm sucht, eher als abstoßend wahrnimmt.

Winko und Heydebrand betonen jedoch, dass auch solche Wertungshandlungen „keineswegs immer bewußt" vollzogen werden.[38] Letzterer Hinweis hat es in sich: Literaturwissenschaftler haben stets gerne die Nase über die dezidierten Wertungen von Literaturkritikern gerümpft, die ihnen platt und plump vorkamen, in der Meinung, selbst stets sehr viel sachlicher, differenzierter und vorsichtiger zu urteilen. Bei Lichte besehen nehmen jedoch selbst Literaturwissenschaftler sehr oft gar nicht wahr, nach welchen wissensgesteuerten, fachkontextuellen und schlicht ideologischen Grundsätzen sie die von ihnen interpretierten Texte implizit bewerten. Zugleich darf nicht übersehen werden, inwiefern auch die

---

36 Renate von Heydebrand und Simone Winko, Einführung in die Wertung von Literatur, S. 109 f.
37 Renate von Heydebrand und Simone Winko, Einführung in die Wertung von Literatur, S. 44.
38 Renate von Heydebrand und Simone Winko, Einführung in die Wertung von Literatur, S. 40 f.

Literaturkritik den Diskursen und Ideologien ihrer Zeit unterworfen bleibt. Wer etwa glaubt, moralische Bewertungskriterien gehörten einer grauen Vorzeit der Literaturkritik an, sieht sich von Sabine Bucks 2011 erschienener Dissertation eines Besseren belehrt. Buck belegt, dass ethische Wertmaßstäbe nach wie vor zum Alltag der Literaturkritik gehören, bei dem es sich also keineswegs um einen ‚moralfreien Raum' handele.[39]

Kurz: Literaturkritik und Literaturwissenschaft sind Subsysteme des Sozial- bzw. Kommunikationssystems Literatur, dessen Wertungsmaßstäbe auf instituti- oneller Ebene ferner u. a. durch Literaturhäuser, den Buchhandel und die Verlage beeinflusst werden. Auch diese Teile des Literaturbetriebs nehmen verbale oder auch nonverbale, also explizite oder implizite Bewertungen von Literatur vor: Verlage durch ihre vielfältigen Auswahl- und Filterfunktionen, die einen Groß- teil der eingereichten Manuskripte überhaupt nicht zum Druck befördern lassen, der Buchhandel durch zusätzliche Werbemaßnahmen oder sonstige Entschei- dungen über den Vertrieb von bestimmten Publikationen, Literaturhäuser durch die Organisation – oder eben Nicht-Organisation – von Autorenlesungen und die Leser durch den Kauf und die Rezeption von Büchern bzw. deren Unterlassung. Jurys entscheiden darüber, ob Autoren beispielsweise zum sogenannten Inge- borg-Bachmann-Wettbewerb in Klagenfurt eingeladen werden, und sie vergeben alljährlich renommierte Auszeichnungen wie den Deutschen Buchpreis oder den Büchner-Preis.

Der Literaturbetrieb wird durch alle diese vielfältigen Wertungshandlungen vorangetrieben, die jeweils mit daran arbeiten, das Werk eines Autors öffentlich bekannt zu machen oder aber zu ignorieren und damit gar nicht erst ins kollek- tive Gedächtnis eingehen zu lassen. Sie haben damit an jenem seltsam ungreif- baren Phänomen Anteil, das man als Kanonisierung bezeichnet. Simone Winko hat dazu den Begriff des *invisible hand*-Phänomens geprägt: Der Kanon, der in der literarischen Öffentlichkeit, aber auch etwa in den Kaffeepausen-Gesprächen literaturwissenschaftlicher Tagungen in schleichender Weise herausgebildet wird, ist demnach nichts Natürliches, aber auch nichts gezielt Konstruierbares. Vielmehr entsteht er aus einem nur schwer greifbaren Zusammenspiel unzähli- ger voneinander unabhängiger, teils aber auch subtil verflochtener Wertungen von Menschen in unterschiedlichen Funktionen und an unterschiedlichen Orten, über einen längeren Zeitraum hinweg, der ebenfalls nur schwer eingrenzbar ist. Winko spricht von einem Zwei-Ebenen-Phänomen: Kanones entstehen einerseits aufgrund kontingenter Prozesse, aber andererseits auch nicht willkürlich. Auf der

---

39 Sabine Buck, Literatur als moralfreier Raum? Zur zeitgenössischen Wertungspraxis deutsch- sprachiger Literaturkritik. Paderborn 2011, S. 380.

Mikroebene setzen sie sich aus zahlreichen einzelnen Handlungen zusammen, die „jede für sich einen anderen Zweck haben als den, einen Kanon zu bilden, und die unter Ausnutzung allgemeiner Prämissen einen Prozess in Gang gesetzt haben, der ihn (auf der Makroebene) dennoch entstehen lässt". Winko fügt an der Stelle noch hinzu, dass dem nicht widerspreche, dass es auch Instanzen gebe, die explizit der ‚Pflege' von Kanones dienen, dass also Kanones nicht allein aus kontingenten Handlungen entstehen, sondern auch mit „gezielten Maßnahmen gestärkt und gefördert werden".[40]

So umfassend diese Prozesse mittlerweile auch erforscht und zum Stoff von Handbuchartikeln avanciert sein mögen,[41] so notwendig ist eine intensivere literaturwissenschaftliche Analyse der komplexen Entwicklung literarischer Kommunikation heute. Nicht nur, dass sich die Digitalisierung und Vernetzung aller genannten Bereiche in schwindelerregender Weise beschleunigt hat. Der parallele Blick zurück auf Emotionalisierungseffekte und kommunikative Umwälzungsprozesse früherer Zeiten, wie er in dem vorliegenden Band mit einbezogen wird, kann zudem helfen, Kontinuitäten zu erkennen und den aufgeregten Mediendebatten der letzten Zeit eine größere Gelassenheit und Objektivität entgegenzusetzen.

3 Die Literaturkritik, die Literaturwissenschaft und die Emotionen

Wertungen und Emotionen sind eng miteinander verknüpft. Ob wir einen Text für gelungen halten oder nicht, hat viel damit zu tun, ob und auf welche Weise er bei uns Lust oder Unlust, Vergnügen oder Missvergnügen, Gefallen oder Abscheu auslöst. Dabei kann auch das Hervorrufen unangenehmer Gefühle wie Angst oder Schrecken als angenehm und der diese Emotionen auslösende Text deshalb als besonders gelungen aufgefasst werden – von der Kriminal- und Horrorliteratur bis hin zur phantastischen Dichtung und zu Franz Kafka lassen sich dafür zahlreiche Beispiele nennen. Schon Monika Schwarz-Friesel hat in ihrer 2007 erstmals erschienenen Einführung *Sprache und Emotion* Gefühle als „Kenntnis-

---

40 Simone Winko: Literatur-Kanon als 'invisible hand'-Phänomen. In: Literarische Kanonbildung. Sonderband „Text + Kritik", hg. von Hermann Korte, München 2002, S. 9–24, hier S. 9–11.
41 Vgl. dazu die Bände: Wertung und Vermittlung. Literatur in der Wissensgesellschaft, hg. von Matthias Beilein, Claudia Stockinger und Simone Winko, Berlin und Boston 2012 sowie: Handbuch Kanon und Wertung. Theorien, Instanzen, Geschichte, hg. von Gabriele Rippl und Simone Winko, Stuttgart und Weimar 2013.

und Bewertungssysteme" definiert, die dazu benutzt werden, Urteile zu treffen.[42] Schwarz-Friesel betont, dass

> Emotionen Werte und Werteerfahrungen konstituieren. Emotionen sind intern repräsentierte und subjektiv erfahrbare Evaluationskategorien, die sich vom Individuum ich-bezogen introspektiv-geistig (als Gefühle) sowie körperlich registrieren lassen, deren Erfahrenswerte an eine positive oder negative Bewertung gekoppelt sind. Die Prozesse der Bewertung betreffen Einschätzungen, mit denen ein Individuum entweder sein eigenes Körperbefinden, seine Handlungsimpulse, seine kognitiven Denkinhalte oder allgemein Umweltsituationen (im weitesten Sinne) beurteilt.[43]

Wie der Aspekt der Wertung, so ist auch der Bereich der Emotionen lange Zeit vernachlässigt worden, ihre literatur- und kulturwissenschaftliche Erforschung erfährt erst etwa seit der Jahrtausendwende eine Konjunktur. Die Emotionswissenschaft ist dabei durch ihre Interdisziplinarität gekennzeichnet. In den letzten 15 Jahren versuchten Literaturwissenschaftler unter anderem, verstärkt naturwissenschaftliche Erkenntnisse und Forschungsmethoden in ihre Studien mit einzubeziehen. Dabei geht es nicht nur darum, welche Emotionen in einem Text explizit dargestellt werden oder welche Gefühle ein Autor beim Verfassen eines Werkes gehabt haben mag, sondern insbesondere darum, welche Emotionen sein Text bei den Lesern evozieren soll oder tatsächlich auslöst. Es wird also nach erkennbaren Emotionalisierungsstrategien in Texten und deren Effekten auf den Leser gefragt. Thomas Anz skizzierte auf der Basis neuerer Forschungen und älterer Konzepte der rhetorischen Affektenlehre seit Aristoteles eine *Literaturwissenschaftliche Text- und Emotionsanalyse* (LTE). Damit soll eine „Analyse der beim Schreiben eingesetzten literarischen Emotionalisierungstechniken sowie ihrer potentiellen und realen Effekte beim Lesen" ermöglicht werden. Untersucht werden soll, mit „welchen literarischen Techniken [...] diejenigen, die literarische Texte ‚machen', welche Emotionen bei den Adressaten der Texte zu evozieren" versuchen.[44]

Unabhängig davon hat der Mannheimer Filmwissenschaftler Jens Eder mit seiner Dissertation über die „Figur im Film" ein Standardwerk vorgelegt, das

---

42 Monika Schwarz-Friesel, Sprache und Emotion, Tübingen und Basel 2013, S. 72 f.; vgl. außerdem Monika Schwarz-Friesel, Language and Emotion. The Cognitive Linguistic Perspective. In: Emotion in Language. Theory – Research – Application, hg. von Ulrike M. Lüdtke, Amsterdam 2015, S. 157–173, hier S. 158.
43 Monika Schwarz-Friesel, Sprache und Emotion, S. 73.
44 Thomas Anz, Kulturtechniken der Emotionalisierung. Beobachtungen, Reflexionen und Vorschläge zur literaturwissenschaftlichen Gefühlsforschung. In: Poetogenesis. Im Rücken der Kulturen, hg. von Karl Eibl, Katja Mellmann und Rüdiger Zymner, Paderborn 2009, S. 207–239.

auch für intermedial arbeitende Literaturwissenschaftler unverzichtbar geworden ist.[45] Emotionale Bewertungen von Figuren, die beim Publikum in Empathie, Sympathie oder auch Antipathie münden, können demnach unterschiedlichsten moralischen, ideologischen oder auch kognitiven Schemata folgen. Diese sind subjektiv oder soziokulturell vorgeprägt und werden durch unsere Einschätzung jener Situationen beeinflusst, in denen ein Text oder ein Film fiktive Figuren agieren und auftreten lässt:

> Diese momentanen Formen der objektiven, subjektiven und empathisierenden Einschätzung der Figuren sind jeweils in bestimmter Weise perspektiviert und durch die imaginative Nähe oder Distanz zu den Figuren geprägt. Gemeinsam bilden sie die Grundlage dafür, dass wir den Figuren gegenüber zeitübergreifende *Dispositionen* der Anteilnahme ausbilden, vor allem Haltungen der Sympathie und Antipathie.[46]

Die Untersuchung solcher emotionaler Rezeptionsphänomene benötigt nicht unbedingt empirische Verfahren, um die Wirkung bestimmter Bewertungsformen fiktionaler oder auch nicht-fiktionaler Botschaften in Filmen oder auch Texten (Romanen, Zeitungsartikeln, Rezensionen) einzugrenzen. Es geht zu allererst um das *Wie* der Darstellungen und dessen intendierte Wirkung, die Produzenten solcher Werke aufgrund ihrer Erfahrung mit den jeweils genutzten Medien vorauszusehen versuchen. Eine weinende schöne Frau in Nahaufnahme zu zeigen, führt erfahrungsgemäß eher selten dazu, dass das Kinopublikum in schallendes Gelächter ausbricht, um nur ein hypothetisches Beispiel für die Bildung möglicher Emotionalisierungsstrategien zu geben.

Auch Claudia Hillebrandt geht es in ihrer Studie über *Das emotionale Wirkungspotenzial von Erzähltexten*[47] nicht etwa darum, empirische Daten über tatsächliche emotionale Effekte bei den Rezipienten zu erheben, sondern mittels klassischer philologischer Methoden wie der Narratologie virulente Emotionalisierungsstrategien herauszuarbeiten, die an der ästhetischen Form der untersuchten Texte selbst ablesbar und deren intendierte Wirkung auf die Leser damit eingrenzbar ist. Vergangene Rezeptionsprozesse können dabei laut Hillebrandt allerdings „stichhaltig nur dann simuliert werden", wenn „der jeweilige kulturhistorische Kontext, in dem sie stattgefunden haben, rekonstruiert werden kann".[48] Die Annahme, dass komplexe psychophysiologische Phänomene wie Emotionen,

---

45 Jens Eder, Die Figur im Film. Grundlagen der Figurenanalyse, Marburg 2008.
46 Jens Eder, Die Figur im Film, S. 681.
47 Claudia Hillebrandt, Das emotionale Wirkungspotenzial von Erzähltexten. Mit Fallstudien zu Kafka, Perutz und Werfel, Berlin 2011.
48 Claudia Hillebrandt, Das emotionale Wirkungspotenzial von Erzähltexten, S. 59.

deren Definition Hillebrandt relativ weit fasst,[49] als „kulturell kodiert aufgefasst werden können" und damit „partiell typisiert und intersubjektiv nachvollziehbar sind", rechtfertigt jedoch prinzipiell die „literaturwissenschaftliche Analyse von Texten im Hinblick auf Emotionen auch ohne empirische Verfahren".[50] Hillebrandt geht also davon aus, dass es „Emotionslenkungsstrategien in Erzähltexten" gibt, die ohne empirische Erhebungen herausgearbeitet werden können.[51]

Auf der Basis eines kultursemiotischen Ansatzes, wie ihn Simone Winko in ihrer Habilitationsschrift *Kodierte Gefühle*[52] entwickelt hat, entwirft Hillebrandt ein „narratologisch-kognitionspsychologisch fundiertes Analysemodell",[53] mit dem das emotionale Wirkungspotenzial literarischer Texte anhand textzentrierter Beobachtungen erschlossen werden können soll. Sie nimmt etwa an, dass Gesellschaften wandelbare „Emotionsregeln" entwickeln, die wiederum in Texten sprachlich kodiert werden und den Rezipienten bestimmte „Emotionsmanifestationen" nahelegen oder verbieten. Die „Schilderung emotional kodierter Situationen in literarischen Texten" erlaube unter Zuhilfenahme der anzunehmenden gültigen Emotionskonzepte des Zeitpunkts der Rezeption „Rückschlüsse auf vorhandene oder zumindest stereotyp erwartbare Emotionen" bei den Lesern solcher Darstellungen.[54]

---

49 Vgl. Claudia Hillebrandt, Das emotionale Wirkungspotenzial von Erzähltexten, S. 30 f.
50 Claudia Hillebrandt, Das emotionale Wirkungspotenzial von Erzähltexten, S. 38.
51 Claudia Hillebrandt, Das emotionale Wirkungspotenzial von Erzähltexten, S. 136.
52 Simone Winko, Kodierte Gefühle. Zu einer Poetik der Emotionen in lyrischen und poetologischen Texten um 1900, Berlin 2003.
53 Claudia Hillebrandt, Das emotionale Wirkungspotenzial von Erzähltexten, S. 51.
54 Claudia Hillebrandt, Das emotionale Wirkungspotenzial von Erzähltexten, S. 39. Emotions- bzw. evolutionspsychologische Ansätze, wie sie etwa von Katja Mellmann in ihrer Dissertation verfolgt wurden, müssen an dieser Stelle aus Platzgründen außen vor bleiben. Vgl. Katja Mellmann: Emotionalisierung – Von der Nebenstundenpoesie zum Buch als Freund. Eine emotionspsychologische Analyse der Literatur der Aufklärungsepoche, Paderborn 2006. Hierzu sowie zur ausführlicheren und weiterführenden Darstellung des Feldes der Emotionsforschung siehe u. a. Jan Süselbeck, Im Angesicht der Grausamkeit. Emotionale Effekte literarischer und audiovisueller Kriegsdarstellungen vom 19. bis zum 21. Jahrhundert, Göttingen 2013, S. 25–51.

4 Von „productiver Kritik", dem ‚Wahren, Schönen und Guten', Trieben und klickenden Analphabeten

Der vorliegende Band versammelt Einzelstudien zu den skizzierten Feldern literarischer Kommunikation, die sich dem Gegenstand aus unterschiedlichen Perspektiven nähern und in ihrem Zusammenspiel Schlaglichter auf Aspekte seiner historischen Transformation werfen. Eine Reihe von Aufsätzen befasst sich mit dem Thema Literaturkritik im weitesten Sinne, wobei der Zeitraum vom 18. Jahrhundert bis zur Gegenwart abgedeckt wird. Gerhard Kurz zeigt in seinem Beitrag, inwiefern die seit der Mitte des 19. Jahrhunderts verpönten Kategorien des Wahren, Guten und Schönen in der heutigen literaturkritischen Praxis nach wie vor Geltung besitzen. Dafür greift er zunächst weiter aus, um die internationale ‚Karriere' dieser Trias literaturgeschichtlich detailliert nachzuzeichnen und danach mit Anschauungsmaterial aus der neueren Literaturkritik zu kontextualisieren. Kurz macht anhand aktueller Rezensionsbeispiele eine starke Tendenz aus, literarische ‚Authentizität' positiv zu bewerten, und er erkennt in diesem Erwartungshorizont der Kritiker die altbekannten axiologischen Werte des Wahren, Guten und Schönen wieder. Auch Kurz stellt mit Sabine Buck fest, dass moralische Wertungen in der Literaturkritik nach wie vor gängig seien – nicht zuletzt deshalb, weil die ästhetische Erfahrung stets eine solche derjenigen Welt sei, in der wir leben: Das Wahre, Gute und Schöne kehre in aktuellen moralischen Wertungshorizonten wieder als Wahrscheinliches, Glaubwürdiges, Erkenntnisförderndes, als etwas Moralisches und als eine überzeugende Form.

Dieter Lamping setzt sich mit der Literaturkritik des späten Goethe auseinander. Die Bewertungspraxis des Klassikers habe sich nach den eher impulsiven Rezensionen des frühen Goethe hin zu einer Selbstkritik und kritischen Subjektivität im Alter gewandelt, wie sie Lamping in der von Zeitgenossen vielgescholtenen und nicht zuletzt beim Publikum erfolglosen Zeitschrift *Über Kunst und Alterthum* neu entdeckt. Lamping rehabilitiert das Periodikum als eine literarische Zeitschrift eigener Art, in der nicht zuletzt Goethes Vorstellung von einer Weltliteratur entwickelt wurde. Laut Lamping wurde dabei für Goethe das Prinzip der Teilnahme und einer immanenten ‚productiven Kritik' zum maßgeblichen Movens des Rezensierens, und er versteht Goethes Begriff der Weltliteratur als Parole einer intertextuellen Kooperation internationaler ‚Literatoren' im Sinne einer gemeinsamen literarischen Tätigkeit. Das Verfassen von Verrissen, vom jungen Goethe durchaus noch selbst praktiziert, wird in diesem Altersprojekt als ‚zerstörende Kritik' abgelehnt.

Michael Pilz setzt sich in seinem Beitrag skeptisch mit jenen aktuellen Klagen im Feuilleton auseinander, die im Jahr 2015 zu einer längeren Debatte über das vermeintliche „Ende der Literaturkritik" führten. Pilz stellt dieser grassierenden Apokalyptik nüchterne Statistiken gegenüber, auf deren Datengrundlagen er als Leiter des „Innsbrucker Zeitungsarchivs zur deutsch- und fremdsprachigen Literatur" (IZA) exklusiven Zugriff hat und die er den düsteren Diagnosen von 2015 konstruktiv entgegensetzt. Pilz bemüht dabei weniger die modische Rede vom „Distant Reading", von „Big Data" und den „Digital Humanities", als dass er eine differenziertere statistische Korrektur datentechnisch fragwürdig begründeter Annahmen leistet, die in den genannten öffentlichen Diskussionen von Thierry Chervel und seinem vielgelesenen Pressebeobachtungsorgan *perlentaucher.de* unbesehen übernommen wurden. Chervels Behauptung, die Anzahl von Besprechungen im deutschsprachigen Feuilleton habe sich in den letzten Jahren um die Hälfte reduziert, kann Pilz so effektiv ins Reich der Legenden verweisen.

Mit Uwe Wittstock meldet sich ein aktiver Kritiker und Feuilletonleiter aus der deutschsprachigen Presselandschaft zu Wort. Wittstock kommentiert die bei Pilz kommentierten Debatten nicht aus statistischer und auch nicht aus akademischer Sicht, sondern aus der pragmatischen Perspektive eines auflagenstarken deutschen Nachrichtenmagazins. Dabei setzt er der Kritik an einer vermeintlichen Verflachung des Feuilletons ein ernüchterndes Porträt der alltäglichen Sachzwänge des journalistischen Geschäfts entgegen und entwickelt von dort aus seine eigenen literaturkritischen Wertmaßstäbe: Angesichts großer medialer Umwälzungsprozesse und der seit jeher angenommenen ‚Unwichtigkeit' des Literaturkritikers im Vergleich zu Kollegen aus anderen Ressorts vertritt Wittstock eine klare und verständliche Form der Literaturvermittlung, um ein größeres Publikum überhaupt noch effektiv erreichen zu können. Wittstocks Essay gibt damit Aufschluss über die notwendige Dienstleistungsfunktion, welche die Literaturkritik aus Sicht des Redakteurs eines wöchentlich erscheinenden *General-Interest*-Magazins erfüllen müsse, um ihre Daseinsberechtigung in der Presse zu wahren.

Stefan Neuhaus entwickelt in seinem theoretisch weit ausgreifenden Beitrag Ansätze zu einer Trieb- und Wertungslehre der Literatur. Dabei geht er von der Feststellung aus, dass die Rolle von Emotionen im Wertungsdiskurs bisher noch kaum beleuchtet worden sei. Mit Anz begreift Neuhaus die Literatur als kardinale Kulturtechnik der Emotionalisierung, die wiederum von den Beobachtern des Literaturbetriebs auf ihre Komplexität und Reflexivität hin abgeklopft werde. Wertende Teilnehmer dessen, was wir literarische Kommunikation nennen, setzten diese Funktionen von Literatur in Relation zum menschlichen Verhalten, um dabei ihren Wert zu bestimmen. Als gelungene Literatur gelten dabei laut Neuhaus nach wie vor gerade jene Werke, welche die gängigen Erwartungen der Leserinnen und Leser *nicht* erfüllen, sondern diese irritieren. Neuhaus greift in seiner Untersuchung neben Seitenblicken auf die ästhetische Theorie Friedrich Schillers sowie auf Studien von Hans Robert Jauß und Niklas Luhmann u. a. auch auf Sigmund Freuds ‚Trieblehre' zurück, die vor rund 100 Jahren nicht nur für Schriftsteller, sondern auch von Beobachtern des Literaturbetriebs für die Produktion und Rezeption von Literatur adaptiert wurde. Neuhaus setzt Freuds Thesen mit denen der genannten Theoretiker neu in Beziehung, um ästhetische Lust als Kategorie der Wertung zu profilieren.

Auch Andrea Geier erprobt einen emotionswissenschaftlichen Ansatz, allerdings um die Rolle von Trauer und Hass für die literarische Konstruktion kollektiver Identitäten in Wilhelm Hauffs 1827 erschienener Novelle „Jud Süß" zu erhellen. Die Vorstellung jüdischer ‚Fremdheit' taucht nach Geiers Interpretation in Hauffs zeittypischem Text als Projektionsfigur einer Alterität auf, welche die Idee einer ‚deutschen Nation', einer ‚deutschen Gemeinschaft' und eines ‚deutschen Volkes' erst ermöglichen soll. Das Besondere an Hauffs Werk ist es nach Geiers Interpretation allerdings, dass es seine jüdischen Figuren nicht durchweg durch fiktive Hassreden aus dem konstruierten Bereich ‚des Deutschen' ausgrenzt, sondern dass es dies vielmehr maßgeblich durch die Evokation von Melancholie plausibilisiert. Anders als viele frühere Interpretationen, welche die in „Jud Süß" nahegelegte Trauer über das Schicksal der jüdischen Protagonistin stets als Argument gegen den Vorwurf des literarischen Antisemitismus bei Hauff werteten, sieht Geier gerade in diesem Emotionalisierungsverfahren das zentrale Charakteristikum jener speziellen Form des Judenhasses, die der Text zu provozieren sucht. Geier behält damit zugleich den angestrebten emotionalen Effekt dieser narrativen Strategie im Blick: Die unausweichlich erscheinende Forderung einer Ausgrenzung der jüdischen Minderheit wird demnach in Hauffs Erzählung aufgestellt, indem den Lesern nahegelegt wird, das Scheitern einer deutsch-jüdischen Liebesbeziehung zu betrauern.

Auf jeweils unterschiedliche Weise diskutieren die folgenden Beiträge theoretische Modelle und widmen sich den Medien der literarischen Kommunikation. Manuel Bauer zeigt in seinem Beitrag „Ökonomie als Kommunikation. Literarische und theoretische Perspektiven" anhand literarischer und theoretischer Texte von George Lillo über Adam Smith, Friedrich Schiller und Novalis bis zu Gustav Freytag, inwiefern wirtschaftliches Handeln einerseits eine Form von Kommunikation darstellt und andererseits als poetische Praxis angesehen werden kann. Erzählen und Wirtschaften erscheinen jeweils als Akte der Kommunikation, durch die aus verstreuten Einzelheiten ein Ganzes wird: Die ökonomische Verflechtung, sei es in Gestalt von Tauschprozessen, sei es in der Form der arbeitsteiligen Herstellung eines Produkts, weist eine Affinität zur Textproduktion auf, sie macht aus der Welt eine Textur, verbindet isolierte, kontingente Elemente zu einem sinnhaften Ganzen – ein Modell, das freilich mit der zunehmenden Abstraktion und Entreferentialisierung im Zuge finanzanzwirtschaftlicher Spekulation zunehmend in die Krise gerät.

Nicht zufällig erfährt die Bedeutung, die der literarischen Kommunikation für die Interpretation von Texten zukommt, wie Jörg Schuster am Beispiel des hermetischen Dichtens Georg Trakls zeigt, gerade im Hinblick auf einen ‚schwierigen' Autor der Moderne des frühen 20. Jahrhunderts eine Problematisierung. Kommunikative Austauschprozesse, wie sie im Kontext von Trakls bevorzugtem Publikationsort, der Zeitschrift *Der Brenner*, zu beobachten sind und zur Interpretation herangezogen werden können, führen nicht unbedingt zu einer adäquaten Deutung dieser hermetischen Texte. Die Irritationsmomente, die schwer deutbaren Chiffren bleiben unverständlich, auch wenn wir wissen, wie der Text in seinem unmittelbaren ‚esoterischen' Entstehungs- und Publikationsumfeld verstanden wurde. Statt anhand der Rekonstruktion kommunikativer Prozesse ‚den' vom Autor intendierten und von den Rezipienten in einer bestimmten zeitgenössischen Situation erfassten Sinn herauszukristallisieren, empfiehlt sich daher, die semantischen Effekte, die sich zwischen Trakls Text und seinem Publikationskontext ergeben, herauszuarbeiten und so jener ‚kulturellen' oder ‚sozialen Energie' auf die Spur zu kommen, mit der Texte aufgeladen sind. Der Gegenstand ist somit nicht mehr die literarische Kommunikation zwischen Subjekten, sondern eine Semiotik oder Poetik der Kultur, die Äquivalenzen zwischen literarischen Texten und anderen Texten der Kultur zu analysieren versucht. Komplementär zur Analyse von Kommunikationsprozessen geht es mithin um ein erweitertes Modell von Intertextualität, das in der Analyse von Textverfahren und Praktiken der Bedeutungsproduktion, von semiotischen Transfer-Prozessen zwischen Texten deren semantische Offenheit berücksichtigt. Damit wird die Komplexität des hermetischen Texts nicht reduziert, sondern diskursiv angereichert; die spezifischen Verfahren des Texts werden nachvollziehbar, ohne dass sie ihrer Unverständlichkeit beraubt würden.

Dem Expressionismus gilt auch Sabine Kyoras Interesse; mit der Intermedialität bringt sie einen weiteren methodologischen Aspekt ins Spiel, den sie für die Analyse der kulturhistorischen Situation des frühen 20. Jahrhunderts samt ihrer kommunikativen Prozesse fruchtbar macht, indem sie das frühe „Kino der Attraktionen" in seiner Faszination und in seiner Rolle als Konkurrenzmedium für expressionistische Autoren wie Johannes R. Becher, Gottfried Benn, Alfred Döblin, George Grosz, Ferdinand Hardekopf, Jakob van Hoddis, Franz Pfemfert oder Kurt Pinthus beschreibt. Von entscheidender Bedeutung ist dabei, dass das neue Medium unabhängig von narrativer Logik und psychologischen Zusammenhängen primär interessante Bilder liefert. Die Beziehung zwischen Zuschauer und Film wird in expressionistischen Texten über das Kino so als eine Überwältigung durch die Bilder inszeniert. Weil man das Wunderbare im Kino tatsächlich sehen kann, bleiben den expressionistischen Schriftstellern als Formen intermedialer Bezugnahme zwei Möglichkeiten: Entweder sie entwerfen ihre Texte bereits auf das Kino bezogen, wodurch sie nicht mehr autonom sind und also ihren Avantgardestatus verlieren, oder sie konstruieren sie als eine abstrakte und reduzierte, nicht visualisierbare Variante – und somit gerade nicht als intermediale Transposition von Kinobildern in den Text.

Auch Oliver Pfohlmann widmet sich in seinem Aufsatz „Kriegserlebnis und literarische Kommunikation am Beispiel von Robert Musil" der literarischen Moderne des frühen 20. Jahrhunderts. Er eröffnet auf doppelte Weise eine neue Perspektive: Zum einen stellt er nicht die Medien der literarischen Kommunikation ins Zentrum, sondern ein reales historisches und biographisches Ereignis, den Ersten Weltkrieg und insbesondere ein Kriegserlebnis Musils, die angebliche ‚Todesfreude', die er im September 1915 empfand, als ein Fliegerpfeil ihn offenbar nur knapp verfehlte. Zum anderen leistet Pfohlmann philologische Feinarbeit, indem er die drei Textversionen vergleicht, in denen Musil dieses Erlebnis schildert. Den Hintergrund für seine Überlegungen bildet dabei der Stellenwert, den innerhalb zeitgenössischer Theorien literarischer Kommunikation – etwa bei Wilhelm Dilthey – die Begriffe ‚Einfühlung' und ‚Erlebnis' besitzen. Aufschlussreich ist in diesem Zusammenhang, inwiefern Musil einerseits Strategien der Mystifizierung und der Sexualisierung zum Zweck der Emotionalisierung verwendet, diese Aspekte aber andererseits gerade aus Rücksichtnahme dem Publikum gegenüber modifiziert bzw. verhüllt. Besonders eklatant ist in diesem Fall die Diskrepanz zwischen Musils konkretem eigenem kommunikativem Verhalten in der von ihm selbst geschilderten Situation und der literarischen Kommunikation: Während er es unterlässt, die Kameraden vor dem Angriff zu warnen, um die Situation alleine ‚genießen' zu können, beteiligt er seine Leser später gerne an seiner Angstlust.

Der Aufsatz von Urte Helduser vollzieht gegenüber den vorhergehenden Beiträgen einen Zeitsprung von einem halben Jahrhundert, mit allen damit einhergehenden politisch-zeitgeschichtlichen Implikationen; zugleich knüpft er zum einen an die Beschäftigung mit dem Antisemitismus, zum anderen – methodologisch – an das Problem der Intermedialität an. Anhand von Volker Schlöndorffs Film *Der plötzliche Reichtum der armen Leute von Kombach* (1971), einem der prominentesten Beispiele des ‚neuen', ‚kritischen' Heimatfilms, schildert sie den problematischen Umgang des Regisseurs nicht nur mit der realhistorischen Vorlage eines Postraubs aus dem Jahr 1822, sondern insbesondere mit literarischen Prätexten, die in den Film verwoben werden: In einem Montageverfahren werden Dialoge, die nahezu vollständig auf literarische Texte des 19. Jahrhunderts (insbesondere Berthold Auerbachs) zurückgehen, in einen neuen Plot überführt. Insbesondere in der Figur des David Briel überlagern sich hier verschiedene literarische Figurationen des 19. Jahrhunderts und werden dabei antisemitische Stereotype bedient. Indizierend in intermedialer Hinsicht ist dies durch den spezifischen Umgang mit Literatur im Medium Film. Medien und Formen literarischer Kommunikation wie Almanache, Bauernkalender oder das Rezitieren von Gedichten werden im Film vorgeführt und persifliert; auf einer anderen, impliziten Ebene erfolgt die intertextuell-intermediale Bezugnahme auf literarische Texte des 19. Jahrhunderts: Mit der literarischen (Figuren-)Sprache des frühen 19. Jahrhunderts werden auch die Poetiken der Texte transponiert; auf problematische, nämlich: antisemitische Klischees alludierende Weise verknüpft der Film entkontextualisierte Passagen heterogener literarischer Texte, insbesondere des sozialen Dramas Büchners und des poetischen Realismus Berthold Auerbachs.

Mit den letzten drei Beiträgen wenden wir uns erneut der Gegenwart und somit jenen Prozessen literarischer Kommunikation zu, an denen wir selbst partizipieren. So rekonstruiert Christine Kanz die Rückkopplungseffekte, die der 1990 entfachte Literaturstreit um Christa Wolfs Erzählung *Was bleibt* auf die Rezeption ihrer früheren *und* auf die Produktion ihrer nachfolgenden Werke hatte. Der Vorwurf, sich selbst mit einem eben nicht während, sondern nach dem Ende des DDR-Regimes veröffentlichten Text zum Opfer zu stilisieren, sowie ihr zwei Jahre später abgelegtes Bekenntnis, um 1960 für kurze Zeit mit der Stasi kooperiert zu haben, werfen einerseits einen Schatten auf das in ihren Werken verfochtene Ideal der Aufrichtigkeit. Andererseits ist zu beobachten, auf welche Weise die seit der Mitte der 1990er-Jahre entstandenen Werke den literarischen Streit um ihre Person reflektieren. Im Roman *Stadt der Engel oder The Overcoat of Dr. Freud* (2010) wird er zum literarisierten Gegenstand; indem Dokumente wie etwa Briefauszüge zitiert werden, erhält der Roman dokumentarische Züge. Das Werk als Bestandteil der literarischen Kommunikation reagiert auf und partizipiert am kommunikativen Ereignis des Literaturstreits, der seinerseits durch ein anderes Werk, die Erzählung *Was bleibt*, hervorgerufen wurde. Auf andere Weise als bei Musil rückt somit auch hier der in literaturtheoretischer Hinsicht brisante Zusammenhang von historisch-biographischer Realität, literarischer Kommunikation und konkretem literarischem Werk in den Blick.

Dieses Spannungsfeld reflektiert Alexandra Pontzen in seiner ganzen methodologischen Komplexität, indem sie anhand der drei zentralen Begriffe Lesen, Lernen und Leben nach dem Zusammenhang von Wirklichkeitslektüre und literarischer Kommunikation fragt. Dies geschieht im Blick auf drei ‚Bildungs'-Romane der Gegenwart: Annette Pehnts Campus-Roman *Hier kommt Michelle* (2010), Sibylle Lewitscharoffs *Blumenberg*-Hommage (2011) und Judith Schalanskys *Der Hals der Giraffe* (2011). Um die Tradierung und Transformation literarischer Kommunikation nachzuvollziehen, werden hier Texte interpretiert, die

Lektüremodelle von Wirklichkeit thematisieren. Alle drei Romane sind in Bildungsinstitutionen wie Gymnasium oder Universität angesiedelt, und die von den Autoritäten der Lehrenden initiierten Bildungsprozesse zielen jeweils darauf ab, Lebenswirklichkeit – literarhistorisch, metaphorologisch oder evolutionsbiologisch – ‚lesbar‘, also dekodierbar und verständlich zu machen. Auf jeweils unterschiedliche Weise wird die Bildungsidee zur eigenen Erzählpraxis in Beziehung gesetzt; bei genauerer Betrachtung unterminieren die Romane dabei den Anspruch ihrer Erzählinstanzen, indem sie ihn in ein Spannungsverhältnis zur Tradition des literarischen Genres setzen oder seine Verbindlichkeit implizit in Frage stellen. Das versetzt die Rezipienten in die Situation, die Texte gegen ihre eigene Programmatik und Poetik lesen zu können. Zu beobachten ist ein ironisches Spiel mit aktuellen Konventionen der literarischen Kommunikation, indem etwa bei Pehnt bewusst ästhetische Trivialität praktiziert wird und sogar auf typographischer Ebene eine Anlehnung an überdidaktische akademische Einführungsliteratur stattfindet.

Der letzte Beitrag des Bands thematisiert nicht nur einen aktuellen Aspekt literarischer Kommunikation, sondern zeichnet sich zugleich durch große Nähe zur Praxis aus: Die Hypertext-Pionierin Susanne Berkenheger tritt in einen literarischen Dialog mit Figuren ihrer seit 1997 entstandenen Werke und reflektiert, vom provokativen Vorwurf ausgehend, Hypertext-Rezipienten seien ‚klickende Analphabeten‘, auf diese Weise spielerisch über die Ästhetik und Poetik des Hypertexts – über das neuartige Verhältnis von Autorin, Erzählerin, Figurenkonzeption, Handlung und Leser, über die zwischen Steuerung und Autonomie changierende Interaktion zwischen Produzent und Rezipient sowie über die veränderten Rezeptionsgewohnheiten im Zeitalter des Internet und des Computerspiels zwischen Lesen und Klicken. Gerade in Berkenhegers ganz auf die Gegenwart gerichtetem Text wird abermals die mediale Bedingtheit der Transformation literarischer Kommunikationsprozesse überdeutlich. Wie der Essay von Uwe Wittstock unterstreicht er zudem nochmals, was im Hinblick auf den Problemkomplex ‚Literarische Kommunikation‘ wohl das Wichtigste ist: der Dialog, die produktive Kooperation von literaturwissenschaftlich-literarischer Theorie und Praxis.

Die Beiträge gehen zum größten Teil auf ein Symposium zurück, das im Februar 2013 zum 65. Geburtstag von Thomas Anz an der Philipps-Universität Marburg veranstaltet wurde.

Kritik

Gerhard Kurz

Das Wahre, Gute, Schöne und die Literaturkritik

Seit der Mitte des 19. Jahrhunderts gilt die Trias des Wahren, Guten und Schönen im Selbstverständnis der Künstler und in der ästhetischen Theorie als verpönt. Doch muss die Theorie mit der Praxis nicht übereinstimmen. Am Beispiel von zeitgenössischen Literaturkritiken möchte ich zeigen, dass die Ansprüche und Erwartungen, die mit dieser Trias verbunden werden, immer noch gelten. Da es zur Geschichte dieser Trias nur sporadische Hinweise gibt, verfolge ich ihre Karriere im ersten Teil etwas ausführlicher.

1 Die Widmung der Frankfurter Oper

Am 20. Oktober 1880 wurde in Anwesenheit des Kaisers Wilhelm I. die Frankfurter Oper eröffnet. Entworfen hatte der Architekt das Gebäude, ursprünglich geplant als Opern- und Schauspielhaus, als einen Tempel der Musen und der bürgerlichen Gesellschaft. Das reiche Bild- und Figurenprogramm umfasst u. a. die Figur des Apollo, des Gottes der Musen, die Figuren der drei Grazien und der drei Parzen aus der griechischen Mythologie, weibliche Figuren, die u. a. die Komödie, die Tragödie, den Tanz, die Poesie, die Wahrheit, die Musik personifizieren, die Figur der Isabella aus Schillers *Die Braut von Messina* und die Figur der Recha aus Lessings *Nathan der Weise*, Medaillons von Dichtern und Komponisten wie z. B. Shakespeare, Schiller, Kleist, Calderon, Corneille, Molière, Cherubini, Weber, Meyerbeer, Beethoven, im Inneren Darstellungen der Künste und der Wissenschaften, Szenen aus Dramen und Opern, eine Darstellung von Apollo und den neun Musen. In die Loggia der Vorderfront sind die Statuen von Mozart und Goethe platziert worden. Natürlich Goethe! Bekrönt wird der Bau von der Figur des geflügelten Musenrosses, dessen Hufschlag die Musenquelle Hippokrene am Helikon hat fließen lassen.[1]

Im Giebelrelief der Hauptfassade ist das Stadtwappen Frankfurts angebracht, flankiert von zwei bärtigen, nackten Männerfiguren, Personifikationen des Rheins und des Mains. Im Fries darunter ist die Inschrift „Dem Wahren Schoenen

---

1 Zur Architektur und dem ikonographischen Programm vgl.: Christiane Wolf Di Cecca, Die Frankfurter „Alte Oper". Baumonographie eines Opernhauses 1869–1880, Frankfurt a. M. 1997.

DOI 10.1515/9783110543209-002

Guten." zu lesen, nach der damals geltenden orthographischen Konvention mit einem Punkt abgeschlossen. Dieser Musentempel, heißt dies, ist dem Wahren, Schönen, Guten gewidmet.

Die Innenräume des Opernhauses demonstrieren nicht nur einen Tempel der Musen, sondern auch einen Tempel der bürgerlichen Gesellschaft. Ein zentrales Bauelement bildet der große, opulente Treppenaufgang zu den Parkett- und Balkonlogen. Die Treppe fungiert als Bühne des Publikums, das in diesem Aufstieg seinen eigenen gesellschaftlichen Aufstieg, seine Kultur, seine Macht und Dynamik zur Schau stellt und genießt.[2] Wie in einer Geschichte des Frankfurter Opernhauses mitgeteilt wird, war die Inschrift „Dem Wahren Schönen Guten." nicht unumstritten. Die Widmung „Dem Wahren" überzeugte nicht alle, da ein Theater nicht dem Wahren, sondern vielmehr dem „Kultus der schönen Täuschung" gewidmet sei.[3]

2 Vorgeschichte der Trias „Das Wahre, Schöne, Gute"

Die Trias „Das Wahre, Schöne, Gute" oder auch „Das Wahre, Gute, Schöne" bildet das Leitgestirn am bürgerlichen Himmel vom Ende des 18. Jahrhunderts bis zum Ende des 19. Jahrhunderts und darüber hinaus. Es ist ein produktives rhetorisches Muster und ein eingängiges rhythmisches Schema. Getragen wird es auch von einer in vielen Kulturen verbreiteten Hochschätzung der Zahl Drei. Aller guten Dinge sind drei. Denken wir nur an: *Glaube, Hoffnung, Liebe, diese drei...* (1. Korinther 13,13) oder *liberté, fraternité, égalité* oder *Einigkeit und Recht und Freiheit*. In Diderots Roman *Le Neveu de Rameau* (1761–1776 entstanden) wird die Trias des Wahren, Guten und Schönen provokant mit der christlichen Trias Vater, Sohn und Heiliger Geist verglichen:

> L'empire de la nature et de ma trinité, contre laquelle les portes de l'enfer ne prévaudront jamais, le vrai, qui est le père et qui engendre le bon, qui est le fils, d'où procède le beau, qui est le saint-esprit, s'établit tout doucement.[4]

Entstanden ist diese Trias in der ersten Hälfte des 18. Jahrhunderts. Ihre Vorgeschichte beginnt mit Plato und dem Platonismus. Die Trias selbst kommt bei Plato explizit nicht vor, aber doch beinahe. Plato bezieht die Schönheit (*kallos*) bzw.

---

2 Vgl. dazu besonders: Wolfgang Schivelbusch, Eine wilhelminische Oper, Frankfurt a. M. 1985.
3 Vgl. Albert Richard Mohr, Das Frankfurter Opernhaus 1880–1980, Frankfurt a. M. 1980, S. 52.
4 Denis Diderot, Œuvres Romanesques, Paris 1962, S. 467.

das Schöne (*to kalon*), das Gute (*agathon*) und die Wahrheit (*alêtheia*) bzw. das Wahre (*alêthê*) eng aufeinander.[5] Dabei muss man bedenken, dass ‚schön‘ (*kalos*) eine weite Bedeutung hat. ‚Schön‘ kann auch genannt werden, was vortrefflich, was nützlich und was moralisch gut ist und gut tut. Die Tugend der Besonnenheit kann z. B. als etwas „Gutes und Schönes" (Laches 192 c) bezeichnet werden. Aber auch noch heute hat ‚schön‘ eine weite Bedeutung, das Wort kann erfreulich, gelungen, passend, nützlich bedeuten. Wenn wir sagen, ‚das war nicht schön von ihm‘, dann geht z. B. die Bedeutung ins Moralische über. Für den Sprachgebrauch heute gilt noch die Erläuterung in Adelungs *Grammatisch-kritischem Wörterbuch der hochdeutschen Mundart* (2. Auflage 1793–1801), wonach wir all das schön nennen, was wir mit „Wohlgefallen" wahrnehmen.

Wahr können das Gute und Schöne genannt werden, insofern sie als Werte ‚wahr‘, d. h. echt, evident, wirklich sind. Wahr kann das genannt werden, was, aussagenlogisch, mit der Wirklichkeit übereinstimmt, und, ontologisch, was wirklich das ist, was es zu sein vorgibt. Wir reden auch heute noch von z. B. einer wahren Freundschaft, wenn sie die Idee der Freundschaft in besonderer Weise erfüllt, oder davon, dass jemand sein wahres Gesicht zeigt. Das Wahre, das Schöne, das Gute sind für Plato Ideen. Idee bedeutet dabei so viel wie Muster, Vorbild, Urbild, Wesen, Maßstab. Ideen ermöglichen und orientieren unsere Erkenntnis.

Die Bildung der Trias konnte anknüpfen an Stellen in den Dialogen *Phaidros*, *Philebos* und an das *Symposion* (Das Gastmahl). In *Phaidros* erörtern Sokrates und Phaidros u. a. die Frage, ob die Seele der sterblichen Menschen einen unsterblichen, göttlichen Anteil hat. Sokrates wählt für seine Antwort auch einen Vergleich, einen Vergleich der Seele mit einem geflügelten Gespann. Vergleichbar ist die Seele mit der Kraft eines geflügelten Gespanns und seines Lenkers. Bei den Menschen sind die Pferde des Gespanns „gemischt", das eine ist gut, das andere nicht. Daher ist die Lenkung des Gespanns mühsam. Doch hat auch dieses gemischte Gespann die Fähigkeit, dorthin zu gelangen, wo die Götter wohnen. Dann wird, fast beiläufig, das Göttliche umschrieben: Es ist „schön, klug, gut und überhaupt alles, was sonst noch als positiv zu nennen."[6] Das Göttliche geht also nach Plato über das Schöne, Kluge und Gute hinaus.

---

5 Zum Stand der Diskussion dieser Begriffe vgl.: Rolf Schönberger, Gute, das (agathon). In: Platon – Lexikon, hg. von Christian Schäfer, Darmstadt 2007, S. 145–150; Friederike Rese, Schönheit (kallos). In: Ebd., S. 244–248; Christoph Kann, Wahrheit (alêtheia). In: Ebd., S. 310–314. Hartmut Westermann, Schönes/Schönheit. In: Platon-Handbuch, hg. von Christoph Horn u. a., Stuttgart, Weimar 2009, S. 320–323.

6 Platon, Phaidros, 246e. Übersetzung und Kommentar von Ernst Heitsch, Göttingen 1997, S. 31.

Die zweite Stelle findet sich im Dialog *Philebos* (64e–65a). In diesem Dialog geht es um die Frage, worin das Gute in den Mischungen des Menschen und der Welt besteht. Es scheint unmöglich zu sein, das Wesen des Guten zu bestimmen. Daher erläutert Sokrates das Gute „in dreifacher Gestalt", mit Hilfe von drei Kriterien, nämlich als Symmetrie (*symmetria*) in den Mischungen des Lebens, d. h. als Verhältnismäßigkeit, Maß, dann als Schönheit (*kallos*) und als Wahrheit (*alêtheia*). Die Verhältnismäßigkeit z. B. in der Mischung von Vernunft und Lust macht diese Mischung zu einer guten und wahren. Als Schönheit nehmen wir die Verhältnismäßigkeit wahr, wenn sie gut ist. Diese drei Kriterien sind nicht gleichwertig.[7] Das Gute ist der Grund der Schönheit und Wahrheit. Es zeigt sich in ihnen. Wenn wir etwas als schön und wahr wahrnehmen, dann liegt ihm das richtige, gute Verhältnis zugrunde. Schönheit ist der „Glanz" des Guten, wie es im Dialog *Phaidros* (250b) heißt.

Im *Symposion* belehrt die Seherin Diotima Sokrates, dass der Eros im Menschen nach dem Schönen und Guten strebt. Dieses Streben führt, einer Initiation in Mysterien vergleichbar, in einem Aufstieg über schöne Körper, schöne Handlungen und schöne Reden zur Schönheit der Seele und der Erkenntnis, schließlich zur Idee des Schönen selbst. (210e–212a) Wer so weit kommt, weiß auch, was das „Wahre" und was „wahre Tugend" ist. Wieder ist im Zusammenhang des Guten, Wahren und Schönen das Gute das Höchste unter ihnen. Übertragen auf die Kunst bedeutet dies, dass für Plato ein Kunstwerk dann gut ist, wenn es Erkenntnisse vermittelt, schön geordnet ist und eine positive Wirkung auf den Menschen ausübt.[8]

In der Renaissance kam es zu einer ‚Wiedergeburt' Platons, die freilich auch in der spätantiken und mittelalterlichen Tradition eines christlich gedeuteten und überlieferten Platonismus steht. Marsilio Ficino, der alle Werke Platons edierte und kommentierte, legte Platons Philosophie in dieser Tradition als eine ‚fromme Philosophie' aus. In *De amore* (Von der Liebe), 1469 abgeschlossen, einem Kommentar zu Platons *Symposion*, lehrt er, dass in der Existenz Gottes das Gute, das Wahre und das Schöne zusammenfallen. Insofern Gott die Wirklichkeit aller Dinge ist, ist er das Gute (*bonum*); insofern er sie belebt, durchgeistigt, anmutig macht, das Schöne (*pulchrum*), insofern er die menschliche Erkenntnis zu den Dingen leitet, die Wahrheit (*veritas*). Das Schöne ist die Manifestation, der Vollzug (*actus*), der Vorschein, das Äußere dieses Guten und Wahren, sein

---

7 Vgl. den Kommentar in Platon, Philebos. Übersetzung und Kommentar von Dorothea Frede, Göttingen 1997, S. 359.

8 Vgl. Stefan Büttner, Antike Ästhetik, München 2006, S. 59.

Strahl (*radius*), der die Welt durchdringt und erhellt.[9] Die zweite Version seines Kommentars zu *Philebos* von 1491 widmete Ficino seinem Gönner Lorenzo de' Medici. Er preist ihn, dass er, anders als Paris oder Herkules oder Sokrates, unter den drei Göttinnen Venus, der Schönheit, Juno, der Macht und Tugend, Minerva, der Wahrheit, nicht eine oder zwei ausgewählt hat, sondern alle drei.[10]

In der englischen Rezeption des 16. und 17. Jahrhunderts wurde der platonische Schönheitsenthusiasmus mit dem neuzeitlichen Rationalismus vermittelt. Hier griff z. B. Shaftesbury in der Diskussion um die ästhetische und soziale Bedeutung des guten Geschmacks auf den Platonismus zurück.[11] 1711 hatte Shaftesbury in drei Bänden die *Characteristics of Men, Manners, Opinions* publiziert. Sie fanden eine europaweite Resonanz. In Johann Georg Sulzers *Allgemeiner Theorie der schönen Künste* (1771–1774, 2. Auflage 1794) heißt es im Artikel „schön" über Shaftesbury, dass in dessen „Systeme, bekanntermaßen, nur das Gute und Wahre schön" ist.[12]

Shaftesbury faszinierte die europäischen Aufklärer durch seinen kolloquialen Stil und seine optimistische Anthropologie. ‚Bekanntermaßen' lehrt er, dass der Mensch als Teil des Kosmos auch das Bewusstsein dafür hat, was schön, wahr und gut ist. Denn Symmetrie, Proportion, Harmonie machen den Kosmos aus: „what is beautiful is harmonious and proportionable: what is harmonious and proportionable is true; and what is at once both beautiful and true, is of consequence agreeable and good[.]"[13] So formuliert Shaftesbury in *Sensus Communis. An Essay on the Freedom of Wit and Humour in a letter to a friend* von 1709. Dieses Bewusstsein für das Wahre, Gute und Schöne muss der Mensch freilich üben und zu einer habituellen Fertigkeit, zu einer ethisch-ästhetischen Lebensführung ausbilden. Erfahrung der und Reflexion auf die Schönheit gehören unverzichtbar zur Bildung des Menschen zum Wahren und Guten:

> And thus, after all, the most natural beauty in the world is honesty, and moral truth. For all beauty is truth. True features make the beauty of a face; and true proportions the beauty of

---

9 Marsilio Ficino, Über die Liebe oder Platons Gastmahl. Übersetzt von Karl Paul Hasse, hg. von Paul Richard Blum, Hamburg 1984, 1. Rede, 2. bis 5. Kapitel. Vgl. dazu Paul Otto Kristeller, Die Philosophie des Marsilio Ficino, Frankfurt a. M. 1972, S. 248 ff.
10 Vgl. Marsilio Ficino, The Philebus Commentary, hg. von Michael J. B. Allen, Berkely 1975, S. 482.
11 Vgl. dazu besonders Mark-Georg Dehrmann, Das „Orakel der Deisten". Shaftesbury und die deutsche Aufklärung, Göttingen 2008.
12 Johann Georg Sulzer, Allgemeine Theorie der schönen Künste, Bd. 4, Neudruck Hildesheim 1994, S. 311.
13 Shaftesbury, Characteristics of men, manners, opinions, times, hg. von Philip Ayres, Oxford 1999, Bd. 1, S. 216. Vgl. auch S. 215: „symmetry and order, on which beauty depends".

architecture; as true measures that of harmony and music. In poetry, which is all fable, truth still is the perfection.[14]

Den *taste* nähert Shaftesbury dem *moral sense* an, im 18. Jahrhundert mit moralischer Empfindung übersetzt.[15] Der *taste* vermittelt ethisches und ästhetisches Urteil, Reflexion und Sinnlichkeit.[16] Mit Shaftesbury setzt auch eine Säkularisierung der Trias im 18. Jahrhundert ein. Die Trias umschreibt nun die Ordnung des Kosmos. Ihre Geltung ist universell und wird noch nicht, wie später dann im 19. Jahrhundert, auf die Kunst eingeschränkt.

3 Bildung der Trias „Das Wahre, Schöne, Gute"

Zur Entstehung und Attraktion der Trias im 18. Jahrhundert trugen viele intellektuelle Entwicklungen, Konstellationen und Debatten bei: die intensive Rezeption der platonischen Philosophie, die Debatte um den guten Geschmack, die Öffnung der Philosophie zu ästhetischen Diskursformen und Themen, die Erweiterung der Philosophie um die neue Wissenschaft der Ästhetik mit dem eigenen Wahrheitsanspruch der Sinnlichkeit durch Alexander Gottlieb Baumgarten (*Aesthetica*, 1750/58) und dessen Schüler Georg Friedrich Meier (*Anfangsgründe aller schönen Wissenschaften*, 1748). Diese Ästhetik führte zu einer neuen Begründung des Wahrheitsanspruchs von Kunst und Dichtung. Im Horizont der Aufklärung wurde die Kunst auf Erkenntnis, Schönheit und Moral verpflichtet. Auch im Sturm und Drang und in der Empfindsamkeit wurde diese Verbindung nicht aufgegeben. Allgemein gilt, nach dem Artikel „Künste; Schöne Künste" in Sulzers *Allgemeiner Theorie der schönen Künste*, dass die Kunst die Menschen mit „Zuneigung für alles Schöne und Gute" erfüllen und „die Wahrheit wirksam" machen soll.

Triasbildungen in der zeitgenössischen Philosophie mochten anregend wirken. Danach werden die Vermögen des Menschen aufgeteilt in Denken, Wollen und Fühlen oder Empfinden.[17] Diese Dreiteilung bildet noch die Grundlage für Kants drei Kritiken, die, vereinfacht, dem Wahren (*Kritik der reinen Ver-*

---

14 Shaftesbury, Characteristics of men, S. 77.
15 Vgl. dazu Dehrmann, „Orakel der Deisten", S. 121 ff., 163 f.
16 ‚Moral' bedeutet im englischen Sprachgebrauch der Zeit ‚moralisch' und ‚geistig'.
17 Vgl. neben Friedrich Justus Riedel, Theorie der schönen Künste und Wissenschaften, Jena 1767, auf den ich zurückkommen werde: Johann Georg Sulzer, Untersuchung über den Ursprung der angenehmen und unangenehmen Empfindungen, Berlin 1762 (zuerst 1751/52), und: Johannes Nikolaus Tetens, Philosophische Versuche über die menschliche Natur und ihre Entwicklung, Leipzig 1777, Neudruck Hildesheim und New York 1979.

nunft), dem Guten (*Kritik der praktischen Vernunft*) und dem Schönen (*Kritik der Urteilskraft*) zugeordnet werden können.

Die ersten Belege der Trias finden sich in der Öffnung der Philosophie zu freieren, literarischen, ‚populären' Formen und Themen und in einem philosophisch-ästhetischen Milieu abseits der als pedantisch und trocken geltenden akademischen Philosophie, nämlich im Zusammenhang der zeitgenössischen Geschmacksdebatte und in der Rezeption des Platonismus.

Warum gerade in der Geschmacksdiskussion? Man kann verstehen, warum der Geschmack zu einem Fundamentalbegriff aufsteigen konnte. Er gewährt eine eigene Erkenntnis, wenn wir z. B. die Zusammensetzung einer Speise herausschmecken. Das Geschmacksurteil ist individuell. Und doch wird eine allgemeine Geltung unterstellt. Man kann über ihn streiten. Metaphorisch ausgeweitet orientiert er im ‚guten' gesellschaftlichen, z. B. rücksichtsvollen, höflichen Umgang. Fehlt er, können wir ein Verhalten ‚geschmacklos' finden. Zu ihm gehört ein intuitives ‚Ich weiß nicht was', ein *je ne sais quoi*, das gerade für das Urteil über Schönes geltend gemacht wird. Der Geschmack wird so auf Wahres, Gutes und Schönes bezogen und soll Individuelles und Allgemeines vermitteln. In der Geschmacksdiskussion des 18. Jahrhunderts gewinnt die Trias eine dispositive Bedeutung.

Der früheste mir bekannte Beleg stammt von 1727 aus Johann Ulrich Königs *Des Freiherrn von Canitz Gedichte, Mehrenteils aus seinen eigenhändigen Schriften verbessert und vermehrt, Mit Kupfern und Anmerkungen, nebst dessen Leben, und Einer Untersuchung Von dem guten Geschmack in der Dicht-und Rede-Kunst.* In dieser *Untersuchung Von dem guten Geschmack in der Dicht-und Rede-Kunst* des Hofdichters und Zeremonienmeisters am sächsischen Kurfürstenhof wird die Trias ‚Das Gute, Wahre und Schöne' oder ‚Das Wahre, Gute und Schöne' oder ‚Schönheit, Wahrheit und Güte' so oft und ohne Einführung verwendet, dass man den Eindruck gewinnt, König greife einen etablierten Sprachgebrauch auf. Vielleicht hat er sich von eher beiläufigen Formulierungen in Lodovico Muratoris *Kritischer Abhandlung von dem guten Geschmack in den schönen Künsten und in den Wissenschaften* (*Riflessioni sopra il buon gusto intorno le scienze e le arti*, 1721, dt. 1772) inspirieren lassen. Dort schreibt Muratori, dass in der Wissenschaft nach „dem Wahren, Guten und Schönen der Dinge" zu unterscheiden sei[18] und „dass ein Gelehrter nach dem guten Geschmacke mit dem Wahren zu überzeugen, mit dem Guten zu nutzen, mit dem Schönen aber zu ergötzen suchen müsse".[19] In

---

18 Ludovico Antonio Muratori, Kritische Abhandlung von dem guten Geschmack in den schönen Künsten und den Wissenschaften, Augsburg 1772, S. 649 ff., 679.
19 Muratori, Kritische Abhandlung, S. 370, S. 659.

seiner *Untersuchung Von dem guten Geschmack in der Dicht-und Rede-Kunst* fasst der belesene König die europäische Geschmacksdiskussion seiner Zeit zusammen und entwickelt eine eigene Position, mit der er für eine neue Poetik und Ästhetik wirbt.[20] Auch Shaftesbury wird neben anderen Autoritäten der Geschmacksdiskussion zitiert und diskutiert. Königs Abhandlung dokumentiert den Übergang des Ausdrucks ‚Geschmack' zu einem metaphorischen Gebrauch, zu ‚Geschmack' als Metapher für eine sensible gesellschaftliche, moralische und ästhetische Fertigkeit.

Im Geschmack verbinden sich Sinnlichkeit, Erfahrung und Erkenntnis. Ganz frühaufklärerisch zielt König auf das ‚richtige' Geschmacksurteil. Als richtiger ist der Geschmack auch ein guter Geschmack. In seiner Übereinstimmung mit dem Verstand und mit dem, was von einer ‚vernünftigen Welt' als richtig erkannt wird, kann der Geschmack auch eine allgemeine Geltung beanspruchen. Dem bloßen Verstand hat der Geschmack voraus, dass er als eine sinnlich-analytische ‚Fertigkeit' sein Urteil schneller und wie von selbst vollzieht. Auf diesem Urteil kann der Wille, also auch das moralische Handeln, aufbauen. Diesen sinnlich-analytischen ‚guten' Geschmack macht König nun zum Wahrnehmungsorgan der Werte des Wahren, Guten und Schönen. Erzeugt wird er vom Witz, d. h. dem Vermögen zu verbinden und zu vergleichen, und vom Scharfsinn, d. h. dem Vermögen analytisch zu trennen:

> Der allgemeine gute Geschmack ist eine aus gesundem Witz und scharfer Urteilungskraft erzeugte Fertigkeit des Verstandes, das Wahre, Gute und Schöne richtig zu empfinden, und dem Falschen, Schlimmen und Hässlichen vorzuziehen, wodurch im Willen eine gründliche Wahl, und in der Ausübung eine geschickte Anwendung erfolget.[21]

Diese Fertigkeit kann sich vielfältig äußern, denn „es ist mehr als nur ein einziger Weg zur Erlangung des Guten, zur Vorstellung des Wahren, und zur Erfindung des Schönen, so auch in der Dicht- und Redekunst".[22]

Die Trias beginnt nun ihre Karriere in der philosophischen und ästhetischen Diskussion des 18. Jahrhunderts. Moses Mendelssohn z. B. hatte sich mit der Philosophie Platons, mit Shaftesbury und der zeitgenössischen Geschmacksdiskussion intensiv auseinandergesetzt. Aus beiden Traditionen konnte er die Trias übernehmen. Vernunft und Geschmack sind für ihn die beiden Vermögen, das

---

20 Vgl. Dehrmann, „Orakel der Deisten", S. 167 ff.
21 Johann Ulrich König, Des Freiherrn von Canitz Gedichte. Mehrenteils aus seinen eigenhändigen Schriften verbessert und vermehrt, Mit Kupfern und Anmerkungen, Nebst dessen Leben, und Einer Untersuchung Von dem guten Geschmack in der Dicht- und Rede - Kunst, Leipzig 1727, S. 259.
22 König, Canitz Gedichte, S. 292.

Wahre, Gute und Schöne zu erkennen. In der kleinen Schrift *Verwandtschaft des Schönen und Guten* (1757–1760) postuliert er:

> Mit unsrer Vernunft unterscheiden wir das Wahre vom Falschen, das Gute vom Bösen, das Schöne vom Hässlichen. Wir besitzen aber bon-sens, Empfindungen und Geschmack, vermittelst welcher wir ohne deutliche Schlüsse das Wahre, Gute und Schöne gleichsam fühlen.[23]

Die Vernunft erkennt mit ‚deutlichen Schlüssen'. Nach dem philosophischen Begriffsgebrauch der Zeit bedeutet ‚mit deutlichen Schlüssen' so viel wie ‚mit Schlüssen, die zu distinkten begrifflichen Bestimmungen führen'. Mit dem Geschmack dagegen ‚fühlen' wir diese Werte ‚gleichsam'. ‚Gleichsam fühlen' bedeutet offenbar nicht einfach ‚fühlen'. Die Formulierung ist wohl so zu verstehen, dass wir im Geschmack das Wahre, Gute und Schöne auf eine so unmittelbare, schnelle – ohne wahrnehmbare Schlüsse – und evidente Weise wahrnehmen, dass wir den Eindruck haben, wir fühlten es unmittelbar.

Am Ende von Mendelssohns Abhandlung *Morgenstunden oder Vorlesungen über das Dasein Gottes* (1785) wird die Trias auf die Ordnung der Lebens- und Wertewelt des Menschen bezogen. Das Wahre ist Gegenstand des Forschens, das Gute und Schöne Gegenstand der Billigung (auch Missbilligung), das Gute auch Gegenstand des Wollens. Gegenüber einer engen Annäherung des Guten an das Schöne war Mendelssohn zurückhaltend, da es auch ein ästhetisches Vergnügen am Bösen gibt. Realistisch und zugleich anspruchsvoll wird das, was die Menschen tun sollen und können, das „Beste" genannt: „Mit einem Worte: der Mensch forschet nach Wahrheit, billiget das Gute und Schöne, will alles Gute und tut das Beste."[24]

Der dritte Beleg dokumentiert die Anwendung der Trias für eine neue Systematisierung der Philosophie, nämlich in Friedrich Justus Riedels *Theorie der schönen Künste und Wissenschaften* von 1767. Bezeichnenderweise ist auch Riedel kein Schulphilosoph, sondern ein Schriftsteller. Wie Mendelssohn zählt Riedel zu den Popularphilosophen, die gegen die akademische Lehrbuchphilosophie eine freiere, elegantere und eine ‚für die Welt' verständlichere Form des Philosophierens vertraten. Charakteristisch ist für die Popularphilosophie auch die Aufwertung der Rolle der Alltagsvernunft, des *bon sens*, und ein starkes Interesse an ästhetischen Fragen.

---

23 Moses Mendelssohn, Ästhetische Schriften, hg. von Anne Pollok, Hamburg 2006, S. 133.
24 Mendelssohn, Ästhetische Schriften, S. 291.

Verbreitet in der Popularphilosophie ist die Definition der Philosophie als Erkenntnis des Wahren und des Guten.[25] Riedel erweitert nun diese Definition um die Erkenntnis des Schönen. In der Einleitung zur *Theorie der schönen Künste und Wissenschaften* heißt es:

> Das höchste Principium der Philosophie ist die Empfindung. Jene teilt sich, wie ihre Quelle, in drei Arme, in die Philosophie des Geistes, des Herzens und des Geschmacks. Die erste beschäftigt sich mit dem Wahren, die zwote mit dem Guten und die dritte mit dem Schönen.[26]

Die Philosophie des Geistes zeigt den Weg zur Wahrheit, die Philosophie des Herzens zeigt, was gut und böse ist und bemüht sich, den Menschen zum Guten zu führen, die Philosophie des Geschmacks ist die „Theorie der schönen Künste und Wissenschaften, welche einige die Ästhetik genennet haben."[27] Mit „einige" spielt er auf Alexander Baumgarten und Georg Friedrich Meier an, die in der Mitte des Jahrhunderts die Ästhetik als neue Wissenschaft eingeführt haben. Das Schöne und das Wahre gehören für Riedel eng zusammen, das Gute muss vom Schönen indessen „sorgfältig" getrennt werden, am Guten hat man ein „Interesse", am Schönen ein „Wohlgefallen".

> Das Gute muss von dem Schönen, der Trieb des Interesses von dem Triebe des Wohlgefallens sorgfältig unterschieden werden. Jener will besitzen; dieser ist mit dem bloßen Anschauen und mit den angenehmen Bewegungen zufrieden, die die Empfindung hervorbringt. In den meisten Fällen wirken freilich beide zugleich, und daher kommt es, dass wir sie insgemein verwirren. [...] Wenn eine Schönheit mich vergnüget, so ist es mir natürlich, dass ich wünsche, dieses Vergnügen noch weiter zu genießen, und wenn ich glaube, dass dieses ohne den Besitz des Objekts nicht möglich sei, so entstehet alsdann aus dem bloßen Wohlgefallen auch ein interessiertes Verlangen.[28]

Spätestens mit Riedel erlangt die Trias eine topische Geltung. Ende des 18. Jahrhunderts explodiert dann ihre Verwendung geradezu, wie Beispiele von Herder, Wieland, Schiller, Hölderlin, Goethe und Johann Heinrich Jacobi belegen könnten.[29] Diese Explosion hatte auch etwas mit einem Paradigmenwechsel zu tun. Die Schönheit bzw. die Kunst stieg von einem Teil des Zusammenhangs des Wahren,

---

25 So z. B. in: Christian Thomasius, Einleitung zu der Vernunftlehre, Halle 1691, und in: Samuel Reimarus, Vernunftlehre, Hamburg 1756.
26 Friedrich Justus Riedel, Theorie der schönen Künste und Wissenschaften. Mit einer Einleitung und einem Register, hg. von Dietmar Till, Hildesheim/Zürich/New York 2010, S. 8.
27 Riedel, Theorie der schönen Künste, S. 8.
28 Riedel, Theorie der schönen Künste, S. 15 f.
29 Dazu ausführlich: Gerhard Kurz, Das Wahre, Schöne, Gute. Aufstieg, Fall und Fortbestehen einer Trias, Paderborn 2015.

Guten, Schönen zur Stifterin bzw. zum Garanten dieses Zusammenhangs auf. Wie der Bau der Frankfurter Oper demonstriert, ist es die Kunst, die nun als der eigentliche Ort dieses Zusammenhangs gilt.

4 Eine idealistische und eine klassizistische Formulierung der Trias

Zwei Beispiele sollen etwas genauer vorgestellt werden, das sogenannte *Älteste Systemprogramm des deutschen Idealismus* und Goethes *Epilog zu Schillers Glocke*.

In der Handschrift und aus dem Nachlass Hegels, aber ohne Angabe eines Verfassers, ist ein fragmentarischer Text überliefert, den Franz Rosenzweig 1917 unter dem Titel *Das älteste Systemprogramm des deutschen Idealismus* herausgab. In der bis heute anhaltenden Diskussion über dieses Programm und die Verfasserschaft[30] geht man davon aus, dass das Manuskript Ende 1796/Anfang 1797 entstand und dass es eine Diskussion unter Hegel, Hölderlin und Schelling festhält, die seit der gemeinsamen Tübinger Studienzeit befreundet waren. Der Text ist eine agitatorische Rede, vorgetragen von einem Redner, der selbstbewusst „ich", dann „wir" sagt und einem „ihr" ein philosophisch-politisches Programm mit der Geste des Neuen und Revolutionären vorträgt. Die Rhetorik ist revolutionär, die Forderungen selbst sind so revolutionär und neu nicht. Es ist ein Programm, das rhetorisch, philosophisch und politisch der Französischen Revolution entsprechen will. Es endet denn auch in einer utopischen Aussicht: „Keine Kraft wird mehr unterdrückt werden, dann herrscht Freiheit und Gleichheit der Geister!" Das *Systemprogramm* zielt ab auf eine Revolution von oben. Insofern steht es in der Tradition der Aufklärung. Der Vernunft wird denn auch der höchste Platz

---

30 Hier zitiert nach: Mythologie und Vernunft. Hegels ‚Ältestes Systemprogramm' des deutschen Idealismus, hg. von Chistoph Jamme und Helmut Schneider, Frankfurt a. M. 1984, S. 11–14. Verwiesen sei, neben der Einleitung der Herausgeber, dort auf die Aufsätze von Franz Rosenzweig, Otto Pöggeler, Dieter Henrich und Annemarie Gethmann-Siefert. Vgl. ferner: Frank-Peter Hansen, „Das älteste Systemprogramm des deutschen Idealismus". Rezeptionsgeschichte und Interpretation, Berlin und New York 1989; Hubertus Busche, Hegels frühes Interesse an einer Mythologie der Vernunft – Zur Vorgeschichte des „ältesten Systemprogramms". In: Hegels Denkentwicklung in der Berner und Frankfurter Zeit, hg. von Martin Bondeli u. a., München 1999, S. 295–320; Manfred Baum, Nochmals: Zum Ältesten Systemprogramm des deutschen Idealismus. In: Bondeli, Hegels Denkentwicklung, S. 321–340; Violetta L. Waibel, „ein vollständiges System aller Ideen". Zum ältesten Systemprogramm des deutschen Idealismus. In: Bondeli, Hegels Denkentwicklung, S. 341–363.

zugewiesen. Der „höchste Akt" ist ein Akt der „Vernunft", die „neue Mythologie",
die als eine Verbindung von sinnlicher Imagination und Vernunft gefordert wird,
ist eine „Mythologie der Vernunft".[31]

Nachdem der Redner von einer neuen Ethik als „System aller Ideen" und der
Freiheit als dessen erster Idee geredet hat, kommt er auf die Idee der Schönheit zu
sprechen. Zuletzt soll die Idee behandelt werden, die alle Ideen „vereinigt", die Idee
der Schönheit. Die Ideen der Wahrheit und der Güte sind in ihr „verschwistert":

> Zulezt die Idee, die alle vereinigt, die Idee der *Schönheit*, das Wort in höherem platonischem
> Sinne genommen. Ich bin nun überzeugt, daß der höchste Akt der Vernunft, der, indem sie
> alle Ideen umfast, ein ästhe[...]tischer Akt ist, und daß *Wahrheit und Güte, nur in der Schön-
> heit* verschwistert sind – Der Philosoph muß eben so viel ästhetische Kraft besizen, als der
> Dichter. die Menschen ohne ästhetischen Sinn sind unsre BuchstabenPhilosophen. Die Phi-
> losophie des Geistes ist eine ästhetische Philos[ophie. ...] Man kan in nichts geistreich seyn,
> selbst über Geschichte kan man nicht geistreich raisonniren – ohne ästhetischen Sinn.
> Hier soll offenbar werden, woran es eigentlich den Menschen fehlt, die keine Ideen verste-
> hen, – und treuherzig genug gestehen, daß ihnen alles dunkel ist, sobald es über Tabellen
> u[nd] Register hinaus geht. Die Poësie bekömmt dadurch [ein]e höhere Würde, sie wird am
> Ende wieder, was sie am Anfang war – *Lehrerin der* [...] *Menschheit*; denn es gibt keine Phi-
> losophie, keine Geschichte mehr, die dichtkunst allein wird alle übrigen Wissenschaften
> u[nd] Künste überleben.[32]

Ende des 18. Jahrhunderts wurde in der Philosophie das Vermögen der Vernunft
im Abgrenzung zum Verstand neu gefasst. Vernunft wurde nun begriffen als
Vermögen der Ideen. Sie sichert die Einheit in den Handlungen des Verstandes,
in den theoretischen und praktischen Orientierungen.[33] Der Verstand dagegen
zergliedert, ordnet, nach ‚Tabellen und Registern', wie es hier herablassend
heißt. Insofern der höchste Akt der Vernunft ein „ästhetischer Akt" genannt
wird, steigert dieser Akt, was die Vernunft ohnehin schon leistet, und erfüllt,
was ihr, jedenfalls für den Redner, in dieser Leistung noch fehlt: Die Verbindung
mit Anschauung, mit Sinnlichkeit. ‚Ästhetisch' bedeutet hier sowohl ‚sinnlich',
‚anschaulich' (von gr. *aisthesis*: Sinneswahrnehmung, Gefühl, Erkenntnis), als
auch ‚schön', ‚geistreich', ‚kreativ'. Dieser Bedeutungszusammenhang geht auf

---

31 Diese Aufklärungstradition wird in der Forschungsliteratur meist übersehen und das *Älteste
Systemprogramm* als ein romantisches Programm im Blick auf Schlegels *Rede über die Mythologie* (1800) und Schellings *Vorlesungen über die Philosophie der Mythologie* (ab 1837) interpretiert,
vgl. besonders wirkungsvoll: Manfred Frank, Der kommende Gott. Vorlesungen über die Neue
Mythologie, Frankfurt 1982, S. 153 ff.
32 Jamme, Mythologie und Vernunft, S. 12 f.; Hervorhebungen im Original durch Unterstreichungen.
33 Claudia Bickmann, Vernunft/Verstand: VI. Von Kant bis Hegel. In: Historisches Wörterbuch
der Philosophie, hg. von Joachim Ritter u. a., Bd. 11, Basel 2001, Sp. 820–826.

Alexander Gottlieb Baumgartens *Aesthetica* von 1750/58 zurück, in der die Ästhetik als Wissenschaft der sinnlichen Erkenntnis und als Wissenschaft des Schönen und der schönen Künste begründet wurde.

Die Idee der Schönheit ist die Idee, „die alle vereinigt". Das „Wort" Schönheit, fügt der Redner erklärend an, wird hier „in höherem platonischen Sinne genommen". Er denkt wohl an das *Symposion,* in dem Sokrates von einer Rede der Priesterin Diotima über den Eros berichtet. Sie habe gesagt, dass der Eros Liebe zum Schönen sei (204b) und in der Suche nach der „Idee" (210b) des Schönen ein Aufstieg vom einzelnen Schönen zur Erkenntnis des „Schönen selbst", dem „göttlich Schönen" führe. Alles Schöne sei schön, weil es an dieser Idee des Schönen teilhabe. In dieser Erfahrung des Schönen allein könne die endliche Anschauung der Menschen des Göttlichen innewerden.

Daher spricht der Redner des Programms von der „Idee der Schönheit" im „höheren platonischen Sinne" und davon, dass diese Idee, und „nur" diese Idee, auch die Ideen der Wahrheit und der Güte vereinigt, dass „Wahrheit und Güte nur in der Schönheit verschwistert sind." Die Metapher der Verschwisterung geht über Schillers Hymne *Die Künstler* ebenfalls auf Platons *Symposion* (210 b) zurück. In Schillers Hymne, deren Gegenstand, wie er an den Freund Körner am 30. März 1789 schreibt, die ‚Auflösung' der wissenschaftlichen und sittlichen Kultur in der Schönheit ist, werden Wahrheit und Schönheit als Schwestern vorgestellt (V. 462). Die Metapher ‚verschwistert' erzeugt die Bedeutung einer natürlichen, nicht zwanghaften Einheit „in" der Schönheit, in der doch Wahrheit und Güte auch für sich stehen. Die Formulierung soll auch besagen, dass in der Schönheit die abstrakten Ideen Wahrheit und Güte sinnlich erfahrbar werden.

Von diesen Formulierungen führt ein Weg zur Philosophie Kants und zur Ästhetik Schillers. Er führt zu Kants Lehre vom „Geist, in ästhetischer Bedeutung" im Paragraph 49 der *Kritik der Urteilskraft,* den er als das „belebende Prinzip im Gemüte" erläutert, das die Gemütskräfte des Menschen in ein „Spiel" versetzen kann, „welches sich von selbst erhält und selbst die Kräfte dazu stärkt". In diesem Spiel machen wir, wie Martin Seel formuliert, die Erfahrung eines Raums von „Möglichkeiten des Erkennens und Handelns, der in aller theoretischen und praktischen Orientierung immer schon vorausgesetzt ist".[34] Schiller wird diesen Begriff des Geistes und des Spiels in *Über die ästhetische Erziehung in einer Reihe von Briefen* übernehmen und wie Kant davon ausgehen, dass wir darin die Einheit unserer Kräfte erfahren. In Analogie zu den Ideen der Vernunft wie z. B. Freiheit postuliert Kant in diesem Paragraphen 49 „ästhetische Ideen", das sind Vorstellungen der Einbildungskraft, die „viel zu denken veranlassen", ohne dass

---

34 Martin Seel, Ästhetik des Erscheinens, München 2000, S. 20.

sie in einem Begriff enden. Ein Kunstwerk kann als eine solche ästhetische Idee begriffen werden. In *Über die ästhetische Erziehung in einer Reihe von Briefen* wird die „Idee der Schönheit" (17. Brief) als eine „Vereinigung" (15., 25. Brief)[35] aller menschlichen Kräfte, als eine Vermittlung von Vernunft und Sinnlichkeit, Natürlichkeit und Freiheit, Selbstbestimmung und Bestimmtheit entwickelt.

Die Formulierung des Redners, dass er „nun" überzeugt sei, „dass der höchste Akt der Vernunft [...] ein ästhetischer Akt" sei, möchte man auf Schiller und auf Hölderlin beziehen.[36] Hölderlin hatte im Ausgang von Kants und Schillers Ästhetik eine Theorie der Schönheit entwickelt, wonach wir in der Erfahrung der Schönheit eine Einheit erfahren, die allem Denken und Handeln zugrunde liegt.[37] Jene „unendliche Vereinigung [...] ist vorhanden – als Schönheit". So heißt es in der *Vorrede zur vorletzten Fassung* des Romans. Danach: „Ich glaube, wir werden am Ende alle sagen: heiliger Plato, vergib! Man hat schwer an dir gesündigt."[38]

Wenn allerdings Plato eine Idee vor anderen auszeichnet, dann ist es die Idee des Guten (*Politeia*, 506e, 509b), nicht, wie im *Systemprogramm* oder bei Hölderlin, die Idee der Schönheit. Auch die Begründung dieser Idee in der Vernunft, damit in einer Handlung des Subjekts, ihre Position in einer Ethik entspricht nicht der Ideenlehre Platons. Nach Platon existieren Ideen, z. B. die Idee der Gerechtigkeit oder Freiheit, unabhängig von menschlicher Vernunft und Erkenntnis. Der Redner hat offenbar Platon mit Kant interpretiert.[39]

So bilden zwar in der Trias hier die Ideen des Wahren, Guten, Schönen unabhängige Werte, aber die Idee der Schönheit als Vereinigung dieser Werte erhält einen besonderen Rang. Damit gewinnt auch die Kunst als Verkörperung des Schönen eine neue Bedeutung. Kunst kann nun *als Kunst* als die Verkörperung der Einheit des Wahren, Schönen und Guten verstanden werden.

Das *Älteste Systemprogramm* blieb den deutschen Bürgern des 19. Jahrhunderts verborgen. Sie übernahmen die Trias als Formel für ihre weltliche Religion der Kunst vor allem aus einem Gedicht Goethes, das diese Trias für sie unlösbar

---

35 Friedrich Schiller, Sämtliche Werke, hg. von Gerhard Fricke und Herbert G. Göpfert, 4. Auflage, München 1967, Bd. 5, S. 622, 615, 654.

36 Vgl. dazu auch Klaus Düsing, Ästhetischer Platonismus bei Hölderlin und Hegel. In: Homburg v. d. Höhe in der deutschen Geistesgeschichte, hg. von Christoph Jamme und Otto Pöggeler, Stuttgart 1981, S. 101–117.

37 Diese Schönheitskonzeption ist rekonstruierbar aus „Hymne an die Göttin der Harmonie", „Hymne an die Schönheit" (1790–1791), einem Brief an Schiller vom 4. September 1795, den Vorstufen zu seinem Roman „Hyperion" und aus dem Roman selbst.

38 Friedrich Hölderlin, Sämtliche Werke und Briefe, hg. von Jochen Schmidt, Frankfurt a. M. 1992–1994, Bd. 2, S. 257.

39 Vgl. Baum, Nochmals: Zum Ältesten Systemprogramm des deutschen Idealismus, S. 335.

mit den Namen Goethe und Schiller verband. Es ist Goethes Gedicht *Epilog zu Schillers Glocke*, seine Trauerrede in Versen auf den verstorbenen Freund. Schiller war am 8. Mai 1805 gestorben. Goethe hatte ihn auf seinem Sterbebett nicht besucht, auch an der Trauerfeier nahm er nicht teil. Im Frühjahr des Jahres war er selbst lebensgefährlich erkrankt. Er dachte zunächst daran, Schillers Dramenfragment *Demetrius* zu vollenden und als eine Art Totenfeier aufführen zu lassen. Der Plan scheiterte. Auch der Plan einer chorischen Dichtung zu Schillers Geburtstag am 11. November mit dem Titel *Schillers Totenfeier* scheiterte. Am 10. August 1805 wurde dann im Theater von Bad Lauchstädt, wo das Weimarer Hoftheater in den Sommermonaten spielte, eine szenische Aufführung zum Gedenken Schillers gegeben. Aufgeführt wurden die drei letzten Akte von *Maria Stuart*, danach eine szenische Darstellung des *Lieds von der Glocke* und danach Goethes Gedicht *Epilog zu Schillers Glocke*.[40] Im Bericht über diese Feier im Weimarer *Journal des Luxus und der Moden* vom September 1805 wird die Inszenierung detailliert beschrieben. Darin heißt es: „...trat Madame Becker (welche uns kurz zuvor als Maria Stuart entzückte) unter die Glocke, von da aufs Proszenium und sprach den von Goethe verfassten Epilog in Stanzen, worin er der letzten Arbeit des Verstorbenen, seines edlen Charakters, seines hohen Geistes, der Verdienste um das weimarische Theater usw. erwähnt, und bei den Worten: ‚Nun weint die Welt, und sollten wir nicht weinen? Denn er war unser!' empfand gewiss jeder mit inniger Rührung den Verlust des großen, verdienstvollen Mannes."[41] 1806 wurde das Gedicht im *Taschenbuch für Damen* publiziert. Bis zur endgültigen Fassung 1815 veränderte und erweiterte Goethe das Gedicht mehrfach. Zum fünften Jahrestag von Schillers Tod wurde die Gedächtnisfeier in Weimar wiederholt, ebenso zum zehnten Todestag 1815. Publiziert wurde die endgültige Fassung in Cottas *Morgenblatt für gebildete Stände* 1816.

Goethe artikuliert sich in diesem Gedicht als „Ich", erweitert dieses „Ich" aber auch zu einem „Wir". Er beklagt den Tod des Freundes, diesen Tod als Verlust für die „Welt", erinnert daran, dass Schiller seine Werke seinem Leiden abgewonnen habe, und stellt dieses Werk, zumal die Dramen, in seiner politischen und gesellschaftlichen Bedeutung heraus.

Die erste Strophe erinnert als ein Glück des Friedens an den Einzug des Erbprinzen Carl Friedrich und seiner Frau, der Großfürstin Maria Paulowna, in Weimar. Die zweite Strophe vergegenwärtigt die nächtliche Begräbnisszene, die

---

40 Vgl. Norbert Oellers, Epilog zu Schillers Glocke. In: Goethe-Handbuch, Bd. 1, hg. von Bernd Witte u. a., Stuttgart und Weimar 1996, S. 283–287; die Erläuterungen in: Johann Wolfgang Goethe, Gedichte, hg. von Bernd Witte, Stuttgart 2001, S. 749–754.
41 Hier zitiert nach Max Hecker, Schillers Tod und Bestattung, Leipzig 1935, S. 255.

dritte Strophe charakterisiert den „hohen Mann", die vierte Strophe nennt dann als Ziel von Schillers „Geist" das „Ewige des Wahren, Guten, Schönen".

> Denn er war unser! Mag das stolze Wort
> Den lauten Schmerz gewaltig übertönen!
> Er mochte sich bey uns im sichern Port,
> Nach wildem Sturm, zum Daurenden gewöhnen.
> Indessen schritt sein Geist gewaltig fort
> In's Ewige des Wahren, Guten, Schönen,
> Und hinter ihm, in wesenlosem Scheine,
> Lag, was uns alle bändigt, das Gemeine.[42]

Als ob Goethe sich am späteren literaturgeschichtlichen Klischee orientierte: Die Strophe ruft Schillers poetischen Weg vom ‚wilden Sturm' seiner Jugendwerke zum „Dauernden" seiner Weimarer Zeit in Erinnerung, seinen gewaltigen Fortschritt ins „Ewige des Wahren, Guten, Schönen". Die Formulierung geht von einer selbstverständlichen, repräsentativen Geltung und Bekanntheit dieser Trias aus, die der Redner nur aufzurufen braucht. Wie die drei Werte dieser Formel möglicherweise zusammenhängen oder verschwistert sind, ob ihre Reihenfolge mehr als poetische Gründe hat, ist offenbar nicht wichtig. Es geht um das Ewige dieser Wertsphäre als Ziel seines gewaltigen Fortschritts und, da es sein, Schillers, Ziel ist, auch um die Kunst. Sie ist der Ort des Wahren, Guten, Schönen. Die Formulierung schließt nicht aus, darin das Ziel menschlicher Bestimmung überhaupt zu verstehen. Ein Hauch von Platonismus umgibt diese Formulierung, verstärkt noch durch die folgenden Verse. Der ins Ewige des Wahren, Guten, Schönen eingetretene Geist hat das „Gemeine" als ‚wesenlosen Schein' hinter sich gelassen. So wird das Ewige des Wahren, Guten, Schönen geradezu in einen Himmel jenseits dessen versetzt, was das „Gemeine" genannt wird: In einen klassizistischen, nicht in einen christlichen Himmel. Das Gemeine kann das Allgemeine und das Niedrige, Gewöhnliche, Üble bedeuten. Merkwürdig, irritierend die Formulierung vom Gemeinen, „was uns alle bändigt", obgleich es „in wesenlosem Scheine" liegt. Wenn das Gemeine uns „bändigt", wie kann man es als wesenlosen Schein hinter sich lassen? Hält sich in der etwas sorglosen Wahl dieses Verbums eine leise Einrede verborgen? Wie auch immer, die Formulierung befördert das Klischee vom Idealisten Schiller, dem in der Rezeptionsgeschichte der Realist Goethe komplementär gegenübergestellt wurde, und vom Reich des Wahren, Guten, Schönen, das doch nicht von dieser Welt ist. So können sich

---

42 Goethe, Gedichte, S. 278.

„Deutschlands größte Dichter", wie es Mitte des 19. Jahrhunderts heißt, „in dem ewig heiteren Reiche des Wahren, Schönen, Guten"[43] begegnen.

Der Bau der Frankfurter Oper setzte diese Verse Goethes über den Aufstieg und die Verklärung Schillers ins Reich des Wahren, Guten, Schönen in einen architektonischen Raum um. Es ist der Tempel der Kunst, der das Wahre, Schöne und Gute vereint. Die Trias selbst am Giebel der Oper nahm das Schöne, anders als bei Goethe, in ihre Mitte.

5 Kritik der Trias

Die Trennung des ewigen Reichs des Wahren, Guten, Schönen vom Gemeinen des Lebens erlaubte, dieses Reich zu feiern und es gleichzeitig vom Geld und den Geschäften des Alltags fernzuhalten. Sie gab es der Ideologisierung preis.[44] An diesem ideologischen Umgang mit dem Wahren, Guten, Schönen wird sich die Kritik entzünden. Am Ende des 19. Jahrhunderts zeigte sich für Fontane in dieser Trennung die Ideologie des Bourgeois: „Alle geben sie vor, Ideale zu haben; in einem fort quasseln sie vom ‚Schönen, Guten, Wahren' und knicken doch nur vor dem goldnen Kalb, entweder indem sie tatsächlich alles, was Geld und Besitz heißt, umcouren oder sich doch innerlich in Sehnsucht danach verzehren."[45]

1880, als die Frankfurter Oper eröffnet wurde, war die Geltung dieser Widmung, jedenfalls für die künstlerische Avantgarde, im Zeichen des *l'art pour l'art* schon längst obsolet geworden. Für Poes *The Poetic Principle* von 1850 galt sie nicht mehr und für Baudelaire stellte die berühmte Doktrin der Unlösbarkeit des Schönen vom Wahren und Guten nur eine Erfindung der modernen ‚Philosophiererei' dar, eine „invention de la philosophaillerie moderne". Weder Wahrheit noch Moral hat die Kunst als Objekt, sie hat nur sich selbst. Auch auf die Darstellung von Schönheit ist Kunst nicht mehr verpflichtet.[46] Aber Baudelaire bean-

---

43 Aloys Clemens, Schiller im Verhältnis zu Goethe und zur Gegenwart, Frankfurt a. M. 1857, S. 13.
44 Vgl. auch Werner Ingendahl, Das Wahre, Schöne und Gute der Germanistik vor dem Hintergrundwissen der Lernenden. In: Dauer im Wechsel? Goethe und der Deutschunterricht, hg. von Bodo Lecke, Frankfurt a. M. u. a. 2000, S. 267.
45 Theodor Fontane, Von Zwanzig bis Dreißig. Sämtliche Werke, Bd. 4, hg. von Walter Keitel und Helmut Nürnberger, Darmstadt 1973, S. 186 f.
46 Charles Baudelaire, Curiosités esthétiques. L'art romantique, hg. von Henri Lemaitre, Paris 1962, S. 669: „La fameuse doctrine de l'indissolubilité du Beau, du Vrai et du Bien est une invention de la philosophaillerie moderne [...]." Vgl. auch S. 671: „La poésie ne peut pas, sous peine de mort ou de déchéance, s'assimiler à la science ou à la morale; elle n'a qu'elle-même." Mit der „philosophaillerie" bezieht sich Baudelaire auf Victor Cousins berühmte Vorlesungen Du Vrai,

sprucht andererseits ganz selbstverständlich für die Kunst eine indirekte moralische Aufgabe und kann sogar schreiben, dass ohne das Wahre und Gerechte Kunst nicht vorstellbar ist.[47]

Für Heine kann die Kunst nicht (mehr) helfen. Wie er im Nachwort zum *Romanzero* schreibt, nahm er 1848 im Louvre von der „hochgebenedeite[n] Göttin der Schönheit, Unsere[r] liebe[n] Frau von Milo" Abschied:

> Zu ihren Füßen lag ich lange und ich weinte so heftig, dass sich dessen ein Stein erbarmen musste. Auch schaute die Göttin mitleidig auf mich herab, doch zugleich so trostlos, als wollte sie sagen: siehst du denn nicht, dass ich keine Arme habe und also nicht helfen kann?[48]

Nietzsche, natürlich, spottete über die „lieblichen Idealisten", die für das „Gute, Wahre, Schöne" schwärmen.[49]

Im 20. Jahrhundert hat die Formel endgültig allen Kurswert verloren. Also kein Gutes, Wahres, Schönes mehr, sondern nur l'art pour l'art, Freiheit der Kunst gegenüber allen politischen, moralischen und ästhetischen Bevormundungen. Diese Freiheit garantiert das deutsche Grundgesetz nach den Erfahrungen des Nationalsozialismus. Das Schöne galt als Kitschkandidat, als modern das Nichtmehr-Schöne.[50] In Kafkas literarischem Ziel, „die Welt ins Reine, Wahre, Unveränderliche" zu heben (Tagebuch vom 25.9.1917), kommt das Schöne nicht mehr vor.

Eine konservative Bastion hat sich gegen das avantgardistische Verdikt gehalten. Die bayerische Landesverfassung fordert im Artikel 131 als eines der obersten Bildungsziele neben u. a. Ehrfurcht vor Gott, Achtung vor der Würde des Menschen, Verantwortungsgefühl und Hilfsbereitschaft eine „Aufgeschlossenheit für alles Wahre, Gute und Schöne".

Du Beau et Du Bien, gedruckt zuerst, zusammengestellt von einem Schüler, 1836, dann 1857. Baudelaire hat Cousin, der ebenfalls eine Autonomie der Kunst vertrat, missverstanden.

47 C. Baudelaire, Curiosités esthétiques, S. 580: „[...] l'absence nette du juste et du vrai dans l'art équivaut à l'absence d'art."

48 Heinrich Heine, Sämtliche Schriften, Bd. 11, hg. von Klaus Briegleb, Frankfurt a. M. u. a. 1981, S. 184.

49 Friedrich Nietzsche, Sämtliche Werke. Kritische Studienausgabe, Bd. 5, hg. von Giorgio Colli und Mazzino Montinari, München 1980, S. 56 („Jenseits von Gut und Böse", Nr. 39).

50 Vgl. nur Hugo Friedrich, Die Struktur der modernen Lyrik, Hamburg 1956; Die nicht mehr schönen Künste, hg. von Hans Robert Jauß, München 1968; vgl. dazu auch: Viktor Claes, Is de vrijgevochten schoonheid een hond die in zijn eigen staart bijt? Over de scheiding van het goede, het ware en het schone in de moderne literatuur. In: Over literatuur en filosofie, hg. von Roger Duhamel, Leuven und Apeldoorn 1995, S. 40–50; Klaus Herding, Zur Trennung zwischen dem Wahren, Schönen und Guten in der Kunst der Moderne. In: Zeitschrift für Ästhetik und Allgemeine Kunstwissenschaft, 48, 2003, S. 111–128.

6 Am Beispiel der Literaturkritik: kein Ende der Trias

In der ästhetischen Theorie ist unsere Trias ein toter Hund. Wie aber steht es im Umgang der Leser mit der Literatur? Vielleicht ist der Hund gar nicht so tot. Bei genauerem und unbefangenem Hinsehen stimmt diese Geschichte der Kunst und des Umgangs mit Kunst, also eine Geschichte vom ‚Wahren, Guten, Schönen‘ zu ‚l'art pour l'art‘ natürlich nicht. Natürlich hat sich die Kunst nicht von politischen, moralischen und sozialen Zusammenhängen gelöst. Wie könnte sie auch! Ein jüngstes Zeugnis für eine Revision dieser kommoden Sicht: Sibylle Lewitscharoff überschreibt ihre Zürcher und Frankfurter Poetik-Vorlesungen von 2011 mit dem nur auf den ersten Blick ironischen Titel „Vom Guten, Wahren und Schönen".

Man könnte nun als Nötigungen für eine solche Revision Brecht anführen, die westdeutsche Nachkriegsliteratur mit z. B. Celan, Grass, Weiss, Bachmann, Enzensberger, Walser. Die Debatten um Peter Handke und Botho Strauß, um Christa Wolfs *Was bleibt*, um Martin Walsers *Tod eines Kritikers*, über die Mitgliedschaft des jungen Günter Grass in der Waffen-SS, über den Fall *Esra*, der das Bundesverfassungsgericht beschäftigte, wurden mit Argumenten geführt, in denen es in der Sache um den notwendigen oder kontingenten Zusammenhang des Wahren, Guten und Schönen ging. Erinnert sei auch an die Auseinandersetzungen um den Satz Adornos, wonach ein Gedicht nach Auschwitz zu schreiben barbarisch sei.[51] Eine andere Revisionsnötigung wäre die überaus beliebte Gattung des Kriminalromans. Intensiv wirft diese Gattung Fragen nach Wahrheit und Moralität auf.

Mein Beispiel hier, naheliegend, sei die Praxis der Literaturkritik. Thomas Anz hat darauf hingewiesen, dass die literaturkritische Praxis und die ästhetische Theorie häufig divergieren.[52] Ich unterstelle, dass Literaturkritiker als professionelle Leser, die für Leser schreiben, sich von den üblichen Erwartungen der Leser nicht sehr weit entfernen. Diese Leser erwarten nicht mehr, in ein ewiges Reich des Wahren, Guten und Schönen hinaufgeführt zu werden. Sie erwarten aber, dass Literatur nicht nur schön, unterhaltsam, spannend, lustvoll ist, sondern auch zum Nachdenken anregt, belehrt, moralische Fragen stellt. Diese Erwartung belegen die unten angeführten literaturkritischen Beispiele. Darauf deutet auch eine Repräsentativbefragung des Emnid-Instituts und der Universität Bielefeld Anfang der 1980er-Jahre hin. Nach der Mehrheit der Befragten soll

---

51 Vgl. Petra Kiedaisch, Lyrik nach Auschwitz? Adorno und die Dichter, Stuttgart 1995.
52 Vgl. Thomas Anz, Literaturkritisches Argumentationsverhalten. Ansätze zu einer Analyse am Beispiel des Streits um Peter Handke und Botho Strauß. In: Literaturkritik – Anspruch und Wirklichkeit, hg. von Wilfried Barner, Stuttgart 1990, S. 415 ff.

gute Literatur Erkenntnisse vermitteln, sie soll stilistisch anspruchsvoll sein und sie soll moralisch wichtige Themen behandeln. Die Lektüre soll Kopf und Herz zugleich fesseln.[53] Nach Günter Kunert haben die Leser in der DDR von der Literatur Aussagen zum „Sinn des Lebens" und eine „unrelativierbare Wahrheit" erwartet.[54] Diese große Bedeutung der Literatur hatte natürlich auch etwas mit der politischen Situation in der DDR zu tun.

Im „Literarischen Quartett" Marcel Reich-Ranickis hörte man von Literaturkritikern selbstverständlich ästhetische und moralische Urteile und solche, die auf eine Wahrheit im Kunstwerk abzielen. In ihrer Untersuchung eines Korpus von Literaturkritiken des Zeitraums 1990 bis 2008 kommt Sabine Buck jüngst zum Ergebnis, dass die Kritiker sowohl ästhetisch als auch moralisch argumentieren.[55] Wie sollte sich Literaturkritik solcher Urteile enthalten, wenn Literatur selbst von allem Möglichen handelt und alles Mögliche bewertet?[56] Die Erfahrung von Kunst, von Literatur, die ästhetische Erfahrung ist stets auch eine Erfahrung der Welt, in der wir leben.[57]

Meine Beispiele können methodisch nicht beanspruchen, repräsentativ zu sein. Auf der Basis meiner Lektüre von Literaturkritiken vermute ich allerdings, dass sie eine starke Tendenz repräsentieren. Ihnen liegt eine an diesem Thema interessierte Lektüre von Literaturkritiken in Tageszeitungen, in der *Zeit*, in, ebenfalls naheliegend, *literaturkritik.de* und eine Verfolgung literaturkritischer Sendungen im Rundfunk und Fernsehen zugrunde. Valide wäre natürlich erst die überprüfbare Erstellung eines verlässlichen, umfangreichen Textkorpus, die Differenzierung nach spezifischen literaturkritischen ‚Schulen' der Redaktionen oder der Kritiker, die Differenzierung nach literarischen Gattungen. Michael Kienecker hat z. B. in seiner Untersuchung von „literaturkritischen Texten" von 1730 bis 1980 gezeigt, dass bei Dramen vor allem die Affekterzeugung, bei Romanen vor allem die Anregung „kognitiver Kräfte", bei Gedichten vor allem die „Verbindung von Wahrheit und Schönheit" herausgestellt wird.[58]

---

53 Vgl. Siegfried J. Schmidt, Das „Wahre, Schöne, Gute"? Literatur als soziales System, Funkkolleg Medien und Kommunikation. Hessischer Rundfunk. 17. Kollegstunde, Frankfurt a. M. 1990, S. 29 f.
54 Günter Kunert, Die Schreie der Fledermäuse, Wien 1979, S. 375.
55 Sabine Buck, Literatur als moralfreier Raum? Zur zeitgenössischen Wertungspraxis deutscher Literaturkritik, Paderborn 2011.
56 Vgl. Thomas Anz, Literaturkritik. In: Handbuch Literaturwissenschaft, Bd. 1, hg. von Thomas Anz, Stuttgart 2007, S. 352.
57 Vgl. dazu vor allem das Kapitel „Kritik der Abstraktion des ästhetischen Bewusstseins" in: Hans Georg Gadamer, Wahrheit und Methode, Tübingen 1965, S. 84 ff.
58 Vgl. Michael Kienecker, Prinzipien literarischer Wertung, Göttingen 1989.

Im Hinblick auf das Schöne interessieren Aussagen, die in irgendeiner Weise auf die Form (Sprache, Struktur) und ihre Funktion bezogen sind; auf das Wahre Aussagen, die in irgendeiner Weise auf Wahrscheinliches, Glaubwürdiges, Authentisches, auf Erkenntnis und Einsichten bezogen sind; auf das Gute Aussagen, die sich in irgend einer Weise auf Gutes, auf moralische Fragen, auf ein gelingendes oder misslingendes Leben beziehen.[59] Dabei kommt es nicht darauf an, ob die Form explizit gelobt oder kritisiert wird, Wahrscheinliches oder Unwahrscheinliches, oder ob ein gelingendes oder misslingendes Leben explizit festgestellt wird. Zum Guten, wie es hier verstanden wird, gehört selbstverständlich ex negativo auch das Böse. Die Aussagen können natürlich nicht immer klar getrennt werden. Sie sind meist plurivalent. Die Wertung z. B., ein Roman sei spannend, ist, wie man wohl zugeben wird, eine ästhetische Wertung. Sie bezieht sich auf die spezifische Verknüpfung der Handlung, die Konstruktion der Figuren, den sprachlichen Stil, auf die Erzeugung einer Erwartung, eines besonderen emotionalen Zustands. Es ist offensichtlich, dass dabei auch implizite Annahmen und Urteile über Glaubwürdiges, Wahrscheinliches und Moralisches eine Rolle spielen – vermutlich immer spielen.

Die folgenden Beispiele kommentiere ich knapp und ziemlich pedantisch im Hinblick auf implizite oder explizite Aussagen über das Wahre, das Gute und Schöne, bescheidener also über Wahrscheinliches, Glaubwürdiges, über Erkenntnisansprüche; über Moralisches, also über die Idee, wie das Leben moralisch geführt werden soll; über die überzeugende Form. Selbst wenn man über die einzelnen Zuordnungen streiten kann, demonstrieren diese Literaturkritiken doch eine Orientierung an Werten, wie sie in der Trias zusammengefasst sind.

Zu: Ralph Dormann, Kronhardt. Roman, NDR, 17.8.2012:

> In politischer Lesart mag Wilhelm Kronhardt wie ein Mitläufer wirken, in psychologischer stellt sich die Frage nach einer Alternative. Die – von vielen Feuilletonisten immer wieder geforderte – Welthaltigkeit ist bei Ralph Dohrmann greifbar. Parallel zu Kronhardts Leben lässt der Roman Stationen der deutschen Vergangenheit Revue passieren. 1968, Mauerfall oder 9/11. Mit Kronhardt darf sich der Leser fragen, wie er an dieser oder jener geschichtlichen Stelle reagiert hat oder haben würde. Das mag jetzt sehr trocken wirken, aber „Kronhardt" ist ein feinsinniger, ausdrucksstarker Roman, aus dem hie und da auch ein wenig Witz hervor lugt. [...] Ein Buch, das von Bremen aus nach Berlin und Mexiko führt und auch

---

59 Es ist mir bewusst, dass Aussagen in Literaturkritiken nach ihren Funktionen noch weiter zu differenzieren wären, vgl. Thomas Anz, Theorien und Analysen zur Literaturkritik und zur Wertung. In: Literaturkritik. Geschichte, Theorie, Praxis, hg. von Thomas Anz und Rainer Baasner, München 2007, S. 208 ff.

wieder zurück und das kluge Fragen zum Leben aufwirft, auf die es vielleicht theoretische, aber vermutlich keine praktischen, allgemeingültigen Antworten gibt.

Die Passage enthält Aussagen über die Form (ein biographischer und historischer, politischer und psychologischer Roman, feinsinnig, ausdruckstark, hie und da witzig), Aussagen über moralische Fragen (Gab es eine Alternative? Wie hat und hätte man als Leser reagiert?) und Aussagen über das Leben, die Epoche (Unterscheidung einer politischen und psychologischen Lesart, Welthaltigkeit, Stationen der deutschen Vergangenheit, kluge Fragen zum Leben).

Zu: Joachim Meyerhoff, Wann wird es endlich wieder so, wie es nie war. Roman, *Süddeutsche Zeitung*, 13.2.2013:

> Als schulunfähiger Tagträumer mit Anfällen von Tobsucht gleicht das von Meyerhoff kolportierte Selbstbild einem typischen Problemkind, wie man es zwanzig Jahre früher mit Elektroschocks und zehn Jahre später mit Ritalin behandelt hätte. [...] Dessen Bühnentheatralik merkt man die kindliche Überreiztheit zwar manchmal als aufdringliche Manier an. In seinem biografischen Lebensprojekt „Alle Toten fliegen hoch" konnte Meyerhoff seine drängelnde Selbstdarstellung aber dank eines herzlichen Humors zum Vorteil nutzen. [...] Mit federnder Leichtigkeit erzählt Meyerhoff von letztlich wenig aufregenden Taten. [...] Meist aber leben die Episoden von der ironischen Ausstattung und nicht von den kleinen persönlichen Mosaiksteinchen, die sich in jedes Projekt einer bundesdeutschen Kindheit im zugigen Schleswig-Holstein fügen ließen. Zumindest, bis die Geschichte schleichend von der Komödie in die Tragödie kippt und die Toten das Erzählen ernst werden lassen.

Auf die Form beziehen sich Aussagen über das Episodische, das Erzählen „mit federnder Leichtigkeit" über „wenig aufregende Taten". Das ‚Kippen' der Komödie in die Tragödie impliziert Hinsichten auf die Form, auf den Zustand der Welt, im Besonderen auf eine bundesdeutsche Kindheit im „zugigen Schleswig-Holstein", und auf eine moralische Problematik, die zu einer Tragödie führt. Sie wird noch durch den Passus, dass die „Toten das Erzählen ernst werden lassen", betont.

Zu: Björn Kuhligk, Die Stille zwischen null und eins. Gedichte, *Frankfurter Allgemeine Zeitung*, 13.2.2013:

> Es lohnt sich, die vielschichtigen Bedeutungen aufzufächern, die im Titel des nunmehr fünften Bandes von Björn Kuhligk, 1975 geboren und heute in Berlin lebend, mitschwingen. „Die Stille zwischen null und eins" verweist auf das binäre System, auf dem die Computertechnologie basiert, auf die Präsenz des Digitalen in unserem Leben. [...] Obwohl sie sich bisweilen weit ins Private und in die Zurückgezogenheit hineinbegeben, wettern die Gedichte gegen konventionelle Bilder, gegen falsches dichterisches Pathos. [...] Die 56 Gedichte dieses Bandes haben nichts Parfümiertes, sich dagegen das Rebellische bewahrt, das einem bereits aus den vorangegangenen Bänden des Autors wohlvertraut ist. [...] Frei-

heits- und klarheitsliebend und sehr gegenwärtig geht es in den auf ihr Handwerkliches hin transparenten, vielschichtigen Gedichten zu. „Alles ist verständlich" lautet der letzte Vers dieses Bandes: absichtsvolle Worte, eine Einladung zum Lesen.

Die Gedichte sind, formal, handwerklich transparent, vielschichtig. Das Rebellische, Freiheits-und Klarheitsliebende hat natürlich etwas mit der Idee eines guten Lebens zu tun, auch das Wettern gegen konventionelle Bilder, falsches dichterisches Pathos. Der letzte Vers ist, selbstreflexiv, eine Aussage über die Sprache, diese Gedichte und eine Aussage über die Welt. Eine Einsicht soll auch vermittelt werden in die „Präsenz des Digitalen".

Zu: Eva Menasse, Quasikristalle. Roman, *Süddeutsche Zeitung*, 22.2.2013:

> Für glaubwürdige Rollenprosa reicht es nicht, den inneren Monolog eines Teenies durch eingestreute Zeilen eines Pop-Songs authentisch machen zu wollen. Vor allem aber: In diesem Buch ist jede Sache zu oft „wie" eine andere, es herrscht das Prinzip einer umfassenden Metaphorisierung, in der die Dinge kaum je für sich selber sprechen. Alles ist stets schon eingeordnet, gedeutet, in Dienst genommen als Requisit und Regieanweisung. Niemals wagt sich die Sprache ins Offene und Ungesicherte.

Die Rollenprosa ist demnach nicht glaubwürdig, nicht authentisch. In der umfassenden Metaphorisierung sprechen die Dinge nicht für sich selber: Ein Urteil über die Form, aber auch ein Urteil, wie man mit den „Dingen" umgehen soll. Das „Offene und Ungesicherte" wird offenbar als ein ästhetischer und moralischer Wert verstanden.

Zu: Justin Torres, Wir Tiere. Roman, *Frankfurter Allgemeine Zeitung*, 27.1.2014:

> Ähnlich wie eine Kindheit allzu leicht aus der Bahn oder gar auf eine schiefe geraten kann, verhält es sich mit dem Schreiben darüber, jedenfalls dann, wenn ein Autor sich nicht nur für ein Erzählen über die Kindheit, sondern zudem für ein Erzählen aus kindlicher Perspektive entscheidet. [...] So unmittelbar wie der Leser hineingeworfen wird in die Geschichte der drei Brüder, die in den Armenvierteln am Rande von Brooklyn aufwachsen, so unmittelbar und schutzlos scheinen auch die Brüder selbst hineingeworfen in ein Leben, das beständig zwischen Zärtlichkeit und Gewalt, zwischen Hingabe und Verwahrlosung abwechselt. [...] Gerade die Lakonik, die scheinbare Ungerührtheit des Erzählers, lässt die Brutalität, die diese Kindheit begleitet, umso eindringlicher und nachhaltiger werden und wirken.

Form: Erzählen aus kindlicher Perspektive, ‚unmittelbarer' Erzählmodus, Wirkung der Lakonik und scheinbaren Ungerührtheit. Diese scheinbare Ungerührtheit impliziert auch eine moralische Haltung gegenüber der Brutalität der Geschichte. Implizit wird auch Glaubwürdigkeit und Authentizität der Geschichte, ein Erkenntnisanspruch unterstellt.

Zu: Endzeitspiel der Kotzbrocken. Ein ordinärer „Sturm" am Hamburger Schauspielhaus, *Süddeutsche Zeitung*, 27.1.2014:

> Shakespeares letztes Stück „Der Sturm" handelt eigentlich von einem Zauberer, der seinen Fürstenthron in Mailand zurückwill und sich dafür der Dienste eines Luftgeistes, seiner Tochter Miranda und des eingeborenen Kraftpakets Caliban bedient. In der stark abweichenden Version [...] ist aber alle Magie schlechtes Benehmen. Vor allem Prospero selbst zeigt die Aristokratie eines Kotzbrockens [...]. Dabei wiederholen Prospero und sein Inselgäste nur wenig von Shakespeares Text [...]. Aber das liegt vermutlich nur daran, dass dieser „Sturm" nach dem Willen des polnischen Regieteams [...] eine „Endzeitversion" werden sollte. Und in Polen bedeutet Endzeit offensichtlich, dass Karl Lagerfeld die Welt regiert, allerdings ein Karl Lagerfeld im grenzdebilen Stadium [...]. Konsequent ist in diesem „Sturm" alles Zitat und Oberfläche. Ansonsten endet die Umsetzung des zentralen Satzes dieser Inszenierung – „der Traum ist das vollkommene Leben" – in der Endzeit totaler Beliebigkeit.

Form: Alles Zitat und Oberfläche, Beliebigkeit. Mit ‚Oberfläche' und ‚Beliebigkeit' ist aber im Kontext auch eine Aussage über die Erkenntnisleistung und den moralischen Anspruch dieser Inszenierung gemeint.

Zu: Tina Stroheker, Luftpost für eine Stelzengängerin. Notate vom Lieben, *literaturkritik.de*, Ausgabe 1, 2014:

> Tina Stroheker hat einen kleinen Text in sanften Tönen vorgelegt. Ruhe geht von den Zeilen aus, den kleinen, halbseitigen Prosatexten. Wo Glück ist, ist meist auch Trennung. Sie lauert zwischen den Zeilen. [...] Doch die Trennung kommt, aneinander denken, sich sehnen, auf Post warten, in Gedanken an das geliebte Wesen die Geschichten erzählen, die einem draußen begegnen. [...] Am Anfang steht die Ahnung um eine beginnende Zweisamkeit, die bittere Schokolade wird süß, am Ende schmeckt die süße Schokolade bitter, sie wird im Lädchen gekauft, nicht von der Geliebten gereicht. [...] Das war's, denkt man. Und es war viel. Es war die Liebe.

Der Form nach werden diese Notate charakterisiert als kleine, halbseitige Prosatexte mit sanften, ruhigen ‚Tönen'. Dann wird eine Aussage über die Welt mit einer Aussage über die Form verbunden: Zwischen den Zeilen lauert das Wissen, dass, wo Glück ist, meistens auch Trennung ist. ‚Glück', ‚Trennung' und ‚Liebe' implizieren Wissen von der Welt, aber auch Wissen vom Wert eines gelingenden oder misslingenden Lebens, also vom Guten. Der rilkeisierende Schluss fasst die Einsicht und die moralische Sicht noch einmal zusammen.

Dieter Lamping
Literaturkritik im Geist der Weltliteratur
Der alte Goethe als Rezensent

Man sagt sich oft im Leben daß man die Vielgeschäftigkeit, *Polypragmosyne*, vermeiden, besonders, je älter man wird, sich desto weniger in ein neues Geschäft einlassen solle. Aber man hat gut reden, gut sich und Anderen raten. Älter werden heißt selbst ein neues Geschäft antreten; alle Verhältnisse verändern sich und man muß entweder zu handeln ganz aufhören oder mit Willen und Bewußtsein das neue Rollenfach übernehmen.[1]

1

Ist Goethe ein Klassiker der Literaturkritik? Nicht einmal die Experten scheinen sich da einig zu sein. Zweifellos hat er Rezensionen geschrieben, in dem Sinn, in dem Thomas Anz sie definiert hat,[2] doch die Buchkritiken stehen, ebenso unbezweifelbar, nicht im Zentrum seines Werks. Abgesehen von der Rede „Zum Shakespeares-Tag" ist der literarischen Öffentlichkeit auch von Goethes größeren literaturkritischen Essays nicht viel in Erinnerung geblieben. Er selbst hat sich gelegentlich sogar kritisch über seine, ja jede kritische Tätigkeit geäußert. Immer wieder gern wird der Vers zitiert: „Schlagt ihn tot den Hund! Er ist ein Rezensent" (SW 1.1, 224). Er war nicht Goethes einzige kritische Unmutsäußerung. Noch in den späten 1820er Jahren diktierte er Eckermann einiges Kritische über Kritik und Kritiker in die Feder – etwa den Hinweis, August Wilhelm Schlegels ‚Behandlung' des französischen Theaters, zumal Molières, sei „das Rezept zu einem schlechten Rezensenten, dem jedes Organ für die Verehrung des Vortrefflichen mangelt und der über eine tüchtige Natur und einen großen Charakter hingeht, als wäre es Spreu und Stoppel" (SW 19, 548). Dieses scharfe Wort Goethes war nicht nur eine

---

1 Johann Wolfgang Goethe, Sämtliche Werke nach Epochen seines Schaffens, Münchner Ausgabe Band 17, hg. von Karl Richter in Zusammenarbeit mit Herbert G. Göpfert, Norbert Miller und Gerhard Sauder, München 2006, S. 761. Die Ausgabe wird im Folgenden abgekürzt als SW mit Angabe der Band- und Seitenzahl zitiert.
2 Vgl. Thomas Anz, Die Rezension. In: Handbuch literarischer Gattungen, hg. von Dieter Lamping in Zusammenarbeit mit Sandra Poppe, Sascha Seiler und Frank Zipfel, Stuttgart 2009, S. 606–612; sowie Thomas Anz, Literaturkritik. In: Handbuch Literaturwissenschaft, Band 1, hg. von Thomas Anz, Stuttgart und Weimar 2007, S. 344–353; schließlich auch: Literaturkritik. Geschichte-Theorie-Praxis, hg. von Thomas Anz und Rainer Baasner, München 2007.

DOI 10.1515/9783110543209-003

seiner zeitweise fast allfälligen Abfertigungen der deutschen Romantiker, sondern auch eine dezidierte Distanzierung zumindest von einer bestimmten Art der Literaturkritik, der er selbst im Alter eine ganz andere entgegenzusetzen versuchte.

Goethes eigene Tätigkeit als Rezensent ist überschaubar. Sie fällt im Wesentlichen in die frühen 70er Jahre des 18. und die ersten des 19. Jahrhunderts; in den letzten ungefähr zehn Jahren seines Lebens hat er sie dann noch einmal aufgenommen. Dazwischen gab es Zeiten – mitunter ein ganzes Jahrzehnt, wie das zwischen 1807 und 1816 –, in denen er kaum Bücher besprach. Als er die *Ausgabe letzter Hand* vorbereitete, sah er auch einen Band für seine Rezensionen vor, der in der schwierigen Zuordnung gerade der frühen Kritiken aber nicht unbedingt zuverlässig ist.

Der junge Goethe war ein forscher Kritiker im Stil der späten Aufklärung, der hart urteilen, ja verreißen konnte. Das erste Werk der deutsch-jüdischen Literatur, Isachar Falkensohn Behrs *Gedichte von einem pohlnischen Juden*, etwa fertigte er in den *Frankfurter Gelehrten Anzeigen* kurzerhand ab. Er kritisierte die durchgehende „Mittelmäßigkeit" und äußerte am Ende etwas herablassend den Wunsch, der Verfasser möge ihm „einmal wieder, und geistiger, begegnen" (SW 1.2, 351).[3]

Keiner hat allerdings die Schwächen des jungen Rezensenten Goethe so scharf gesehen wie der alte Goethe. 1824 hat er sich gewissermaßen selbst rezensiert – und ist dabei mit sich so scharf ins Gericht gegangen, wie er es früher mit anderen getan hatte:

> Die Rezensionen für die *Frankfurter gelehrten Anzeigen* haben einen eigenen Charakter. Wild, aufgeregt und flüchtig hingeworfen wie sie sind, möchte ich sie lieber Ergießungen meines jugendlichen Gemüths nennen als eigentliche Rezensionen. Es ist auch in ihnen so wenig Eingehen in die Gegenstände als ein gegebener in der Literatur begründeter Standpunkt, von wo aus diese wären zu betrachten gewesen, sondern alles beruhet durchaus auf persönlichen Ansichten und Gefühlen. (SW 13.1, 525–525)

Dieses Urteil findet sich im vierten Band von *Über Kunst und Alterthum*, der Alters-Zeitschrift Goethes. In ihr hat er die meisten seiner späten Kritiken veröffentlicht, während die früheren zum größten Teil in den *Frankfurter Gelehrten Anzeigen* und in der *Jenaischen Allgemeinen Literatur-Zeitung* erschienen waren. Goethes Selbstkritik, die zugleich eine Kritik kritischer Subjektivität ist, lässt erkennen, dass sich sein Verständnis der Buchbesprechung mit den Jahren grundlegend

---

3 Vgl. dazu auch Dieter Lamping, Assimilation und Ambivalenz. Goethes Rezension der Gedichte eines pohlnischen Juden von Sachar Falkensohn Behr. In: „daß gepfleget werde der feste Buchstab". Festschrift für Heinz Rölleke zum 65. Geburtstag am 6. November 2001, hg. von Lothar Bluhm und Achim Hölter, Trier 2001, S. 96–106.

veränderte. Wie er sich, am Ende seines Lebens, Literaturkritik wünschte, verrät *Über Kunst und Alterthum*.

Allerdings haben seine späte Zeitschrift und die in ihr publizierten kritischen Arbeiten lange keinen guten Ruf genossen. Gervinus schmähte *Über Kunst und Alterthum* als „Magazin der Unbedeutendheit"[4], und Heine spottete über den Rezensenten Goethe, er habe „Angst vor jedem selbständigen Originalschriftsteller" gehabt. Deshalb „lobte und pries" er angeblich „alle unbedeutende Kleingeister; ja er trieb dieses so weit, daß es endlich für ein Brevet der Mittelmäßigkeit galt, von Goethe gelobt worden zu sein".[5]

Goethes Zeitschrift war auch kein Publikumserfolg. Ihr kamen vielmehr nach und nach die Leser abhanden. Die Auflage des ersten Heftes 1816 betrug noch 2000. Elf Jahre später war sie auf ungefähr 750 gesunken, Tendenz weiter fallend. Dafür mag es gleich mehrere Gründe gegeben haben: Die Zeitschrift erschien unregelmäßig, zwischen 1820 und 1824 gar nicht, ebenso noch einmal zwischen 1828 und 1832, bevor das letzte Heft posthum herauskam. Goethe missachtete aber nicht nur die Gepflogenheiten literarischer Periodika. Souverän schrieb er auch in diesem Fall immer wieder an seinen Lesern vorbei. Manche Hefte, vor allem der ersten Jahrgänge, haben, gerade in den pedantisch beschreibenden Artikeln über bildende Kunst, den Charme seiner amtlichen Schriften. Inzwischen findet *Über Kunst und Alterthum* mehr Anerkennung, wie insgesamt das oft eigenwillig und sperrig anmutende Spätwerk Goethes, zu dem es gehört.

2

Über Kunst und Alterthum[6] erschien von 1816 bis 1832 in sechs Bänden zu je drei Heften. Der Titel leitet sich von der Denkschrift *Kunst und Alterthum am Rhein und Mayn* her, mit der Goethe das Unternehmen eröffnete. Diese Denkschrift hatte er, auf Anregung des Freiherrn vom Stein, über eine Reise während seiner beiden Kuren in Wiesbaden 1814 und 1815 verfasst. Sie bestand im Wesentlichen aus einem Überblick über die historischen Sehenswürdigkeiten und Kunstschätze der Rheinlande, die 1814 auf dem Wiener Kongress an Preußen gefallen waren.

Schon das zweite Heft weist jedoch eine andere Struktur auf. Seine Erzählungen von der Wiesbadener Kur setzt Goethe zwar mit dem Bericht „Das Sanct

---

4 G. G. Gervinus, Geschichte der deutschen Dichtung, Band 5, Leipzig 1874, S. 792.
5 Heinrich Heine, Sämtliche Schriften in zwölf Bänden, Band 5, hg. von Klaus Briegleb, Frankfurt a. M./Berlin/Wien 1981, S. 390.
6 1970 brachte der Peter Lang Verlag einen Nachdruck der Zeitschrift heraus.

Rochus-Fest zu Bingen" fort, leitet das Heft aber mit der Polemik „Neu-deutsche religiös-patriotische Kunst" ein. Diese Abrechnung mit den Nazarenern hatte allerdings nicht er selbst verfasst, wie seinerzeit meist angenommen wurde, sondern Heinrich Meyer, seit gemeinsamer Zeit in Rom sein kunsthistorischer Berater. Den Band beschließt die neue Rubrik „Aus verschiedenen Fächern Bemerkenswertes", die Nachträge zu dem Bericht des ersten Bandes enthält.

Das dritte Heft beginnt mit der Erzählung „Im Rheingau Herbsttage. Supplement des Rochus-Festes" (1814), die sich auf Goethes letzten Aufenthalt am Rhein bezieht. In der Abteilung „Aus verschiedenen Fächern Bemerkenswertes" ist ein Aufsatz über „Deutsche Sprache" abgedruckt, ein weiterer über „Redensarten, welche der Schriftsteller vermeidet, sie jedoch dem Leser beliebig einzuschalten erlaubt", die Liste „Urteilsworte französischer Critiker" und schließlich ein großer Aufsatz „Abendmal von Leonard da Vinci zu Mayland". Das ergibt im Ganzen eine bunte Sammlung, die vor allem von den Erlebnissen und Interessen des Verfassers zusammengehalten wird.

Über Kunst und Alterthum war erkennbar eine Zeitschrift ohne Programm. In ihrer Heterogenität hat sie den Goethe-Forschern von jeher eine gewisse Verlegenheit bereitet. Wie sollte man diese merkwürdigen Hefte einordnen, in denen es zwar auch, aber nicht nur, ja vielleicht sogar immer weniger um Kunst und Geschichte ging und die Gegenden an Rhein und Main bald ganz aus dem Blick gerieten? Die einen haben *Über Kunst und Alterthum* als Goethes Kunstzeitschrift verstanden,[7] in der er vor allem seine Auseinandersetzung mit der romantischen Kunst und Kunsttheorie geführt habe – je nach Auslegung, entweder von einem klassizistischen Standpunkt aus oder in heimlicher Übereinstimmung mit den Romantikern. Dass dies zu eng gedacht ist, lässt schon das dritte Heft vermuten, in das Goethe Texte auch zu literarischen Themen aufnahm. Ein wenig zu weit gefasst wiederum mag die Kennzeichnung als „Kulturzeitschrift" sein, als Goethes „Hauszeitschrift für seinen Freundes- und Bekanntenkreis, Sprachrohr und Publikationsorgan [...] für alle ihn interessierenden kulturellen Fragen".[8] In der bislang letzten Edition firmiert *Über Kunst und Alterthum* unter den *Ästhetischen Schriften*. Hendrik Birus, ihr Herausgeber, hat die Zeitschrift als Spätwerk des alten Goethe charakterisiert, das wesentlich der „Kommunikation über Literatur und Kunst"[9] diene.

---

7 Vgl. Helmut Koopmann, Anzeigen und Rezensionen. In: Goethe-Handbuch. In vier Bänden, Band 3, hg. von Bernd Witte u. a., Stuttgart und Weimar 2004, S. 556.
8 Gero von Wilpert, Goethe-Lexikon, Stuttgart 1998, S. 1091.
9 Hendrik Birus, Ueber Kunst und Alterthum – Ein unbekanntes Alterswerk Goethes. In: Johann Wolfgang Goethe, Ästhetische Schriften 1824–1832. Über Kunst und Altertum I–II, Band 1.20, hg.

Auch das ist nicht ganz treffend, nicht nur weil sich in *Über Kunst und Alterthum* zudem Aufsätze z. B. über Sprache, Architektur und Musik finden. Bei dieser wie bei den anderen Einordnungen wird auch meist vergessen, dass sich der Charakter der Zeitschrift ab dem zweiten Heft des zweiten Bandes gründlich änderte. Goethe nutzte sozusagen die Konzeptlosigkeit seiner Zeitschrift, indem er sie neu – oder erst richtig – konzipierte.

Im zweiten Heft des zweiten Bandes gibt es erstmals die Abteilung „Literarische, Poetische Mitteilungen". Goethe eröffnet sie mit den vielleicht sogar programmatisch gedachten Versen „Unmöglich ist's den Tag dem Tag zu zeigen" und beendet sie mit seiner Übersetzung aus Byrons *Manfred*. Das dritte Heft des zweiten Bandes beginnt er wiederum poetisch, mit dem Gedicht „National-Versammlung", dem nach einer Rezension von „Il conte di Carmagnola Tragedia di Alessandro Manzoni, Milano" eine ganze Abteilung von weiteren 14 Gedichten folgt, dann sein Selbstkommentar zu „Urworte, orphisch", ein gedrängt-kurzer Essay „Bedenkliches" und eine lockere Reihe „Zahme Xenien".

Die Rubrik „Poesie, Ethik, Literatur", in die Goethe das alles aufgenommen hat, führt er im nächsten Heft, dem ersten des dritten Bandes, fort, abermals mit Gedichten und, unter dem Titel „Eigenes und Angeeignetes in Sprüchen", auch mit Aphorismen. Diese setzt er im vierten Band fort, platziert vorher aber im dritten Band noch Notizen über verschiedene Themen, von *Rameau's Neffe von Diderot* bis zu *Lebensbekenntnisse im Auszug*. Im ersten und vor allem im zweiten Heft des fünften Bandes setzt Goethe dann das Experiment mit kurzer Prosa unter dem Titel „Einzelnes" fort. All diese Texte sind weder im strengen Sinn essayistisch noch aphoristisch. Sie sind am ehesten noch einer Aufzeichnungsliteratur zuzurechnen, wie sie in Deutschland, allerdings ohne sie der Öffentlichkeit zu präsentieren, Georg Christoph Lichtenberg begründet und Elias Canetti schließlich etabliert hat, 140 Jahre nach Goethe.[10] Auf Goethe ist in diesem Zusammenhang allerdings nie hingewiesen worden.

Unter der Hand, ohne ausdrückliche Erklärung, hat Goethe so im vierten Band *Über Kunst und Alterthum* bereits in eine literarische Zeitschrift verwandelt, in der er u. a. verschiedene kurze Formen in Vers und Prosa ausprobierte. Als Motto dafür eignen sich die Verse, die dem zweiten Heft des vierten Bandes vorangestellt sind:

---

von Hendrik Birus, Frankfurt a. M. 1999, S. 668.
10 Vgl. dazu Susanne Niemuth-Engelmann, Alltag und Aufzeichnung. Untersuchungen zu Canetti, Bender, Handke und Schnurre, Würzburg 1998.

„Sprich wie du dich immer und immer erneust?"
Kannst's auch, wenn du immer am Großen dich freust.
Das Große bleibt frisch, erwärmend, belebend;
Im Kleinlichen fröstelt der Kleinliche bebend. (SW 13.1, 82)

Das prominent platzierte Gedicht lässt erkennen, dass es dem alten Goethe tatsächlich darum ging, nicht nur sich, sondern auch seine Zeitschrift ständig zu erneuern und weiterzuentwickeln.

3

Dass *Über Kunst und Alterthum* wenigstens hefteweise auch eine literarische Zeitschrift eigener Art darstellt, ist immer wieder übersehen worden. Das liegt nicht zuletzt daran, dass sich früh die Aufmerksamkeit der Goethe-Philologen auf die literaturtheoretische Bedeutung der Zeitschrift konzentriert hat. Schon Bernhard Seuffert und Bernhard Suphan haben in der Weimarer Ausgabe auf den Zusammenhang mit „Goethes Lieblingsvorstellung von einer Weltliteratur"[11] hingewiesen. Tatsächlich spielt die Zeitschrift für die Entwicklung der Idee der Weltliteratur unübersehbar eine Rolle. In das dritte Heft des fünften Bandes und das erste Heft des sechsten Bandes nahm Goethe 1826 und 1827 die umfangreiche Rezension der ersten vollständigen Übersetzung seiner Dramen ins Französische von Jean-Jacques Ampère auf, dem Sohn des berühmten Physikers, und zwar in seiner eigenen Übertragung. Er druckte auch zwei Rezensionen über ein neues Tasso-Drama des französischen Autors Alexandre Duval ab, in denen sein eigener *Tasso* kontrovers beurteilt wurde. Dem Ganzen gab er seine erste öffentliche Bemerkung über Weltliteratur bei, in der er sich überzeugt zeigte, „es bilde sich eine allgemeine *Weltliteratur*" (SW 18.2, 12).

Die Rezension Ampères war in der liberalen Zeitschrift *Le Globe* erschienen, die Goethe regelmäßig las. Der *Globe* griff den Gedanken einer entstehenden Weltliteratur in seiner Ausgabe vom 1. November 1827 auf, allerdings nicht das Wort. Statt von einer ‚Weltliteratur' war von einer „littérature occidentale ou européene"[12] die Rede, die auch die Franzosen im Entstehen sahen. Auf diese zustimmende Reaktion nahm Goethe dann wiederum Bezug im letzten von ihm besorgten Heft seiner Zeitschrift. Unter dem Titel „Bezüge nach Außen" druckte

---

11 Hier zitiert nach J. W. Goethe, Ästhetische Schriften 1824–1832, S. 660.
12 Hier zitiert nach Heinz Hamm, Goethe und die französische Zeitschrift Le Globe. Eine Lektüre im Zeichen der Weltliteratur, Weimar 1998, S. 441.

er seine Übersetzung der Passage aus dem *Globe* ab und setzte ihr eine kurze
Bemerkung voran:

> Mein hoffnungsreiches Wort: daß bei der gegenwärtigen höchst bewegten Epoche und
> durchaus erleichterter Kommunikation eine Weltliteratur baldigst zu hoffen sei, haben
> unsre westlichen Nachbarn, welche allerdings hiezu großes wirken dürften, beifällig auf-
> genommen. (SW 18.2, 97)

Über Kunst und Alterthum benutzte Goethe, um die Idee der Weltliteratur der
Öffentlichkeit nicht nur zu präsentieren, sondern auch um sie zu propagieren. In
seiner Zeitschrift erschienen allein 1827 Artikel über chinesische, neugriechische,
böhmische und serbische Literatur, über Bücher von Benjamin Constant, Walter
Scott und Thomas Carlyle. Besonders prominent vertreten sind im Ganzen Alessandro Manzoni und Lord Byron, die beiden europäischen Autoren, die Goethe
am meisten schätzte.

Über Manzoni setzte Goethe sein Publikum zuerst im zweiten Heft des zweiten
Bandes in Kenntnis, in „Klassiker und Romantiker in Italien sich heftig bekämp-
fend". Am Ende, im vorletzten Heft, zeigte er noch Manzonis Roman *I Promessi
Sposi* an. Wie er seine Übersetzungsprobe aus dem *Conte di Camagnola* und die
vollständige Übertragung von Manzonis Ode auf den Tod Napoleons *Il cinque
Maggio (Der fünfte Mai)* abdruckte, legte er seinen Lesern auch kleinere Übertra-
gungen aus Byrons *Manfred* und *Don Juan* vor. Er zeigte dessen *Cain* an, erwähnte
zumindest den *Werner*, den Byron ihm nach einigem Hin und Her gewidmet hatte,
und eröffnete den fünften Band mit seinem Gedicht „An Lord Byron". Schließlich
nahm er nicht nur seinen Essay „Teilnahme Goethe's an Manzoni" auf, sondern
auch unter dem Titel „Alexander Manzoni an Goethe" dessen einzigen Brief an
ihn. Offensichtlich war der literarische Horizont von *Über Kunst und Alterthum*
international, auf jeden Fall europäisch, gelegentlich auch global.

Es sind allerdings nicht allein die Gegenstände, die *Über Kunst und Alterthum*
zu dem publizistischen Organ der Goetheschen Idee der Weltliteratur machen. Es
ist auch die Form der Rezension, die er wählte. Vor allem ein Titel kehrt immer
wieder: Teilnahme. „Teilnahme Goethes an Manzoni", „Teilnahme der Franzosen an deutscher Literatur", „Teilnahme der Engländer u. Schottländer an deutscher Literatur", schließlich „Teilnahme der Italiäner an deutscher Literatur".
„Teilnahme" mag nicht nur vom heutigen Verständnis her eine ungewöhnliche
Bezeichnung für eine Rezension sein. Sie steht jedoch in unmittelbarem Zusammenhang mit seiner Idee der Weltliteratur.

Weltliteratur ist die erfolgreichste Begriffsprägung des alten Goethe – und zugleich seine am meisten missverstandene.[13] Der Begriff hat sich schon bald von der Bedeutung abgelöst, die er mit ihr verbunden hat. Wenn heutzutage von Weltliteratur gesprochen wird, ist in aller Regel die Rede entweder normativ von einem internationalen literarischen Kanon oder empirisch-extensiv von der Gesamtheit der Literaturen der Welt. Goethe kannte beide Bedeutungen, aber er hatte etwas anderes im Sinn, als er die Epoche der Weltliteratur ausrief.

Berühmt geworden ist vor allem seine Bemerkung aus dem Gespräch mit Eckermann vom 31. Januar 1827: „National-Literatur will jetzt nicht viel sagen, die Epoche der Welt-Literatur ist an der Zeit und jeder muß jetzt dazu wirken, diese Epoche zu beschleunigen" (SW 19, 207). Dieser aperçuhafte Satz, typisch für Goethes aphoristischen Altersstil, lässt allerdings bestenfalls in Umrissen – und ansonsten nur, wenn man ihn in die richtigen Kontexte stellt – erkennen, was er unter Weltliteratur verstanden hat.

Genauer hat Goethe sich ein Jahr später, 1828, in seiner Grußadresse für „Die Versammlungen deutscher Naturforscher und Ärzte" geäußert. Wenn er „eine Europäische, ja eine allgemeine Weltliteratur zu verkünden gewagt habe", schreibt er da,

> so heißt dieses nicht daß die verschiedenen Nationen von einander und ihren Erzeugnissen Kenntnis nehmen, denn in diesem Sinne existiert sie schon lange, setzt sich fort und erneuert sich mehr oder weniger; Nein! hier ist vielmehr davon die Rede, daß die lebendigen und strebenden Literatoren einander kennen lernen und durch Neigung und Gemeinsinn sich veranlaßt finden gesellschaftlich zu wirken. Dieses wird aber mehr durch Reisende als Korrespondenz bewirkt, indem ja persönlicher Gegenwart ganz allein gelingt das wahre Verhältnis unter Menschen zu bestimmen und zu befestigen. (SW 18.2, 357)

Dieser Hinweis Goethes ist gleich doppelt bemerkenswert. Er skizziert sein weitestes Verständnis von Weltliteratur: als Bezeichnung für die seit der Antike zu beobachtende sprachübergreifende Intertextualität – und grenzt von dieser allgemeinen seine spezielle Auffassung der aktuellen Weltliteratur ab. Sie ist bestimmt durch ein neuartiges ‚Verhältnis' zwischen Schriftstellern verschiedener Nationalitäten, die ‚gesellschaftlich wirken', in seiner Sprache: gemeinsam literarisch tätig sein sollten.[14] Die Grundlage dafür sah Goethe in Kontakten, wie sie besonders durch persönliche Begegnungen oder brieflichen Verkehr geschaffen werden.

---

13 Vgl. dazu Dieter Lamping, Die Idee der Weltliteratur. Ein Konzept Goethes und seine Karriere, Stuttgart 2010.
14 Vgl. Victor Lange, Nationalliteratur und Weltliteratur. In: Weltliteratur und Volksliteratur, hg. von Albert Schaefer, München 1972, S. 34. Kritisch dazu: Horst Rüdiger, Europäische Literatur

Von seiner Idee der Weltliteratur her hat Goethe ein neues, eigenes Konzept von Literaturkritik entwickelt, das er gleichfalls in *Über Kunst und Alterthum* formuliert hat. Es steckt in seinem Plädoyer für eine „productive Kritik", das er bezeichnenderweise in seinem Artikel „Graf Carmagnola noch einmal" aufgenommen hat. Die „productive" grenzt Goethe von der „zerstörenden Kritik" ab und charakterisiert sie durch die Fragen, die sie leiten: „Was hat sich der Autor vorgesetzt? Ist dieser Vorsatz vernünftig und verständig? Und in wiefern ist es gelungen, ihn auszuführen?" (SW 13.1, 373)

Vor allem drei Merkmale kennzeichnen die „productive Kritik": Sie ist erstens eine immanente Kritik, die ein Werk an den Intentionen des Autors misst – und ausdrücklich nicht an den subjektiven Vorstellungen des Kritikers, der „irgend einen Maßstab, irgend ein Musterbild, so borniert sie auch seien, in Gedanken aufstellen" mag (SW 13.1, 373). Die ‚productive Kritik' ist zweitens auch nicht in erster Linie für das Publikum, sondern für den Autor gedacht – man müsse, so Goethe, „mehr um des Autors als des Publikums willen urteilen" (SW 13.1, 373). Solche ‚productive Kritik' ist deshalb drittens Teil eines Dialogs zwischen Kritiker und Autor und letztlich dazu gedacht, den Autor in seiner Arbeit zu fördern. Goethes Wort von den „lebendigen und strebenden Literatoren", die sich „veranlaßt finden gesellschaftlich zu wirken", findet ihre Entsprechung in diesem Konzept von Literaturkritik. „Teilnahme" ist seine Formel dafür.

Goethe hat dies nicht nur postuliert, sondern selbst zu praktizieren versucht – im Dialog mit Byron und vielleicht noch mehr mit Manzoni. Der Prüfstein einer ‚productiven Kritik' ist offenbar *Il Conte di Carmagnola* geworden. Der Tragödie Manzonis widmete Goethe im dritten Heft des zweiten Bandes eine einläßliche Rezension, die das Stück gegen die – italienische – Kritik ausdrücklich verteidigte. Er habe sich, schreibt er, sein kritisches Verfahren resümierend,

> den deutlichsten Begriff von Herrn Manzonis Absichten zu verschaffen gesucht; wir haben dieselben löblich, natur- und kunstgemäß gefunden und uns zuletzt, nach genauester Prüfung, überzeugt daß er sein Vorhaben meisterhaft ausgeführt. (SW 13.1, 348)

Für die Rezension bedankte sich Manzoni in dem erwähnten Brief. Darauf wiederum reagierte Goethe in seinem Artikel „Graf Carmagnola noch einmal", den er im zweiten Heft des dritten Bandes veröffentlichte. Die Einleitung lässt keinen

---

– Weltliteratur. Goethes Konzeption und die Forderungen unserer Epoche. In: H. Rüdiger, Goethe und Europa. Essays und Aufsätze 1944–1983, hg. von Willy R. Berger und Erwin Koppen, Berlin und New York 1990, S. 262–279.

Zweifel daran, dass Goethe die erwünschte Wirkung einer ‚productiven Kritik' bei Manzoni festgestellt hatte:

> Wie gut und heilsam unsere erste Rezension auf den Autor gewirkt hat, hat er uns selbst eröffnet, und es gereicht uns zu großer Freude mit einem so liebwerten Manne in nähere Verbindung getreten zu sein; an seinen Äußerungen erkennen wir deutlich, daß er im Fortschreiten ist. (SW 13.1, 370)

Am Beispiel der Tragödie demonstrierte Goethe geradezu, Schritt für Schritt, wie er ‚productive Kritik' als poetisch-kritischen Dialog in der Epoche der Weltliteratur verstand. Dass er den *Conte di Carmagnola* dafür wählte, scheint vor allem einen Grund gehabt zu haben. Was er ‚productive Kritik' nannte, entsprach genau den Forderungen, die Manzoni im Vorwort zu seinem Stück formulierte, das er gegen ungerechtfertigte Kritik verteidigte. Goethe machte sich diese Vorstellung von Kritik zueigen – und wandte sie gleich auf ihren eigentlichen Urheber an.

Anne Bohnenkamp hat für einen solchen produktiv-kritischen Dialog die Formel von der „Rezeption der Rezeption" gefunden und in ihr den Kern der Goetheschen Weltliteratur gesehen: „Goethes ‚Weltliteratur' *entsteht* nicht nur aus der internationalen und interkulturellen Kommunikation, sie *ist* diese Kommunikation selbst."[15] Das mag allerdings eine zu starke, von unseren heutigen inter- und metatextuellen Konzepten geprägte Formulierung sein. Zumindest Goethes Wort, dass „die lebendigen und strebenden Literatoren" sich „veranlaßt finden gesellschaftlich zu wirken", legt eher den Schluss nahe, dass er mit ‚Weltliteratur' die Texte meinte, über die die Autoren miteinander kommunizieren. Für ihn dürfte im Mittelpunkt immer noch das Werk gestanden haben, dem die Rezension dienen sollte. Insofern ist die ‚productive Kritik', zumindest im engeren Sinn, nicht selbst Weltliteratur, sondern Kritik im Geist und im Dienst der Weltliteratur.

---

15 Anne Bohnenkamp, „Versucht's zusammen eine Strecke". Goethes Konzept einer ‚Weltliteratur' als Form europäischer Geselligkeit. In: Einsamkeit und Geselligkeit um 1800, hg. von Susanne Schmid, Heidelberg 2008, S. 186. Außerdem A. Bohnenkamp, „Den Wechseltausch befördern". Goethes Entwurf einer Weltliteratur. In: Johann Wolfgang Goethe, Ästhetische Schriften 1824–1832. Über Kunst und Altertum V–VI. Band 2.22, hg. von Anne Bohnenkamp, Frankfurt a. M. 1999, S. 937–964.

4

Gegen Goethes Konzept einer ‚productiven Kritik' lassen sich leicht Einwände vorbringen. Der billigste, der Heines, ist allerdings unhaltbar: Goethe hat sein Lob keineswegs an mittelmäßige Talente verschwendet. Er hat es vielmehr zunächst den beiden lebenden Autoren zuteil werden lassen, die er am meisten schätzte. Seine ‚teilnehmenden' Besprechungen sind auch nicht als Gefälligkeits-Rezensionen abzutun. Goethe konnte noch im Alter sehr wohl zugleich loben und tadeln, und selbst seinem höchsten Lob ist noch anzusehen, dass es durch Abwägung gewonnen wurde. Der zentrale Satz in der Anzeige von Byrons *Don Juan* belegt das beispielhaft:

> Don Juan ist ein gränzenlos-geniales Werk, menschenfeindlich bis zur herbsten Grausamkeit, menschenfreundlich, in die Tiefen süßester Neigung sich versenkend; und, da wir den Verfasser nun einmal kennen und schätzen, ihn auch nicht anders wollen als er ist, so genießen wir dankbar was er uns mit übermäßiger Freyheit, ja mit Frechheit vorzuführen wagt. (SW 13.1, 362–363)

Vielleicht ist das für die Methode des Kritikers Goethe der bezeichnendste Satz: Er kritisiert, aber mehr noch charakterisiert er, er wägt ab, ohne zu schmeicheln, und lobt mit Einschränkungen. So lässt er erkennen, dass auch die ‚produktive Kritik' sehr wohl Kritik ist.

Gleichwohl dürfte das Konzept heute vielen seltsam anachronistisch erscheinen: in einer Zeit, in der ein Kritiker wie Marcel Reich-Ranicki, der Goethes Unterscheidung zwischen ‚produktiver' und ‚zerstörender Kritik' als „oberflächliche und dubiose Alternative"[16] bezeichnet hat, seinen Ruhm auf „Lauter Verrisse" gründen und mit ihnen bekannter werden konnte als mancher Autor, den er rezensiert hat. Goethes Kritik kritischer Beliebigkeit, ja Borniertheit mag auch mancher Rezensent als narzisstische Kränkung empfinden, der seinen eigenen kritischen Geist über den produktiven anderer stellt. Goethe kehrt die Hierarchie um: Er stellt den Autor über den Kritiker, der ihm auf teilnahmsvoll-verständige Weise zu dienen habe.

Wenn man seine Antithese von ‚zerstörender' und ‚productiver Kritik' zu Ende denkt, dürften es vor allem zwei Punkte sein, die aus heutiger Sicht besonders anstößig – und eben deshalb besonders bedenkenswert sind. Goethes Kritik an einer Subjektivität, deren Wendung ins Kritisch-Negative ihm als Anmaßung erschien, weil ihr „die Verehrung des Vortrefflichen" fehlt, steht im Widerspruch

---

16 Marcel Reich-Ranicki, Nicht nur in eigener Sache. In: Lauter Verrisse. Mit einem einleitenden Essay, hg. von Marcel Reich-Ranicki, Frankfurt a. M./Berlin/Wien 1973, S. 22.

zum Individualismus moderner Literatur. Seine Ablehnung kultureller oder literarischer Zerstörung widerspricht zudem dem Programm des ‚Traditionsbruchs‘ in der Moderne, die sich durch ständige Erneuerung definiert und in diesem Geist unentwegt vermeintlich oder tatsächlich Veraltetes ‚teilnahmslos‘ hinter sich lassen muss.

Wie immer man Goethes ‚productive Kritik‘ heute beurteilen mag – in einer Hinsicht ist sie allerdings kaum übertroffen worden. Dem alten Goethe als Anwalt der Weltliteratur war es selbstverständlich, literarische Werke auf Französisch, Italienisch und Englisch zu lesen und zu rezensieren, bevor sie übersetzt waren. Ja, in vielen Fällen, vor allem dem Manzonis, bereitete er deren Rezeption im Deutschen erst vor. Im Zeitalter der Globalisierung ist ein solcher literarischer Horizont noch immer keine Selbstverständlichkeit – ganz abgesehen von dem literarischen Sachverstand, über den Goethe als Autor und Kritiker verfügte (und den ihm mancher von Friedrich Schlegel bis Marcel Reich-Ranicki absprechen wollte). In dieser Hinsicht zumindest ist Goethes Literaturkritik im Geist der Weltliteratur bis heute unerreicht.

Michael Pilz
Klagerufe und Statistik

Empirische Erhebungen zur gegenwärtigen Situation der
Literaturkritik im deutschsprachigen Zeitungsfeuilleton

1 Statistische Debattenführung

‚Kritik' kommt nicht nur von ‚Krise';[1] sie scheint sich auch anhaltend in einer
solchen zu befinden. Die Feststellung jedenfalls, dass zumindest die Kritik am
jeweils aktuellen Zustand der Literaturkritik wohl so alt ist wie diese selbst,[2] ist
an den Befund eines in regelmäßigen Abständen erneuerten Krisendiskurses
gekoppelt,[3] in dem bevorzugt von Verfallserscheinungen die Rede ist. Dass eine
solche zur Apokalyptik neigende Meta-Kritik gerade in medialen Umbruchssitua-
tionen Konjunktur hat, ist naheliegend, und so erscheint es denn auch wenig ver-
wunderlich, dass unsere digitale Gegenwart Anstöße genug bereit hält, um wieder
und wieder zum Entwurf von düsteren Szenarien über die Zukunft des Metiers im
Spannungsfeld von Print- und Online-Journalismus herauszufordern.[4] Gleichwohl
steht zu vermuten (und das stimmt durchaus hoffnungsfroh), dass die keineswegs
originelle Frage nach dem „Ende der Literaturkritik" im Jahr 2015 nicht zum letzten

---

1 „Nun heißt *kritisieren* (Kritik betreiben) so viel wie in Krise bringen [...]." (Roland Barthes,
Schriftsteller, Intellektuelle, Professoren. In: Barthes, Das Rauschen der Sprache, Frankfurt a. M.
2006, S. 339–362, hier S. 355). Zur Einsicht, dass „Kritik auf denselben Wortstamm zurückzufüh-
ren ist wie die *Krise*" vgl. auch: Brigitte Schwens-Harrant, Literaturkritik. Eine Suche, Innsbruck
2008, S. 85 ff. (Hervorhebungen jeweils im Original).
2 Vgl. das Kapitel „Kritik der Kritik" in: Stefan Neuhaus, Literaturkritik. Eine Einführung, Göttingen 2004, S. 83 ff.
3 Vgl. dazu auch das einschlägige Kapitel „Das große Jammern" in Schwens-Harrant, Literaturkritik, S. 9 ff.
4 Vgl. exemplarisch: Roman Bucheli, Literaturkritik in Zeiten der Elektronik. Seit Jahren steht
das kritische Geschäft unter Druck, der eher noch zunehmen als wieder abnehmen wird. In: NZZ,
Nr. 107 vom 11.05.2013, S. 21, sowie als optimistische Entgegnung darauf: Volker Weidermann,
Schreibt schneller! Literaturkritik muss sich vor dem Internet nicht fürchten. Sie muss nur wieder so modern werden, wie sie mal war. In: FAZ, Nr. 21 vom 26.05.2013, S. 21 mit den bezeichnen-
den Sätzen über die eigene Branche: „Literaturkritiker sind ängstliche Leute, ihr Gewerbe steht
immer am Abgrund, für sie ist es den ganzen Tag lang superkurz vor zwölf. [...] Literaturkritiker
kommen schon als Verschwinder auf die Welt. Wer sich beeilt, kann sie noch sehen, wer langsam
schaut, der blickt ins Leere."

DOI 10.1515/9783110543209-004

Mal gestellt worden sein dürfte,[5] sondern sicher auch in Zukunft noch einige Male aufs Tapet gebracht werden wird – um gerade dadurch von einer gewissen Zählebigkeit ihres nach wie vor existenten Gegenstandes zu zeugen.

Die zukünftigen Debatten über den Niedergang der Literaturkritik werden sich von den bisherigen freilich in einem zentralen Punkt der Argumentationsführung unterscheiden (müssen), der aufs engste mit einem der aktuell heraufbeschworenen Schreckgespenster verknüpft ist: Die Digitalisierung nämlich hat im Internet nicht nur völlig neue Kanäle (und Probleme) für das öffentliche Gespräch über Literatur eröffnet und damit die Deutungshoheit tradierter Medien der Kritik in eine veritable Krise gestürzt; sie hat darüber hinaus auch eine völlig neue Datengrundlage geschaffen, von deren Auswertung und Interpretation in Zukunft sowohl die Feststellung eines Krisenbefunds wie auch dessen Validierung abhängen werden. Man muss dabei gar nicht erst das Schlagwort von „Big Data" bemühen,[6] auf das sich gegenwärtig die methodischen Interessen der „Digital Humanities" auch in ihrer literaturwissenschaftlichen Spielart fokussieren.[7] Bereits ein Blick auf die digitalen Beobachtungsmedien des laufenden Feuilletondiskurses und das in ihren Datenbanken aufgespeicherte Material fordert geradezu zur Formulierung neuer Fragen heraus, deren Beantwortung (mitsamt der Fragestellung) noch vor eineinhalb Jahrzehnten wohl vor allem deshalb unterblieben wäre, weil ihre empirische Überprüfbarkeit in Ermangelung entsprechender Datenbestände bestenfalls um den Preis eines unverhältnismäßig hohen Erhebungsaufwands hätte gewährleistet werden können.

Auch insofern ist es symptomatisch, dass die jüngsten Debatten über die Literaturkritik im digitalen Zeitalter von der Online-Presseschau perlentaucher.de[8] ihren Ausgang nahmen und dort zugleich gebündelt wurden.[9] Erstmals wurde

---

5 „Das Ende der Literaturkritik?" lautete die titelgebende Fragestellung des XX. Mainzer Kolloquiums am Institut für Buchwissenschaft der Johannes-Gutenberg-Universität Mainz vom 30. Januar 2015; vgl. die Zusammenfassungen auf: Hundertvierzehn. Das literarische Online-Magazin des S. Fischer Verlags, URL: http://www.hundertvierzehn.de/artikel/das-ende-der-literaturkritik_814.html (Zugriff: 05.10.2015) sowie auf literaturkritik.de, 2015, Nr. 2, URL: http://www.literaturkritik.de/public/inhalt.php?ausgabe=201502#20309 (Zugriff: 05.10.2015).

6 Vgl. Big Data. Das neue Versprechen der Allwissenheit, hg. von Heinrich Geiselberger und Tobias Moorstedt, Berlin 2013.

7 Vgl. etwa exemplarisch die Beiträge des jüngst erschienenen Sammelbandes: Distant Readings. Topologies of German Culture in the Long Nineteenth Century, edited by Matt Erlin and Lynne Tatlock. Rochester und New York 2014.

8 Vgl. perlentaucher.de, URL: https://www.perlentaucher.de/ (Zugriff: 05.10.2015).

9 Gemeint ist die im Folgenden nach ihrem Wortführer, dem Verleger und Journalisten Jörg Sundermeier, benannte „Sundermeier-Debatte", die Anfang des Jahres 2015 geführt wurde (einen konzisen Überblick, auf den zu verweisen eine Zusammenfassung an dieser Stelle erspart, findet

der Krisendiskurs über den Niedergang der deutschsprachigen Literaturkritik aus einem statistischen Reservoir munitioniert, dessen Zahlenmaterial auf der Basis einer längerfristig gefütterten Datenbank erhoben worden war – und somit ‚harte Fakten' schuf, die als solche über ein erhebliches symbolisches (und strategisches) Gewicht verfügen. Sie haben in der Zwischenzeit eine Diskursmacht entwickelt, die freilich keineswegs zu ihrer durchaus zweifelhaften Validität in einem angemessenen Verhältnis steht.[10]

2 Erhebungen im Vergleich

Tatsächlich haben sowohl die „Sundermeier-Debatte" vom Frühjahr 2015 als auch die anschließende „Perlentaucher-Debatte" vom Sommer desselben Jahres einen statistischen Kern. Die Zahlen hatte Thierry Chervel, der Herausgeber von perlentaucher.de, in einem nachmals wiederholt zitierten Radio-Interview mit Joachim Scholl vom Sender Deutschlandradio Kultur geliefert, das am 9. Dezember 2014 unter dem Titel „Der Niedergang der Literaturkritik" ausgestrahlt worden war.[11] Auf Basis der perlentaucher-Datenbank kommt Chervel darin zu dem Befund, dass sich die Anzahl der Buchkritiken im deutschen Feuilleton im Verlauf des zurückliegenden Jahrzehnts schlichtweg halbiert habe: Von 4.330 bei perlentaucher.de registrierten Besprechungen im Jahr 2001 sei sie auf ganze 2.200 im Jahr 2013 zurückgegangen.[12]

---

sich bei: Ekkehard Knörer, Neuigkeiten aus dem Betrieb. In: Merkur, 69, 2015, Nr. 793, S. 61–68), sowie die in unmittelbarem Anschluss daran von Wolfram Schütte im Sommer 2015 angeregte „Perlentaucher-Debatte zur Literaturkritik im Netz", wie der bei perlentaucher.de gewählte Sammeltitel zu einer zuletzt am 10. August 2015 aktualisierten Beitrags- und Linkliste lautet, die eine Synopse nahezu aller nennenswerten Wortmeldungen liefert (vgl. URL: https://www.perlentaucher.de/essay/perlentaucher-debatte-literaturkritik-im-netz.html, Zugriff: 05.10.2015).

10 Vgl. dazu auch Christian Metz, Fünfter sein. Vergessen wir nicht die Lyrikkritik. In: literaturkritik.at vom 03.11.2016, URL: https://www.uibk.ac.at/literaturkritik/zeitschrift/fuenfter-sein.html (Zugriff: 15.01.2017): „Diese Zahlen haben zwar eine Diskurshoheit erlangt, sie sind aber statistisch nicht valide. Neue Erhebungen zeigen, dass von einem Niedergang [...] nicht die Rede sein kann."

11 Vgl. Der Niedergang der Literaturkritik. „Perlentaucher"-Chefredakteur Thierry Chervel über Buchrezensionen, Beitrag vom 09.12.2014, URL: http://www.deutschlandradiokultur.de/zeitungskrise-der-niedergang-der-literaturkritik.1270.de.html?dram:article_id=305666 (Zugriff: 05.10.2015).

12 Vgl. dazu auch: Thierry Chervel, Kritik im Netz. Editorial. In: perlentaucher.de vom 24.06.2015, URL: https://www.perlentaucher.de/essay/kritik-im-netz-editorial.html (Zugriff: 05.10.2015).

Chervels ‚Halbierungsthese' hat für einiges Aufsehen im Betrieb gesorgt und seine Zahlen wurden dankbar aufgegriffen, wann immer es darum ging, gefühlte Werte des Niedergangs durch statistische Befunde abzusichern.[13] Die Frage nach der Belastbarkeit von Chervels Zahlen freilich ist überall dort, wo sie nur allzu gut ins Bild passen wollten, erst gar nicht gestellt worden – und das, obschon man bei perlentaucher.de in der Zwischenzeit selbst eingestehen musste, dass die Datengrundlage im Erhebungszeitraum gewissen Schwankungen unterworfen war,[14] die sich zwangsläufig auf das Ergebnis ausgewirkt haben. Nicht zuletzt deshalb sei hier ein zweiter Blick auf die gelieferten Zahlen erlaubt – sowie ein Vergleich mit alternativen Erhebungen aus einer anderen Datenquelle, die es gestatten, den entstandenen Eindruck etwas differenzierter zu fassen. Am Ende lässt sich ihm vielleicht sogar mit einer erstaunlich optimistischen These begegnen, die sich ihrerseits auf harte Zahlen stützen kann.

Vorab bleibt zweierlei zu konstatieren: Erstens spricht Chervel in seinem Radio-Interview einerseits von einem Rückgang der *Buch*-Kritiken, aus dem andererseits ein pauschaler Niedergang der *Literatur*-Kritik gefolgert wird. Ohne einem möglichst engen Literaturbegriff das Wort reden und damit vor allem die Alltagspraxis in den Zeitungsredaktionen ignorieren zu wollen, wo selbstverständlich sowohl belletristische Titel als auch Sachbücher nebeneinander besprochen werden, bleibt doch immerhin festzuhalten, dass sich die von perlentaucher.de bereitgestellten Zahlen unterschiedslos auf beides beziehen: auf Sachbuchrezensionen aller möglichen Gegenstandsbereiche ebenso wie auf Besprechungen von Belletristik (also Literatur im engeren Sinne).

Zweitens macht Chervel deutlich, dass sich die von ihm gelieferten Zahlen auf jene Kritiken beziehen, die von der Presseschau des perlentauchers berücksichtigt, also jeweils im Rahmen eines referierenden und kommentierenden Inhaltskondensats annotiert worden sind. Nur Feuilletoninhalte, die sich für eine solche Zusammenfassung nach Art des perlentauchers eignen, seien in die

---

13 So hat etwa auch Jörg Sundermeier für seine eigene Polemik im unmittelbaren Vorfeld des Mainzer Kolloquiums (vgl. Anm. 5) auf Chervels Aussagen verwiesen, vgl. Sundermeier, Die Literaturkritik droht uns allein zurück zu lassen. In: Buch-Markt. Das Ideenmagazin für den Buchhandel, Online-Ausg. vom 25.01.2015, URL: http://www.buchmarkt.de/content/61191-joerg-sundermeier-die-literaturkritik-droht-uns-allein-zurueck-zu-lassen-.htm (Zugriff: 05.10.2015): „Es ist schrecklich mit anzusehen, dass die Zahl der klassischen Literaturrezensionen in der Presse immer weiter zurückgeht, was ja auch Thierry Chervel vom Perlentaucher kürzlich nachgewiesen hat."
14 Vgl. Thierry Chervels Online-Kommentar vom 12.02.2016 zu seinem Beitrag „Kritische Zahlen" im Redaktionsblog des perlentauchers vom 08.02.2016, URL: https://www.perlentaucher.de/blog/565_kritische_ zahlen.html (Zugriff: 15.01.2017); vgl. dazu auch den Hinweis bei Christian Metz, Fünfter sein.

Statistik eingegangen. In Hinblick auf die tägliche Bücherschau tritt perlentaucher.de zwar mit einigem Vollständigkeitsanspruch auf; gegenwärtig werden dort indes nur jene Besprechungen registriert, die ihrem Umfang nach den Charakter „klassischer Literaturrezensionen"[15] von einiger Ausführlichkeit tragen.[16] Kürzere Besprechungen, aber auch Sammelrezensionen fallen dagegen durchs Raster der aktuellen Beobachtung, da solche Texte kaum Stoff für Zusammenfassungen durch eine Redaktion bieten, die allein schon aus Gründen des Urheberrechtsschutzes darauf bedacht sein muss, dass das jeweils gelieferte „Resümee einen angemessenen Abstand zum Original hat."[17] Die Entscheidung, nur Besprechungstexte ab einer gewissen Länge zu berücksichtigen und damit implizit das Format der ‚klassischen Rezension' zu definieren, ist mithin einer Pragmatik geschuldet, die primär von der Annotierbarkeit eines Artikels ausgeht und diese Eigenschaft unter Ausklammerung inhaltlicher Wertungskriterien lediglich nach der Maßgabe eines äußeren Charakteristikums bestimmt.

Laut Thierry Chervel liegt der Mindestumfang, den ein Besprechungstext aufweisen muss, um vom perlentaucher erfasst zu werden, bei „etwa 60 bis 80 Zeilen".[18] Entscheidend – wenngleich in der Debatte kaum hinlänglich beachtet worden – ist nun freilich die Tatsache, dass dieses Auswahlprinzip keineswegs von Anfang an in voller Konsequenz zur Anwendung gebracht worden ist: Wie Stichproben in der Datenbank des perlentauchers zeigen, wurden dort zumindest in der Anfangszeit des Unternehmens auch bedeutend kürzere Buchbesprechungen erfasst, so dass die Vermutung nahe liegt, die Konzentration auf ausführlichere Rezensionen sei erst nachträglich im Zuge der Urheberrechtsstreitigkeiten mit der *Frankfurter Allgemeinen Zeitung* und anderen Blättern eingeführt worden.[19] Sei dem

15 Sundermeier, Die Literaturkritik droht uns allein zurück zu lassen.

16 „Wir werten zwar tendenziell alle Buchkritiken [...] aus, aber nur ab einer gewissen Länge [...]." (Chervel, Kritik im Netz).

17 Chervel, Kritik im Netz. – Den juristischen Hintergrund zum angemessenen Verständnis dieser durchaus nachvollziehbaren Vorsicht liefern die jahrelangen gerichtlichen Auseinandersetzungen, in die der perlentaucher insbesondere auf Betreiben der *Frankfurter Allgemeinen Zeitung* zwischen 2006 und 2011 verwickelt war. Vgl. dazu zusammenfassend Ekkehard Kern, Umstrittene Buchperlen. In: Die Welt, Nr. 256 vom 02.11.2011.

18 Chervel, Kritik im Netz.

19 Vgl. meinen online publizierten Kommentar vom 11.02.2016 zu Thierry Chervel, Kritische Zahlen. In: perlentaucher.de vom 08.02.2016, URL: https://www.perlentaucher.de/blog/565_kritische_zahlen.html (Zugriff: 15.01.2017): „Um zwei beliebig herausgegriffene Beispiele zu nennen [...]: Am 14. August 2001 erschien z. B. in der FAZ eine Besprechung von Gao Xinjangs ‚Auf dem Meer' mit einem Umfang von nur 46 Zeilen (gleich 284 Wörtern), und im selben Jahr am 12.11.2001 eine Rezension von Frederic Beigbeders ‚Memoiren eines Sohnes aus schlechtem Haus' mit einer Länge von nur 40 Zeilen (gleich 247 Wörtern). Beide Kritiken wurden seinerzeit

wie es wolle: Für eine wissenschaftlich solide Auswertung stellen die Angaben von perlentaucher.de jedenfalls keine zuverlässige Grundlage dar.[20]

Nun ist perlentaucher.de freilich nicht die einzige Quelle, die im Netz für die quantitative Beantwortung von Fragen nach Entwicklung und gegenwärtigem Stand der Literaturkritik im deutschen Sprachraum zur Verfügung steht. Mit dem Innsbrucker Zeitungsarchiv zur deutsch- und fremdsprachigen Literatur (IZA) am Institut für Germanistik der Universität Innsbruck besteht die größte universitäre Dokumentationsstelle für journalistische Literaturkritik und Literaturvermittlung in den Medien im deutschsprachigen Raum, die ihre klassische Zeitungsausschnittsammlung schon zum 1. Oktober 2000 auf digitalen Betrieb umgestellt hat und seither eine umfangreiche bibliographische Datenbank zum Nachweis von literaturwissenschaftlich relevanten Presseartikeln füllt.[21] Den Anspruch, in Konkurrenz zum perlentaucher zu treten, hat das IZA damit nicht: Statt tagesaktueller Information über das deutschsprachige Feuilleton im Digestformat steht hier die Langzeitarchivierung der Texte im originalen Wortlaut und ihr bibliographisch exakter Nachweis zur Versorgung der Wissenschaft mit Quellenmaterial im Fokus. Insofern ist das in der IZA-Datenbank zugängliche Datenmaterial zwangsläufig nicht deckungsgleich mit dem bei perlentaucher.de. Es eignet sich für einen vergleichenden Blick aber vor allem insofern, als die Suche im Zeitungsarchiv eine Einschränkung auf die Besprechungen von Belletristik bei gleichzeitigem Verzicht auf eine umfangsmäßige Vorselektion der Kritiken erlaubt.

---

im perlentaucher erfasst und annotiert – die genannte Faustregel hatte da also offensichtlich noch nicht Anwendung gefunden (weitere Beispiele ließen sich wohl leicht ermitteln, wie ich vermute). Rund vierzehn Jahre später dagegen enthielt beispielsweise ‚Die Zeit' vom 25.6.2015 drei Seiten mit insgesamt zwölf Buchbesprechungen (u. a. aus der Feder namhafter KritikerInnen), von denen jede im Schnitt etwa gleich lang oder sogar etwas länger als die beiden genannten FAZ-Besprechungen war, jedenfalls umfassten sie durchschnittlich rund 350 Wörter pro Artikel, womit wiederum keine die ‚kritische' Grenze von mindesten 60 Zeitungszeilen erreichte. Hier griff nun tatsächlich die Faustregel, und die Bücherschau meldete: ‚Heute leider keine Kritiken!'" – In seiner gleichfalls per Kommentarfunktion online publizierten Antwort gibt Chervel am 12.02.2016 zu, dass dieser Einwand tatsächlich „einen Punkt" getroffen habe: „Das Sechzig-Zeilen-Kriterium haben wir später entwickelt, und dann handelt es sich tatsächlich eben um eine Faustregel" (ebd.). Eine knappe Zusammenfassung der Diskussion liefert Metz, Fünfter sein.

20 Vgl. Metz, Fünfter sein: „Zweierlei machen diese Aussagen klar: Einerseits, wie wichtig die Arbeit des ‚perlentauchers' ist. Andererseits, was der ‚perlentaucher' samt ‚Faustregel' nicht kann: solide Statistik, auf deren Grundlage sich so weitreichende Schlussfolgerungen wie die über die Situation der Literaturkritik treffen lassen."

21 Vgl. Innsbrucker Zeitungsarchiv zur deutsch- und fremdsprachigen Literatur (IZA). Medienarchiv und Forschungseinrichtung für Literaturkritik, Literaturvermittlung und Rezeptionsforschung, URL: http://www.uibk.ac.at/iza/ (Zugriff: 05.10.2015).

Während für die Beobachtungspraxis des perlentauchers das Feuilleton als medialer Ort der Buchkritik den Ausgangspunkt bildet, ist es für das IZA der literarische Diskurs im engeren Sinne, wie er in den Zeitungen abgebildet wird. Besprechungen von Sachbüchern werden dementsprechend in Innsbruck nur dann erfasst, wenn ihre Gegenstände einen inhaltlichen Bezug zur Literatur und/oder zur Literaturwissenschaft aufweisen – Besprechungen von kulinarischen Wanderführern, populären Geschichtsbüchern über die Schlacht von Waterloo oder Veröffentlichungen zur Entwicklung der Biochemie bleiben also außen vor, während sie im perlentaucher keinem inhaltlichen Ausschlusskriterium unterliegen und die dortige Statistik zur Buchkritik mit speisen. In Sachen Belletristik dagegen erhebt das IZA einen Vollständigkeitsanspruch, der auch kleinere Besprechungsformate selbstverständlich integriert. Die jedem frei im Netz zugängliche Datenbanksuche lässt sich dementsprechend auch auf Kritiken von Belletristik (oder von literarischen Sachbüchern, von Hörbüchern u. v. a. m.) eingrenzen und bei Bedarf nach einzelnen Zeitungen und Zeitabschnitten differenzieren.[22]

Tut man dies, lassen sich statistische Daten auszählen, die erhellende Vergleiche zu Chervels Zahlen erlauben, zumal beide Datenbanken relativ zeitnah zueinander online gegangen sind und die im perlentaucher ausgewerteten Zeitungen auch in Innsbruck gelesen werden.[23] Fokussiert auf die Entwicklung der Belletristik-Besprechungen seit 2001 wird man zu Ergebnissen kommen, die auf den ersten Blick weit weniger düster erscheinen, als es Chervels Befund von der faktischen Halbierung aller Rezensionen in der deutschsprachigen Presse nahelegt.

Nimmt man sich etwa exemplarisch die Daten für die *Frankfurter Allgemeine Zeitung* vor, so verzeichnet das IZA für das Jahr 2001 genau 606 Einträge mit dem Texttyp „Besprechung Belletristik", denen für das Jahr 2013 die leicht erhöhte Zahl von 632 Belletristik-Besprechungen gegenübersteht. Im selben Zeitraum lässt sich für die *FAZ* aus der perlentaucher-Datenbank ohne Differenzierung zwischen Belletristik- und Sachbuchtiteln (aber notabene mit schwankender Auswertungsgrundlage in Hinblick auf die Artikellänge) die Gesamtzahl von 2047

---

22 Vgl. Innsbrucker Zeitungsarchiv. Erweiterte Suche, URL: http://www.uibk.ac.at/iza/lis-www/laus/expert_search.html (Zugriff: 05.10.2015).
23 Insofern ist Thierry Chervel zu widersprechen, der in seinem Editorial zum perlentaucher vom 24.06.2015 mit Blick auf das IZA feststellte, dass dessen „Datenbasis [...] eine ganz andere" sei, um unter Verweis auf die von ihm erhobenen Daten anzufügen: „Ich bezog mich bei den Zahlen auf die Feuilletons der Qualitätszeitungen, die die literarische Öffentlichkeit maßgeblich prägten." (Chervel, Kritik im Netz). Genau dies trifft auch für die im Folgenden genannten Zahlen aus dem IZA zu: Weder Lokalzeitungen (die in Innsbruck freilich auch ausgewertet werden) noch Boulevardblätter oder dergleichen wurden berücksichtigt, sondern lediglich die großen überregionalen Qualitätszeitungen.

Rezensionen im Jahr 2001 zu 1181 Rezensionen im Jahr 2013 ermitteln. Während im letzteren Fall die Halbierungsthese also gestützt wird, lässt sie sich auf die Besprechung von belletristischen Titeln, wie sie das IZA dokumentiert, keineswegs übertragen.

Dies trifft nicht nur für die *FAZ* zu. Auch für die *Süddeutsche Zeitung*, *Die Welt*, die *taz*, die *Neue Zürcher Zeitung* und *Die Zeit* – die hier exemplarisch ausgezählt wurden – lassen sich auf Basis der IZA-Datenbank für den von Chervel vorgegebenen Zeitrahmen keine Halbierungen nachweisen. Führt man die Auswertung für die genannten Blätter bis ins Jahr 2015 fort und gliedert die Ergebnisse in Fünfjahresschritte, stellt sich die Situation vielmehr wie folgt dar:

	FAZ	NZZ	SZ	taz	Die Welt	Die Zeit
2001	606	642	492	184	351	264
2005	575	636	492	227	407	327
2010	739	564	636	175	360	243
2015	573	508	583	212	303	223

Die Zahlen sind eindeutig: Sowohl in der *Süddeutschen Zeitung* als auch in der *taz* erschienen 2015 deutlich mehr Besprechungen belletristischer Titel als noch zu Beginn des Untersuchungszeitraums im Jahr 2001; in der *FAZ* sind es fast genauso viele wie 2005. Weder bei der *Welt* noch bei der Wochenzeitung *Die Zeit* fallen die Werte des letzten Berichtsjahrs dramatisch von denen des ersten ab, auch wenn sie etwas darunter liegen. Eine klare Tendenz, die für alle Zeitungen gleichermaßen gelten würde, ist damit nicht festzustellen, im Gegenteil: Es dominieren vielmehr über die Jahre hinweg gewisse Schwankungen nach oben oder unten, deren Ursachen im Einzelfall für jedes Blatt separat zu untersuchen wären. Ein kontinuierlicher Rückgang, wenn auch keine Halbierung, ist lediglich bei der *NZZ* sowie ab 2005 auch bei der *Zeit* zu beobachten, doch scheint die Konstatierung dieser Entwicklungen kaum dazu geeignet, als Munition für einen qua Statistik geführten Krisendiskurs dienen zu können.

3 Umfangs- und Genrefragen

Um nicht allzu plakativ zu bleiben, empfiehlt es sich immerhin, das erhobene Material differenzierter zu betrachten. Die naheliegende Frage nach dem Status der Sachbuchkritik im Verhältnis zu den Belletristik-Besprechungen muss an dieser Stelle allerdings ausgeklammert bleiben, da sie sich aus den oben genannten Gründen am IZA nur unvollständig beantworten ließe.[24] Stattdessen soll danach gefragt werden, in welcher Form und in welchem Umfang sich die einzelnen Kritiken präsentieren, die im Innsbrucker Zeitungsarchiv als Belletristik-Besprechungen geführt werden.

Was die Textsorten- oder auch Genrezugehörigkeit betrifft, kann dabei schon einmal festgehalten werden, dass es sich bei den berücksichtigten Artikeln keineswegs um Homestories, Autorenporträts oder von „Emphatikern" geführte Schriftsteller-Interviews handelt,[25] deren vorgeblich zunehmende Dominanz als bevorzugte Schreibweisen der Literaturkritik auch jüngst wiederholt beklagt worden ist.[26] Vielmehr haben wir es durchwegs mit Texten welchen Umfangs auch immer zu tun, die nach wie vor das literarische Buch als solches zum Gegenstand machen. Seinen prinzipiellen Ort im Feuilleton hat dieser Gegenstand also offensichtlich nicht verloren[27] – es fragt sich nur, in welcher Ausführlichkeit er dort von Fall zu Fall behandelt wird.

---

24 Interessant wäre eine aktuelle Untersuchung über das quantitative Verhältnis von Belletristik- und Sachbuchkritik nicht zuletzt im diachronen Vergleich mit der empirischen Studie zum deutschsprachigen Rezensionsfeuilleton, die Peter Glotz vor rund fünf Jahrzehnten durchgeführt hat. Sie kommt zu dem Ergebnis: „Am meisten besprochen wird ‚Schöne Literatur'. [...] Das Sachbuch kommt zu kurz; es fehlt an guten Sachbuchkritiken." (Peter Glotz, Buchkritik in deutschen Zeitungen, Hamburg 1968, S. 181 und S. 184).

25 Zur sog. „Emphatiker/Gnostiker"-Debatte, die auf eine polemische Unterscheidung von Hubert Winkels anlässlich des Erscheinens von Volker Weidermanns Buch *Lichtjahre. Eine kurze Geschichte der deutschen Literatur von 1945 bis heute* aus dem Jahr 2006 zurückgeht, vgl.: Daniela Strigl, Seher, Emphatiker, Gnostiker. In: literaturkritik.at vom 29.04.2011, URL: http://www.uibk.ac.at/literaturkritik/zeitschrift/869866.html (Zugriff: 05.10.2015). Laut Winkels zeichnen sich die Emphatiker der Literaturkritik vom Schlage Weidermanns durch ihren „unbedingten Hunger nach Leben und Liebe" aus; dagegen seien „Gnostiker" diejenigen, „denen ohne Begreifen dessen, was sie ergreift, auch keine Lust kommt; die sich sorgen, falschen Selbstbildern, kollektiven Stimmungen, Moden und Ideologien aufzusitzen" (Hubert Winkels, Emphatiker und Gnostiker. Über eine Spaltung im deutschen Literaturbetrieb – und wozu sie gut ist. In: Die Zeit, 30.03.2006).

26 Etwa von Wolfram Schütte in seinem Eröffnungsbeitrag zur anschließenden Debatte unter dem Titel „Über die Zukunft des Lesens" im perlentaucher vom 24.06.2015, URL: https://www.perlentaucher.de/essay/ueber-die-zukunft-des-lesens.html (Zugriff: 05.10.2015). Darin heißt es u. a.: „Währenddessen nimmt der Platz für Rezensionen in der Printpresse stetig ab. In der SZ z. B. wird die tägliche Buchseite seit geraumer Zeit nicht nur immer kleiner; sondern immer häufiger verdrängen Berichte von literarischen Veranstaltungen, Autorenporträts oder -beiträge Rezensionen & Kritiken, deren spezifischer Platz einmal die ‚Buchseite' gewesen ist. Damit geht nicht nur ein journalistisches Genre der Kritik dahin, sondern auch für Verlage & Leser schwindet die Vielfalt & Breite der Information über die Buchproduktion."

27 Vgl. dazu auch die Einschätzung von Ekkehard Knörer, der unter Verweis auf die hier vorgelegten Zahlen bilanziert: „Offenbar ist es so, dass die Zahl der Bücher, die in den Feuilletons

Eben diese Frage lässt sich anhand des IZA-Bestands relativ leicht beantworten, da hier für jeden Zeitungsartikel auch die jeweilige Wortanzahl erfasst wird, so dass präzise Aussagen über den Umfang der einzelnen Besprechung getroffen werden können. Ein unmittelbarer Vergleich mit den Daten des perlentauchers nach Einführung der Mindestumfangs-Regelung ist dabei insofern schwierig, als Thierry Chervel statt der Wort- ja eine Mindestzeilenzahl angibt, ab der die aktuelle Erfassungspraxis seiner Presseschau greift (was im Einzelnen freilich von der typographischen Gestaltung eines Artikels abhängt und damit für sich genommen einen weit weniger stichhaltigen Wert als die vom Umbruch unabhängige Wortanzahl liefert).

Welche Konsequenzen diese Fokussierung des perlentauchers auf ein bestimmtes Zeilenminimum haben kann, lässt sich schlaglichtartig anhand einer Einzelausgabe der Wochenzeitung *Die Zeit* illustrieren, die im Zuge der Debatte über die Zukunft der Literaturkritik im Sommer 2015 von Ekkehard Knörer als Negativbeispiel für den gegenwärtig grassierenden ‚Häppchenjournalismus' ins Feld geführt wurde.[28] Die Presseschau des perlentauchers meldete für besagte Nr. 26 der *Zeit* vom 25. Juni 2015 in ihrer gewohnten Diktion: „Heute leider keine Kritiken!"[29] Was so keineswegs stimmte; denn immerhin wurde in dieser *Zeit*-Ausgabe im Rahmen eines sommerlichen Literatur-Specials auf drei Feuilletonseiten in zwölf namentlich gezeichneten Besprechungstexten namhafter Kritikerinnen und Kritiker über zwölf Bücher gesprochen.[30] Man hatte es dabei freilich mit Kurz-

---

vorkommen, nicht so stark abnimmt, wie Chervels Zahl suggeriert." (Knörer, Neuigkeiten aus dem Betrieb, S. 63). Knörer bezieht sich dabei auf meinen Beitrag „Zahlenspiele. Aus gegebenem Anlass: Ein abermaliges Plädoyer für die Bedeutung der Statistik bei der Erforschung von Literaturkritik" auf literaturkritik.de, 2015, Nr. 2, URL: http://www.literaturkritik.de/public/rezension. php?rez_id=20272&ausgabe=201502 (Zugriff: 05.10.2015).

28 Vgl. Ekkehard Knörer, Tatsächlich ein Desiderat. In: perlentaucher.de vom 01.07.2015, URL: https://www.perlentaucher.de/essay/tatsaechlich-ein-desiderat.html (Zugriff: 05.10.2015).

29 Vgl. Bücherschau des Tages. Glücklose Schöpfungen. In: perlentaucher.de vom 25.06.2015, URL: https://www.perlentaucher.de/buecherschau/2015-06-25.html#ZEIT (Zugriff, 05.10.2015).

30 Vgl. Lektüre im Liegen. Eigentlich wurde der Mensch dazu gemacht, in der Sonne zu faulenzen und zu lesen: Auf drei Seiten stellen wir Ihnen die passenden Bücher dafür vor. In: Die Zeit, Nr. 26 vom 25.06.2015, S. 51–53. Das Special, das auf der Titelseite mit den Worten „Die Bücher des Sommers. Zeit-Autoren empfehlen ihre Favoriten" angekündigt wird, enthält ausformulierte Buchempfehlungen von Iris Radisch (zu Eyal Megged, Unter den Lebenden, Berlin), Jens Jessen (zu Kirsten Fuchs, Mädchenmeute, Rowohlt Berlin), Adam Soboczynski (zu Jean Prévost, Das Salz in der Wunde, Manesse), Ursula März (Jami Attenberg, Die Middlesteins, Schöffling), Ijoma Mangold (zu Luigi Pirandello, Angst vor dem Glück, Manesse), Lars Weisbrod (zu Stefan Jäger, Putins Weiber, Rowohlt Berlin), Elisabeth von Thadden (zu Albrecht Schöne, Der Briefschreiber Goethe, C. H. Beck), Alexander Cammann (zu Paul Theroux, Der Fremde im Palazzo d'Oro, Hoffmann & Campe), Ingeborg Harms (zu Robert Macfarlane, Karte der Wildnis, Matthes & Seitz), Marie Schmidt (zu Olivier Adam, An den Rändern der Welt, Klett-Cotta), Ulrich Greiner (zu Ismail

kritiken im Umfang von durchschnittlich 350 Wörtern zu tun, die es allenfalls auf die Hälfte des von Chervel geforderten Mindestumfangs brachten, nämlich auf 30 bis 40 Zeilen pro Artikel – was sie aus Sicht des perlentauchers von Vornherein disqualifizierte, als relevante Beiträge zum literaturkritischen Diskurs und mithin als registrierungswürdige Kategorien gelten zu können. In die von perlentaucher.de geführte Statistik über die Entwicklung der Literaturkritik werden sie jedenfalls nicht eingehen.

Man braucht das nicht weiter zu bedauern, wenn man im Anschluss an Ekkehard Knörer die polemisch zugespitzte Meinung teilt, dass in keiner der erwähnten Kurzrezensionen irgendetwas Wesentliches über das jeweils besprochene Buch ausgesagt worden sei.[31] Konzediert man dagegen – gleichfalls mit Knörer –, dass es prinzipiell auch „kurze Formate der Kritik" geben könne, „in denen sich Großartiges leisten lässt",[32] und/oder wertet man die konkreten Textbeispiele aus dem sommerlichen Literatur-Special der *Zeit* vom 25. Juni 2015 weniger als exemplarische Verfallsprodukte eines mehr und mehr auf Häppchenniveau herabsinkenden Literaturjournalismus, sondern betrachtet sie vielmehr als Beispiele für die Formenvielfalt literaturkritischer Schreibweisen,[33] die jenseits der detaillierten Rezension fallweise und situationsbedingt eben auch das Format der relativ knappen Empfehlung (hier: von Urlaubslektüre) bereithält,[34] so dürfte die Notwendigkeit ihrer Berücksichtigung in einer statistischen Erhebung über Stand und Entwicklung der deutschen Literaturkritik wohl nicht weiter infrage stehen.

Betrachten wir vor diesem Hintergrund einmal den gesamten Jahrgang 2015 der Wochenzeitung *Die Zeit* etwas genauer, wie er am Innsbrucker Zeitungsarchiv ausgewertet worden ist. Von den insgesamt 223 Besprechungen belletristischer Titel, die darin erschienen sind, haben laut IZA 92 einen Umfang von jeweils bis zu 500 Wörtern; sie stammen bevorzugt aus regelmäßigen Rubriken wie „Vom Stapel" oder „Wir raten zu/ab" und sollen im Folgenden als Kurzkritiken bezeichnet werden. Die übrigen 131 Kritiken liegen – meist erheblich – über der Grenzmarke von 500 Wörtern

---

Kadare, Die Schleierkarawane, S. Fischer) und Susanne Mayer (zu Patrick Leigh Fermor, Die Entführung des Generals, Dörlemann).

31 Vgl. Knörer, Tatsächlich ein Desiderat.
32 Knörer, Tatsächlich ein Desiderat.
33 Einen erhellenden Überblick (der freilich vorrangig als Rahmung für die anthologistische Wiederveröffentlichung eigener Texte dient, die geschickt als Fallbeispiele inszeniert werden) liefert Volker Hage, Kritik für Leser. Vom Schreiben über Literatur, Frankfurt a. M. 2009.
34 Die Frage, ob längere, ausführlich ästhetische Probleme wälzende Rezensionen dem aktuellen und sehr konkreten Anliegen eines Sommer-Specials überhaupt angemessen gewesen wären, stellt Ekkehard Knörer in seiner besorgten Metakritik ebenso wenig wie die Frage, welche Bücher denn da überhaupt empfohlen wurden (vgl. Knörer, Tatsächlich ein Desiderat).

und sind damit kaum mehr als ‚Häppchenware' zu charakterisieren. Zu beachten ist lediglich, dass bei dieser Differenzierung noch keine Unterscheidung zwischen Einzelbuch- und Sammelrezensionen getroffen wurde. Sie muss im Folgenden außer Acht bleiben, da Sammelbesprechungen im IZA nicht ohne weiteres als separate Kategorie auslesbar sind: Sie werden mithin, sofern sie einen Umfang von über 500 Wörtern erreichen, gleichermaßen den ‚großen' Rezensionen zugeschlagen.

Im selben Jahr 2015 wurden im IZA aus der *Zeit* außer den genannten Besprechungen noch 80 Interviews mit Personen des Literaturbetriebs (einschließlich Theater) sowie 40 Porträtartikel (*ohne* Nachrufe oder anlassbezogene Jubiläumsartikel, etwa zu runden Geburts- oder Todestagen, die jeweils separat erfasst werden) mitgeschnitten. Bezieht man die entsprechende Auswertung für das Jahr 2001 als Vergleichsmaßstab ein, so ergibt sich die folgende tabellarische Gegenüberstellung:

Die Zeit	Besprechungen Belletristik insgesamt	Kurz- kritiken	Längere Rezensionen	Interviews und Porträts insgesamt	Interviews	Porträts
2001	264	54	209	33	17	16
2015	223	92	131	120	80	40

Betrachtet man das Verhältnis von längeren Rezensionen und Kurzformaten der Kritik, so ist immerhin eine klare Tendenz erkennbar: Die letzteren haben eindeutig zuungunsten ausführlicher Besprechungen an Dominanz gewonnen. Betrug der Anteil der Kurzkritiken im Jahr 2001 noch runde 20 % an der Summe aller Besprechungstexte, hat sich dieser Anteil 2015 mit 41 % nicht nur verdoppelt, sondern ist zudem auch von einem parallelen Rückgang der langen Rezensionen um deutlich mehr als ein Drittel (bei gleichzeitiger Reduktion der Gesamtzahl an Kritiken) begleitet worden. Zumindest *Die Zeit* könnte also tatsächlich als Beleg für die Behauptung herangezogen werden, dass die ‚klassische Rezension' als dominantes Format feuilletonistischer Literaturberichterstattung in die Defensive geraten sei, zumal hier auch die personalisierenden Formen Interview und Porträt markant auf dem Vormarsch sind: In 15 Jahren hat sich deren Gesamtzahl beinahe vervierfacht. Dies wirkt sich auch auf das Verhältnis der personalisierenden Formen zu den Buchbesprechungen aus: Erschienen 2001 noch achtmal so viele Belletristik-Besprechungen in der *Zeit* als Interviews und Porträtartikel zusammen, sind es 2015 nicht einmal mehr doppelt so viel.

Dieser Befund lässt sich für andere, im Gegensatz zur *Zeit* durch erheblich geringere bis überhaupt keine Einbrüche im Besprechungsteil charakterisierte Zeitungen allerdings keineswegs bestätigen. Für die exemplarisch herausgegriffene *Süddeutsche Zeitung* etwa stellt sich das Verhältnis für die Jahre 2001 und 2015 wie folgt dar:

SZ	Besprechungen Belletristik insgesamt	Kurz-kritiken	Längere Rezensionen	Interviews und Porträts insgesamt	Interviews	Porträts
2001	492	88	404	191	103	88
2015	583	209	374	115	90	25

Zwar hat sich auch bei der *Süddeutschen Zeitung* der Anteil der Kurzkritiken an der Gesamtsumme der Besprechungstexte von rund 18 % im Jahr 2001 auf rund 36 % im Jahr 2015 schlichtweg verdoppelt. Anders als bei der *Zeit* war diese Verdoppelung allerdings nicht von einem Rückgang, sondern vielmehr von einem merklichen Anstieg der Besprechungen insgesamt begleitet, ohne dass es dabei zu einer dramatischen Verringerung aufseiten der längeren Rezensionen gekommen wäre (sofern man nicht die negative Differenz von 30 Artikeln zwischen 2001 und 2015 als dramatisch bezeichnen möchte. Faktum ist: Hier hat weder eine Halbierung noch eine Verringerung um über ein Drittel wie bei der *Zeit* stattgefunden). Dass sich die stärker personalisierenden Formen des Literaturjournalismus zuungunsten des Rezensionsfeuilletons eklatant vermehrt hätten, lässt sich gleichfalls nicht bestätigen – im Gegenteil fällt hier für 2015 im Vergleich mit 2001 sogar ein leichter Rückgang an Interviews sowie ein deutlicher Einbruch im Bereich der Personenporträts auf, die unabhängig von Jubiläumsanlässen veröffentlicht wurden. Letztere sind hier um weit mehr als zwei Drittel zurückgegangen. Auch mit Blick auf die Gesamtzahl der personalisierenden Formen Interview und Porträt bleibt die Dominanz der reinen Buchkritik im Feuilleton der *Süddeutschen Zeitung* nicht nur deutlich gewahrt; sie konnte im Verlauf der letzten 15 Jahre sogar erheblich ausgebaut werden: 2015 erschienen rund fünfmal mehr Belletristik-Besprechungen als Interviews und Porträts zusammen, womit sich der Vorsprung der Besprechungstexte gegenüber dem Jahr 2001 geradewegs verdoppelt hat. Im ersten Berichtsjahr übertraf die Gesamtzahl der Belletristik-Rezensionen diejenige der personalisierenden Artikel nämlich nur um den Faktor 2,6.

Dass ähnliche Ergebnisse auch für die *FAZ* und andere deutschsprachige Qualitätszeitungen ermittelt werden können,[35] lässt sich in der Reihe *Literaturkritik in Zahlen* nachlesen, die das Innsbrucker Zeitungsarchiv seit 2016 als Jahres-

---

35 Vgl. dazu auch Michael Pilz, Zum Status der Rezension im deutschen Feuilleton. Versuch einer Bilanz in Kurven und Balken. In: literaturkritik.at vom 01.02.2016, URL: https://www.uibk. ac.at/literaturkritik/zeitschrift/ 1386022.html (Zugriff: 15.01.2017). Darin wird u. a. am Beispiel der *FAZ* nachgewiesen, wie dort bei „einem Anstieg der Gesamtmenge an Besprechungstexten [...] die kürzeren Formate [...] zu der relativ konstant bleibenden Menge an längeren Rezensionen *hinzu* [treten], ohne diese zu verdrängen" (Hervorhebung im Original).

dokumentation für das jeweils vorausgehende Berichtsjahr unter Einschluss diachroner Langzeitauswertungen herausgibt.[36]

4 Raum- und Verteilungsfragen

Ein letztes, wiederholt in die Debatte geworfenes Argument zur Befeuerung der These vom Niedergang der Literaturkritik im deutschen Feuilleton bezieht sich nicht allein auf die vorgebliche Tendenz zu Knappheit und Kürze der einzelnen Besprechungstexte selbst, sondern vielmehr auf den schwindenden Gesamtraum an Feuilletonseiten, der zugleich als einer der Gründe für das behauptete Überhandnehmen von Kurzkritiken auf Kosten der großen, ausführlichen Rezensionen verantwortlich gemacht wird.[37] Abgesehen davon, dass sich eine solche Bedrohung der langen durch die kurzen Formen anhand der vorgestellten Zahlen schwerlich pauschal bestätigen lässt, empfiehlt sich gerade an diesem Punkt ein etwas weiter in die Vergangenheit zurückgelenkter Blick auf die Geschichte der deutschsprachigen Literaturkritik, um zu einer nüchternen Einschätzung der Lage jenseits der allerorten anzutreffenden Apokalyptik zu gelangen.

Die bereits zitierte Studie von Peter Glotz über die Buchkritik in deutschen Zeitungen[38] von 1968 bietet einen erhellenden Ansatz- und Ausgangspunkt für eine solche Betrachtung, zumal sie zu den wenigen empirischen Arbeiten zählt, die schon in der prä-digitalen Ära eine statistische Vermessung der deutschen Feuil-

---

36 Vgl. Literaturkritik in Zahlen. Berichtsjahr 2015. Innsbruck 2016, URL: https://www.uibk.ac.at/iza/literaturkritik-in-zahlen/ (Zugriff: 15.01.2017), sowie Michael Pilz und Veronika Schuchter, Literaturkritik in Zahlen. Eine statistische Auswertung des Innsbrucker Zeitungsarchivs zur deutsch- und fremdsprachigen Literatur. In: literaturkritik.de vom 11.01.2017, URL: http://literaturkritik.de/literaturkritik-zahlen-eine-statistische-auswertung-innsbrucker-zeitungsarchivs-zur-deutsch-fremdsprachigen-literatur,22917.html (Zugriff: 15.01.2017).

37 Eine deutliche „Vermehrung von Kurzkritiken" konnte übrigens schon Peter Glotz für „die späteren fünfziger Jahre" nachweisen, was freilich mit dazu beigetragen habe, „daß im Jahr 1963 – im Verhältnis zum Jahr 1950 – durchschnittlich doppelt so viele Bücher rezensiert wurden" (Glotz, Buchkritik, S. 174). Mit dieser in Hinblick auf die kommunizierte Titelzahl eindeutig positiv bewerteten Feststellung begegnete Glotz der schon damals „immer wieder zu hörenden Klage, die Zeitungen würden der Buchkritik immer weniger Platz zur Verfügung stellen" (ebd.). Zur Beantwortung der Frage nach dem Neuigkeitswert heutiger Krisenbefunde in Sachen Literaturkritik dürfte es nicht schaden, dieser 1968 formulierten Aussage gebührende Beachtung zu schenken.

38 Vgl. Anm. 24.

letonlandschaft in Hinblick auf die enthaltenen Rezensionen unternommen hat.[39] Auf einen verwöhnten Zeitungsleser der Gegenwart, der – wie Thierry Chervel – vom Feuilleton ganz selbstverständlich ein „tägliches Literaturgespräch"[40] erwartet oder – wie Wolfram Schütte – das Schrumpfen der „tägliche[n] Buchseite"[41] beklagt, muss Glotz' Beschreibung der damaligen Presselandschaft freilich reichlich ernüchternd wirken: „Buchbesprechungen im Feuilleton sind selten (jeweils aktueller Aufhänger)", heißt es etwa über die *Frankfurter Allgemeine Zeitung*, in der die Literaturkritik im engeren Sinne noch 1968 auf eine einzelne „Literaturseite samstags innerhalb der Wochenendbeilage" konzentriert blieb.[42] Mit Ausnahme der *Welt*, die ab 1964 mit der „Welt der Literatur" eine eigene, notabene vierzehntägige Literaturbeilage installierte und damit schon bald „die größte Besprechungskapazität der Zeitungen in der Bundesrepublik" erreichte,[43] darf diese Organisationsstruktur für das Rezensionsfeuilleton der deutschsprachigen Qualitätspresse jener Jahre als typisch gelten: Während Sachbücher über das Blatt verstreut fallweise in den einzelnen Fachressorts und ggf. auf fakultativen Sonderseiten abgehandelt wurden, erfolgte die Besprechung neuer Belletristik keineswegs täglich im aktuellen Feuilletonteil, sondern blieb der wöchentlichen Buchseite sowie turnusmäßig veröffentlichten Beilagen, insbesondere natürlich zur Frankfurter Buchmesse, vorbehalten. Analog zur *FAZ* platzierte etwa auch die *Süddeutsche Zeitung* ihre „Buchkritik in der Wochenendbeilage ‚SZ am Wochenende'" auf der „Literaturseite ‚Buch und Zeit'."[44] Dazu Glotz zusammenfassend:

> Innerhalb dieser für Tageszeitungen charakteristischen Aufteilung widmet sich das „Feuilleton" vor allem den Themen mit Tagesaktualität: Hier stehen – was die Literatur betrifft – Interviews, Würdigungsartikel, Zitate und Auszüge aus Büchern, aber selten Rezensionen.[45]

---

39 „Weil die Literaturwissenschaft Glotz' Begriff der Buchkritik (der auch Sachbücher integriert) zugunsten des Terminus Literaturkritik ablehnte, hat sie leider auch die ganze Dissertation ignoriert", stellt Marc Reichwein über die weitgehend unterbliebene Rezeption dieser Studie durch die germanistische Feuilleton- und Literaturbetriebsforschung fest (vgl. Marc Reichwein, Alles was zählt. Warum die Feuilletonforschung statistische Methoden braucht. In: literaturkritik.at vom 05.09.2011, URL: http://www.uibk.ac.at/literaturkritik/zeitschrift/909493.html, Zugriff: 05.10.2015).
40 Chervel, Kritik im Netz.
41 Schütte, Über die Zukunft des Lesens.
42 Glotz, Buchkritik, S. 167.
43 Glotz, Buchkritik, S. 167.
44 Glotz, Buchkritik, S. 168. Vgl. dazu auch ebd., S. 165: „Die Zeitungen der Gruppe I [= überregionale Qualitätspresse, MP] haben innerhalb der Wochenendbeilagen feste ‚Literaturseiten'."
45 Glotz, Buchkritik, S. 164.

Das vorhandene tägliche Rezensionsfeuilleton konzentrierte sich dagegen thematisch statt auf Bücher vorrangig auf aktuelle, anlassgebundene Aufführungsbesprechungen (Musik und Theater),[46] womit es noch weit nach 1945 nahezu bruchlos eine bereits eingeübte Praxis aus der Zwischenkriegszeit fortsetzte. Denn selbst in Zeiten, in denen die Tageszeitung noch das weitgehend unangetastete Leitmedium war und nicht nur überregionale Blätter mindestens zwei Mal am Tag erschienen, konnte von einer täglichen Präsenz der Buchkritik im relativ knapp bemessenen Raum ‚unterm Strich' keineswegs die Rede sein. Ein Blick in die Zeitungsspalten der 1920er und 1930er Jahre, der infolge der voranschreitenden Digitalisierung heute gleichfalls leichter denn je fäJlt,[47] macht dies evident.

Um ein wahllos herausgegriffenes Beispiel zu nennen, das über 90 Jahre zurückliegt: In der ersten Dezemberwoche 1925 – also mitten im Weihnachtsgeschäft – enthielt das sechs Tage die Woche jeweils in einer Morgen- und einer Abendausgabe sowie mit einer zusätzlichen Sonntagsausgabe (mithin 13 mal in 7 Tagen) erscheinende *Berliner Tageblatt* unterm Feuilleton-Strich lediglich zwei ausführlichere Buchrezensionen (darunter eine Sachbuchkritik), während selbstverständlich in jeder Ausgabe ein bis zu vierseitiger Wirtschaftsteil enthalten war.[48] Die Sonntagsausgabe vom 6. Dezember 1925 enthielt zwar eine auf zwei werbungssatte Beiblätter ausgedehnte saisonale Buchbeilage im Gesamtumfang von fünf Seiten, unterschied sich aber weder in ihrer jahreszeitlichen Anlassgebundenheit noch in den Umfängen der einzelnen Buchbesprechungen wesentlich vom bereits erwähnten Sommer-Special in Nr. 26 der *Zeit* vom 25. Juni 2015, das in der aktuellen Debatte als herausragendes Negativbeispiel Erwähnung gefunden hatte.[49] Die hypothetische Frage jedenfalls, welche der annotierten Titellisten, Sammelreferate oder Kurzbesprechungen mit durchschnittlich 15 bis 20 Zeilen Umfang aus der Weihnachtsbuchbeilage des *Berliner Tageblatts* von 1925 in den Fokus des perlentauchers geraten wären, so er denn seinerzeit schon existiert

---

46 Vgl. Glotz, Buchkritik, S. 164: „Der Themenkreis ‚Literatur' steht hier [...] hinter dem Themenkreis ‚Theater'."

47 Durch die großen Retrodigitalisierungsunternehmungen der europäischen Bibliotheken sind inzwischen nicht nur weite Partien der österreichischen Presselandschaft (einschließlich seinerzeit führender Blätter wie der *Neuen Freien Presse* oder der *Wiener Arbeiterzeitung*) online recherchierbar, sondern auch schon einige wichtige deutsche Tageszeitungen des Kaiserreichs und der Weimarer Republik, etwa die *Vossische Zeitung* oder das *Berliner Tageblatt*. Vgl. ANNO. Historische Zeitungen und Zeitschriften, URL: http://anno.onb.ac.at/, sowie ZEFYS. Zeitungsinformationssystem, URL: http://zefys.staatsbibliothek-berlin.de/ (Zugriff jeweils 05.10.2015).

48 Vgl. Berliner Tageblatt und Handelszeitung. [Digitalisierte Ausgabe], URL: http://zefys. staatsbibliothek-berlin.de/list/title/zdb/27646518//1925/?no_cache=1 (Zugriff: 05.10.2015).

49 Vgl. Knörer, Tatsächlich ein Desiderat.

hätte, scheint nicht schwer zu beantworten: „Heute leider keine Kritiken!" hätte es vermutlich schon damals geheißen.

Auf die Idee, mit Blick auf die geschilderten Platzverhältnisse in der Zeitungspresse sowohl der 1920er wie der 1960er Jahre von einer Krisenzeit der Literaturkritik, des Feuilletons oder gar der Literatur selbst zu sprechen, wird deswegen freilich niemand ernsthaft verfallen. Im Gegenteil: die genannten Dezennien markieren viel eher zwei viel beschworene Glanzzeiten, in die sich so mancher insgeheim zurückträumen dürfte, wenn über die Verfallserscheinungen der Gegenwart lamentiert und auf die Jahre verwiesen wird, in denen die Tagespresse (neben dem Radio) noch als primärer Ort des literaturkritischen Diskurses schlechthin gelten konnte.

Auch vor diesem Hintergrund lohnt es sich durchaus, Thierry Chervels Vorschlag ernst zu nehmen, und „im Gedächtnis treuer Zeitungsleser" zu kramen.[50] Und das nicht etwa nur, um den nicht wegzudiskutierenden Schrumpfungsprozess des Gesamtraums zu benennen, den das Feuilleton der Tagespresse im Verlauf der letzten fünfzehn Jahre tatsächlich durchgemacht hat.[51] Denn wer – wie Chervel – das Faktum ins Feld führt, dass etwa das Feuilleton der *FAZ* um das Jahr 2000 herum „gut und gerne zehn bis elf Zeitungsseiten täglich" umfasst habe, während es heute nur mehr vier bis fünf seien,[52] der sollte nicht vergessen, dass diesem quantitativen Niedergang ein ebenso rasanter Seitenvermehrungsprozess in den 1980er und 1990er Jahren vorausgegangen war – was „treue Zeitungsleser" durchaus bemerkt und unter dem Stichwort „Feuilletonboom" registriert haben.[53] Jens Jessen etwa hat aus der Innenperspektive des Redaktionsbetriebs heraus bereits vor geraumer Zeit konstatiert:

> Als ich als Hospitant zur „Frankfurter Allgemeinen Zeitung" kam, hatte das Feuilleton einen Umfang von knapp zwei Seiten. Als es berühmt wurde, standen uns vier bis fünf Seiten zur

---

50 Vgl. Chervel, Kritik im Netz. Editorial: „Dass der *Raum der Feuilletons* in den letzten fünfzehn Jahren arg geschrumpft ist, lässt sich auch durch ein einfaches Kramen im Gedächtnis treuer Zeitungsleser eruieren: Erinnern wir uns." (Hervorhebung im Original).

51 Chervel illustriert dies nicht zuletzt am Beispiel rückläufiger Seitenzahlen in den Buchmessebeilagen der großen deutschen Zeitungen: Bei der *FAZ* sind die Buchmessebeilagen von 64 Seiten im Jahr 1999 auf zuletzt 26 Seiten im Jahr 2014 geschrumpft, vgl. Chervel, Kritik im Netz.

52 Chervel, Kritik im Netz.

53 Vgl. Thomas Steinfeld, Was vom Tage bleibt. In: Was vom Tage bleibt. Das Feuilleton und die Zukunft der kritischen Öffentlichkeit in Deutschland, hg. von Thomas Steinfeld, Frankfurt a. M. 2004, S. 19–24, hier insbesondere S. 22: „Der Aufschwung, den die Feuilletons der großen Zeitungen in den achtziger Jahren genommen hatten, war historisch beispiellos."

Verfügung. Die Zeiten, als das Feuilleton zehn Seiten besaß, waren kurz und vergänglich, und es waren nicht die besten.[54]

Statt alarmistisch von Niedergang könnte man also auch etwas nüchterner von einem Rückbau sprechen, der einen status quo ante wiederherstellt. Jessen hatte in diesem Zusammenhang sogar das Bild einer Diät zur Hand, denn „wenn ein Feuilleton von zehn Seiten Umfang auf fünf reduziert wird, dann ist das auch nur gesund."[55]

Nachzulesen steht das alles in dem bis heute empfehlenswerten Bändchen *Was vom Tage bleibt*, das Thomas Steinfeld 2004 als Begleitpublikation zu einer Tagung der Kulturstiftung des Bundes über die Zukunft des Feuilletons und der kritischen Öffentlichkeit im Kontext der Zeitungskrise herausgegeben hat.[56] Auch diese Debatte samt staatlich unterstützter Krisen-Konferenz liegt nun schon wieder über ein volles Jahrzehnt zurück. Eine Zukunft, in der nach der umfangsmäßigen wie thematisch ausgreifenden Kompetenzerweiterung des Feuilletons wieder seitenfüllende Besprechungen ganz „selbstverständlich zum Aufmacher" werden sollten, hatte man sich damals übrigens keineswegs einhellig gewünscht. Die geheime „Sehnsucht nach [...] einer Rückkehr des Rezensionsfeuilletons" – die Ulrich Greiner gleichwohl konstatierte[57] – scheint dessen ungeachtet bis heute bei einigen Protagonisten des Betriebs anzuhalten, wie die von Wolfram Schütte angestoßene „Perlentaucher-Debatte" des Jahres 2015 deutlich genug bewiesen hat.[58]

Hält man sich demgegenüber vor Augen, dass noch Peter Glotz in den 1960er Jahren gegen die Vorherrschaft der „Rezensionsfriedhöfe"[59] in den Tagesblättern polemisiert und sich stattdessen mit emanzipatorischem Impetus eine Öffnung des literaturkritischen Diskurses für die „‚populären' journalistischen

---

54 Jens Jessen, [Diskussionsbeitrag]. In: Was vom Tage bleibt. Das Feuilleton und die Zukunft der kritischen Öffentlichkeit in Deutschland, hg. von Thomas Steinfeld, Frankfurt a. M. 2004, S. 157 f.

55 Jessen, [Diskussionsbeitrag]. – Vgl. dazu auch Steinfeld, Was vom Tage bleibt, S. 23: „Rückblickend betrachtet, erscheinen die fünfzehn großen Jahre der großen deutschsprachigen Feuilletons als Ausnahme in ihrer Entwicklung. Wenn die Zeitungen in den vergangenen zwei, drei Jahren [...] zu den Umfängen [...] der späten achtziger oder frühen neunziger Jahre zurückkehren mussten, dann mag man dieses Schrumpfen durchaus für eine Rückkehr zur Normalität halten."

56 Vgl. Anm. 53.

57 Vgl. Ulrich Greiner, [Diskussionsbeitrag]. In: Was vom Tage bleibt. Das Feuilleton und die Zukunft der kritischen Öffentlichkeit in Deutschland, hg. von Thomas Steinfeld, Frankfurt a. M. 2004, S. 66.

58 Vgl. Schütte, Über die Zukunft des Lesens.

59 Glotz, Buchkritik, S. 184.

Darstellungsformen"[60] (wie etwa Interviews und Reportagen) gewünscht hatte,[61] und nimmt man darüber hinaus zur Kenntnis, dass auch schon vier Jahrzehnte vorher der Feuilletonist Anton Schnack von seinen Kritikerkollegen gefordert hatte, „mehr Reporter" als gelehrte Rezensenten zu sein, um eine veritable „Umgestaltung der Theater- und Buchkritik" in die Wege zu leiten,[62] so wird deutlich, dass auch die Krisendiskurse über Zustand und Zukunft der Literaturkritik in einer Art von Wellenbewegung verlaufen, in der sich die jeweiligen Gegenstände und Angriffspunkte der Meta-Kritik samt Änderungswünschen und Alternativvorstellungen zwar in einer Folge von scharfen Kontrasten abwechseln, die Themen selbst aber letztlich doch immer wieder dieselben bleiben und nur in alternierender Beleuchtung vorgeführt werden: Was heute gewünscht wird, galt gestern als revisionsbedürftig und umgekehrt.

Ob es am Ende auch eine lohnende Aufgabe für Statistiker wäre, die Frequenz dieser Wellenbewegungen zu erheben, mag getrost dahingestellt bleiben.

---

60 Glotz, Buchkritik, S. 83.

61 Vgl. Glotz, Buchkritik, S. 184: „Der Formenreichtum des Journalismus wird bei der Buch-Kommunikation zu selten benutzt; Buch-Kommunikation findet nur in der Darstellungsform der ‚Rezension' statt [...]." Für den bildungspolitisch beseelten Kommunikationswissenschaftler Glotz war dieses Vorherrschen der klassischen Rezension deutliches Symptom für die Bestätigung seiner „Generalhypothese [...], daß die Buchkritik der deutschen Presse Literatur nicht ausreichend in die Gesellschaft hinein vermittelt, sondern esoterisch und selbstgenügsam ein Fachgespräch von Eingeweihten bleibt" (ebd.). Stattdessen plädierte er für eine „Demokratisierung" der Buch- respektive Literaturkritik, die im Sinne Karl Mannheims als „Verringerung der sozialen Distanz" zu definieren wäre (ebd., S. 92).

62 Vgl. Anton Schnack, [Antwort auf eine Rundfrage zum Thema] Kritik der Kritik. In: Der Scheinwerfer, Essen 1928, zitiert nach Schnack, Werke in zwei Bänden, Band 1: Lyrik, hg. von Hartmut Vollmer, Berlin 2003, S. 454. Schnacks zentrale Forderung an die Literaturkritik – „Nehmen wir mehr Menschliches hinein [...]!" (ebd.) – liest sich dabei fast schon wie eine Vorwegnahme jener Positionen, die später von Hubert Winkels mit dem keineswegs positiv besetzten Etikett „Emphatiker" belegt werden sollten (vgl. Anm. 25).

Uwe Wittstock

Ich liebe die Form der Rezension, aber es ist falsch, sie zum Fetisch zu machen

Literaturkritik im Nachrichtenmagazin

Ich möchte im Folgenden nicht aus akademischer, sondern aus alltagsprakti-
scher Sicht die Arbeit des Literaturredakteurs eines Nachrichtenmagazins im
Kontrast zur Arbeit seines Kollegen bei Tageszeitungen darstellen. Gegensätze
und Gemeinsamkeiten sollen beschrieben werden, ohne beim Leser fachliche
Vorkenntnisse vorauszusetzen oder in journalistischen Fachjargon zu verfallen.
Die Betrachtung mündet in Überlegungen, die sich von der praktischen literatur-
journalistischen Arbeit ablösen und die vor dem Hintergrund der von Hans Magnus
Enzensberger in seinem Essay „Rezensenten-Dämmerung" (1986) entworfenen
Gegenüberstellung von „Kritiker" und literarischem „Zirkulationsagenten" die Aufgaben und Möglichkeiten der Literaturkritik heute kenntlich zu machen versuchen.
    Nähern wir uns dem Gegenstand behutsam und systematisch. Was ist
gemeint, wenn von Nachrichtenmagazinen gesprochen wird? Schon ein Blick
in die Auslagen eines gewöhnlichen Zeitschriftenkiosks klärt hier einiges: In
Deutschland werden unter anderem „Der Spiegel", „Focus" und „Stern" zu dieser
Kategorie gezählt. In Österreich „Profil", in Großbritannien „The Economist",
in den USA „Time" und „Newsweek", in Frankreich „Le Nouvel Observateur",
„L'Express" und „Le Point" oder in Italien „L'Espresso". Die Aufzählung ist selbstverständlich nicht vollständig, aber sie gibt bereits einige auffällige Charakteristika der journalistischen Spezies „Nachrichtenmagazin" an die Hand.
1. Alle genannten Nachrichtenmagazine erscheinen wöchentlich.
2. Sie sind mehr oder weniger stark illustriert.
3. Sie haben ein Format, das grob vereinfacht in etwa der deutschen Industrie-
    norm A4 entspricht.
4. Alle genannten Nachrichtenmagazine sind General-Interest-Zeitschriften,
    wenden sich also an ein Publikum, das vom Magazin nicht über ein speziel-
    les Themengebiet, sondern im umfassenden Sinne über Politik, Wirtschaft,
    Kultur, Sport usw. informiert werden will.

Der Beitrag basiert auf dem Manuskript eines Vortrags, den der Verfasser im Rahmen des XX.
Mainzer Kolloquiums des Instituts für Buchwissenschaft der Johannes Gutenberg-Universität
am 30. Januar 2015 zum Thema „Das Ende der Literaturkritik?" gehalten hat. Er wurde für die
Publikation überarbeitet und erweitert

DOI 10.1515/9783110543209-005

Aus den genannten Charakteristika lassen sich bereits einige Grundvoraussetzungen für die journalistische Arbeit in einem Nachrichtenmagazin ableiten. Und um die Gegensätze zur Arbeit der Redakteure für Tageszeitungen gleich gehörig zuzuspitzen, würde ich gern provisorisch folgende Formel vorschlagen: Die psychische Grundbefindlichkeit einer Tageszeitungsredaktion ist manisch. Die psychische Grundbefindlichkeit der Redaktion eines Wochenmagazins ist melancholisch. Um diese Behauptung zu begründen, muss ich ein wenig ausholen und auf persönliche Erfahrungen zurückgreifen.

Ich habe meine journalistische Laufbahn in einer Tageszeitung begonnen, habe zehn Jahre für die „FAZ" und dann später zehn Jahre für die „Welt" gearbeitet. Beide Zeitungen erscheinen im Nordischen Format (40 x 57 cm) und waren zu ihren Hochzeiten, um das Jahr 2000 herum, geradezu haarsträubend umfangreich. Die Materialmengen, die benötigt werden, um diesen Umfang qualitativ anspruchsvoll zu füllen, sind enorm. Doch wenn man als Tageszeitungs-Redakteur morgens gegen 9 Uhr an seinen Schreibtisch kommt, ist das einzige, was man tatsächlich mit Sicherheit wissen kann, dass um 16 oder 17 Uhr Redaktionsschluss sein wird und man alle im emphatischen Sinne aktuellen Artikel wegschmeißen kann, die man bis zu diesem Zeitpunkt nicht inhaltlich und formal druckfertig gemacht hat. Mit anderen Worten: Der Tageszeitungsjournalist fühlt sich dem Motto der New York Times verpflichtet, „All the News That's Fit to Print", und hat alle Hände voll zu tun, diesen Anspruch täglich bis 16 Uhr zu erfüllen. Ich halte es für verständlich, wenn aus dieser von Zeitdruck geprägten Situation eine tendenziell manische Grundhaltung der Betroffenen resultiert.

Bei dem weitaus weniger umfangreichen, nur wöchentlich erscheinenden Nachrichtenmagazin ist die Situation entschieden anders. Der Redakteur weiß, dass seine Leser die täglichen Ereignisse in Tageszeitungen, Fernsehen, Radio oder Internet verfolgen. Sie sind über die Informationslage auf dem Laufenden. Der Redakteur muss also nicht alle Nachrichten, die „fit to print" sind, noch einmal drucken. Das würde seine Leser langweilen. Wenn er also nicht schlicht wiederholen will, was seine Leser bereits wissen, bleiben ihm vor allem drei Wege:

1. Es gelingt ihm, den Lesern eine bislang noch unbekannte Geschichte von möglichst hoher Relevanz zu liefern. Die so genannte Enthüllungsstory.

2. Er kann zu bereits öffentlich diskutierten Vorgängen bislang unbekannte Informationen hinzufügen. Ein typisches Beispiel: Das Bundeskabinett hat vor wenigen Tagen eine wichtige politische Kompromiss-Entscheidung getroffen, die Tageszeitungen haben sie vermeldet und kommentiert. Das Nachrichtenmagazin garniert seinen ein paar Tage später erscheinenden Bericht über die selbe Entscheidung mit Zitaten aus der Kabinettsitzung oder mit Aussagen der Unterhändler, die hinter den Kulissen das Kompromiss-Paket schnürten oder mit Äußerungen derjenigen, die es im Nachhinein

begrüßen bzw. verdammen. Das sind nur Beispiele, darüber hinaus gibt es natürlich noch zahlreiche andere Wege, bekannte Ereignisse journalistisch „weiterzudrehen", aber es führt zu weit und wäre wenig sinnvoll, sie hier alle aufzählen zu wollen.

3. Oder der Redakteur des Nachrichtenmagazins findet einen bestimmten Dreh, einen Spin, mit dem sich ein in den Tageszeitungen bereits verhandelter Vorgang noch einmal neu und anders darstellen lässt: Er kann zum Beispiel einen besonders profilierten Autor bitten, den Vorgang zu kommentieren oder in einem Interview die Entscheidungsträger zu ihrer Entscheidung befragen oder die Entscheidung in einen übergeordneten Rahmen einbetten und so neue Zusammenhänge sichtbar machen.

All das kann der Tageszeitungs-Redakteur natürlich auch, aber wenn die Magazin-Redakteure Glück haben, sind die Kollegen an der Tagesfront so sehr mit der reinen Aktualität beschäftigt, dass ihnen für alles andere wenig Zeit bleibt. Unter dem Strich bedeutet das aber, dass die Redakteure der Wochenmagazine zu fast allen Themen, die während einer Woche öffentlich verhandelt werden und zu denen sie – wie ihre Kollegen von der Tageszeitung – gern Stellung nehmen würden, leider schweigen müssen. Sie haben nicht das, was die FAZ-Kollegin Sandra Kegel in ihrem Bericht über die Arbeit des Literaturkritikers für Tageszeitungen das „Glück der Zeilenfreiheit"[1] nennt. Die Redakteure von Nachrichtenmagazinen haben dieses Glück aus rein strukturellen Gründen nicht: Weil ihr Heft zu wenig Platz bietet. Weil die Kollegen von den Tageszeitungen schon fast alles Wichtige aktuell gesagt haben. Weil das Thema schon drei, vier, fünf Tage alt ist, wenn das Magazin erscheint, und inzwischen längst wieder ein andere Sau durchs Dorf getrieben wird. Wenn sich angesichts dieser Situation gelegentlich Melancholie unter ihnen breit macht, sollte das niemanden überraschen.

Kurz: Der Druck zur Themen-Auswahl ist beim Nachrichtenmagazin enorm hoch. Das wird schon auf den ersten nüchtern kalkulierenden Blick deutlich: Während im Feuilleton der „SZ", der „Welt" oder der „FAZ" acht bis zehn Themen *pro Tag* breit dargestellt werden können, sind es bei den oben genannten Nachrichtenmagazinen vielleicht vier bis sechs *pro Woche*. Sie müssen also ihre Themen um ein Vielfaches strenger auswählen.

In den großen, ressortübergreifenden Redaktionskonferenzen eines Nachrichtenmagazins, in denen die Redakteure für ihre Themengebiete um möglichst

---

1 Sandra Kegel, „Das Glück der Zeilenfreiheit". Vortrag im Rahmen des XX. Mainzer Kolloquiums des Instituts für Buchwissenschaft der Johannes Gutenberg-Universität am 30.01.2015 zum Thema „Das Ende der Literaturkritik?"

viel Platz in der nächsten Ausgabe des Heftes fechten, präsentiert also jeder von ihnen nur das Beste, nur das Wichtigste, was er zu bieten hat. Der Kollegin aus der Innenpolitik zum Beispiel wurden Emails aus einer Parteizentrale zugespielt, die finstere Pläne zum Bruch der Großen Koalition offenbaren. Der Osteuropa-Spezialist schwenkt Fotos, die den Transport russischen Kriegsgeräts in die Ost-ukraine belegen. Zwei Wirtschaftsredakteure haben ein Interview mit dem Chef der amerikanischen Notenbank gemacht, der ihnen vorrechnete, dass italieni-sche Kreditinstitute in drei Wochen pleite sind. All das beeindruckt den Chef-redakteur stark – und von seinen Entscheidungen hängt ab, wie viel Platz den einzelnen Themen in der kommenden Nummer des Magazins eingeräumt wird.

Danach ist in der Konferenz dann der Literaturredakteur dran, alle Blicke richten sich auf ihn, er zögert, stockt, öffnet den Mund – und was immer er nun sagen wird, kämpft in diesem Kreis konkurrierender Kollegen mit mindestens einem von zwei Handikaps: der Banalität oder der Subjektivität.

Denn die bloße Feststellung, die Schriftstellerin XY oder der Erzähler YZ ver-öffentliche jetzt einen neuen Roman, ist zwar sachlich gesehen eine Nachricht, aber eine sehr banale. Jeder, der sich für die Programmvorschauen der Verlage interessiert, ist seit Wochen über diese Tatsache informiert. Die Behauptung des Literaturredakteurs, dieser Roman der Schriftstellerin sei fabelhaft, ein großes Werk, schlichtweg überragend, ist ein notwendigerweise subjektives ästhetisches Urteil. Und die Kollegen des Literaturredakteurs, die mit ihm um Platz im Heft für ihre Themen rangeln, wissen genau, dass zeitgleich in anderen Redaktions-konferenzen anderer Zeitungen andere Literaturredakteurinnen und Literaturre-dakteure sitzen, die ebenso gut über den neuen Roman der Schriftstellerin XY oder des Erzählers YZ informiert sind, hier also von einer Enthüllung oder einem Scoop nicht die Rede sein kann. Zudem: Von diesen anderen Literaturredakteu-ren in anderen Redaktionen wird das Buch möglicherweise als komplett miss-lungen abgetan und belächelt – womit die Subjektivität des ästhetischen Urteils noch einmal deutlich hervortritt. Eine harte, belastbare Nachricht, eine „News", ist die Beurteilung des Romans also gewiss nicht.

Ich möchte hier niemanden mit Details langweilen und fasse die Möglichkei-ten, die dem Literaturredakteur angesichts dieser Ausgangslage bleiben, deshalb in stark vergröberter Form zusammen. Sie alle laufen im Grunde darauf hinaus, dass der Literaturredakteur vorschlägt, nicht lediglich eine Rezension des neuen Buches der Schriftstellerin XY zu publizieren, in der er das Buch darstellt und sein persönliches ästhetisches Urteil dazu formuliert. Sondern als Redakteur eines Nachrichtenmagazins wird er Vorschläge machen, die über die Textgattung „Rezension" hinausgehen, sie ergänzen oder sie vielleicht ersetzen – in der Hoff-nung, dem Thema in seinem Magazin einen zusätzlichen, hoffentlich reizvollen und über das subjektive literarische Urteil hinausgehenden journalistischen Spin zu geben.

Der Redakteur des Nachrichtenmagazins kann zum Beispiel:

1. ein Interview mit der Schriftstellerin XY machen und versuchen, der Autorin entscheidende Selbstkommentare zu ihrem Werk zu entlocken. (Der analytische Wert solcher Selbstkommentare ist zugegebenermaßen zweifelhaft. Die analytische Kraft mancher Rezensionen allerdings auch.) Oder er kann versuchen, andere markante Aussagen von XY zu bekommen zum Thema ihres Romans, zur Literatur im Allgemeinen oder eben zu Gott und der Welt.

2. Der Literaturredakteur kann XY treffen, mit ihr über den neuen Roman sprechen und dann ein so genanntes Porträt über sie schreiben, in dem er die Leser nicht nur über Inhalt und literarische Qualität des Buches informiert, sondern auch über Selbstkommentare der Autorin, über ihre vergangenen Werke, über das Auf und Ab ihrer bisherigen literarischen Karriere oder andere literarisch – hoffentlich – wissenswerte Fakten oder Deutungen.

3. Der Literaturredakteur kann einen sehr namhaften Autor bitten, das Buch für das Magazin zu rezensieren. Wichtig ist hier, eine wirklich attraktive, intellektuell produktive Kombination von Buch und prominentem Rezensenten zu finden. Beispiel: Wem es gelungen wäre, Daniel Kehlmanns Roman „Die Vermessung der Welt" in den Tagen seiner Erstpublikation 2005 von Hans Magnus Enzensberger rezensieren zu lassen, weil der sowohl viel von Literatur als auch viel von Kehlmanns Helden Alexander von Humboldt und der Mathematik Karl Friedrich Gauß' versteht, hätte sich über einen veritablen journalistischen Coup freuen dürfen.

4. Der Literaturredakteur kann thematisch-inhaltliche oder zeitgeschichtliche oder politische Aspekte des Romans von XY in den Vordergrund stellen, sie mit anderen aktuellen literarischen Werken kombinieren oder kontrastieren, das einzelne Werk also in einen größeren literarischen oder sonstigen Zusammenhang rücken. Wenn das darauf hinausläuft, irgendeinen literarischen Trend verkünden zu wollen, ist das Ergebnis zumeist fragwürdig. Andererseits wäre es – um ein Beispiel von Anfang 2015 zu nehmen – sowohl literarisch als auch journalistisch mehr als fragwürdig gewesen, über Michel Houellebecqs Roman „Unterwerfung" nur aus streng ästhetischer Perspektive berichten zu wollen und die aktuellen politischen Aspekte des Buches unbeachtet zu lassen.

Ich fürchte, das alles klingt entsetzlich pragmatisch und nicht nach den idealen Kommunikationsbedingungen, die man sich für eine öffentliche Debatte über ein literarisches Kunstwerk wünscht. (Ideale Kommunikationsbedingungen herrschen allerdings auch in anderen Bereichen der öffentlichen Debatten nur selten;

genauer: Ideale Kommunikationsbedingungen ähneln möglicherweise unerreichbaren Utopien.) Der Literaturredakteur des Nachrichtenmagazins macht in dieser Beschreibung auf den ersten Blick keine glanzvolle Figur. Gleiches gilt jedoch mit Abstrichen auch für die Literaturredakteure in Tages- oder Wochenzeitungen, denn sie bedienen sich, wie ich andeutete, ähnlicher journalistischer Mittel.

Wäre es also sinnvoller, sich bei der Berichterstattung über frisch erschienene literarische Werke auf die gute alte journalistische Form der Rezension zu besinnen, auf die konzentrierte Analyse und Einordnung eines Buches durch einen erfahrenen Literaturkritiker zum Zeitpunkt der Veröffentlichung des Buches? Das will ich gar nicht abstreiten, auch ich liebe es, Rezensionen zu schreiben.

Allerdings sollten wir uns davor hüten, die Buchrezension zum journalistischen Fetisch zu machen. Wer die Literaturberichterstattung regelmäßig verfolgt, weiß, wie viele dümmliche und oberflächliche Rezensionen publiziert werden und hat andererseits aber schon manches kluge Schriftsteller-Porträt oder aufschlussreiche Interview mit einem Autor gelesen. In meinen Augen ist jede Form öffentlicher Berichterstattung über Literatur zunächst einmal Literaturjournalismus. Von den Versuchen, der einen Form pauschal den Ehrentitel „Kritik" bzw. „Rezension" zu verleihen und alle anderen pauschal abzuqualifizieren, halte ich nicht viel. Ich würde hier gern eine Lanze brechen dafür, journalistische Artikel nicht vorschnell in Schubladen einzuordnen, sondern sie genau zu lesen und individuell zu beurteilen. Denn hier liegt der Teufel im Detail.

In seinem Essay „Rezensenten-Dämmerung"[2] hat Hans Magnus Enzensberger dem Literaturjournalismus 1986 die Leviten gelesen. Vor dem Hintergrund der beiden Pole, die Enzensberger in seinem Aufsatz umreißt – hier der Kritiker alter Schule, dort der Zirkulationsagent des Literaturmarkts – wirken die heutigen Literaturredakteure von Nachrichtenmagazinen oder Tages- und Wochenzeitungen nicht sehr imponierend.

Ich muss allerdings gestehen, dass ich Enzensbergers Essay nie besonders mochte. Er enthält viel Kluges über den Bedeutungsverlust von Literatur seit den Hochzeiten der bürgerlichen Gesellschaft, zugegeben. Ansonsten aber bedient er sich eines argumentativen Taschenspielertricks: Er spaltet den Literaturjournalisten auf in die zwei Extremfiguren Kritiker und Zirkulationsagent und täuscht so darüber hinweg, dass beide manches gemeinsam haben, wenn sie ihre Arbeit gut machen. Und er verliert weder ein Wort über das eigentliche Ziel literaturjournalistischer Arbeit, nämlich die Information des Publikums, noch über die materiellen Entstehungsbedingungen von Literaturkritik. Das ist schade, aber

---

2 Hans Magnus Enzensberger, Rezensenten-Dämmerung. In: Enzensberger, Mittelmaß und Wahn. Gesammelte Zerstreuungen, Frankfurt a. M. 1988, S. 53–60.

zumindest für den letzteren Punkt lässt sich das mit wenigen Worten nachholen: Literaturkritik gehört mittlerweile zu den wirtschaftlich unattraktivsten Formen des journalistischen Broterwerbs. Die Zeit, die ein Kritiker mit der Lektüre verbringt, ist lang, der Platz, der ihm für seine Artikel zur Verfügung steht, ist klein, das Honorar folglich gering und schrumpft in den letzten Jahren immer weiter. Von den wenigen fest angestellten Literaturredakteuren und -kritikern hierzulande abgesehen, kann man es sich heute nur noch dann leisten, Rezensionen zu schreiben, wenn man über verlässliche andere Einnahmequellen verfügt.

Und, dies nur nebenbei, nennenswerten Ruhm erntet man als Kritiker ebenfalls nicht: Vor ein paar Jahren leitete ich an der Universität Jena ein Seminar zur Literaturkritik. Um die Studenten zum Reden zu bringen – es handelte sich um Germanisten, die dieses Seminar freiwillig besuchten und sich vermutlich, so meine kühne Hoffnung, für Literaturkritik und -kritiker interessierten –, bat ich sie, mir einige profilierte Literaturkritiker aus Zeitungen, Fernsehen oder Internet namentlich zu nennen, ausgenommen sei Marcel Reich-Ranicki, denn den kenne jeder. Das Seminar kam mit Mühe auf zwei weitere Namen: Hellmuth Karasek und Sigrid Löffler, die beiden anderen Teilnehmer am „Literarischen Quartett". Selbst Fritz J. Raddatz wurde nicht genannt. Wer heute also glaubt, er könne als Literaturkritiker einen Hauch von öffentlicher Prominenz für sich erhaschen oder gar eine Rolle spielen, wie sie die Kritiker des von Enzensberger beschworenen bürgerlichen Zeitalters einnahmen, der gibt sich Illusionen hin.

Ich finde, es liegt auf der Hand, dass Enzensberger in seinem Essay „Rezensenten-Dämmerung" zwei Figuren aus zwei verschiedenen Epochen gegeneinander ausspielt, die sich im Grunde ähnlicher sind, als er es wahrhaben will, und denen lediglich durch den historischen Funktionswandel von Literatur unterschiedliche Aufgaben zugewachsen sind. Enzensbergers Kritiker alter Schule war immer auch bis zu einem gewissen Grad Zirkulationsagent, selbst wenn ihn dieser Aspekt seiner Arbeit nicht kümmerte – oder er zumindest so tat, als kümmere er ihn nicht. Auch er hat durch seine Essays in der damaligen Mediengesellschaft die Erfolge und Misserfolge von Büchern beeinflusst. Und der Zirkulationsagent von heute lässt, das notwendige handwerkliche Geschick vorausgesetzt, in seine Rezensionen oder Porträts durchaus literarische Argumentationen einfließen, die zeigen, dass für ihn, ebenso wie es Enzensberger für den Kritiker reklamiert, „die Literatur ein Nexus von Schriften ist, die er liebt oder hasst, bewundert oder verwirft".[3]

Die literarische Essayzeitschrift, die Enzensberger als liebstes Medium des Kritikers alter Schule benennt, existiert bis heute fort. Im „Merkur", in der

---

3 Enzensberger, Rezensenten-Dämmerung, S. 57.

„Neuen Rundschau", in „Sinn und Form", in den „Akzenten" und vielen anderen liebevoll redigierten Journalen mehr kann ein Kritiker auch heute noch vor einer sehr fachkundigen Leserschaft auf hohem intellektuellen Niveau über Bücher diskutieren. Die Auflagen dieser Zeitschriften sind niedrig, sicher, aber das waren sie schon immer.

Wundern würde ich mich allerdings – da folge ich Enzensberger voll und ganz –, wenn jemand auf die Idee käme, er könnte als Kritiker heute in einem radikal veränderten sozialen und medialen Umfeld die gleiche gesellschaftliche Resonanz erzielen (oder wiederherstellen) wie in jenen Hochzeiten der Kritik, von denen Enzensberger spricht. Die beachtliche Zahl ganz unterschiedlicher Medien von „taz" bis „FAZ", von „Merkur" bis „Brigitte", von „Druckfrisch" im Fernsehen bis „Herbert liest!" im Internet, die heute über Literatur berichten, scheinen mir eher dafür zu sprechen, dass unterschiedliche Leser auf unterschiedliche Weise über Literatur informiert werden möchten. Und bevor ich ihnen einen Vorwurf machen würde, dass sich manche mit angeblich oberflächlichen Formen des Literaturjournalismus zufrieden geben, würde ich mich darüber freuen, dass sie sich überhaupt für Literatur interessieren.

Der öffentlichen Diskussion kultureller Normen durch Kritiker, schreibt Enzensberger, werde heute eine nicht mehr so hohe Bedeutung eingeräumt wie zu der Zeit, als die Entscheidung zwischen literarischer Tradition und literarischer Moderne eine politische Entscheidung zu sein schien und Freundschaften daran zerbrachen. Damit hat Enzensberger zweifellos recht. Ich bin mir allerdings nicht sicher, ob es tatsächlich bedauerlich ist, wenn diese Zeiten mittlerweile hinter uns liegen. Ziemlich sicher bin ich mir dagegen, dass für diesen Prozess des Bedeutungsverlusts nicht Rezensenten oder Journalisten verantwortlich sind, sondern eine großräumige soziale, kulturelle und politische Entwicklung von historischer Dimension, auf die weder Literatur noch Journalismus, weder Kritiker alter Schule noch heutige Zirkulationsagenten irgendeinen Einfluss haben.

Die mediale Konkurrenz der Literatur (und also auch der Literaturkritik) hat massiv zugenommen. Literatur ist, das muss ich niemandem sagen, kein Leitmedium mehr. Wenn man bedenkt, welche Rolle Literatur heute nüchtern betrachtet in einer westlichen, pluralistischen und hoch arbeitsteiligen Gesellschaft spielen kann, scheint mir die Aufmerksamkeit, mit der man der Literatur in der Öffentlichkeit und den General-Interest-Medien begegnet, noch immer erstaunlich hoch.

Diese Medien aber werden nicht nur von Menschen gelesen, die sich für Literatur interessieren, sondern auch von solchen, die für Literatur interessiert werden wollen. Was uns zu dem zweiten oben erwähnten Punkt führt, über den sich Enzensberger in seinem Essay deutlich hörbar ausschweigt. Wenn Literaturkritik in unserer Gegenwart nicht mehr wie im bürgerlichen Zeitalter die „öffentliche Diskussion kultureller Normen"[4] vorantreibt, welche Funktion kann ihr dann heute noch sinnvollerweise zukommen? Auf diese Frage sind, so glaube ich, sowohl sachliche wie pathetische Antworten möglich – die sich aber in ihren Konsequenzen letztlich nicht wesentlich unterscheiden.

Die sachlichste, nüchternste Antwort zieht sich auf die Grundlagen des traditionellen journalistischen Geschäftsmodells zurück: Eine Öffentlichkeit, die es für hilfreich und wünschenswert erachtet, über die laufenden Ereignisse und deren Analyse in Kenntnis gesetzt zu werden, bezahlt (per Kaufpreis am Kiosk, Abo- bzw. Rundfunk-Gebühr) journalistische Spezialisten dafür, tagtäglich den relevanten Nachrichtenüberblick zu ermitteln, zu kommentieren und in leicht fasslicher, attraktiver Form dieser Öffentlichkeit anzubieten. Für den speziellen Fall des Literaturjournalismus bedeutet das: Erfahrene Beobachter des literarischen Geschehens – man mag sie Kritiker oder Zirkulationsagenten nennen – verschaffen der Öffentlichkeit einen Überblick über die wichtigsten aktuellen literarischen Veröffentlichungen und empfehlen herausragende Titel je nach den vermuteten Vorlieben, Neigungen, Unterhaltungsbedürfnissen der Leserschaft ihrer Zeitung bzw. Zeitschrift oder des Publikums ihres TV-Formats oder Internet-Blogs.

Die pathetischere Variante dieser Antwort hantiert mit der Vorstellung, dass es für jeden Einzelnen, aber auch für die Öffentlichkeit insgesamt vorteilhaft ist, „gute" Literatur zu lesen. Zur Rechtfertigung der Idee, Lesen von Literatur könnte etwas Wünschenswertes und gesellschaftlich Erfreuliches sein, werden unterschiedliche Argumentationen philosophischer, psychologischer, soziologischer oder auch politischer Natur herangezogen. Nicht allen Kritikern leuchten alle diese Argumentationen gleichermaßen ein, sie bevorzugen die einen und betrachten andere eher skeptisch, woraus sich unter ihnen gelegentlich Rivalitäten, Debatten oder Polemiken entzünden. Im Grunde aber stellt sich für alle letztlich die gleiche Aufgabe: Wenn die Beschäftigung mit Literatur als begrüßenswert gilt, gehört die Verbreitung von Literatur zu den Interessen und Aufgaben des Kritikers – was Verrisse oder Verdammungsurteile gegen einzelne Bücher nicht ausschließt, denn die gehören in den Augen des Kritikers eben nicht zur „guten" Literatur, deren Lektüre die angedeuteten positiven Effekte für Leser und Öffentlichkeit zeigt.

Der Kritiker wird also, wenn er seine Aufgabe ernst nimmt, in die Rolle des Literaturvermittlers gedrängt, der die Bücher, die er für gelungen hält, den Lesern ans Herz legen will. Er muss folglich nicht nur auf die analytische und argumentative Präzision seiner Beiträge achten, sondern auch auf deren Überzeugungs- und Motivationskraft bei dem Publikum, an das er sich wendet. Neben

---

4 Enzensberger, Rezensenten-Dämmerung, S. 55.

die Aufgaben der ästhetischen Beurteilung tritt damit die Herausforderung, die Rezension attraktiv zu formulieren. Kurz: Literaturkritik ist kein Oberseminar, sondern Teil des Journalismus und hat eine Dienstleistungsfunktion. In diesem Spannungsfeld bewegt sich Literaturkritik in auflagestarken Tages- und Wochenzeitungen oder im Fernsehen notwendigerweise. Die Kritiker, die sich ausschließlich auf die möglichst eingehende Begründung ihrer Urteile konzentrieren wollen, können dies problemlos in den oben aufgezählten Literaturzeitschriften wie „Merkur" oder „Akzente" tun, dort finden sie die angemessene Leserschaft dafür. Zu den Eitelkeiten unseres journalistischen Betriebs gehört es, solche für Kenner geschriebene Artikel gelegentlich auch in auflagestarken Medien zu publizieren, die sich an ein nicht-kennerhaftes Publikum wenden. Da auf diese Weise ein größerer Teil von deren Publikum ausgegrenzt wird, darf man jedoch daran zweifeln, ob damit irgendein positiver Effekt für diese Medien oder die Literatur zu erzielen ist.

Wer sich in auflagestarken General-Interest-Zeitungen oder -Magazinen über Literatur äußert, sollte mit einer breit gefächerten Leserschaft rechnen, deren literarische Vorbildung und deren literarische Interessen nicht sehr ausgeprägt sind. (Für TV-Sendungen gilt *mutatis mutandis* das gleiche.) Er muss folglich sein Publikum mit den üblichen journalistischen Mitteln – ohne dabei seine literaturkritischen Standpunkte zu verraten – überhaupt erst für seine Themen gewinnen. Hier aber, an diesem Punkt, liegt, wie gesagt, der Teufel im Detail. Hier kann man nicht pauschal diskutieren, sondern nur individuell am Einzelbeispiel. Denn natürlich besteht die Gefahr, dass Artikel unter solchen Voraussetzungen banal, oberflächlich oder argumentativ schlicht werden. Aber das müssen sie nicht. Sie können klug, differenziert und überraschend sein.

Und nebenbei: Ich habe auch in noblen Literaturzeitschriften Aufsätze gelesen, die selbst durch ihren gespreizten Fachjargon nicht verdecken konnten, wie banal, oberflächlich und argumentativ schlicht sie letztlich waren.

Emotionalisierung

Stefan Neuhaus
Wem wann die Lust kommt

Ansätze zu einer Trieb- und Wertungslehre der Literatur

1 Vorbemerkung

Zweifellos ist Thomas Anz beizupflichten, wenn er feststellt:

> Wer lieber King als Kafka liest, die amerikanische Gegenwartsliteratur der deutschen vorzieht
> oder den Krimi im Fernsehen dem im Buch, der soll sich davon nicht abhalten lassen. Die
> Vielfalt des Buch- und Medienangebots entspricht der Pluralität von Bedürfnissen. Und diese
> unterscheiden sich nach Geschlecht, Charakter oder Lebensverhältnissen ganz erheblich.[1]

Thomas Anz gehört für Sandra Poppe zu der Gruppe von Forschern, die die
These vertreten, „dass Fiktionen die Möglichkeit einer Erprobung von Emotionen
bieten".[2] Wichtig ist dabei festzuhalten, dass solche Möglichkeiten der Erprobung, wie auch die Emotionen selbst, einer „kulturellen Kodiertheit" unterliegen.[3] Leserinnen und Leser[4] lernen Orientierung in der Umwelt, in die sie hinein-
geboren werden, und ordnen Lektüren in ihr Weltwissen ein, das Ergebnis eines
langen und kulturell codierten, dabei hochgradig konventionalisierten Soziali-
sationsprozesses ist. Zugleich ist aber auch jeder Leser ein Individuum mit einer
ganz einzigartigen Sozialisation – so wie sie oder er hat niemand sonst die (Um-)
Welt kennen gelernt und Erfahrungen gemacht.

Wie komplex ein Rezeptionsvorgang ist, hat Anz in seiner grundlegenden
Studie über *Literatur und Lust. Glück und Unglück beim Lesen* von 1998 ebenfalls
gezeigt. An der Frage nach der konkreten Lektüre, die das Eingangszitat aufwirft,

---

Im Titel wird mit einem abgewandelten Zitat Bezug genommen auf: Hubert Winkels, Emphatiker und Gnostiker. Über eine Spaltung im deutschen Literaturbetrieb – und wozu sie gut ist. In:
Die Zeit, Nr. 14, vom 30.3.2006, S. 59. Hierzu später mehr.

---

1 Thomas Anz, Literatur und Lust. Glück und Unglück beim Lesen, München 1998, S. 8.
2 Sandra Poppe, Emotionsvermittlung und Emotionalisierung in Literatur und Film – eine Einleitung. In: Emotionen in Literatur und Film, hg. von Sandra Poppe, Würzburg 2012, S. 9–27, hier
S. 12.
3 Vgl. Poppe, Emotionsvermittlung und Emotionalisierung in Literatur und Film, S. 17.
4 Im nachfolgenden Text wird nur die männliche Form als die konventionell übliche verwendet,
die weibliche ist aber stets mitgemeint.

DOI 10.1515/9783110543209-006

möchte ich nun einhaken und nachfragen, weshalb es unter professionellen Lesern[5] immer noch üblich ist, Kafka und nicht King zu lesen, auch wenn King dann auf Umwegen doch wieder eine Rolle spielt – so soll beispielsweise Bret Easton Ellis' Roman *Lunar Park* (2005) von Stephen King inspiriert worden sein,[6] und Ellis kann, im Unterschied zu King, als einer der einflussreicheren und kanonisierten Autoren der jüngsten Weltliteratur gesehen werden. So ist beispielsweise Christian Krachts erster Roman *Faserland* von 1995, der die sogenannte zweite Welle der Popliteratur einläutete, erkennbar von Ellis' Romanen inspiriert worden.[7]

Über das Thema Kanonisierung und literarische Wertung hat sich in den letzten rund zwei Jahrzehnten ein eigener Diskurs entwickelt, der hier nicht nachgezeichnet werden kann.[8] Dennoch ist die Frage, welche Rolle Emotionen im Wertungsdiskurs spielen, bisher kaum beleuchtet worden. Eine frühe Phase der Auseinandersetzung hat vor allem gesellschaftskritische Aspekte zutage gefördert, etwa wenn Rudolf Schenda in seiner groß angelegten und einflussreichen Studie *Volk ohne Buch* von 1970 die manipulativen Tendenzen von Literatur insbesondere mit Blick auf Nationalismus und Nationalsozialismus betont[9] oder wenn Peter Nusser der Trivialliteratur eine „Anpassung an den Erwartungshorizont des Lesers"[10] und damit eine „Regression ins Unkomplizierte" bescheinigt.[11] Die „von den trivialen Texten angebotene Bestätigung der Werturteile und Verhaltensnormen" würde dabei helfen, das Bedürfnis nach Zugehörigkeit zu einer Gesellschaft

---

5 Also solchen, die beruflich mit Literatur zu tun haben, vgl. meinen Versuch einer entsprechenden Bestimmung in: Stefan Neuhaus, Literaturvermittlung, Konstanz 2009 (UTB 3285), S. 7.
6 Vgl. etwa Helmut Krausser, Die Hölle bin ich. Bret Easton Ellis macht sich in „Lunar Park" auf die Suche nach sich selbst – und findet seinen toten Vater. In: Die Zeit, Nr. 12 vom 16.3.2006, Zeitonline: http://www.zeit.de/2006/12/L-Ellis-TAB/komplettansicht (abgerufen am 6.8.2013).
7 „Im Jahre 1995 erschien sein [Krachts] Roman *Faserland* [...], in dem Kracht Bret Easton Ellis' Markenkompendium kongenial auf die deutsche Produktwelt übertrug." Florian Illies, Generation Golf. Eine Inspektion, Frankfurt a. M. 2005, S. 154.
8 Vgl. etwa Kanon – Macht – Kultur. Theoretische, historische und soziale Aspekte ästhetischer Kanonbildungen, hg. von Renate von Heydebrand, Stuttgart 1998; Renate von Heydebrand und Simone Winko (1996), Einführung in die Wertung von Literatur. Systematik – Geschichte – Legitimation, Paderborn u. a. 1996; Literarische Kanonbildung, hg. von Heinz Ludwig Arnold und Hermann Korte, München 2002; Stefan Neuhaus, Revision des literarischen Kanons, Göttingen 2002; Wertung und Kanon, hg. von Matthias Freise und Claudia Stockinger, Heidelberg 2010 (Neues Forum für Allgemeine und Vergleichende Literaturwissenschaft 44).
9 Vgl. Rudolf Schenda, Volk ohne Buch. Studien zur der populären Lesestoffe 1770–1910, München 1977, S. 493 f.
10 Vgl. Peter Nusser, Trivialliteratur, Stuttgart 1991, S. 145.
11 Vgl. Nusser, Trivialliteratur, S. 136.

oder Gruppe zu befriedigen,[12] sich aber dafür als Instrument der „Manipulation" eignen, hier treffen sich die Befunde von Nusser und Schenda.[13]

Verfahrensweisen der Trivial- oder Unterhaltungsliteratur sind aber auch in der als qualitätvoll eingestuften Literatur insbesondere seit den 1990er Jahren wieder häufiger anzutreffen. Als eine Wasserscheide erscheint retrospektiv das Jahr 1995, in dem einerseits auch und gerade wegen ihrer Unterhaltsamkeit gepriesene Romane wie Krachts erwähntes *Faserland* oder Thomas Brussigs *Helden wie wir* veröffentlicht werden und andererseits zwei einflussreiche Akteure im Literaturbetrieb, Uwe Wittstock und Martin Hielscher, programmatisch von der Notwendigkeit einer neuen *Leselust* und von der „neuen Lesbarkeit" schreiben.[14] Es muss vorerst eine offene Frage bleiben, wie sich dieser Prozess beschreiben lässt, etwa als Entideologisierung im Sinne einer Abkehr von der ihrerseits ideologisch gewordenen Ideologiekritik oder als fortschreitende Ökonomisierung des Literaturbetriebs in einer Welt des Warenfetischismus.[15]

Vielleicht hilft es weiter, sich nicht nur vor Augen zu führen, wie sich der Wertungsprozess literarhistorisch und gesellschaftlich entwickelt hat, sondern auch zu fragen, welche Leistungen Literatur einerseits für das Individuum und andererseits gesellschafts-, also kontextbezogen jeweils erbracht hat oder erbringt. Hier möchte ich ein Begriffspaar in den Mittelpunkt stellen, das mir eine zentrale Rolle im Wertungsprozess zu spielen scheint und das auch die Emotionalisierung mit einschließt: Reflexivität und Komplexität.

Thomas Anz hat 2012 festgestellt: „Vielleicht kann Literatur, ähnlich wie Musik, bildende Kunst oder Film, als besonders komplexe Kulturtechnik der Emotionalisierung begriffen werden."[16] Damit steht Anz, auch wenn er einen neuen Akzent setzt, in einer langen Reihe von Autoren, die Wirkung und Wertung von Literatur zusammengedacht und die in der Folge notwendige Komplexität

---

12 Vgl. Nusser, Trivialliteratur, S. 140.

13 Vgl. Nusser, Trivialliteratur, S. 143.

14 Vgl. Uwe Wittstock, Leselust. Wie unterhaltsam ist die neue deutsche Literatur? Ein Essay, München 1995; Martin Hielscher, Geschichte und Kritik. Die neue Lesbarkeit und ihre Notwendigkeit. In: Was bleibt – von der deutschen Gegenwartsliteratur? Hg. von Mariatte Denmann, Peter McIsaak und Werner Jung, Stuttgart und Weimar 2001, (Lili – Zeitschrift für Literatur und Linguistik, Bd. 31, H. 124), S. 65–71.

15 Ich neige, nicht alleine, zu letzterer Position, vgl. Stefan Neuhaus, Der Autor als Marke. Strategien der Personalisierung im Literaturbetrieb. In: Wirkendes Wort. Deutsche Sprache und Literatur in Forschung und Lehre, 61. Jg., H. 2 (August 2011), S. 313–328.

16 Vgl. Thomas Anz, Gefühle ausdrücken, hervorrufen, verstehen und empfinden. Vorschläge zu einem Modell emotionaler Kommunikation mit literarischen Texten. In: Emotionen in Literatur und Film, hg. von Sandra Poppe, Würzburg 2012 (Film – Medium – Diskurs, Bd. 36), S. 155–170, hier S. 156 f.

und – verstanden als „Kulturtechnik" – auch Reflexivität von Literatur betont haben. Hier lässt sich beispielsweise mit dem wohl einflussreichsten Literaturtheoretiker aus jener Zeit beginnen, in der die heutige Auffassung von Literatur maßgeblich geprägt wurde, mit Friedrich Schiller, der in seinem berühmten Aufsatz „Über Bürgers Gedichte" in der *Allgemeinen Literatur-Zeitung* vom 15. und 17. Januar 1791 eine höchst anspruchsvolle Forderung an die Literatur stellt: „Die Sitten, den Charakter, die ganze Weisheit ihrer Zeit müsste sie, geläutert und veredelt, in ihrem Spiegel sammeln und mit idealisierender Kunst aus dem Jahrhundert selbst ein Muster für das Jahrhundert erschaffen."[17] Wer als Autor einen „veredelnden Einfluß" auszuüben vermöge, müsse allerdings – anders als bisher Gottfried August Bürger – ‚reif' und ‚gebildet' sein. „Begeisterung allein ist nicht genug; man fordert die Begeisterung eines gebildeten Geistes." Bildung wird von Schiller hier in einem umfassenden Sinn verstanden, so dass die „Individualität" des Dichters und seiner Produktion vorbildhaft für seine Leser sein kann.[18]

Auf Komplexität und Reflexivität zielt auch der mehr als eineinhalb Jahrhunderte später von Hans Robert Jauß eingeführte Begriff des „Erwartungshorizonts".[19] Für Jauß steht außer Frage, dass ein qualitätvoller literarischer Text „die Erwartungen seiner Leser durch eine ungewöhnliche ästhetische Form durchbrechen" will und die Leser „zugleich vor Fragen stellen" möchte, „deren Lösung ihnen die religiös oder staatlich sanktionierte Moral schuldig blieb".[20] Diese Ziele lassen sich, wie bei Schiller, auch bei Jauß vor allem über die Form erreichen, wobei es nicht notwendigerweise darum geht, dass der Text selbst komplex angelegt ist, *sondern dass er komplexe Rezeptions- und Wirkungsmöglichkeiten anbietet. Um dies leisten zu können, müssen die Texte formal neu und ungewöhnlich sein.*

Damit ist für mich der Kern des Wertungsdiskurses bezeichnet. Um das Verhaftetsein solcher Überlegungen in einem historischen Diskurs deutlich machen zu können, sind allerdings noch weitere Beispiele notwendig, genauer: Die Beobachter des Literaturbetriebs sind dabei zu beobachten, wie sie bestimmte, auf Komplexität und Reflexivität abzielende Funktionen von Literatur in Relation zum menschlichen Verhalten setzen und dabei ihren Wert diskutieren.

Um dabei besonders auf die Strategien der Emotionalisierung achten zu können, machen wir zunächst wieder einen Zeitsprung, diesmal zu Sigmund

---

17 Friedrich Schiller, Sämtliche Werke. Fünfter Band: Erzählungen. Theoretische Schriften. Auf Grund der Originaldrucke hg. von Gerhard Fricke und Herbert G. Göpfert, 9. durchges. Auflage, Darmstadt 1993, S. 971.
18 Vgl. Schiller, Sämtliche Werke, S. 972.
19 Vgl. Hans Robert Jauß, Literaturgeschichte als Provokation der Literaturwissenschaft. In: Ders., Literaturgeschichte als Provokation, Frankfurt a. M. 1970, S. 144–207, hier S. 200.
20 Jauß, Literaturgeschichte als Provokation der Literaturwissenschaft, S. 206.

Freud, dessen Trieblehre vor rund 100 Jahren nicht nur revolutionär und daher umstritten, sondern auch symptomatisch war, so dass sie rasch von Schriftstellern und von Beobachtern des Literaturbetriebs für die Produktion und Rezeption von Literatur adaptiert wurde.

2 Emotionen, Reflexion und Lektüre

Sigmund Freud hat keine ausgearbeitete Theorie der Rezeption und Wertung von Literatur vorgelegt, aber doch Bausteine dazu, die helfen können, den Vorgang als psychischen und damit auch emotionalen Prozess näher zu verstehen. In der *Neuen Folge der Vorlesungen zur Einführung in die Psychoanalyse* erklärt er nicht nur die „Strukturverhältnisse der seelischen Persönlichkeit",[21] sondern auch die Ziele, die aus seiner Sicht mit der aktiven Beeinflussung dieser Strukturverhältnisse verbunden sein sollten. Für das Ich als Persönlichkeit des Menschen gibt es die drei „Zwingherren": die Norminstanzen der „Außenwelt", das „Über-Ich" und das „Es". Das Ich

[...] fühlt sich von drei Seiten her eingeengt, von dreierlei Gefahren bedroht, auf die es im Falle der Bedrängnis mit Angstentwicklung reagiert. Durch seine Herkunft aus den Erfahrungen des Wahrnehmungssystems ist es dazu bestimmt, die Anforderungen der Außenwelt zu vertreten, aber es will auch der getreue Diener des Es sein, im Einvernehmen mit ihm bleiben, sich ihm als Objekt empfehlen, seine Libido auf sich ziehen. In seinem Vermittlungsbestreben zwischen Es und Realität ist es oft genötigt, ubw [unbewusste] Gebote des Es mit seinen vbw [vorbewussten] Rationalisierungen zu bekleiden, die Konflikte des Es mit der Realität zu vertuschen, mit diplomatischer Unaufrichtigkeit eine Rücksichtnahme auf die Realität vorzuspiegeln [...]. Andererseits wird es auf Schritt und Tritt von dem gestrengen Über-Ich beobachtet, das ihm bestimmte Normen seines Verhaltens vorhält [...].[22]

Interessant ist, dass Freud der Psychoanalyse eine ähnliche kulturfördernde Bedeutung zubilligt wie Schiller der Literatur. Die Absicht der von ihm begründeten neuen Wissenschaft sei es,

[...] das Ich zu stärken, es vom Über-Ich unabhängiger zu machen, sein Wahrnehmungsfeld zu erweitern und seine Organisation auszubauen, so daß es sich neue Stücke des Es aneig-

---

21 Sigmund Freud, Neue Folge der Vorlesungen zur Einführung in die Psychoanalyse. Unter Mitwirkung von Marie Bonaparte, Prinzessin Georg von Griechenland, Gesammelte Werke Bd. 15, hg. von Anna Freud u. a., Frankfurt a. M. 1999, S. 85.
22 Freud, Neue Folge der Vorlesungen zur Einführung in die Psychoanalyse, S. 84.

nen kann. Wo Es war, soll Ich werden. Es ist Kulturarbeit etwa wie die Trockenlegung der *Zuydersee*.[23]

Ohne dass Freud dies explizit betont, wird doch deutlich, dass Reflexion, also das Bewusstwerden und psychische Durcharbeiten von Themen, bei dieser ‚Trockenlegung' des Es entscheidend hilft. Die Literatur spielt für Freud hierbei eine besondere Rolle, denn sie bietet eine Möglichkeit, den skizzierten Prozess zu unterstützen. Darauf deutet jedenfalls sein kleiner, aber wichtiger Aufsatz „Der Dichter und das Phantasieren".

Freud verwendet die auch heute noch aktuelle[24] Metapher des Spiels, um die Leistung der Literatur zu verdeutlichen. „Der Gegensatz zu Spiel ist nicht Ernst, sondern – Wirklichkeit."[25] Wenn etwas, weil es nicht erlaubt ist, „[...] real nicht Genuß bereiten könnte, kann es dies doch im Spiele der Phantasie, viele an sich eigentlich peinliche Erregungen können für den Hörer und Zuschauer des Dichters zur Quelle der Lust werden."[26] Das Spiel der Fantasie ist somit „eine Ersatz- oder Surrogatbildung".[27] Antrieb dieser Ersatzbildungen sind real nicht erfüllbare Wünsche: „Wünsche sind die Triebkräfte der Phantasien, und jede einzelne Phantasie ist eine Wunscherfüllung, eine Korrektur der unbefriedigenden Wirklichkeit."[28] Für Freud handelt es sich entweder um „ehrgeizige" oder „erotische" Wünsche,[29] also egoistische Wünsche, die weder gesellschaftlich noch kulturell vermittelbar sind, es sei denn, sie werden in Literatur umcodiert: „Der Dichter mildert den Charakter des egoistischen Tagtraumes durch Abänderungen und Verhüllungen und besticht uns durch rein formalen, d. h. ästhetischen Lustgewinn, den er uns in der Darstellung seiner Phantasien bietet."[30] Es sind also die Form und die aus ihr folgende Ästhetik des Werks, die sowohl den „Dichter" als auch „uns", die Leser, „in den Stand" setzen, „unsere eigenen Phantasien

---

23 Freud, Neue Folge der Vorlesungen zur Einführung in die Psychoanalyse, S. 86. – Zuidersee war der Name einer flachen Meeresbucht der Nordsee im Nordwesten der heutigen Niederlande, durch Deichbau entstanden große Landmassen.
24 Vgl. Literatur als Spiel. Evolutionsbiologische, ästhetische und pädagogische Konzepte, hg. von Thomas Anz und Heinrich Kaulen, Berlin und New York 2009.
25 Sigmund Freud, Werke aus den Jahren 1906–1909. Unter Mitwirkung von Marie Bonaparte, Prinzessin Georg von Griechenland, Gesammelte Werke Bd. 7, hg. von Anna Freud u. a., Frankfurt a. M. 1999, S. 214.
26 Freud, Werke aus den Jahren 1906–1909, S. 214.
27 Freud, Werke aus den Jahren 1906–1909, S. 215.
28 Freud, Werke aus den Jahren 1906–1909, S. 216.
29 Vgl. Freud, Werke aus den Jahren 1906–1909, S. 217.
30 Freud, Werke aus den Jahren 1906–1909, S. 223.

nunmehr ohne jeden Vorwurf und ohne Schämen zu genießen".[31] Wie früher Schiller oder später Jauß setzt Freud Codierung und Wirkung in Relation zueinander. Dass das skizzierte Codierungsverfahren hoch komplex ist, versteht sich fast von selbst.

Auch wenn Freud genau an diesem „Eingange neuer, interessanter und verwickelter Untersuchungen"[32] abbricht – verständlicherweise angesichts der aus dem Gesagten resultierenden Fragen –, so sind seine Ausführungen doch erkennbar Teil eines Diskurses über den Zusammenhang von Wertung und Emotionen, der nun an einigen für mich zentralen Beispielen aus der zweiten Hälfte des 20. Jahrhunderts weiter verfolgt werden soll.

Wir haben gesehen, dass die von Freud ausgestaltete, auf sein eigenes Wirken bezogene Gedankenfigur sich bereits in allgemeiner Form bei Schiller fand und seither eine Konstante im Diskurs über Literatur bleibt, der zugleich ein Wertungsdiskurs ist. Die historischen Einschnitte der beiden Weltkriege – dies zu zeigen übersteigt die Möglichkeiten eines solchen Aufsatzes – fördern unter Intellektuellen noch einmal mehr das Bewusstsein der Bedeutung von Reflexion durch eine komplexe, neuartige Kunst und Literatur. Solche Schlüsse lassen sich auch aus prominenten negativen Bewertungen ableiten. Auf dem Boden der Erfahrung des Nationalsozialismus betont Theodor W. Adorno, dass Kunst und Literatur „von der Kulturindustrie an die Kandare" genommen und Bestandteil der „Konsumgüter" geworden sind.[33] Theodor W. Adornos und Max Horkheimers berühmte Schrift *Dialektik der Aufklärung* stellt das Moment der Reflexion als entscheidendes Differenzmerkmal von Konsum und Kunst heraus.[34] Reflexion als Begriff wird zunehmend wichtig, bis er Einzug hält in die Diskussion darüber, ob die Postmoderne nicht eigentlich besser als eine Zeit „reflexiver Modernisierung" zu bezeichnen sei.[35] Wolfgang Welsch sieht in der Postmoderne eine Weiterentwicklung der Moderne: „Die Grunderfahrung der Postmoderne ist die des unüberschreitbaren Rechts hochgradig differenter Wissensformen, Lebensentwürfe, Handlungsmuster."[36] Die neue Zeit pluraler Lebens- und Weltentwürfe kann gerade durch Reflexion über das Vergangene totalitäre Ansichten zurückweisen.

---

31 Freud, Werke aus den Jahren 1906–1909, S. 223.
32 Freud, Werke aus den Jahren 1906–1909, S. 223.
33 Theodor W. Adorno, Ist die Kunst heiter? In: Ders., Versuch, das Endspiel zu verstehen. Aufsätze zur Literatur des 20. Jahrhunderts I, Frankfurt a. M. 1973, S. 7–15, hier S. 12.
34 Vgl. Max Horkheimer und Theodor W. Adorno, Dialektik der Aufklärung. Philosophische Fragmente, 15. Auflage, Frankfurt a. M. 2004.
35 Vgl. Ulrich Beck, Anthony Giddens und Scott Lash, Reflexive Modernisierung. Eine Kontroverse, Frankfurt a. M. 1996.
36 Wolfgang Welsch, Unsere postmoderne Moderne, 6. Auflage, Berlin 2002, S. 5.

Die Bedeutung der psychischen Verarbeitung gesellschaftlicher Prozesse wird entweder nicht mehr in Zweifel gezogen oder auch, je nach Erkenntnisinteresse, in den Fokus gerückt. So schließt beispielsweise Florian Huber an die Forschungsergebnisse einer Gruppe um Heiner Keupp an,[37] wenn er ein „Konzept" der (psychotherapeutisch nutzbaren) Durcharbeitung von Lektüreerfahrungen entwickelt, „das gerade jene Reflexivität nutzt, die sich als das ‚konstitutive Moment' [...] spätmoderner Identität herausgebildet hat".[38] Huber hat seine Arbeit in einer Reihe von Heiner Keupp veröffentlicht, die sich „Reflexive Sozialpsychologie" nennt. Reflexion gilt demnach offenbar als wichtiger Bestandteil einer auch von der Wissenschaft positiv sanktionierten, ‚intelligenten' Nutzung von Literatur.

3 Ästhetische Lust

Thomas Anz hat Freuds Konzept einer ‚ästhetischen Lust' aufgegriffen und festgestellt: „Vielleicht ist Freuds aufklärerischer Impuls sogar ein hedonistischer und geht aus dem Wunsch hervor, ästhetisches Vergnügen durch Reflexion darüber zu verstärken."[39] Hier wird der skizzierte Diskurs weitergeführt und durchaus im Sinne Schillers versucht, die scheinbaren Gegensätze von Vergnügen und Reflexionsarbeit, Hedonistik und Ästhetik miteinander zu vermitteln. Das Pädagogische von Schillers Position scheint hier im Begriff der Aufklärung durch – Literatur wird weiterhin eine Aufgabe im Zivilisationsprozess zuerkannt, allerdings wird die Seite der Hedonistik, der „Genußfähigkeit",[40] stärker betont und später kritisch festgehalten, dass die „Differenzierung von hohen und niedrigen Kulturgenüssen" auch eine Frage der Etablierung und Tradierung von Machtverhältnissen in einer Gesellschaft ist.[41] Leselust ist jedenfalls, das wird von Anz sehr deutlich vor Augen geführt, Voraussetzung oder Ergebnis eines komplexen ästhetischen Codierungs- und Decodierungsverfahrens. Dennoch wird häufig ein Gegensatz

---

37 Vgl. Identitätsarbeit heute. Klassische und aktuelle Perspektiven der Identitätsforschung, hg. von Heiner Keupp und Renate Höfer, Frankfurt a. M. 1997; Heiner Keupp u. a., Identitätskonstruktionen. Das Patchwork der Identitäten in der Spätmoderne, 2. Auflage, Reinbek 2002.
38 Florian Huber, Durch Lesen sich selbst verstehen. Zum Verhältnis von Literatur und Identitätsbildung, Bielefeld 2008, (Reflexive Sozialpsychologie, Bd. 2), S. 223.
39 Anz, Literatur und Lust, S. 10.
40 Anz, Literatur und Lust, S. 10.
41 Vgl. Anz, Literatur und Lust, S. 29 ff., Zitat S. 29.

von Emotionalität und literarischer Qualität konstruiert, entweder aus der Auffassung heraus, dass Emotionen der Reflexion im Weg stehen würden, oder weil das Reflektieren über Formen und Strukturen als hinderlich für die emotionale Lektüre gesehen wird.

Als Volker Weidermann, Leiter des Feuilletons der *Frankfurter Allgemeinen Sonntagszeitung*, 2006 sein Buch *Lichtjahre. Eine kurze Geschichte der deutschen Literatur von 1945 bis heute* veröffentlichte, gab es eine folgenreiche Kontroverse. Bei der Präsentation des Buches im Literarischen Colloquium Berlin wurde Hubert Winkels wegen kritischer Äußerungen von dem Schriftsteller Maxim Biller gescholten. Winkels schrieb daraufhin einen großen Artikel für die Wochenzeitung *Die Zeit* und unterteilte die Kritikerzunft in „Emphatiker und Gnostiker":

> Die Emphatiker des Literaturbetriebs, die Leidenschaftssimulanten und Lebensbeschwörer ertragen es nicht länger, dass immer noch einige darauf bestehen, dass Literatur zuallererst das sprachliche Kunstwerk meint, ein klug gedachtes, bewusst gemachtes, ein formal hoch organisiertes Gebilde, dessen Wirkung, und sei sie rauschhaft, von sprachökonomischen und dramaturgischen Prinzipien abhängt. Und dass sich der Lustgewinn in spätmodern abgeklärten Zeiten der Erkenntnis dieser Prinzipien verdankt.[42]

Winkels nimmt aber nicht – wie ihm unterstellt wurde[43] – einseitig Partei, denn er hält fest: „Gnostiker sind die, denen ohne Begreifen dessen, was sie ergreift, auch keine Lust kommt [...]."[44] Die Ironie des Satzes wertet eine ‚gnostische' Position ab, obwohl Winkels ja auch für die Wahrnehmung von Form und Struktur votiert („ein klug gedachtes, bewusst gemachtes, ein formal hoch organisiertes Gebilde"). Es ist wohl die logische Inkonsequenz des Artikels, die zu weiteren Missverständnissen einlud und die zugleich die hier in den Blick genommene Problematik wie in einem Brennglas spiegelt. Würde als Synthese des bisherigen Wertungsdiskurses akzeptiert, dass Hedonismus und Reflexivität, Literatur und Lust immer auch zusammengehen, dann würden sich solche Kontroversen erübrigen – es sei denn, sie dienten anderen Zwecken, etwa dem Generieren von Aufmerksamkeit oder der Steigerung der Auflage.

---

42 Winkels, Emphatiker und Gnostiker. – Vgl. hierzu auch Stefan Neuhaus, Strategien der Aufmerksamkeitserregung in der Literaturkritik. In: Perspektiven der Literaturvermittlung, hg. von Stefan Neuhaus und Oliver Ruf, Innsbruck 2011, S. 149–162.

43 Vgl. Gerrit Bartels, Abreibungskunst. Das Haltbarkeitsfeuilleton schlägt zurück: Ein Kultur- und Richtungsstreit der Literaturkritik, ausgelöst durch Volker Weidermanns Buch „Lichtjahre". In: die tageszeitung, Nr. 7936, vom 31.3.2006, S. 15; Georg Diez, Wir Emphatiker. Gibt es eine Spaltung im deutschen Literaturbetrieb? Eine Antwort auf Hubert Winkels. In: Die Zeit, Nr. 15, vom 6.4.2006, S. 60.

44 Diez, Wir Emphatiker, S. 60.

Wie Andrea Kern gezeigt hat, lässt sich der Begriff der ‚ästhetischen Lust'
bereits auf Kant und damit auf die Spätaufklärung zurückführen. Schon der
erste Satz ihrer Studie enthält den zentralen, an Kant geschulten Gedanken, mit
dem sie die Begriffe der Ästhetik, der Schönheit und der Lust als nahezu tauto-
logisch ausweist: „Schöne Gegenstände sind Gegenstände, in deren Betrachtung
wir nicht bloß zufällig, sondern notwendig das Gefühl einer Lust empfinden."[45]
Der Begriff der ästhetischen Lust kann, wie Thomas Anz im Anschluss an Freud
festgehalten hat, für den heutigen Wertungsdiskurs aktualisiert werden. Ästhetik
und Lust sind auch hier keine Gegensätze:

> [...] es mag Leser geben, die durch Analysen von Literatur und von deren Wirkungsweise
> ihre Genußfähigkeit beeinträchtigt sehen. Ich selber teile Freuds analytische Hilflosigkeit
> gegenüber der Musik, wenn auch keineswegs die Genußunfähigkeit. Dennoch entspricht
> seine Äußerung meiner auch von anderen geteilten Erfahrung, daß Analyse- und Genuß-
> fähigkeit im Umgang mit Kunst sich keineswegs ausschließen müssen, sondern vielmehr
> gegenseitig befördern können.[46]

Wenn wir akzeptieren, „daß Lesen von Literatur generell ein hochgradig emotionaler Vorgang ist",[47] dann ist damit die erste Stufe benannt und die Reflexion das
Lesen auf zweiter Stufe, oder wie Niklas Luhmann sagen würde: Es handelt sich
um die Stufen der Beobachtung erster und zweiter Ordnung.

4 Voraussetzungen für das Empfinden ästhetischer Lust

Um den Begriff der ästhetischen Lust operationalisierbar zu machen, muss hier
noch etwas weiter ausgeholt werden. Wie für alle anderen jüngeren Basismo-
delle[48] der Literaturtheorie, die zugleich Wertungsfragen mit behandeln, gilt
auch für Luhmanns Systemtheorie eine konstruktivistische Sicht auf die Welt.
Die Außenwelt ist für Luhmann „eine eigene Konstruktion des Gehirns" und wird
„nur durch das Bewußtsein so behandelt [...], als ob sie eine ‚Realität' draußen

---

45 Andrea Kern, Schöne Lust. Eine Theorie der ästhetischen Erfahrung nach Kant, Frankfurt
a. M. 2000.
46 Anz, Literatur und Lust, S. 10.
47 Anz, Literatur und Lust, S. 23.
48 Zum Begriff und zu den theoretischen Ansätzen zur Literatur von Niklas Luhmann, Pierre
Bourdieu, Michel Foucault und anderen vgl. Neuhaus, Literaturvermittlung, S. 21 ff.

wäre. [...] Das Gehirn unterdrückt, wenn man so sagen darf, seine Eigenleistung, um die Welt als Welt erscheinen zu lassen" (L, 15).[49] Und weiter:

> Man kann schließlich sehr wohl wissen, daß der eigenen Imagination keine wirkliche Welt entspricht, so wie man bei optischen Täuschungen die Täuschung sozusagen wegwissen kann, aber sie trotzdem sieht. Aber selbst dann folgt man noch einem Erleben, das die Welt, wie sie sein könnte, annimmt (L, 93).

Realität ist also stets das Ergebnis eines Konstruktionsprozesses und der Unterschied zwischen Realität und Fiktion wird, diese Erkenntnis vorausgesetzt, schwierig zu bestimmen. Grundsätzlich kann man natürlich sagen, dass Realität das ist, was auch außerhalb der eigenen Wahrnehmung existiert. Was außerhalb der eigenen Wahrnehmung existiert, lässt sich aber nur durch Abgleich mit der Wahrnehmung anderer Individuen feststellen, so dass das, was wir als Realität bezeichnen, als Ergebnis eines kollektiven Konstruktionsprozesses angesehen werden kann. Dafür ließen sich zahllose Belege anführen, etwa der Wandel von der kollektiv verbindlichen Meinung, die Erde sei eine Scheibe bzw. der Mittelpunkt des Weltalls, hin zu der durch empirische Befunde und Diffusion in die Gesellschaft heute gültigen Auffassung, dass die Erde ein Planet ist und sich um die (eine) Sonne dreht.

Solche Konstruktionsprozesse sind Ergebnisse von Kommunikation, Kommunikation erfolgt allerdings durch Sprache(n) und unterliegt Codierungsverfahren, die, mit einem älteren und gängigen Begriff der Sprachwissenschaft, arbiträr sind. Während der Poststrukturalismus auf dieser Problematik aufbaut, hat Luhmann lediglich stellenweise auf sie hingewiesen,[50] um zu zeigen, dass Kommunikationsprozesse durch verschiedene Faktoren beeinflusst werden und daher gelingen oder auch misslingen können.

Luhmann unterscheidet nun verschiedene Stufen der Wahrnehmung oder Beobachtung. Die Stufe erster Ordnung entspricht der Teilnahme, der unmittelbaren Wahrnehmung des (Mit-)Erlebens, die Stufe zweiter Ordnung ist die Ebene der Reflexion über das Wahrgenommene (oder auch das Wahrnehmbare) und die Stufe dritter Ordnung entspricht dem Beobachten des Beobachtens, also der Reflexion über die Reflexion. Die letztgenannte Ebene ist der Wissenschaft zuzuordnen und markiert das größtmögliche Maß an Objektivität. Die erste Stufe ent-

---

49 Mit der Sigle L und Seitenzahl wird hier und im weiteren Text folgendes Werk abgekürzt zitiert: Niklas Luhmann, Die Kunst der Gesellschaft, Frankfurt a. M. 1997.
50 Etwa mit der folgenden, als Bonmot geeigneten Feststellung: „Verstehen ist praktisch immer ein Mißverstehen ohne Verstehen des Miß." Siehe: Niklas Luhmann, Die Realität der Massenmedien, 3. Auflage, Wiesbaden 2004, S. 173.

spricht in der Regel der Alltagskommunikation oder, auf die Literatur bezogen, der unmittelbaren Lektüreerfahrung, also auch der ungefilterten Emotion als Reaktion auf das Gelesene. Die zweite Stufe ist für Luhmann jene der literarischen Kommunikation im engeren Sinn, denn Schreiben und Lesen sind für ihn von der Reflexion über das Geschriebene und Gelesene nicht zu trennen. Insofern „kann man an [literarischen] Kunstwerken das Beobachten lernen" (L, 90). Beim Betrachten von Literatur – wohlverstanden jener im engeren Sinn, der fiktionalen Höhenkammliteratur – gilt es, „Was-Fragen durch Wie-Fragen zu ersetzen" (L, 147), also nicht: was findet sich im Text (also der Inhalt), sondern wie ist der Text gemacht (also die Form).

Das von Luhmann entwickelte Konzept ist kompatibel mit Jauß' Erwartungshorizont und der Vorstellung, dass ein gelungener Text die Erwartungen der Leserschaft gerade nicht erfüllen sollte, oder modifiziert gesagt: Von einem gelungenen Text wird erwartet, dass er die gängigen Erwartungen an Literatur nicht erfüllt. Luhmann erläutert dies wie folgt: „Offenbar sucht die Kunst ein anderes, nichtnormales, irritierendes Verhältnis von Wahrnehmung und Kommunikation, *und allein das wird kommuniziert*" (L, 42). Der ganze Text wird dadurch zu einem komplexen sprachlichen Zeichen, das auf etwas anderes verweist als auf das, was denotiert wird: „Anstelle von Worten und grammatischen Regeln werden Kunstwerke verwendet, um Informationen auf eine Weise mitzuteilen, die verstanden werden kann" (L, 39). In Alfred Döblins *Berlin Alexanderplatz* geht es eben nicht um den Berliner Alexanderplatz, sonst würde man es beispielsweise mit einem Reiseführer oder einem historischen Abriss zu tun haben. Kunst ist demnach ein ‚zweckentfremdeter Gebrauch von Wahrnehmungen' (L, 41). Und die Kunstwerke sind dann „ästhetisch-formal" gelungen, die „eine andere Ordnung anbieten" als die der beobachtbaren Realität (L, 237).

Wenn wir Luhmanns Stufenmodell zugrunde legen und die Stufen als aufeinander aufbauend, die jeweils vorherige voraussetzend ansehen, dann lässt sich schlussfolgern, dass keineswegs auf das Vergnügen einer reflexionsfreien ersten Lektüre verzichtet wird, sondern dass ein weiterer Prozess der Reflexion über die unmittelbare Rezeption durchlaufen werden muss – erst wenn ein gesteigertes Lustempfinden vorhanden ist, lässt sich von ästhetischer Lust sprechen.

5 Ästhetische Lust als Kategorie der Wertung

Von dieser Perspektive aus lässt sich die Debatte um Emphatiker und Gnostiker neu aufrollen. Eine nur ‚emphatische' Lektüre würde nicht die Möglichkeit bieten, einen Text als literarischen Text im engeren Sinn zu bewerten, ein ästhetischer Lustgewinn wäre damit nicht verbunden. Eine nur ‚gnostische' Lektüre würde auf die emotionale Wirkung größerer Unmittelbarkeit verzichten und vielleicht ein ästhetisches Urteil ermöglichen, aber kein ästhetisches Lustempfinden. Wo bleibt nun die Komplexität? Für Luhmann bedeutet Komplexität

> [...] die Chance, auch bei wiederholtem Durchgang immer wieder etwas Neues zu entdecken, was dann um so überraschender kommt. Und umgekehrt bedeutet der Verzicht auf Komplexität, daß dann um so auffälligere, oder sagen wir ruhig: skandalösere, Formen des Neuseins angeboten werden müssen (L, 85).

Hier würde ich dem (m. E. konstruierten) Widerspruch widersprechen wollen und, wie bereits vorgeschlagen, die Ebene der Rezeption stärker mit einbeziehen. Komplexität kann auch durch Einfachheit der Form erzielt werden, und zwar in der Wirkung. Ein bekanntes Beispiel ist Peter Handkes ‚Gedicht' *Die Aufstellung des 1. FC Nürnberg vom 27.1.1968*:[51] Die Namen der Spieler in einer grafischen Anordnung werden hier als Gedicht ausgegeben, damit ist Handkes Text innovativ – indem er die Grenzen von Realität und Fiktion, zwischen gebundener und ungebundener Sprache, zwischen Lyrik als besonders anspruchsvoller Literaturgattung und Alltagssprache einebnet. Doch schon diese Beobachtung kann zahlreiche weitere Überlegungen zur Folge haben, und so generiert Handkes Umcodierung einer Mannschaftsaufstellung zahlreiche Konnotationen, die in verschiedenste Richtungen gehen können – gattungstypologische, sprachphilosophische, sozialgeschichtliche et cetera.

6 Ungelöste Probleme und Ausblick

Damit bin ich an einem vorläufigen Endpunkt meiner Argumentation angekommen, die sich mit der Möglichkeit befasst hat, ästhetische Lust als Kategorie der literarischen Wertung zu profilieren und, in der gebotenen Knappheit, wertungstheoretisch sowie literarhistorisch herzuleiten. Doch nicht nur ich stehe vor einem bisher offenbar nicht lösbaren Problem; so scheint es allen gegangen zu sein, die sich mit der Frage der ästhetischen Lust befasst haben. Kurz gesagt: Dem Modell der ästhetischen Lust fehlte und fehlt die größere Leserschicht, die ein solches Lustempfinden wünscht.

Insofern finde ich die Auffassung von Andrea Kern zwar korrekt, aber auch einseitig, dass bei ästhetischer Lust die Ästhetik, das Schöne und die Lust not-

---

51 Vgl. Peter Handke, Die Innenwelt der Außenwelt der Innenwelt, Frankfurt a. M. 1969, S. 59.

wendigerweise zusammenfallen: „Die Lust, die dem Urteil über das Schöne zugrunde liegt, ist eine Lust am Spiel unserer Erkenntnisvermögen, bei dem wir uns nicht erkennend auf einen bestimmten Gegenstand beziehen, sondern reflektierend auf die Form unseres Erkennens."[52] Damit würde alles, was nicht reflektiert wird, aus dem Gebiet der ästhetischen Lust kategorisch ausgeschlossen. Zwar sollte auch in vorliegendem Beitrag gezeigt worden sein, wie zentral der Begriff der Reflexion für die literarische oder ästhetische Qualität von Literatur ist. Andererseits würde mit dem einseitigen Betonen der Reflexion die emotionale Wirkung ausgeblendet. Als mögliche Lösung des Problems wurde vorgeschlagen, zwischen der unmittelbaren Empfindung und somit Nicht-Reflexion als notwendiger erster Stufe und der Reflexion als zweiter zu unterscheiden und beides zusammen als größere Probe literarischer Qualität zu sehen als eines allein. Die von Kern favorisierte Distanziertheit[53] wird durch die emotionale und distanzlose Unmittelbarkeit ja gerade ergänzt.

Schiller verstand sich als Pädagoge, der mit den Möglichkeiten der Literatur Menschen moralisch bessern wollte. Für ihn stand fest, dass Autoren und ihre Texte gerade wegen ihrer Möglichkeit, alternative Realitäten und Wahrnehmungen zu konstruieren, eine Vorbildfunktion übernehmen können. Am Anfang des 21. Jahrhunderts lässt sich Schillers Auffassung entweder desillusioniert als frommer Wunsch bezeichnen oder man kann, weiterhin optimistisch, nach einem Weg suchen, Literatur zu produzieren und Rezeptionsangebote zu machen, die der Literatur eine gesellschaftsbildende, in der Tradition aufklärerischen Fortschrittsdenkens stehende Rolle zukommen lassen.

In der Zeit um und nach 1968 war der Glaube an den gesellschaftlich-instrumentellen Wert von Literatur groß, heute finden sich eher Stimmen, die Literatur als traditionell elitär ansehen und aus meiner Sicht eher trotzig-arrogant wirken, auf der Basis zirkulärer Argumentation in der Art: Es reicht ja, wenn ich zu den Auserwählten gehöre, die wissen, wie großartig Literatur sein kann.[54] Auch die Literaturdidaktik hat bisher, soweit ich das sehe, kein Modell der literarischen Wertung vorgelegt, sie geht offenbar davon aus, dass die Lektüre von (welcher?) Literatur a priori notwendig und nützlich ist:

---

52 Kern, Schöne Lust, S. 11.
53 Vgl. die Schlussbemerkungen über die „vergewissernde Kraft, die die ästhetische Erfahrung" durch die Reflexion hat, in: Kern, Schöne Lust, S. 308 f.
54 Vgl. als besonders prominenten Vertreter dieser Richtung: Harold Bloom, The Western Canon. The books and school of the ages, New York 1994, S. 1. Vgl. hierzu auch: Neuhaus, Literaturvermittlung, S. 58 f.

Schülerinnen und Schüler an eine lustvolle, befriedigende, unterstützende und berei-
chernde Rezeption von Literatur heranzuführen (Individuation), sie zu einem medienbe-
zogenen Dialog mit anderen einzuladen und sie dazu zu befähigen (Sozialisation) sowie
sie am Prozess gesellschaftlicher Selbstverständigung über Literatur teilhaben zu lassen
(Enkulturation), ist das gegenwärtige Kernanliegen literarischer Bildung.[55]

Welche, mit Luhmann gesprochen und durchaus in der Tradition Freuds stehend,
„Strukturierung des Begehrens"[56] möglich sein und wie sie realisiert werden
könnte, um Literatur in der Medienkonkurrenz und im gesellschaftsbildenden
Prozess (etwa durch identitätsstiftende, soziales oder politisches Bewusstsein
bildende Funktionen) mehr Geltung zu verschaffen, bleibt auch in Zeiten, in
denen angesichts der zurückgehenden Fähigkeiten, angemessen zu kommunizieren, Leseförderung ein wichtiges Stichwort geworden ist, eine offene Frage, mit
der sich nicht nur, aber auch die Literaturwissenschaft wie die Literaturdidaktik
stärker beschäftigen sollten.

Das im vorliegenden Aufsatz gemachte Angebot lässt sich wie folgt zusammenfassen: Ästhetische Lust bietet einen Mehrwert der Lektüre. Literatur kann
durch sie eine Schule der Wahrnehmung werden.

So lässt sich Selbstbeobachtung lernen und die Erkenntnis gewinnen, dass
jeder „Konstrukteur einer Welt" ist, „die nur ihm so erscheint, als ob sie das sei,
als was sie erscheint" (L, 468). Dadurch werden Prozesse des Aushandelns notwendig, die demokratische Strukturen voraussetzen oder hervorrufen. Schon
John Stuart Mill hat 1859 in *On Liberty*, einem nach wie vor aktuellen Text der
politischen Philosophie, festgestellt: „Die Nützlichkeit einer Meinung ist selbst
auch wieder Meinungssache, ebenso bestreitbar, ebenso erörterungsfähig und
-bedürftig wie die Meinung selbst."[57] Gerade das Hinterfragen gängiger Meinungen, etwa durch das Denken des bisher nicht Gedachten, ist produktiv: „Die,
welche auf der Seite hergebrachter Meinungen stehen, unterlassen es nie, aus
dieser Verteidigung allen möglichen Vorteil zu ziehen."[58]

Die ungelöste Frage ist allerdings, wie sich ein solches Konzept gesellschaftlich produktiver Wirkung und Bewertung von Literatur an ein größeres Lesepu-
blikum kommunizieren lässt. Ästhetische Lust hat, noch einmal zusammenfassend gesagt, mit einer doppelten Schwierigkeit zu kämpfen: Sie bedeutet durch

---

55 Ulf Abraham und Matthias Kepser, Literaturdidaktik Deutsch. Eine Einführung, 2. durchges.
Auflage, Berlin 2006, S. 55.
56 Luhmann, Die Realität der Massenmedien, S. 90.
57 John Stuart Mill, Über die Freiheit. Aus dem Englischen übersetzt von Bruno Lemke. Mit
Anhang und einem Nachwort hg. von Manfred Schlenke, Bibliographisch ergänzte Ausgabe,
Stuttgart 1988, S. 33.
58 Mill, Über die Freiheit, S. 34.

die notwendige Reflexion einen höheren Aufwand, sie macht also Arbeit (für Produzenten wie Rezipienten), zumindest bei weniger Geschulten, und sie ist nicht sonderlich beliebt bei denen, die mit der gegebenen Situation zufrieden sind und deren Zufriedenheit darauf basiert, dass andere möglichst nicht unzufrieden werden.[59]

Und noch ein letzter Gedanke: Mit der Frage der Verteilung von Macht, die damit angesprochen wird, hat sich bekanntlich Michel Foucault ausführlich beschäftigt. Aus Foucaults Sicht ist Wahrheit (wenn man Wahrheit als eine Form der Wahrnehmung versteht, der absolute Geltung zuerkannt wird, aus individueller oder kollektiver Sicht) nicht nur ein subjektabhängiger und relativer Begriff, sondern auch ein regulativer: „Es ist immer möglich, daß man im Raum eines wilden Außen die Wahrheit sagt; aber im Wahren ist man nur, wenn man den Regeln einer diskursiven ‚Polizei‘ gehorcht, die man in jedem seiner Diskurse reaktivieren muß."[60] Hier könnte man fragen, ob es nicht eine gesellschaftliche Aufgabe wäre, vor allem auch eine Aufgabe der (Wissenschafts-)Politik, gerade die sich um die Ausbildung kommunikativer und kritischer Fähigkeiten bemühenden kulturwissenschaftlichen Fächer entsprechend zu fördern und ihnen nicht ein an den Naturwissenschaften geschultes Wissenschaftsmodell zu verordnen, das durch Standardisierung (etwa Evaluierung nach ‚messbaren‘ Kriterien) gerade der Entwicklung kritischen Denkens im Sinne des bisher nicht Gedachten oder Gemachten entgegenläuft.

Literarische Wertung hat, soviel konnte hoffentlich gezeigt werden, sehr viel mit Emotionen zu tun, ohne die Produktion und Rezeption von Literatur sinnlos sind. Durch Literatur hervorgerufene Emotionen hingegen haben immer auch etwas mit Reflexion und Komplexität zu tun, wenn sie für den Einzelnen und/oder für Gruppen produktiv werden wollen. Eine Literaturwissenschaft, die sich als Kultur- und damit auch als Gesellschaftswissenschaft versteht, hat die Aufgabe, den spezifischen Wert und Mehrwert von Literatur nicht nur an ein Fachpublikum zu kommunizieren, will sie nicht in den Ruf geraten, für alle anderen außer für sich selbst verzichtbar zu sein.

---

59 Freilich setzt Lektüre überhaupt bereits Fertigkeiten voraus, die ohne ein gewisses Mindestmaß an Reflexion nicht auskommen. Der immer wieder konstatierte funktionale Analphabetismus zeigt, dass auch die grundlegenden Fähigkeiten zum Verständnis selbst einfacher Texte nicht einfach vorausgesetzt werden können. Zu den Problemen und Gegenmaßnahmen in Deutschland vgl. z. B. folgende Veröffentlichung des Bundesministeriums für Bildung und Forschung: Nationale Strategie für Alphabetisierung und Grundbildung Erwachsener. In: http://www.bmbf.de/de/426.php (abgerufen am 24.08.2013).
60 Michel Foucault, Die Ordnung des Diskurses. Aus dem Französischen von Walter Seitter. Mit einem Essay von Ralf Konersmann, erweiterte Ausgabe, Frankfurt a. M. 1991, S. 25.

Andrea Geier

Trauer statt Hass

Emotionalisierungsverfahren und kollektive Identitäten in
Wilhelm Hauffs Erzählung „Jud Süß"

1 Methodische Vorüberlegungen: Zur Analyse von Selbst- und Fremdbildern

Ab dem frühen 19. Jahrhundert entwickelte sich ein Diskurs über ‚nationale Identität', in dem ethnische Homogenität zunehmend als ‚natürliches' Ideal propagiert wurde. Für die Herausbildung des Verständnisses einer ‚deutschen Nation' waren Darstellungen deutsch-jüdischer Beziehungen von besonderer Bedeutung: An ihnen wurden Fragen gesellschaftlicher Teilhabe und sozial-kultureller Integration bzw. Exklusion erörtert.[1] Jüdische Figuren wurden zu innergesellschaftlichen Fremden erklärt und dienten als zentrale Projektionsfiguren von Alterität. Als Gegenbilder zum ‚Wir'-Kollektiv konstruiert, wurden sie für Verhandlung des ‚Eigenen' funktionalisiert und besaßen damit eine identitätskonstitutive und -stabilisierende Funktion. Die Vorstellung einer ‚deutschen Nation' wurde in Form eines moralischen Anspruchs kommuniziert: Die verschiedenen sozialen Gruppen sollten sich als Gemeinschaft *eines* ‚deutschen Volkes' erfahren, indem sie sich an Tugenden orientierten, die einem genuin ‚deutschen Wesen' zugeschrieben wurden. Den Gegenpol bildeten Imaginationen von ‚Fremdgruppen', die als bedrohlich vorgestellt wurden.[2] Kritikwürdiges an der bestehenden

---

1 „Es geht in der nichtjüdischen Außensicht immer um die Verhandlung der Stellung und Rolle der Juden (als Individuen wie als Kollektiv) in der sich konstituierenden bürgerlichen Gesellschaft." (Florian Krobb, Was bedeutet literarischer Antisemitismus im 19. Jahrhundert. Ein Problemaufriss. In: Literarischer Antisemitismus nach Auschwitz, hg. von Klaus-Michael Bogdal, Klaus Holz und Matthias N. Lorenz, Stuttgart 2007, S. 85–101, hier S. 89).
2 Entscheidend ist der Projektionscharakter, also das Feind*bild*: „Während die Feinde für das Bewußtsein immer als eine Gefährdung der Existenz des Volkes erscheinen müssen, sind sie aus analytischer Sicht die Bedingung der Möglichkeit seiner Existenz. Das deutsche Volk wird durch seine Feinde nicht infragegestellt, sondern in der Konfrontation mit ihnen überhaupt erst definiert." (Lutz Hoffmann, Die Konstitution des Volkes durch seine Feinde. In: Jahrbuch für Antisemitismusforschung 2, hg. von Wolfgang Benz für das Zentrum für Antisemitismusforschung der Technischen Universität Berlin, Frankfurt a. M. und New York 1993, S. 13–37, hier S. 21).

DOI 10.1515/9783110543209-007

Gesellschaft ließ sich auf diese Weise auf einen angeblich ‚fremden', ‚undeutschen' Einfluss zurückführen.

Als ‚dualen Schematismus' bezeichnet Christhart Hofmann den Umstand, dass „das Judentum durchweg als *Gegenbild* oder *Antithese* zum eigenen Ideal und Selbstverständnis figurierte und – ungeachtet der jeweiligen inhaltlichen ‚Füllung' des jüdischen bzw. des eigenen ‚Wesens' immer den negativen Pol bildete".[3] Untersucht man solche komplexitätsreduzierenden, vereindeutigenden Definitionsprozesse nationaler Kultur, stößt man also auf *doppelte projektive Bilder kollektiver Identität.* Daher ist das Untersuchungsobjekt der Antisemitismusforschung stets der Zusammenhang von Selbst- und Fremdbild(ern).[4]

Wer gewohnt ist, antisemitische Texte für eine Art fiktive Hassrede zu halten, mag erstaunt sein, wenn in diesem Zusammenhang von Gefühlen der Trauer gesprochen wird. Doch ist es wirklich selbstverständlich anzunehmen, dass ein Text nur dann antisemitische Einstellungen zu evozieren, plausibilisieren oder legitimieren vermag, wenn darin alle jüdische Figuren mit negativen Klischees und Stereotypen ausgestattet und somit diskreditiert werden? Ist es für die antisemitische Sinnkonstitution eines Textes notwendig, dass ausschließlich Gefühle des Abscheus gegen jüdische Figuren erzeugt werden sollen? Die diskurshistorische Produktivität der Abgrenzung vom ‚Jüdischen' für das Selbstverständnis der Mehrheitsgesellschaft zu beschreiben, bedeutet auch, den Blick auf die Vielgestaltigkeit der Abgrenzung des ‚Eigenen' von den zu Fremden Erklärten zu richten.

In Bezug auf die Konstitution kollektiver Identitäten findet sich immer wieder folgende Argumentation: Wenn neben eindeutig diskriminierend dargestellten jüdischen Figuren mindestens einer jüdischen Figur auch positive Eigenschaften zugesprochen werden, gebe es kein insgesamt als Negativfolie dienendes ‚jüdisches Kollektiv'.[5] Aus dem beschriebenen Zusammenspiel von Identitäts- und

---

3 Christhart Hoffmann, Judentum als Antithese. Zur Tradition eines kulturellen Wertungsmusters. In: Antisemitismus in der politischen Kultur nach 1945, hg. von Werner Bergmann und Rainer Erb, Opladen 1990, S. 20–38, hier S. 21 f.

4 „Auch die antisemitische Semantik kann nur angemessen rekonstruiert werden, wenn das komplementäre Selbstbild systematisch berücksichtigt wird. In dieser Semantik ist die Abgrenzung vom Judenbild konstitutiv für die Konstruktion einer Wir-Gruppe. Das eine gibt es nur mit dem anderen." (Klaus Holz, Nationaler Antisemitismus. Wissenssoziologie einer Weltanschauung, Hamburg 2001, S. 17).

5 Exemplarisch lässt sich dies an Auseinandersetzungen über Gustav Freytags Roman *Soll und Haben* nachvollziehen, in denen die Figur des gelehrten Bernhard Ehrenthal als ‚Gegenargument' gegen antisemitische Interpretationen herangezogen wird. Diese scheinbar positive Figur eines gebildeten Juden ist jedoch mit allen anderen Judenfiguren verbunden: Er ist zwar kein skrupelloser Geschäftsmann wie Veitel Itzig, wird jedoch als degeneriert und ‚krank' beschrieben. Daher ist er im Werk Freytags ebenso wie diejenigen Juden, die ihr Unglück

Alteritätskonstruktionen folgt jedoch, dass ‚Judenbilder' in literarischen Texten nicht isoliert im Hinblick auf tradierte Stereotypisierungen zu betrachten sind. Die Konstruktion einer Minderheit als Kollektiv innergesellschaftlicher Fremder kann auf Abgrenzungsbedürfnisse ebenso wie ex negativo auf Wunschvorstellungen der Mehrheitsgesellschaft verweisen. Im Blick auf diesen projektiven Charakter ist unübersehbar, dass die Alteritätskonstruktionen allererst dazu beitragen, eine Homogenität und Stabilität der ‚Eigengruppe' zu behaupten.[6] Daher gilt es stets die *Funktion*, die den Repräsentationen jüdischer Figuren für die Verhandlung kollektiver Identitäten zukommt, zu untersuchen: Sind die Charakterisierungen jüdischer Figuren ebenso wie die ihnen zugewiesenen gesellschaftlichen Positionen und Handlungsspielräume funktional für die Auseinandersetzung mit einer bestimmten Idee von Gesellschaft, ‚Volk' oder Nation? Welche Vorstellungen kollektiver Identität – ‚Wir' vs. ‚die Anderen'/‚Fremdgruppe' – werden auf der Basis solcher Zuschreibungen erzeugt und wie werden sie begründet?

Diese Produktion von Differenz kann von ganz unterschiedlichen Emotionalisierungsstrategien gestützt werden. Sie lässt sich durchaus auch durch leisere Töne bewirken, durch melancholische Stimmungen, vorsichtige, scheinbar abwägend-nüchterne Urteile bis hin zu Geschichten über das tragische Scheitern deutsch-jüdischer Beziehungen. So unterschiedlich Hass- und Trauertexte auf den ersten Blick erscheinen mögen: Diese Imaginationen der zu ‚Fremden' Erklärten können dieselbe Funktion für die Produktion und Stabilisierung des Eigenbildes besitzen. So vermittelt auch Wilhelm Hauffs Erzählung „Jud Süß" (1827) ein Gesellschaftsbild, in dem ‚Juden' und ‚Deutsche' als zwei verschiedene ‚Kulturen' konstituiert werden.[7] Die Teilhabe jüdischer Figuren an einer als christ-

---

durch ihre Handlungen selbst verschulden, dem Untergang geweiht. In Freytags Roman werden alle Juden als nicht entwicklungsfähig dargestellt, und dies exkludiert sie grundsätzlich aus der bürgerlich-nationalen Gemeinschaft. Siehe hierzu: Andrea Geier, Wer soll Gustav Freytags *Soll und Haben* lesen? Zu den kanonischen Qualitäten eines antisemitischen Bestsellers. In: Postkolonialismus und Kanon, hg. von Herbert Uerlings und Iulia-Karin Patrut, Bielefeld 2012, S. 235–258.

6 „So die jüdischen Figuren zu Symbolen der Bedrohung des bürgerlichen Gemeinwesens werden, zeigt sich, dass diese sich konstituierende Ordnung noch fragil, noch ohne eigentliches Selbstverständnis ist, dass das Negativbeispiel des Juden zur abgrenzenden Selbstdefinition notwendig ist." (Krobb, Was bedeutet literarischer Antisemitismus im 19. Jahrhundert, S. 93).

7 Dass Hauffs Erzählung paradigmatischen Charakter für diese Verhandlung von Identitäts- und Alteritätskonstruktionen im literarischen Diskurs besitzt, ist – unabhängig von der Frage, wie diese Differenzbildung bewertet wird – Konsens in der Forschung: „*Jud Süß* is a very good place to start looking at [...] the parallel construction of minority and majority identity, the evolution of stereotypes over time, and the relation of both to standards of coherence for literary and historical narratives." (Jefferson S. Chase, The Wandering Court Jew and the Hand of God:

lich definierten deutschen Gesellschaft wird als Gefährdung für Mitglieder beider Kollektive dargestellt. Deren Trennung wird als betrüblich bis individuell sogar tragisch vorgestellt – und gleichwohl als unvermeidbar und moralisch vertretbar. Diese ‚Lösung', d. h. der Vorschlag einer Exklusion der jüdischen Minderheit aus der deutschen Gesellschaft, wird entwickelt, indem die LeserInnen eingeladen werden, emotionalen Anteil am Scheitern einer deutsch-jüdischen Liebesbeziehung zu nehmen.

2 Historisches Einzelschicksal mit exemplarischer Bedeutung

Der 1698 in Heidelberg geborene Kaufmann und Privatbankier Joseph Süßkind Oppenheimer war Berater des Prinzen Karl Alexander und machte Karriere, als dieser den württembergischen Thron bestieg. Hauffs Erzählung stellt den Geheimen Finanzrat als einen reichen, mächtigen Juden mit ‚bekanntem Lebenswandel' vor. Dieser scheint zunächst unantastbar zu sein, denn er besitzt ein herzogliches Edikt, „das ihn auf *ewig* von aller Verantwortung wegen Vergangenheit und Zukunft freisprach".[8] Nach dem überraschenden Tod des Herzogs im März 1737 war es nichts mehr wert. Oppenheimer wurde verhaftet, zum Tode verurteilt und am 4. Februar 1738 in Stuttgart hingerichtet.

Als ‚Jud Süß' bezeichneten ihn bereits die Zeitgenossen. Unmittelbar nach seinem Tod begann die lange Mediengeschichte der Figur ‚Jud Süß', und der Spottname avancierte zu einem vorwiegend „antisemitischen Signum".[9] Zahllose Flugblätter mit Spottdarstellungen und -gedichten zeugen vom großen, weit über die Region hinausreichenden Interesse an seinem Schicksal. Kreisten die Phantasien anfangs vor allem um die Liebesaffären eines jüdischen Mannes mit christlichen Frauen, so dass ‚Jud Süß' als „Sex-and-Crime-Geschichte" für die

---

Wilhelm Hauff's *Jud Süß* as Historical Fiction. In: The Modern Language Review 93, 1998, S. 724–740, hier S. 725).

8 Wilhelm Hauff, Jud Süß. In: Wilhelm Hauff. Sämtliche Werke in drei Bänden. Bd. 2. Nach den Originaldrucken und Handschriften. Textredaktion und Anmerkungen von Sibylle von Steinsdorff. Mit einem Nachwort und einer Zeittafel von Helmut Koopmann, München 1970, S. 474–538, hier S. 474. Im Folgenden werden Zitate aus dieser Ausgabe mit Seitenzahlen in Klammern im Fließtext nachgewiesen.

9 Alexandra Przyrembel, Einleitung. Joseph Süß Oppenheimer – Zur Wirkungsmacht einer ikonischen Figur. In: „Jud Süß". Hofjude, literarische Figur, antisemitisches Zerrbild, hg. von Alexandra Przyrembel und Jörg Schönert, Frankfurt a. M. 2006, S. 11–25, hier S. 24.

Belustigung auf Jahrmärkten diente,[10] handelten ihn Texte des 19. und 20. Jahrhunderts „als (allgemeines) Problem von allgemeinmenschlicher Tragweite" ab: Vor allem jüdische AutorInnen konzentrierten sich auf den Preis, den ein gesellschaftlicher Aufstieg forderte,[11] oder rückten eine exemplarische Bedeutung für die Judenemanzipation in den Mittelpunkt.[12] Joseph Süß Oppenheimer war, wie Selma Stern 1929 resümiert, „der erste emanzipierte Jude vor der Emanzipation, der erste Faszinierte der deutschen Kultur und damit der erste tragische Erleider des deutsch-jüdischen Konflikts".[13]

Hauffs Erzählung, die zunächst als Fortsetzungsnovelle in Cottas *Morgenblatt für gebildete Stände* erschien, war der erste literarische und blieb bis ins 20. Jahrhundert hinein der populärste ‚Jud Süß'-Text.[14] Aus dem Kanon verschwand

---

10 Friedrich Knilli und Siegfried Zielinski, Der Jude als Sittenverderber. „Weinend floh der Engel der Unschuld". Kleine Mediengeschichte des Joseph Süß Oppenheimer 1737/38 bis 1984. In: Antisemitismus. Erscheinungsformen der Judenfeindschaft gestern und heute, hg. von Günther B. Ginzel, Bielefeld 1991, S. 327–335, hier S. 328.
11 Barbara Gerber, Jud Süß. Aufstieg und Fall im 18. Jahrhundert. Ein Beitrag zur historischen Antisemitismus- und Rezeptionsforschung, Hamburg 1990, S. 297.
12 Auch in projüdischen bzw. emanzipationsfreundlichen Weiter- und Gegendichtungen des ‚Jud Süß'-Stoffes wird der Protagonist als eine ambivalente, auf Grund seiner Machtausübung auch problematische Figur gekennzeichnet. Überwiegend jüdische AutorInnen prangern den historischen Justizskandal an, insbesondere die Ungerechtigkeit des Todesurteils sowie die Doppelmoral einer nichtjüdischen Mehrheitsgesellschaft, die einen Juden zum Sündenbock und damit zum einzig Schuldigen gemacht habe. ‚Jud Süß' wird in diesen Texten als ein Mensch seiner Zeit vorgeführt, der einerseits ihm mögliche Handlungsspielräume ausschöpfte und andererseits in Abhängigkeiten verstrickt und gefangen war. Sein Aufstiegs- und Assimilationsstreben wird als vorbildhaft angesehen, insofern ‚Jud Süß' als Vorläufer der modernen Emanzipationsbemühungen gilt; umgekehrt erscheint eben dies einigen Autor/innen problematisch, insofern sie den sozialen Aufstieg als eine (zumindest zeitweilige) Abwendung von seiner jüdischen Herkunft lesen (so etwa Paul Kornfeld und Lion Feuchtwanger). Albert Dulks Drama *Lea*, das ‚Jud Süß' zum Vorreiter einer gesellschaftlichen Anerkennung der Juden schlechthin erklärt, ist eher als eine Ausnahme anzusehen.
13 Selma Stern, Jud Süss. Ein Beitrag zur deutschen und zur jüdischen Geschichte, Berlin 1929, S. 139. Daher wurde für Selma Stern „das Problem Jud Süß im weitesten Sinne zu einem Problem der deutschen Geschichte" (ebd., S. 2).
14 Dass auch die Gegendichtungen den Namen beibehalten, erläutert Itta Shedletzky so: „Diese Provokation kann als Versuch gesehen werden, die dominierende antisemitische Vereinnahmung der historischen Person und der legendären Figur aufzubrechen, um den Blick für eine andere Sicht zu öffnen." (Itta Shedletzky, Tragik verfrühter Emanzipation – Topografie jüdischer Mentalität: Die Deutungen des ‚Jud Süß' bei Selma Stern und Lion Feuchtwanger. In: „Jud Süß". Hofjude, literarische Figur, antisemitisches Zerrbild, hg. von Alexandra Przyrembel und Jörg Schönert, Frankfurt a. M. 2006, S. 139–150, hier S. 139).

er erst nach 1945.[15] Dass er dem nationalsozialistischen Propagandafilm *Jud Süß* von Veit Harlan (1940) als Vorlage gedient hatte, ist bis heute Anlass für Interpreten, ihn vor dieser ‚antisemitischen Vereinnahmung' in Schutz zu nehmen. In diesem Sinne urteilt beispielsweise Stefan Neuhaus: „Veit Harlans Film verstellt den Blick auf Hauffs ‚Jud Süß'."[16] Doch entscheidend für die Frage, ob Hauffs Text Merkmale des literarischen Antisemitismus aufweist, ist nicht der Blick auf Harlan. Vielmehr lässt sich die Konstruktion kollektiver Identitäten in Hauffs ‚Jud Süß' im Frühantisemitismus des 19. Jahrhunderts verorten.[17]

Einen ersten Hinweis auf die Frage, welche Bedeutung die Leserinnen und Leser der historischen ‚Jud Süß'-Geschichte zuerkennen sollen, ist das rezeptionslenkende Motto.[18] Es stammt aus Ludwig Uhlands Prolog zu dem Trauerspiel *Ernst Herzog von Schwaben*:

> Ein ernstes Spiel wird euch vorübergehen,
> Der Vorhang hebt sich über eine Welt,

---

15 Nach Glasenapp stellt sich Wilhelm Hauffs Novelle „Jud Süß" „aus heutiger Sicht als klassisches Beispiel eines Dekanonisierungsprozesses" dar. Gründe für die Dekanonisierung nach 1945 sind ihrer Ansicht nach darin zu sehen, dass die „Gründe für die große Popularität der Hauffschen Erzählungen mit denen ihres Vergessens gekoppelt sind [...]: dass es antijüdische Tendenzen sind, die Erfolg und ‚Fall' des Textes in entscheidender Weise bestimmt haben." (Gabriele von Glasenapp, Literarische Popularisierungsprozesse eines antijüdischen Stereotyps. Wilhelm Hauffs Erzählung *Jud Süß*. In: „Jud Süß". Hofjude, literarische Figur, antisemitisches Zerrbild, hg. von Alexandra Przyrembel und Jörg Schönert, S. 125–138, hier S. 126 und 128).
16 Stefan Neuhaus, Das Spiel mit dem Leser. Wilhelm Hauff: Werk und Wirkung, Göttingen 2002, S. 7.
17 Die Untersuchung des literarischen Frühantisemitismus richtet sich, so Claus-Michael Ort, vor allem auf „diejenigen kulturellen Semantiken der Unterscheidung des ‚Fremden' und ‚Eigenen' [...], die literarisch kommuniziert werden und mit deren Hilfe Gesellschaften sich selbst und ihr vermeintliches ‚Außen' beobachten – und auf diese Weise ihre je eigenen Bilder des ‚Fremden' überhaupt erst konstruieren, sich im Prozeß der Fremdbeobachtung also immer nur selbst beobachten." (Claus-Michael Ort, „Es gibt doch wohl auch Juden, die keine Juden sind." Zur Konstitution des literarischen Frühantisemitismus im späten 18. und frühen 19. Jahrhundert. In: Abweichende Lebensläufe, poetische Ordnungen, hg. von Thomas Betz und Franziska Mayer, München 2005, S. 71–99, hier S. 79).
18 Hauff besorgte als Redakteur des *Morgenblatts* selbst die Publikation. Alle 15 Kapitel der Erzählung waren (wie in Hauffs Werk vielfach) mit Motti versehen. Die Kapiteleinteilung, nicht aber die Motti wurden in die – nicht mehr vom Autor selbst besorgte – Publikation des Gesamttextes übernommen. Lediglich das erste Motto blieb in allen weiteren Veröffentlichungen erhalten und gewann für die Rezeption eine neue Bedeutung, da es sich nun auf den Gesamttext bezog.

Die längst hinab ist in der Zeiten Strom,
Und Kämpfe, längst schon ausgekämpfte, werden
Vor euren Augen stürmisch sich erneun.
L. Uhland (S. 474)

Dieser Prolog wurde, wie Helmuth Mojem ausführt, „am 29. Oktober 1819 zur Feier der endlich verabschiedeten württembergischen Verfassung auf dem Stuttgarter Hoftheater gesprochen" und ist Teil der Vaterländischen Gedichte, mit denen Uhland „von 1815 bis 1817 vehement und agitatorisch in den württembergischen Verfassungskampf eingriff".[19] Der Prolog eröffnet somit einen intertextuellen Anspielungsraum, der den ‚Jud Süß'-Fall zum einen mit der zeithistorischen Verfassungsdebatte verknüpft, zum anderen aber darüber hinausweist. Denn im Zusammenhang mit den Vaterländischen Gedichten werden die LeserInnen auf das Thema der Vaterlandsliebe und auf grundlegende Fragen von Herrschaft und sozialer Ordnung eingestimmt, also auf Themen, die in Vergangenheit wie Gegenwart als gleichermaßen relevant und damit als überzeitlich gelten dürfen. Darüber hinaus fällt der im Motto evozierte doppelte Zeitbezug auf: Die Kämpfe, die in „Jud Süß" ausgetragen werden, sind nur dann ‚ausgekämpft', wenn man sie auf das Einzelschicksal der historischen Person Süß Oppenheimer bezieht. Indem der Epitext davon spricht, dass sie sich ‚stürmisch erneuern' werden, ist bereits vor Beginn der Erzählung angedeutet, dass dem dargestellten Einzelschicksal exemplarische Bedeutung zuerkannt werden soll.

Diese Einstimmung des Publikums wird am Ende wieder aufgegriffen, so dass das Motto als Bestandteil eines aktualisierenden Rahmens erkennbar wird: Der heterodiegetische Erzähler benennt als Zeitpunkt des Erzählens das Jahr 1827, in der die Novelle erstmals erscheint, und damit die unmittelbare Gegenwart der LeserInnen. Auf diese Weise gibt sich der Erzähler als ein Zeitgenosse zu erkennen, der eine Geschichte aus dem 18. Jahrhundert berichtet, mit der er noch vom Hörensagen verbunden ist. Die Rahmung des historischen Falles stellt eine Leseanweisung dar, wie sie für das historische Erzählen im 19. Jahrhundert insgesamt typisch ist: Am historischen Stoff werden immer auch Bilder der eigenen Zeit entwickelt.[20]

---

19 Helmuth Mojem, Heimatdichter Hauff? Jud Süß und die Württemberger. In: Jahrbuch der deutschen Schillergesellschaft 48, 2004, S. 143–166, hier S. 158. Dieser Bezug wurde in der Erstpublikation in Fortsetzungen durch ein weiteres Motto, aus Uhlands Gedicht *Den Landständen zum Christophstag 1817*, zusätzlich betont; vgl. ebd., S. 158 f.
20 „Um das Interesse der Leser überhaupt wecken zu können, muss es eine für ihn wahrnehmbare Verknüpfung von Vergangenheit und eigener Gegenwart geben. Diese Verknüpfung kann unterschiedlich stark markiert werden; entscheidend für das Interesse des Lesers ist dabei aber bezeichnenderweise nicht das historische Ereignis, das in letzter

3 Das Phantasma ‚jüdischer Herrschaft'

Plot und Figuren von Hauffs „Jud Süß" lassen sich im Kontext zweier Konflikte situieren, die jahrzehntelang in Württemberg schwelten: Die Kämpfe zwischen dem katholischen Herzog Karl Alexander und der Landschaft, d. h. den per Verfassung im protestantischen Württemberg mitregierenden Landständen, und der öffentliche Streit um die Stellung der Juden im Land. Hauffs Novelle verknüpft die Konflikte, denen sich die Landstände des 18. Jahrhunderts ausgesetzt sehen, mit der Frage der Judenemanzipation, zum einen indem er die Einstellungen der Protagonisten zu Juden thematisiert, und zum anderen indem er die komplexe Konfliktlage im Württemberg des 18. Jahrhunderts entscheidend reduziert.[21] In der Erzählung stehen sich lediglich zwei Parteien gegenüber: Der Finanzrat – ‚Süß', ‚Jud Süß' oder ‚der Jude' genannt – und dessen Anhänger sowie eine Fraktion von Bürgern, die den Landständen Württembergs angehören und sich selbst als Patrioten sehen. Die Rolle des Herzogs, der eigentlich die zentrale Machtposition innehat, wird vollkommen marginalisiert. Als Figur tritt er nicht in Erscheinung und wird sogar nur am Rande erwähnt.

Diese antagonistische Konstellation bestätigt strukturell die historische Schuldzuweisung: Süß erscheint „den historischen Tatsachen entgegen als omnipotenter Minister und als heimlicher Regent des Herzogtums",[22] während umgekehrt die Verschwörer gegen den Herzog als Patrioten vorgeführt werden, da sie angeblich nichts weiter wollen als den legitimen Machthaber wieder in sein Recht einzusetzen.[23] Ihr geplanter Staatsstreich wird in der Erzählung daher auch nicht als verwerflich bewertet, sondern als einziges Mittel aufrechter, treu ergebener Bürger, um ihr Land und ihren Herzog aus ‚jüdischer Herrschaft' zu erretten. Dass der Herzog überraschend stirbt, führt dazu, dass der geplante Umsturz

---

Konsequenz den Gegenwartsbezügen gegenüber immer untergeordnet bleibt." (Glasenapp, Literarische Popularisierungsprozesse eines antijüdischen Stereotyps, S. 130).

21 Hauffs Novelle erschien „auf dem Höhepunkt" dieser Auseinandersetzung, die erst durch das am 25. April 1828 erlassene ‚Judengesetz' Württembergs gelöst wurde. Siehe hierzu etwa: Manfred Jehle, Joseph Süß Oppenheimer und die literarische Verarbeitung seines Schicksals durch Wilhelm Hauff. In: Zeitschrift für würtembergische Landesgeschichte 67, 2008, S. 143–182, hier S. 171.

22 H. Mojem, Heimatdichter Hauff? S. 144.

23 Passend dazu mutmaßen die Süß-Gegner, der Herzog wisse von vielen Handlungen des Juden nichts. Dies gilt insbesondere für eine Gefahr: Es geht das Gerücht, dass Süß die Einführung des Katholizismus in Württemberg betreibe. Träte der katholische Herzog im Text in Erscheinung, lenkte diese den Blick der LeserInnen auf seine Verantwortung und somit auf das Abhängigkeitsverhältnis von Süß.

schließlich gar nicht stattfinden muss. Diese vom Erzähler als göttliches Eingreifen gedeutete Fügung legitimiert indirekt sowohl das ursprüngliche Vorhaben der Patrioten als auch die Verurteilung von Süß. Durch die binäre Konstruktion werden Herrscher und Volk in Württemberg von vornherein implizit versöhnt, obwohl ein Aufstand gegen den Herzog geplant wird. Die soziale Ordnung kann am Ende als wiederhergestellt gelten, indem Süß entmachtet und getötet wird.

Mittels dieser Erzählorganisation verschwinden die Konflikte zwischen Katholizismus und Protestantismus bereits hinter der angeblichen Gefahr, die von ‚den Juden‘ ausgeht. Hauffs Text thematisiert das Judentum zwar auch noch als religiöse Frage. Diese Zuschreibung wird jedoch, wie nachfolgend gezeigt wird, eindeutig überlagert von einer homogenisierenden Konstruktion von Gruppenidentitäten: ‚Den Juden‘ wird eine gemeinsame Identität als ‚Volk‘ zugeschrieben und diese wird als inkompatibel mit der Mehrheitsgesellschaft behauptet.[24] Hieraus entsteht als Kehrseite eine ebenfalls homogenisierende Vorstellung der Mehrheitsgesellschaft als eines ‚deutschen Volkes‘.

Der Binarismus der Konfliktkonstellation, welcher die Komplexität der württembergischen Herrschaftsverhältnisse reduziert, bildet das wesentliche Fundament für die weitergehende Erzähldynamik und ihre Sympathie- und Antipathielenkungen. Die Aufmerksamkeit der LeserInnen soll sich in erster Linie auf die Einstellungen der Gruppe christlicher Württemberger in Bezug auf die Machtausübung und -position von Süß richten. Die Konfliktkonstellation dient als Erklärung dafür, welche Entscheidungen die Gruppenmitglieder treffen, d. h. wie die Verabredung zur Verschwörung zustande kommt, und führt vor, wie sie ihre Einstellungen und Handlungen gegenüber sich selbst bzw. im Austausch mit anderen begründen. Die Erzählung lässt die LeserInnen also an den Wertedebatten der Verschwörer teilhaben.

Der heterodiegetische Erzähler teilt von Beginn an, insbesondere in allen wichtigen Urteilen über Süß, die Positionen der Verschwörer und hält diese Parteinahme über weite Strecken der Erzählung aufrecht. Im ersten Abschnitt heißt es, Württemberg sei in eine „bedenkliche Lage", in „Elend und Armut" gebracht worden, und zwar durch „die systematischen Kunstgriffe eines allgewaltigen Ministers" (474). Unmittelbar danach hören wir dieselbe Diagnose während Süß' Geburtstagsfests in direkter Rede von mehreren Figuren aus dem Kreis der Verschwörer, konkretisiert in einzelnen Anklagepunkten wie Korruption oder Affären mit christlichen Frauen. Der junge Lanbek beispielsweise klagt

---

24 Die Konflikte in der Liebesbeziehung demonstrieren daher keineswegs nur, wie Anne von der Heiden meint, dass „die Religionen nicht gleichberechtigt nebeneinander stehen". (Anne von der Heiden, Der Jude als Medium. „Jud Süß", Zürich 2005, S. 137).

über den Ämterhandel: Ein Mann habe keine Aufstiegschancen, wenn er nicht „ein Amt für fünftausend Gulden, oder für sein Gewissen und ehrlichen Namen beim Juden kaufen will". (478) Der Erzähler beglaubigt mehrfach, dass Gewissen und Ehre entscheidende Motivationen bzw. Charaktermerkmale der Verschwörer seien und spricht von „den wenigen hellstrahlenden Namen einiger Männer aus der Landschaft" (523) Württembergs.

Die Erzählkonstruktion weist Süß' Verhalten die Schuld daran zu, dass aus guten Bürgern Verschwörer werden. Die verheerende Situationsdiagnose legitimiert, dass ein Eingreifen nötig ist. Indem die Verschwörer gegen Süß' Machtausübung aufbegehren, dürfen sie als politisch klug, mutig und vor allem als selbstlos handelnde Patrioten gelten. Umgekehrt bildet Süß das verachtenswerte Gegenbild zur Vaterlandsliebe. Die Parteilichkeit des Erzählers findet neben einzelnen Kommentierungen auch darin ihren Ausdruck, dass das Geschehen mehrfach aus der Sicht Gustavs oder des alten Lanbek perspektiviert wird, so dass die Fokalisierung von der Übersicht in die Mitsicht wechselt. Die jüdischen Figuren sind davon augenfällig ausgenommen. Die LeserInnen bekommen ausschließlich Einblicke in die Wahrnehmung der als Patrioten charakterisierten Figuren, aber weder in die Innenwelt von Süß noch seiner (von Hauff hinzu erfundenen) Schwester Lea.[25]

Entscheidend für die Evidenzerzeugung ist jedoch nicht die Parteilichkeit allein, die zweifelsohne ein zu platter Kunstgriff wäre. Vielmehr inszeniert sich der Erzähler immer wieder auch als objektiv urteilend. Dies gelingt einerseits ganz im Einklang mit der Haltung der Verschwörer; die verurteilende Darstellung von Süß wird dann jedoch nicht nur als deren Meinung, sondern als ein von allen vernünftigen Menschen geteiltes Wissen dargestellt. So inszeniert sich der Erzähler etwa als Vertreter des gesunden Menschenverstandes, wenn er urteilt, dass Süß grundsätzlich nicht im Interesse des Volkes handele, selbst wenn dies nicht alle Bürger begreifen sollten. Das Volk sei schlicht blind, wenn es das Fest genieße:

> [...] das Volk aber sah diese Tage als Traumstunden an, wo sie im Rausch der Sinne ihr drückendes Elend vergessen könnten; sie berechneten nicht, daß die hohen Eintrittsgelder nur eine neue indirekte Steuer waren, die sie dem Juden entrichteten. (S. 474)

---

25 Dies deutet auch Gabriele von Glasenapp als Form der Parteinahme: „Ebenso sind Jud Süß und seine Schwester die einzigen Figuren, über deren Innenwelt der Leser in Unkenntnis belassen wird – auch auf narrativer Ebene erfahren die beiden jüdischen Figuren also eine explizite Ausgrenzung, da ihre Wahrnehmung in die Perspektive von Figuren verlagert wird, deren Einstellung ihnen gegenüber ausnahmslos negativ genannt werden muss." (Glasenapp, Literarische Popularisierungsprozesse eines antijüdischen Stereotyps, S. 136).

Der Erzähler teilt hier eindeutig die Weltsicht der Verschwörer, die nur widerwillig auf dem Maskenball erscheinen. Sie werden als Männer dargestellt, die sich von solchen Inszenierungen nicht blenden lassen und die Verhältnisse durchschauen. Die Machtverhältnisse der Gegenwart werden im Maskenball als ‚verkehrte Welt' vorgeführt, und indem die LeserInnen diese Einschätzung des Erzählers und der Patrioten teilen sollen, sollen auch sie sich als Gegner der angeblichen ‚jüdischen Herrschaft' erkennen.

Andererseits werden diese ostentativen Übereinstimmungen von Erzähler und Figuren erst im Zusammenspiel mit vereinzelten Abgrenzungen des Erzählers von den Patrioten zum zentralen Überzeugungsmittel des Textes. Punktuelle Distanzierungen scheinen die grundlegende Übereinstimmung zu konterkarieren und damit die Fähigkeit des Erzählers zur Neutralität unter Beweis zu stellen. Der wichtigste Effekt dieser Distanzierung ist, dass der Erzähler auch dann, wenn er die Sicht der Patrioten teilt, als eigenständig urteilend und damit als unparteiisch wahrgenommen werden kann. Diese Kritikpunkte betreffen den Patriarchalismus des alten Lanbek und antijüdische, religiös begründete Vorurteile. Das Zusammenspiel von parteilicher und distanzierender Positionierung soll den Eindruck hervorrufen, dass die Erzählung objektives, gesichertes historisches Wissen präsentiert. Der Erzähler habe, so auch Jürgen Landwehr, das „Profil eines zwar nicht Unbeteiligten, aber distanziert und aufgeklärt Urteilenden".[26]

Das Publikum wird jedoch in erster Linie über die Notwendigkeit, Juden als grundsätzlich ‚Fremde' und dem ‚Eigenen' gefährliche Gruppe aufzufassen, ‚aufgeklärt'. Dies geschieht über ausführliche Darstellung von Loyalitätskonflikten, in denen die Bedeutung übergeordneter Gruppen-Zugehörigkeiten von den Figuren als zutreffend ‚erkannt' und in Übereinstimmung mit dem Handeln gebracht werden müssen. Gustav Lanbek fungiert in diesem Zusammenhang als zentrale emotionalisierende Perspektivfigur für die Leserlenkung.[27] An ihm zeigt sich der Wertekonflikt der Patrioten am drastischsten: Er ist in eine Jüdin verliebt, und zwar ausgerechnet in die Schwester Süß Oppenheimers. Gleichzeitig ist er Teil der Verschwörung und am Ende sogar maßgeblich am Prozess gegen

---

26 Jürgen Landwehr, „Jud Süß" – Hauffs Novelle als literarische Legitimation eines Justizmords und als Symptom und (Mit-)Erfindung eines kollektiven Wahns. In: Wilhelm Hauff. Aufsätze zu seinem poetischen Werk. Mit einer Bibliographie der Forschungsliteratur, hg. von Ulrich Kittstein, St. Ingbert 2002, S. 113–146, hier S. 119.
27 Dies betont auch Jürgen Landwehr: „Da Gustav überzeugt, gewonnen werden muß, können Argumente (und Verdächtigungen) und Gefühle der Lanbek-Partei voll ausgespielt werden. Und in der Identifikationsgestalt Gustav werden die Leser überzeugt und gewonnen [...]." (Landwehr, „Jud Süß" – Hauffs Novelle als literarische Legitimation eines Justizmords und als Symptom und [Mit-]Erfindung eines kollektiven Wahns, S. 126).

Leas Bruder beteiligt. Indem die RezipientInnen an Gustavs Lern- und Entscheidungsprozessen teilhaben, sollen auch sie erkennen, dass ‚die Juden' eine Gefahr darstellen. Sie sollen verstehen, dass eine Trennung von ‚Juden' und ‚Deutschen' notwendig ist. Das Mitleiden mit den Gewissensqualen dieser Figur bildet die emotionale Brücke zu dieser brutalen Schlussfolgerung über die ‚deutsch-jüdischen Verhältnisse', die in der Erzählung entwickelt wird.

4 Schmerzhafte Entscheidungen: Zur Funktion des Liebespaares

In der Erzählung „Jud Süß" nehmen Überlegungen und Gewissenskämpfe der sogenannten Patrioten den größten Anteil des Textes ein. Die titelgebende Figur bildet den Anlass und das organisatorische Zentrum des Erzähldiskurses, steht aber nicht im Mittelpunkt des Interesses. Folgerichtig wird sein Prozess am Ende in nur wenigen Sätzen abgehandelt. Lapidar und vollständig emotionslos erklärt der Erzähler:

> Es würde unsere Leser ermüden, wollten wir sie von dem Prozeß des Juden Süß noch länger unterhalten. Es ging damals wie ein Lauffeuer durch alle Länder [...], daß am 4. Februar 1738 die Württemberger ihren Finanzminister wegen allzu gewagter Finanzoperationen aufgehenkt haben. (537)

Die monatelange Haft und das Urteil finden in Hauffs Erzählung nur Beachtung, weil sich hieran endgültig das Schicksal des jungen Liebespaares entscheidet. Durch die – auch im Texte mehrfach explizit so bezeichnete – ‚schöne Jüdin' Lea wird die von allen Patrioten gehasste Figur des ‚jüdischen Machthabers' durch eine jüdische Figur ergänzt, die vollkommen unschuldig in den Konflikt hineingezogen wird. Sie begeht am Ende Selbstmord. Die Funktion dieser ‚schönen Jüdin' ist eine zweifache:

1. Sie bildet einen positiven Gegenpol zu ihrem Bruder. Während er als sozialer Aufsteiger die Machtverhältnisse gefährdet, ist sie auf Grund ihrer Geschlechtszugehörigkeit in der politischen Sphäre als machtlos gekennzeichnet. Dass sowohl der jüdische Schurke als auch ein unschuldiges jüdisches Mädchen dasselbe Schicksal teilen, wird in der Erzählung zu einem entscheidenden Baustein für die Konstitution kollektiver Identitäten und die daraus abgeleiteten weitreichenden gesellschaftspolitischen Folgerungen. Im Hinblick auf die Emotionslenkung ist wichtig, dass das individuell unschuldige Opfer (Lea) betrauerbar ist.

2. Die Figur Lea birgt ebenfalls ein Gefährdungspotential, nämlich ein genea-logisches, das das Phantasma der homogenen deutschen Nation bedroht: Innerhalb der patriarchalen Gesellschaftsordnung, welche die Erzählung präsentiert, stellt sich bei Lea in gleicher Weise wie bei den beiden Schwestern Gustavs die Heiratsfrage. Darin verknüpfen sich Liebesverhältnis und politi-sche Geschichte: Ebenso wie in der Gesellschaft wird auch in den Geschlech-terbeziehungen am Ende der Erzählung wieder die ‚richtige Ordnung' herr-schen. Die ‚private' Handlung wird auf diese Weise mit der politischen Ebene aufs Engste verknüpft.[28] Aus der Verbindung zwischen Patriotismus- und Liebesthematik resultiert, dass das individuelle Opfer Lea und auch Gustavs Verzicht als betrauerbar gekennzeichnet werden, aber das Opfer, das beide Seiten erbringen, zugleich als notwendig dargestellt wird.

Diese als tragisch gekennzeichnete Lösung wird den LeserInnen vermittelt, indem sie ausführlich an Gustavs Rechtfertigungs- und Entscheidungsprozessen teilhaben. Sie erfahren zunächst von Gustav Lanbeks Faszination für Lea, um dann zu beobachten, wie er sich gezwungenermaßen und unter Schmerzen von ihr abwendet. Die RezipientInnen ‚lernen' auf diese Weise durch das Liebespaar, dass eine radikale Trennung der christlichen Deutschen von allen Juden unum-gänglich ist und dass beide Seiten dies einsehen müssen. Der vorherrschende Affekt, der diese Entscheidung begleitet, ist gerade nicht Hass, da das Hauptau-genmerk nicht auf der Figur des Süß liegt, sondern Trauer: Lea stirbt, und von Gustav weiß der Erzähler zu berichten, dass er nie mehr gelächelt habe (538).

Die Liebe zwischen Lea und Gustav hätte das Potential, die Frontstellungen der politischen Ebene zu durchkreuzen. Sie scheint gegen deren klare Dichoto-mien ein Modell der Überschreitung von Grenzen anzubieten und damit einen anderen Blick auf die christlich-jüdischen Beziehungen zu eröffnen. Dass sie zunächst als Möglichkeit erscheint, dann aber negiert werden muss, ist funkti-

---

28 Dies übersehen alle Interpretationen, welche die Liebesgeschichte als ‚eigentliches Thema' tendenziell von der ‚Jud Süß'-Geschichte abtrennen und damit gewissermaßen privatisieren. Dies klingt etwa bei Dorothea Hollstein an: „Der Autor ist vor allem an dem Gefühlskonflikt interessiert, in den der junge Schwabe gerät. Die Geschichte des Hofjuden liefert den *exotischen Hintergrund*, der der Novelle das Besondere gibt. *Mithineinverwoben* sind die zeitbezogenen Moralvorstellungen, die einem schwäbischen Bürger die Heirat mit einer Jüdin versagten. Der Fehltritt des jungen Mannes besteht darin, dass er für den Augenblick des Verliebtseins die Zwänge seiner Umwelt vergisst, ohne deren Auffassungen an sich in Frage zu stellen." (Dorothea Hollstein, Dreimal ‚Jud Süß' – Zeugnisse „schmählichster Barbarei". Hauffs Novelle, Feuchtwangers Roman und Harlans Film in vergleichender Betrachtung. In: Der Deutschunterricht 37, 1985, S. 42–54, hier S. 45 [Hervorhebungen A.G]).

onal für die Vorstellung, dass das Bekenntnis eines jeden Menschen zu ‚seinem Volk' unbedingten Vorrang haben muss vor individuellen Wünschen. Aus Gustavs Schicksal leitet sich ein Appellcharakter ab: Dass jeder bereit sein müsse, zum Wohle ‚seiner' Gemeinschaft persönliche Opfer zu bringen.[29]

Die Liebesbeziehung ist als dramatisierendes Element einer Erzählorganisation gestaltet, welche vor den Augen der LeserInnen verschiedene Positionen und Wertungsperspektiven durchspielt. Das Lösungsangebot, das die Erzählung schließlich entwickelt, wird auf diese Weise einer Prüfung unterzogen, auf der Ebene einzelner Figuren emotional durchlebt und auf der des Erzähldiskurses zugleich rational begründet. Die LeserInnen begleiten Gustav bei einem schmerzhaften kognitiven und emotionalen ‚Reifungsprozess'. Am Ende hat er begriffen, was andere Patrioten bereits von Anfang an behauptet haben: Dass seine Liebe keine Privatsache ist, die jenseits der als antagonistisch vorgestellten politischen Konflikte steht, sondern eine gesellschaftliche Bedeutung besitzt.

5 Kritik antijüdischer Vorurteile und Begründung eines ‚neuen' Antisemitismus

In „Jud Süß" findet sich eine Kritik antijüdischer Vorurteile. Diese ist Teil der bereits beschriebenen Distanzierungen des Erzählers, die den Anschein von Neutralität erwecken sollen. Tatsächlich verleiht sie nicht nur dem Plädoyer für ‚getrennte Kulturen' Plausibilität, sondern soll zugleich dazu dienen, den ‚Lösungsvorschlag' einer Separation der Kulturen gegen den Vorwurf des Antisemitismus zu immunisieren.

Als moralische Fehler der Patrioten erscheinen ein übertriebener Patriarchalismus wie beim alten Lanbek, aber auch Gustavs Zögerlichkeit, sowohl in seinem Verhalten gegenüber Lea, die sich die Ehe mit ihm erhofft, als auch in Bezug auf die endgültige Entscheidung für eine Seite des Konflikts. Ein weiterer kritikwürdiger Aspekt betrifft die Selbstverständlichkeit, mit der in den Reihen der Verschwörer gleich zu Beginn davon ausgegangen wird, dass aus der Verbindung zwischen Gustav und Lea „doch niemals eine vernünftige und ehrenvolle Liaison" werden könne (493). Ganz plakativen Antijudaismus zeigen der alte Lanbek und seine

---

29 Während Helmuth Mojem eine moralische Verurteilung Gustav Lanbeks durch die LeserInnen erkennt (Mojem, Heimatdichter Hauff?, S. 150), sieht auch Anne von der Heiden, dass es sich genau umgekehrt verhält und der Verzicht die dargestellten „Tugenden" der Lanbeks nur noch deutlicher hervorhebt (von der Heiden, Der Jude als Medium, S. 136).

Tochter Hedwig. Ihrer Schwester Käthchen, die Leas Schönheit preist, erklärt sie: „[M]ag sein wie sie will, sie ist und bleibt doch nur eine Jüdin." (516)

Obwohl diese Abwertung Leas als kritikwürdig und ihre Figur damit als bemitleidenswert erscheint, wird ihr Ausschluss aus einer deutschen Gemeinschaft gleichwohl im weiteren Verlauf des Textes als notwendig und gerechtfertigt dargestellt. Hierfür gibt es keinen Grund, der in der Figur selbst läge: Dass sie einmal protestantischen und jüdischen Glauben gleichsetzt, kann auf die zeitgenössischen LeserInnen zwar im günstigsten Falle naiv gewirkt haben. Doch selbst wenn es als eindeutige Verfehlung betrachtet wird, wird sie hierdurch nicht insgesamt zu einer negativ konnotierten Figur. Die eigentliche Begründung für die Exklusion Leas und das Scheitern der Liebesbeziehung liegt weder in einem individuellen Fehlverhalten noch überhaupt in der Differenz der Religionen, sondern in der Konstruktion von zwei ,Völkern', die als in sich homogen gedacht werden. Die Frage, ob es sich bei dieser ethnischen Zuschreibung um eine antijüdische Einstellung handelt, wird fiktionsintern explizit aufgeworfen.

Lea beklagt im Gespräch mit Gustav den Antijudaismus ihrer Zeit: „Ach, ich weiß wohl, diese Menschen hassen unser Volk" (484). Die negativen Aussagen über Juden, auf die Lea anspielt, beziehen sich allerdings auf Süß und sind im Erzählverlauf bereits als angeblich zutreffende Kritik der Patrioten – am erwähnten Ämterhandel etc. – ausgewiesen worden. Leas Aussage ist damit implizit widerlegt. Zur grundlegenden Kritik an religiös motivierter Judenfeindschaft ist sie schlicht nicht geeignet. Sie scheint vielmehr umgekehrt sogar zu beweisen, dass der Vorwurf des Antisemitismus eine Schutzbehauptung der jüdischen Figuren ist, die keine Schuld einzugestehen bereit sind. Über Leas Irrtum hinaus belegt die Aussage demonstrativ, dass sich Lea zu ,ihrem Volk' bekennt. Obwohl sie lieber im Ghetto geblieben wäre und daher eigentlich in Bezug auf die Frage jüdischer Emanzipation eine Gegenposition zu ihrem Bruder annimmt, wird sie damit zu einer Art „Double" ihres Bruders.[30] Sie stellt ihre eigene Nichtzugehörigkeit und Fremdheit zur Mehrheitsgesellschaft aus und wiederholt und beglaubigt auf diese Weise die Differenzkonstruktion der Patrioten. Indem sie selbst die Vorstellung getrennter, in sich homogener Kollektive affirmiert, verknüpft sie explizit ihr eigenes Schicksal mit dem ihres Bruders.

Dieselbe Funktion, Gruppenidentitäten zu beglaubigen, lässt sich für eine deutliche Distanzierung des Erzählers von Gustavs antijüdischen Ressentiments nachzeichnen. Als dieser in der Unterhaltung mit Süß seine Gefühle für Lea zur Freundschaft abwertet, um die Heirat abzulehnen, kommentiert er:

---

30 Von der Heiden, Der Jude als Medium, S. 147.

> [...] er dachte an seinen stolzen Vater, an seine angesehene Familie, und so groß war die Furcht vor Schande, so tief eingewurzelt damals noch die Vorurteile gegen jene unglücklichen Kinder Abrahams, daß sie sogar seine zärtlichen Gefühle für die schöne Tochter Israels in diesem schrecklichen Augenblick übermannten. (497f.)

Die Vorurteilskritik bezieht sich ausschließlich auf einen religiös begründeten, hier als ‚instinktiv‘ charakterisierten Antijudaismus. In genau diesem Zusammenhang strapaziert der Erzähler jedoch erneut die beiden „Kulturen“ als getrennte Gemeinschaften. Damit begründet er, dass Juden nicht zur sozialen Integration in die ‚christliche Gemeinschaft‘ fähig seien. Die Figuren, die in der Erzählung Spiegel aufgeklärter Einstellungen sind, werden eines Besseren belehrt und zur Position der Patrioten bekehrt. Die Leserinnen und Leser müssen erkennen, dass Süß und seine Schwester, so unterschiedlich sie auf den ersten Blick zu sein scheinen, beide eine Bedrohung für die Mehrheitsgesellschaft darstellen: „Seen from the perspective of the Lanbeks, the beautiful Jewess Lea represents no less of a threat to the welfare of the native community than her brother the Court Jew.“[31]

Die Vorurteilskritik ist daher kein Element, das sich im Text gegen die Position der Verschwörer richtete und diese delegitimierte. Vielmehr wird die Kritik des alten Antijudaismus sogar umgekehrt zu einem argumentativen Baustein für die antisemitische Konstruktion der ‚Volksidentitäten‘. Gustavs letzte Bewährungsprobe verdeutlicht noch einmal den Anteil, den die Fähigkeit zum Mitleiden mit einer jüdischen Figur an dieser Dramaturgie der Überzeugung besitzt. Als Lea Gustav darum bittet, ihrem Bruder zu helfen und ein belastendes Schriftstück verschwinden zu lassen, wird sie zunächst von Käthchen unterstützt. Als Gustav diesen Gewissenskonflikt entscheidet, indem er ihre Bitte unter Berufung auf seine Ehre abweist, gibt Lea nicht einfach nur auf. Die jüdische Stimme wird vielmehr dazu benutzt, Gustavs Vorgehen und die Sicht der Patrioten insgesamt zu bestätigen. Lea befürwortet Gustavs Entschluss und bestätigt ihm, dass es für ihn gar keine andere Möglichkeit gebe, richtig zu handeln. Die Jüdin Lea argumentiert wie vorher Gustav selbst mit dessen „Ehre“. Gustav wird vollständig exkulpiert, indem Lea erklärt, es gebe nicht einmal einen Anlass für ihn, sie um Vergebung zu bitten (536). Auch Käthchen stimmt am Ende dieser Lösung zu, obwohl beide wissen, dass damit nicht nur Süß', sondern auch Leas Schicksal besiegelt ist. Gustav wie auch Käthchen bezeichnen sie daher als „unglückliches Mädchen“ (536; 537), und dieses fügt sich durch den Selbstmord in sein Schicksal. Dass Leas Ende im Unterschied zu dem ihres Bruders tragisch wirken soll, betont auch Florian Krobb:

---

31 Chase, The wandering court Jew and the hand of God, S. 732.

Daß der Jude und seine Aufstiegsbestrebungen verdient auf der Strecke bleiben, ist wohl Hauffs Kommentar zur sogenannten ‚Judenfrage', der sich aus seiner Erzählung herauskristallisieren lässt. Die weibliche Hauptfigur verleiht dieser historisch-politischen Stellungnahme eine menschliche und tragische Note.[32]

Die eigentliche Pointe des Erzähldiskurses bezieht sich auf die Funktion, die diese Trauer für die angebotene ‚Lösung' der deutsch-jüdischen Beziehungen besitzt. Die LeserInnen können mit dem Erzähler und einzelnen Figuren Trauer über die Notwendigkeit der vorgestellten ‚Lösung' empfinden. Die kritische Thematisierung des Antijudaismus erlaubt es ihnen sogar, sich von als primitiv erkannten antijüdischen Vorurteilen zu distanzieren. Gleichzeitig finden sie über das Mitleiden mit den Liebenden und vor allem mit Lea, dem „unglücklichen Mädchen",[33] zu einer Position, welche die Exklusion der Juden aus der christlich-deutschen Mehrheitsgesellschaft ‚rational' rechtfertigt.

Passend zur tragischen Harmonisierung der Standpunkte ‚vergisst' der Erzähldiskurs am Ende die antijüdischen Vorurteile, die diese Entwicklung begleiteten, wenn ausgerechnet der alte Lanbek am Ende die ‚Sündenbockthese' zu vertreten scheint:

> Beides, die Art, wie der unglückliche Mann mit Württemberg verfahren konnte, und seine Strafe, sind gleich auffallend und unbegreiflich zu einer Zeit, wo man schon längst die Anfänge der Zivilisation und Aufklärung hinter sich gelassen [...].

> Man wäre versucht, das damalige Württemberg der schmählichsten Barbarei anzuklagen, wenn nicht ein Umstand einträte, [...] der, wenn er auch nicht die Tat entschuldigt, doch ihre Notwendigkeit darzutun scheint. [...] Verwandtschaften, Ansehen, heimliche Versprechungen retteten die andern, den Juden – konnte und mochte niemand retten, und so schrieb man, wie sich der alte Landschaftskonsulent Lanbek ausdrückte, „was die übrigen verzehrt hatten, *auf seine Zeche*". (537)

An dieser Stelle geht es erneut darum, die soziale Isolation des Süß herauszustellen, die ihn zum geeigneten Sündenbock gemacht habe. Wie der Konjunktiv („Man wäre versucht ...") zeigt, zielt die Aussage nicht auf die Anklage der Barba-

---

32 Florian Krobb, Die schöne Jüdin. Jüdische Fauengestalten in der deutschsprachigen Erzählliteratur vom 17. Jahrhundert bis zum Ersten Weltkrieg, Tübingen 1993, S. 126.

33 Gabriele von Glasenapp dagegen befindet, dass der Selbstmord Leas kein Anlass für Mitleiden sei, vielmehr werde dessen „Marginalität" betont, indem er „nur aus der Rückschau geschildert, entpersonalisiert und durch die Instanz des Erzählers zudem in den Bereich der Legende verwiesen" werde. (von Glasenapp, Literarische Popularisierungsprozesse eines antijüdischen Stereotyps, S. 134. Die Rede von der „Sage" von Leas Tod ist an dieser Stelle jedoch nicht als Distanzierung des Erzählers zu werten, da er gleich darauf Gustavs Trauer beglaubigt).

rei, sondern darauf, nochmals die historische Handlungsweise zu rechtfertigen. Kritisiert wird lediglich die Grausamkeit der Hinrichtung. Dass Süß sozial isoliert ist, wird ihm zum eigentlichen Verhängnis. Er blieb ein Fremder und konnte selbst bei seinen Anhängern keine in der Not hilfreichen Verbindlichkeiten erzeugen. Diese Fremdheit, die sich aus der in den Augen der Gegner angemaßten Machtposition herschreibt, begründet der Text, wie bereits gezeigt wurde, jedoch ebenso für die unschuldige Lea und weitet sie damit auf ein ‚jüdisches Volk' aus, dem gegenüber sich alle anderen Figuren, gleich welcher Konfession, als Kollektiv erkennen können.

Paradigmatischen Charakter hat hierfür von Beginn an die Thematisierung von Maskeraden. Bei Süß dient das Motiv der Maskerade in erster Linie dazu, die Machtposition eines Juden als Anmaßung und damit als Zeichen für eine ‚verkehrte Welt' auszustellen. Seine Kleidung und Accessoires deuten an, dass er eigentlich wie der Herzog auftritt, und diese angebliche ‚Verstellung' muss in den Augen der Patrioten korrigiert werden.[34] Die konkreten Maskeraden Leas und Gustavs beim Geburtstagsfest symbolisieren ebenfalls Gruppenzugehörigkeiten, die im Falle Leas als unveränderlich, im Falle Gustavs zunächst als ambivalent und daher als entscheidungsbedürftig dargestellt werden: Gustav wechselt zwischen dem väterlichen Bauern- und dem Sarazenenkostüm. Lea dagegen tritt ausschließlich als Orientalin auf, und dies sollen die Leserinnen und Leser für ihr eigentliches Wesen halten, wie der Erzähler verdeutlicht: „Man konnte ihr Gesicht die Vollendung orientalischer Züge nennen." (485) Der ‚Orientalismus' in der Beschreibung Leas dient also vordergründig einer erotischen Exotisierung, weitergehend wird damit jedoch ihr Status als ‚Fremde' in den Blick gerückt. Gustavs Position wird entsprechend über die doppelte Maskerade als ‚unentschieden' ausgestellt und dann einer eindeutigen Lösung zugeführt: Er muss zum ‚Eigenen' zurückkehren und sich vom ‚Fremdem', zu dem er sich hingezogen fühlte, abwenden. Dabei soll er Trost daraus gewinnen, „dass er sein eigenes Schicksal" einer höheren Fügung unterordnete (517).

---

34 Dies ist, wie Gerber darstellt, bereits Teil der zeitgenössischen Rezeption: „Auch ‚Jud Süß' agiert als Politicus und Cavalier nach Meinung seiner Zeitgenossen in einer Rolle. Sein Sturz und seine Strafen werden als Schlußakt eines Rollenspiels verstanden, welches nun in seiner Betrüglichkeit dekouvriert ist. Die Süß-Rezeption münzt die Rollenkritik ihrer Zeit in eine antijüdisch gewendete Verurteilung der Scheinhaftigkeit des Rollendaseins eines Juden am Hofe aus. Dabei drängt die Absicht, den Aufstieg Oppenheimers als Übernahme einer falschen Rolle zu brandmarken, die Grundsatzkritik am Rollenkonzept in den Hintergrund. Süß verbirgt den Juden hinter einer ihm nicht gemäßen Rolle." (Gerber, Jud Süß. Aufstieg und Fall im 18. Jahrhundert, S. 155).

Rupert Kalkofen deutet die Entsagung und Trauer Gustavs als Zeichen für eine Bestrafung, die aus dem Bewusstsein resultiert, dass der Antisemitismus aus aufklärerischer Sicht verurteilt und gesühnt werden müsste. Dabei befreie ihn der Opfertod Leas „zu einer Trauer, die dem Antisemitismus des Textes ein gutes Gewissen verschafft."[35] Da die antisemitische Konstruktion kollektiver Identitäten in Hauffs Erzählung funktional für das Erreichen patriotischer Ziele ist, wird die Notwendigkeit zur Exklusion von Juden aus der deutschen Gemeinschaft zwar bedauert, aber nicht in Frage gestellt.

Der Fall ‚Jud Süß' soll dem zeitgenössischen Publikum als warnendes Exempel für eine gefahrvolle deutsch-jüdische ‚Koexistenz' dienen. Hauffs Text ist ein literarisches Beispiel für die Entwicklung des Frühantisemitismus im 19. Jahrhundert, in dem die Religion als Bezugspunkt an Überzeugungskraft verliert und ethnische Begründungen an Attraktivität gewinnen.

Offensichtlich ist, dass die Kritik antijüdischer Einstellungen rein strategischen Charakter besitzt:[36] Die ‚neu' gewonnenen antisemitischen Ansichten über die notwendige Trennung zweier ‚Kulturen' erhalten den Anschein, sie seien ‚rational' begründet. Wie sich auch an Leas Auslassung über den Hass auf Juden zeigen ließ, werden letztlich alle Haltungen, die sich als ‚philosemitisch' bewerten ließen, durch ihre Funktionalisierung für die Idee ethnisch getrennter Kulturen tatsächlich zur Plausibilisierung antisemitischer Einstellungen verwendet. Die Erzählung weist daher keine „dual promotion of tolerance and chauvinism"[37] auf, wie Chase urteilt. Denn, so Jürgen Landwehr, „[d]ie ‚aufgeklärt'-humanen Einwände werden vom Erzähler vorgebracht, damit sie für diesen ungeheuren Fall vom Leser zurückgewiesen werden können: die Erledigung von Einwänden durch ihre kraftlose Vorwegnahme".[38]

---

35 Rupert Kalkofen, Aufgeklärter Antisemitismus und die Leiche der Schönen Jüdin in Wilhelm Hauffs Novelle „Jud Süß". In: Gelegentlich: Brecht. Festschrift für Jan Knopf zum 15-jährigen Bestehen der Arbeitsstelle Bertolt Brecht, hg. von Birte Giesler u. a. Heidelberg 2004, S. 153–167, S. 165.

36 In Bezug auf den Antisemitismus des Textes urteilt Rupert Kalkofen, dass sich die „vom Text vertretenen Widersprüche zwischen philo- und antisemitischen Elementen als Darstellungsmittel für den besonderen Antisemitismus dieses Textes verstehen" ließen (R. Kalkofen, S. 155). Da die Abwertung eines religiös begründeten Antisemitismus als veraltet und überholt so offensichtlich strategisch eingesetzt wird, wäre wohl eher von der bloßen Behauptung eines philosemitischen Standpunkts zu sprechen.

37 Chase, The wandering court Jew and the hand of God, S. 726.

38 Landwehr, „Jud Süß" – Hauffs Novelle als literarische Legitimation eines Justizmords und als Symptom und (Mit-)Erfindung eines kollektiven Wahns, S. 137.

Allein in diesem Zusammenhang liegt die Bedeutung antisemitischer Einstellungen: Im Zentrum der Überzeugungsversuche steht die Konstruktion von
ethnischen Gruppen, und Werte-Konflikte innerhalb dieser Kollektive werden
zugunsten von angeblich übergeordneten Gruppenzuordnungen aufgehoben.
Die patriotischen Volksangehörigen erscheinen als Vorkämpfer für ein nationales Kollektiv und die Leserinnen und Leser sollen von der Idee getrennter, in sich
homogener Kollektive überzeugt werden. Dabei sollen sie antisemitische Einstellungen für eine Art ‚Beiwerk‘ oder notwendiges Übel dieser ‚patriotischen Gesinnung‘ halten.

In der vorgestellten Alteritätskonstruktion wird die jüdische Herkunft zu
einer historischen Last erklärt, zu einem Erbe, das die Individuen, unabhängig
davon, ob sie selbst sich moralisch verhalten oder nicht, in ihrer Gemeinschaft
gefangen nimmt. Am Ende hat der Erzähldiskurs geklärt, dass es nicht, wie es
anfänglich schien, ein tumber, tradierter Antijudaismus ist, der Gustavs Liebe im
Wege steht, sondern dass umgekehrt das Judentum selbst jedem Christen zum
Unglück werde, sofern dieser sich „näherte“.

> Noch lange und mit unendlicher Wehmut dachte er dort über das unglückliche Geschöpf
> nach, dessen Herz ihm gehörte und das er nicht lieben durfte. Er teilte zwar alle strengen
> religiösen Ansichten seiner Zeit, aber er schauderte über dem Fluch, der einen heimatlosen
> Menschenstamm bis ins tausendste Glied verfolgte und jeden mit ins Verderben zu ziehen
> schien, der sich auch den Edelsten unter ihnen auf die natürlichste Weise näherte. (517)

Die Schlussfolgerung liegt auf der Hand: Sie verweist auf die Notwendigkeit einer
Distanz, da es der Kontakt mit den jüdischen Figuren ist, der ins Verderben führt.
Dies bestärkt der Text, indem er als konkreten Beginn von Leas Unglück neben
ihrer jüdischen Herkunft an sich das Verlassen des Frankfurter Ghettos verantwortlich macht. Im Ghetto war Lea, wie sie Gustav erzählt, glücklich und unbe-
schwert: „[I]ch saß in meinem Stübchen unter Freunden, und wollte nichts von
alledem, was draußen war.“ (486)

Diese Bescheidenheit, Selbstzufriedenheit und der Verbleib beim eigenen
Volk sind für beide konstruierte Gruppen positiv konnotierte Eigenschaften.
Leas und Gustavs Schicksal dienen als warnendes Exempel dafür, dass diese
‚natürlichen‘ Grenzen respektiert werden müssen. Der Verbleib im jüdischen
Ghetto und damit eine Separierung der Juden von der Lebenswelt der Mehrheitsgesellschaft wird als einzige vertretbare Position im Text anerkannt. Als positives Gegenbild zum Scheitern des deutsch-jüdischen Paares dienen zusätzlich
die beiden Töchter Lanbeks, die jeweils einen Verschwörer heiraten und damit
gute patriotische Familien bilden. Die Geschlechterordnung wird damit noch
einmal als vorbildhaft für die soziale Organisation der Gesellschaft insgesamt
betont. Die Grenzüberschreitung, die der Liebe zwischen Gustav und Lea inne-

wohnen könnte, verliert in der Novelle also eindeutig gegen eine Konstruktion zweier getrennter Gemeinschaften. Die Kombination aus einer schuldigen, für die unpassende ‚Einmischung' von Juden in die deutsch-christliche Gesellschaft stehenden Figur mit einer unschuldigen, gezwungenermaßen in Kontakt mit der Mehrheitsgesellschaft getretenen Figur führt zu der weitreichenden Schlussfolgerung, dass ‚jüdische' und ‚deutsche' Lebenswelten in jedem Fall separiert werden müssten.

6 Zur Funktion der Affekte in antisemitischen Erzähllogiken

Hauffs Erzählung inszeniert eine exemplarische Entscheidung für den patriotisch-nationalen Kampf gegen eine ‚fremde Kultur'. Die Berufung auf das Wohl der Gesamtheit des ‚Volkes' zielt daher nicht auf das historische Beispiel der Württemberger allein. Die Juden werden als innergesellschaftliche Fremde sichtbar, die jenseits individueller Schuld oder Unschuld in der christlich-deutschen Mehrheitsgesellschaft Probleme verursachen. Die Konstruktion eines ‚jüdischen Volkes' dient dazu, die Homogenität dieser Mehrheitsgesellschaft zu behaupten und ihre Mitglieder auf ‚deutsche Werte' einzuschwören. Im Verlauf der Erzählung werden dazu Bekenntnisse der jüdischen ebenso wie der christlichen Figuren zu dem jeweils ‚eigenen Volk' inszeniert. Indem ihre Taten als bewusst erbrachte Opfer erkennbar werden, beglaubigen sie die Notwendigkeit einer Trennung der Gemeinschaften. Obwohl antijüdische Einstellungen im Verlauf des Erzähldiskurses auch Kritik ausgesetzt sind, werden sie in die Vorstellung ethnischer Kollektive reintegriert und letztlich legitimiert. Das Mitleiden mit dem Schicksal Leas und Gustavs überbrückt die Grausamkeit der antisemitischen Schlussfolgerung.

Die avisierten LeserInnen sollen sich als Teil einer ‚deutschen' Eigengruppe erkennen und Mitglieder der jüdischen Minderheit komplementär dazu als Fremdgruppe ansehen. Die deutsche ‚Wir'-Gruppe bleibt dabei implizit christlich konnotiert, jedoch wird die Religion von ethnischen Zuschreibungen als dominantes Differenzmerkmal abgelöst. Hauff entwickelt eine Art nationales Harmonisierungsprojekt, wie es knapp drei Jahrzehnte später Gustav Freytags *Soll und Haben* darstellt: Vorgeführt wird, wie sich eine deutsche Gesellschaft über den Ausschluss des ethnisch ‚Fremden' als homogen und in Zukunft konfliktfrei imaginiert.

Gerade den positiv konnotierten Judenfiguren kommt in diesem Zusammenhang die Funktion zu, diesen Wertediskurs zu plausibilisieren: Die Texte können erst auf dieser Grundlage die Idee zweier Gemeinschaften entwickeln, die sich tendenziell vom Charakter einzelner Figuren ablösen kann, ohne an Plausibilität zu verlieren. Die Kombination von ‚schlechten' und ‚guten' Judenfiguren verhindert, dass die ethnische Differenz grundsätzlich mit einer moralischen verkoppelt wird. Dies ist Dreh- und Angelpunkt der Behauptung, dass im Kontakt von Juden mit der ‚deutschen' Welt die jüdische Herkunft in jedem Fall und für alle Beteiligten zum ‚Unglück' werde.

Diese Konstellation in Hauffs Erzählung „Jud Süß" demonstriert, wie Affekte, die gewöhnlich nicht mit antisemitischen Einstellungen assoziiert werden, zur Plausibilisierung von antisemitischen Denkschemata eingesetzt werden können. Selbst im Rahmen eines Wertediskurses, der Normen, Einstellungen und Handlungsweisen in erwünschte und abzulehnende unterscheidet, werden keineswegs ausschließlich Gefühle der Abscheu oder gar des Hasses auf die zu ‚Fremden' erklärte jüdische Minorität gelenkt. Emotionalisierungsstrategien dienen grundsätzlich dazu, bestimmte Einstellungen ‚erfahrbar' werden zu lassen. Dabei können verschiedenartige evozierte Affekte dieselbe Funktion in antisemitischen Erzähllogiken übernehmen. Die emotionale Lenkung ist, wie gezeigt werden sollte, ein wichtiges Element dieses Schlussverfahrens, da sie dabei hilft, die Brutalität der präsentierten ‚Lösung' erträglich zu gestalten: Der Affekt der Trauer bewirkt, dass die präsentierte Lösung als tragisch durchlittene bzw. erkämpfte empfunden werden kann und in diesem Lichte betrachtet scheinbar an moralischer Glaubwürdigkeit gewinnt.

Medien und Prozesse literarischer Kommunikation

Manuel Bauer

Ökonomie als Kommunikation

Literarische und theoretische Perspektiven

1 Das weltbürgerliche Band

In seiner Jenenser Antritts-Vorlesung von 1789 skizziert Friedrich Schiller, der
üblicherweise nicht eben als ökonomischer Denker gesehen wird,[1] die Aufstiegsgeschichte vom ‚Wilden' zum zivilisierten Menschen. Er weist dabei dem
wirtschaftlichen Handeln eine entscheidende Rolle zu. Es sei der „menschliche
Fleiß" gewesen, der „den widerstrebenden Boden durch sein Beharren und seine
Geschicklichkeit überwunden" habe.[2] Seitdem „die vervielfältigten Begierden
dem Erfindungsgeist neue Flügel gaben, und dem Fleiß neue Räume aufthaten",[3]
sei es zu mannigfaltigen Verbindungen der Menschen und Staaten untereinander gekommen. Arbeit, wirtschaftliches Handeln und Tauschprozesse zeitigen
Folgen weit über das Ökonomische hinaus. „Die Schranken sind durchbrochen,
welche Staaten und Nationen in feindseligem Egoismus absonderten. Alle den-
kenden Köpfe verknüpft jetzt ein weltbürgerliches Band."[4]

   In Schillers rückwärtsgewandt-teleologischer Konstruktion der Weltgeschichte, die in ein „dauerhaftes Glück für die Menschheit" münde, ist es von
entscheidender Bedeutung, dass „Gewerbe und Handel blühen".[5] Sowohl in syn-
chroner als auch in diachroner Hinsicht setze der Lebenswandel von Schillers
eigener Gegenwart ökonomische Zusammenhänge voraus, die die Kultur dieser
Gegenwart entscheidend prägten:

---

1 Es ist kein Zufall, dass Saller die ‚Antiökonomie' der klassisch-romantischen Zeit mit Schillers
Brief an Körner vom 29.8.1787 illustriert, in dem sich Schiller als „konsternierte[r] Poet" stilisiert,
der sich „angewidert abwendet, als er in Handelsgeschäfte verstrickt werden soll" (Reinhard
Saller, Schöne Ökonomie. Die poetische Reflexion der Ökonomie in frühromantischer Literatur,
Würzburg 2007, S. 8).
2 Friedrich Schiller, Was heißt und zu welchem Ende studiert man Universalgeschichte? Eine
akademische Antrittsrede. In: Schillers Werke, Nationalausgabe. Bd. 17. Historische Schriften.
Erster Teil, hg. von Karl-Heinz Jahn, Weimar 1970, S. 359–376, hier S. 365.
3 Schiller, Was heißt und zu welchem Ende studiert man Universalgeschichte?, S. 366.
4 Schiller, Was heißt und zu welchem Ende studiert man Universalgeschichte?, S. 366.
5 Schiller, Was heißt und zu welchem Ende studiert man Universalgeschichte?, S. 369.

DOI 10.1515/9783110543209-008

> [D]ie ungleichartigsten Perioden der Menschheit steuern zu unsrer Kultur, wie die ent-
> legensten Welttheile zu unserm Luxus. Die Kleider, die wir tragen, die Würze an unsern
> Speisen und der Preis, um den wir sie kaufen, viele unsrer kräftigsten Heilmittel, und eben
> so viele neue Werkzeuge unsers Verderbens – setzen sie nicht einen *Columbus* voraus, der
> Amerika entdeckte, einen *Vasco de Gama*, der die Spitze von Afrika umschiffte?[6]

Der Gegenstand der Universalgeschichte, so lässt sich Schiller paraphrasieren, ist
nicht zuletzt die ökonomische Verflechtung, die aus der Welt eine Textur macht
und durch die isoliert und kontingent scheinende Einzelereignisse zu einer sinnhaften Gesamtheit synthetisiert werden. Die Poetik der Universalgeschichte setzt
gleichermaßen ökonomische Verbindungen und die schriftliche Vermittlung und
Tradierung von historischen Ereignissen voraus. Geschehnisse, die durch „kein
Zeichen fest gehalten" wurden,[7] entziehen sich der historisch-narrativen Verket-
tung, „daher sind alle Begebenheiten *vor dem Gebrauche der Schrift* für die Weltgeschichte so gut als verloren".[8] Literarische Fixierung und Überlieferung sind
die medialen Entsprechungen der wirtschaftlichen Korrelationen, durch die ver-
einzelte Ereignisse überhaupt zu einem Prinzip der Universalgeschichte vereint
werden können.

Freilich bedarf es dazu auch des ‚philosophischen Verstandes', der die
„Bruchstücke durch künstliche Bindungsglieder verkettet" und dadurch „das
Aggregat zum System, zu einem vernunftmäßig zusammenhängenden Ganzen"
erhebt.[9] Erzählen und Wirtschaften sind jeweils Akte der Kommunikation, durch
die aus verstreuten Einzelheiten ein Ganzes wird. Die ökonomische Kommunikation ist ein Akt der Vertextung und orientiert sich (zumindest metaphorisch) am
Modell der Literatur. Im Folgenden wird skizziert, wie wirtschaftliches Handeln
von literarischen und theoretischen Texten vornehmlich des 18. und 19. Jahrhunderts als Voraussetzung jedweder Kommunikation dargestellt wird und wie es
gleichsam als poetische Praxis erscheint.

2 Textualität der ökonomischen Kommunikation

In Schillers Vorlesung finden sich nicht nur die referierten Überlegungen, die
die Bedeutung des wirtschaftlichen Handelns für den Fortschritt der Menschheit und damit für den Gegenstand der Universalgeschichte aufzeigen. Der Text

---

6 Schiller, Was heißt und zu welchem Ende studiert man Universalgeschichte?, S. 370.
7 Schiller, Was heißt und zu welchem Ende studiert man Universalgeschichte?, S. 370.
8 Schiller, Was heißt und zu welchem Ende studiert man Universalgeschichte?, S. 371.
9 Schiller, Was heißt und zu welchem Ende studiert man Universalgeschichte?, S. 373.

enthält auch zwei Rückgriffe auf das epochemachende wirtschaftstheoretische Werk des späten 18. Jahrhunderts: Adam Smiths *Wealth of Nations* (1776). Schillers Geschichtsbild unterstellt allen Handlungen, mögen sie auch als willkürliche Akte der Freiheit erscheinen, dass sie „am Bande der Nothwendigkeit geleitet" werden.[10] Als Rechtfertigung für diese Ansicht dient ihm eine Denkfigur, mit der Adam Smith knapp eineinhalb Dezennien zuvor die seither immer wieder beschworene wirtschaftsliberale Apologie eigeninteressierten Handelns begründete. Schiller führt aus, die Geschichte offenbare „der Menschheit [...]: ,daß der selbstsüchtige Mensch niedrige Zwecke zwar verfolgen kann, aber unbewußt vortrefliche befördert.'"[11] Smith leistet mit just diesem Argument eine Rechtfertigung für das wirtschaftsanthropologisch grundlegende Selbst-Interesse. Er postuliert ein Kausalverhältnis, demzufolge egoistische Intentionen eine Profitsteigerung der gesamten Nationalökonomie nach sich ziehen. Der wirtschaftende Mensch werde „von einer unsichtbaren Hand geleitet, um einen Zweck zu fördern, den zu erfüllen er in keiner Weise beabsichtigt hat."[12] Selbst-Interesse und gesellschaftlicher Beitrag sind nicht zu trennen. Genau in diesem Sinne rechtfertigt es auch Schiller, wenn ,selbstsüchtige' Menschen ,niedrige Zwecke' verfolgen, da sie letztlich doch ,vortreffliche' Zwecke fördern. Dieser Kerngedanke wirtschaftsliberalen Denkens ist Schillers Entwurf einer Universalgeschichte inhärent. Es ist nicht der einzige.

Schillers zitierte Überlegung, dass unterschiedliche ,Perioden der Menschheit' zur gegenwärtigen Kultur und ,die entlegensten Weltteile zu unserm Luxus' beitragen, hat ebenfalls ein Vorbild in Smiths nationalökonomischem Grundlagenwerk. Im Zusammenhang seiner theoretischen Begründung der Arbeitsteilung, die maßgeblich zum allgemeinen Wohlstand beitrage, zieht Smith ein vermeintlich banales Beispiel heran, an dem er die Tragweite seines Arguments demonstrieren will: eine gewöhnliche Wolljacke, an deren Verfertigung mehr Arbeitskräfte beteiligt seien, als man sich vorstellen könne.

---

10 Schiller, Was heißt und zu welchem Ende studiert man Universalgeschichte?, S. 375.
11 Schiller, Was heißt und zu welchem Ende studiert man Universalgeschichte?, S. 375.
12 Adam Smith, Der Wohlstand der Nationen. Eine Untersuchung seiner Natur und seiner Ursachen. Aus dem Englischen übertragen und mit einer umfassenden Würdigung des Gesamtwerkes hg. von Horst Claus Recktenwald, 12. Auflage, München 2009, S. 371. – Dass die Metapher der „unsichtbaren Hand" in astronomischen und moralphilosophischen Zusammenhängen an mehreren Stellen von Smiths Œuvre auftaucht, wurde mehrfach bemerkt. Vgl. u. a. Joseph Vogl, Kalkül und Leidenschaft. Poetik des ökonomischen Menschen, 3. Auflage, Berlin 2008, S. 45 ff. sowie Joseph Vogl, Das Gespenst des Kapitals, Zürich 2010, S. 41 ff. – Zur Karriere dieser Metapher sowie zu ihren Vorläufern vgl. Ralf Klausnitzer, Literatur und Wissen. Zugänge – Modelle – Analysen, Berlin und New York 2008, S. 321 ff.

So ist die Wolljacke, die der Tagelöhner trägt, so grob und derb sie auch aussehen mag, das Werk der Arbeit vieler. Der Schäfer, der Wollsortierer, der Wollkämmer oder Krempler, der Färber, der Hechler, der Spinner, der Weber, der Walker, der Zuschneider und viele andere mußten zusammenwirken, um auch nur dieses anspruchslose Produkt zuwege zu bringen. Wie viele Kaufleute und Fuhrleute waren außerdem mit dem Transport des Materials von dem einen Handwerker zum anderen beschäftigt, der häufig weit entfernt lebt! Wieviel Handel und namentlich wieviel Schiffahrt, wie viele Schiffsbauer, Seeleute, Segelmacher und Seiler mußten eingesetzt werden, damit der Färber seine verschiedenen Rohstoffe bekommt, die oft aus den entlegensten Ländern der Welt stammen! Wievielerlei Arbeiten sind außerdem nötig, um das Werkzeug für das einfachste dieser Handwerke herzustellen, von so komplizierten Maschinen wie einem Schiff, einer Walkmühle oder selbst einem Webstuhl ganz zu schweigen![13]

Smith führt dieses eindrückliche Beispiel noch aus, indem er weitere Verästelungen von Tätigkeiten und Akteuren aufzeigt. Zudem beteuert er, dass man ähnliche Überlegungen an diversen anderen Gegenständen ausführen könnte, etwa dem Leinenhemd, das der Tagelöhner trägt. Dass Smith die weitreichende Verknüpfung von Tätigkeiten, Arbeitsbereichen und wirtschaftenden Individuen ausgerechnet an textilen Gegenständen wie Wolljacke und Leinenhemd aufzeigt, ist signifikant. Indem (keineswegs metaphorisch) ein Gewebe herangezogen wird, verdeutlicht Smith die Textualität ökonomischen Handelns mittels der Bedeutung der Arbeitsteilung und damit der ökonomischen Interaktion und Kommunikation für das Zustandekommen einzelner Produkte, die ihrerseits wiederum Tauschhandlungen einleiten.

3 Wirtschaften als Verständigung

Die Unerlässlichkeit der Koppelung von Arbeitsschritten für das bloße Bestehen der menschlichen Gattung ist ein zentraler Gedanke noch für die philosophische Anthropologie des 20. Jahrhunderts. Arnold Gehlen beschreibt in *Der Mensch* (1940) Kommunikation als Folge grundlegender anthropologischer und ökonomischer Notwendigkeiten. Der Mensch finde in seinem Dasein die Aufgabe der Lebenserhaltung vor. Diese Aufgabe zwinge ihn zum Wirtschaften. Der Mensch sei im Vergleich zu anderen Tieren ein Mängelwesen und von einer „biologischen Mittellosigkeit".[14] Er gleiche diesen Mangel durch seine „Arbeitsfähigkeit

---

13 Smith, Der Wohlstand der Nationen, S. 14 f.
14 Arnold Gehlen, Der Mensch. Seine Natur und seine Stellung in der Welt, Berlin 1940, S. 22 f.

oder Handlungsgabe" aus.[15] Wegen seiner Defizite müsse er die Wirklichkeit „ins Lebensdienliche verändern", so dass notwendig „Verständigung" und „Zusammenarbeit" entstünden.[16] Verständigung ist in Gehlens Entwurf gleichursprünglich mit ökonomischer Interaktion.

Auch bei Smith gründet der gesellschaftliche Zusammenhang auf der „natürlichen Neigung des Menschen, zu handeln und Dinge gegeneinander auszutauschen".[17] Dieser ökonomische Nukleus des Menschenbildes ist bei Smith elementar für die gesellschaftliche Ordnung und bringt diese erst hervor:

> Nicht vom Wohlwollen des Metzgers, Brauers oder Bäckers erwarten wir das, was wir zum Essen brauchen, sondern davon, daß sie ihre eigenen Interessen wahrnehmen. Wir wenden uns nicht an ihre Menschen- sondern an ihre Eigenliebe, und wir erwähnen nicht die eigenen Bedürfnisse, sondern sprechen von ihrem Vorteil.[18]

Auf diese Weise kommt es zu vielfältigen Handels- und Tauschbeziehungen, die konstitutiv für eine Gemeinschaft sind. In diesem Sinne bemerkt Georg Simmel in seiner *Philosophie des Geldes* (1900), dass „die Mehrzahl der Beziehungen von Menschen untereinander als Tausch gelten kann",[19] wirtschaftliche Tauschverhältnisse mithin die Grundlage für alle anderen Formen des Austauschs darstellen. Diese Denkfigur wird von zahlreichen Schilderungen ökonomischen Handelns aufgegriffen, auch und gerade außerhalb der Wirtschaftstheorie im engeren Sinne.

Schon vor Adam Smith hat George Lillo in seinem Trauerspiel *The London Merchant* (1731) die kommunikative Funktion wirtschaftlichen Handelns beschworen. Das Stück zeigt einen Kaufmann, der die Ideologie seines Berufsstandes propagiert und gleichermaßen für staatspolitische, menschliche, moralische und ökonomische Werte einsteht. Das kaufmännische Handeln sieht der ideale Kaufmann Thorowgood als „eine Wissenschaft [...], deren Grundsätze in der Vernunft und Natur gegründet sind".[20] Der Kaufmann verkörpert die Rationa-

---

15 Gehlen, Der Mensch, S. 23.

16 Gehlen, Der Mensch, S. 26.

17 Smith, Der Wohlstand der Nationen, S. 16.

18 Smith, Der Wohlstand der Nationen, S. 17.

19 Georg Simmel, Philosophie des Geldes, hg. von David P. Frisby und Klaus Christian Köhnke. Gesamtausgabe Bd. 6, Frankfurt a. M. 1989, S. 59. – Zu diesem Zusammenhang vgl. auch Sandra Richter, Mensch und Markt. Warum wir den Wettbewerb fürchten und ihn trotzdem brauchen, Hamburg 2012, S. 137.

20 George Lillo, Der Kaufmann von Londen oder Gegebenheiten George Barnwells. Ein bürgerliches Trauerspiel. Übersetzt von Henning Adam von Bassewitz (1752). Kritische Ausgabe mit Materialien und einer Einführung hg. von Klaus-Detlef Müller, Tübingen 1981, S. 36.

lität[21] und glorifiziert die mannigfaltigen Vorteile, die die ‚Wissenschaft' des kaufmännische Handelns der Gesellschaft bringe: „Sie ist es, welche zuerst unter den
Menschen die glückliche Bereitwilligkeit, sich untereinander zu dienen, hervor-
gebracht hat [...].“[22] Der Handel vereine die Menschen und trage zur Völkerver-
ständigung bei. In der politischen Ökonomie des Kaufmanns bilden der Mensch,
sein Wohlergehen und seine Verbindung mit anderen Menschen das Zentrum.

So wurde das Wirken des Kaufmanns schon im 17. Jahrhundert, etwa in
Jacques Savarys Schrift *Le parfait négociant* (1675), gesehen und theologisch
begründet. Gott habe die Güter ungleich verteilt, „damit die Menschen unter
einander handelten und Gewerb trieben“.[23] Der Handel ist Ausdruck des göttlichen Willens, der Kaufmann dessen Mittler. Das „Commercewesen“, so heißt es
bei Lillo, stifte Freundschaften, erziehe die Menschen und lehre „die verschiedenen Nationen die Kunst [...], durch einen billigen Tausch sich untereinander die
nothwendigen Sachen mitzutheilen, welche die Natur dem einen Lande versaget,
und womit sie das andere reichlich versehen hat“.[24] Der Kaufmann als Vertreter des ‚Commercewesens' sorgt für eine ökonomische Harmonie. Er leistet die
logistische Arbeit, um Waren und Güter in der ganzen Welt gleichmäßig zu ver-
teilen – die „natürliche Unordnung in Ordnung zu bringen, ist die Aufgabe des
Kaufmanns.“[25]

Der Kaufmann als Gewährleister menschlichen Zusammenlebens erfuhr in
literarischen Texten einen großen Nachhall. Sein typisches Betätigungsfeld, das
Kontor, repräsentiert einen geordneten Kosmos bürgerlicher Arbeit fernab indus-
trieller Mühsal und Entmenschlichung sowie die Verknüpfung unterschiedlichster Menschen vermittels verbundener Arbeitsabläufe und der dort vertriebenen
Waren. In Friedrich Wilhelm Hackländers Kaufmannsroman *Handel und Wandel*
(1850) wird das Kontor definiert als „die Seele des Geschäfts, in der alle Lebensfä-
den zusammenlaufen“.[26] Nicht zuletzt wegen seiner Affinität zur Textproduktion
war das Kontor als Schreibstube einer der prägenden Räume der Literatur des
19. Jahrhunderts. Die Arbeit des (literarischen) Kaufmanns ermöglicht ein Wirt-

---

21 Vgl. Peter Szondi, Die Theorie des bürgerlichen Trauerspiels im 18. Jahrhundert. Der Kaufmann, der Hausvater und der Hofmeister, hg. von Gert Mattenklott, Studienausgabe der Vorlesungen, Bd. 1, Frankfurt a. M. 1973, S. 58.
22 Lillo, Der Kaufmann von Londen, S. 36.
23 Jacob Savary, Der vollkommene Kauf- und Handelsmann, Frankfurt a. M. 1968 (Neudruck der
deutschen Übersetzung Genf 1676), S. 1.
24 Lillo, Der Kaufmann von Londen, S. 36.
25 Szondi, Die Theorie des bürgerlichen Trauerspiels, S. 59.
26 Friedrich Wilhelm Hackländer, Handel und Wandel. Illustrierte Ausgabe, Stuttgart 1888,
S. 359.

schaftsleben allererst, da sie immer auch eine Arbeit an der und für die Zirkulation ist, die, wie Jacques Derrida bemerkt, „zentral für den gesamten ökonomischen Bereich [ist]: zirkulärer Austausch, Zirkulation der Güter, Produkte oder Waren, Geldumlauf".[27]

4 Der Handelsgeist

Dieses Modell der Zirkulation liegt dem kaufmännischen Handeln in *Heinrich von Ofterdingen* (1802) von Novalis zugrunde. Der Protagonist wird auf einer Reise von Kaufleuten begleitet, die die Sphäre des Handels repräsentieren und zugleich den späteren Dichter Heinrich mit der Poesie bekannt machen. Ihre Beschreibung der kaufmännischen Tätigkeit bedient sich typischer Kreislauf- und Zirkulations-Modelle: „Geld, Tätigkeit und Waren erzeugen sich gegenseitig, und treiben sich in raschen Kreisen, und das Land und die Städte blühen auf."[28] In seinen Kaufmannsfiguren veranschaulicht Novalis, was er an anderer Stelle zum ‚Handelsgeist' notiert:

> Der Handelsgeist ist der *Geist der Welt*. Er ist der *großartige* Geist schlechthin. Er setzt alles in Bewegung und verbindet alles. Er weckt Länder und Städte – Nationen und Kunstwercke. Er ist der Geist der Kultur – der Vervollkommnung des Menschengeschlechts. Der *historische* Handelsgeist – der sklavisch sich nach den *gegebenen Bedürfnissen* – nach den Umständen der Zeit und des Ort [sic!] richtet – ist nur ein Bastard des ächten, *schaffenden* Handelsgeistes.[29]

Dieser ‚merkantilische Geist'[30] vereint die Dinge der Welt zu einem Gewebe, das ohne ökonomische Antriebe nicht entstünde. Manifest wird dieser Geist in der Figur des Kaufmanns, der damit zum zentralen ökonomischen Handlungsträger wird. Dem Handelsgeist kommt eine eminente anthropologische Funktion zu, da er zugleich der Geist der ‚Vervollkommnung des Menschengeschlechts' ist.

---

27 Jacques Derrida, Falschgeld. Zeit geben I. Aus dem Französischen von Andreas Knop und Michael Wetzel, München 1993, S. 16.

28 Novalis, Heinrich von Ofterdingen. In: Novalis, Schriften. Bd. I. Das dichterische Werk, hg. von Paul Kluckhohn und Richard Samuel unter Mitarbeit von Heinz Ritter und Gerhard Schulz, Darmstadt 1960, S. 181–369, hier S. 206.

29 Novalis, Das Allgemeine Brouillon. In: Novalis, Schriften. Bd. III, Das philosophische Werk II, hg. von Richard Samuel in Zusammenarbeit mit Hans-Joachim Mähl und Gerhard Schulz, Darmstadt 1968, S. 207–478, hier S. 464.

30 Vgl. Vogl, Kalkül und Leidenschaft, S. 266.

Novalis rekurriert auf eine Überlegung Immanuel Kants in *Zum ewigen Frieden* (1795), wobei Kant seinerseits ein Argument von Adam Smith aufgreift (womit auch ersichtlich ist, wie eine intertextuelle Vernetzung von Texten sowie ein Im- und Export von Argumenten und Denkfiguren den ökonomischen Diskurs prägt). Die Natur, so Kant, vereinige „Völker, die der Begriff des Weltbürgerrechts gegen Gewalttätigkeit und Krieg nicht würde gesichert haben, durch den wechselseitigen Eigennutz".[31] Dieser ‚wechselseitige Eigennutz' entspricht Smiths Beschreibung der menschlichen Tauschverhältnisse, die Kant nun von Individuen auf die Ebene der Völker und Staaten überträgt. Begründer und Bewahrer des Friedens zwischen den Völkern, die nach ihrem eigenen maximalen Nutzen streben, sei eine metaphysische Entität, die nolens volens stets die Nutzenmaximierung will und stets den Frieden schafft:

> Es ist der *Handelsgeist*, der mit dem Kriege nicht zusammen bestehen kann, und der früher oder später sich jedes Volks bemächtigt. Weil nämlich unter allen, der Staatsmacht untergeordneten, Mächten (Mitteln) die *Geldmacht* wohl die zuverlässigste sein möchte, so sehen sich Staaten (freilich wohl nicht eben durch Triebfedern der Moralität) gedrungen, den edlen Frieden zu befördern [...].[32]

‚Handelsgeist' und ‚Geldmacht' sorgen für einen beständigen Austausch zwischen Staaten. Zwar werden diese nicht von Moralität angetrieben, aber das Resultat dient doch einem moralischen Zweck, der beständigen Arbeit am Frieden mittels

---

31 Immanuel Kant, Zum ewigen Frieden. Ein philosophischer Entwurf. In: Kant, Werkausgabe in zwölf Banden. Bd. XI, Schriften zur Anthropologie, Geschichtsphilosophie, Politik und Pädagogik 1, hg. von Wilhelm Weischedel, Frankfurt a. M. 1977, S. 191–251, hier S. 226.
32 Immanuel Kant, Zum ewigen Frieden, S. 226. – Süffisant hebt Florian Illies im Rekurs auf Norman Angells Buch *The Great Illusion* die Konjunktur dieser Denkfigur noch im Jahr 1913 hervor – und weist sie durch das Wissen um den im Folgejahr ausgebrochenen Weltkrieg als idealistische Chimäre aus: „Angell legte dar, dass das Zeitalter der Globalisierung Weltkriege unmöglich mache, da alle Länder längst wirtschaftlich zu eng miteinander verknüpft seien. Und Angell sagt, dass neben den wirtschaftlichen Netzwerken auch die internationalen Verbindungen in der Kommunikation und vor allem auch in der Finanzwelt einen Krieg sinnlos machen." (Florian Illies, 1913. Der Sommer des Jahrhunderts, 2. Auflage, Frankfurt a. M. 2014, S. 155) – Dennoch heben auch Autoren des 21. Jahrhunderts im Anschluss an Kants Vorstellung hervor, dass „das global zirkulierende Geld uns voneinander abhängig macht und einen sozialen Zusammenhalt jenseits aller Grenzen stiftet" (Dieter Schnaas, Kleine Kulturgeschichte des Geldes, München 2010, S. 170). Zugleich allerdings wird die „Verflechtungsintensität des regulativen Kapitalismus" in Zeiten anhaltender globaler (Staats-)Finanzkrisen als Problem und Bedrohung wahrgenommen (vgl. Joseph Vogl, Der Souveränitätseffekt, Zürich und Berlin 2015, S. 234). Die Schilderungen der ökonomischen Vertextung und Kommunikation werden von solchen Krisenphänomenen zwar bestätigt, aber auch dramatisch zugespitzt.

universeller ökonomischer Verbindlichkeiten. Erneut wird ersichtlich, dass das von Schiller beschworene ‚weltbürgerliche Band' maßgeblich von wirtschaftlichen Interessen geknüpft wird.

Zu derlei Beobachtungen regt bereits Christian Fürchtegott Gellerts Roman *Leben der schwedischen Gräfinn von G**** (1747/48) an. Vordergründig scheint Ökonomie kein nennenswertes Thema des Romans zu sein. Die finanziellen Verhältnisse der Protagonisten gedeihen wie von selbst prächtig, obwohl keiner „recht mit dem Gelde umzugehen" weiß.[33] Dennoch folgt der Roman einer Poetik der ökonomischen Verflechtung und exponiert die Bedeutung wirtschaftlichen Handelns für gelingende Verständigung. Der Kaufmann wird bei Gellert „zur universalen Vermittlerfigur", da er „durch weltweiten Handel dafür sorgt, daß auch die entferntesten Nationen sich austauschen und so die Menschheit durch einen allgemeinen Verkehr miteinander verbunden wird".[34] Das Handelsnetzwerk, das sich bis in die entlegensten Gegenden über Europa erstreckt, ermöglicht nicht nur den Austausch von Gütern, sondern auch die Beförderung von Briefen.[35] Durch diese Briefe wiederum kann der Roman überhaupt erst erzählt werden, da die Erzählerin wiederholt auf die brieflichen Informationen zurückgreift oder sogar die Schriftstücke selbst einschaltet, erachtet sie ihre eigenen narrativen Mittel doch als begrenzt.[36] Wirtschaftliche Kontakte sind konstitutiv für den Erzählakt selbst; die soziale Praxis des literarischen Erzählens ist auf die des Tauschhandels angewiesen, der dafür die logistischen Voraussetzungen bereitstellt. Darüber hinaus führen die ökonomischen Bindungen Menschen zueinander. Der erste Ehemann der Erzählerin kehrt aus russischer Gefangenschaft zurück, indem er sich auf einem „Schiff aus Rußland mit Waaren"[37] nach Den Haag einschifft. Die Gatten hatten einander für tot gehalten, weil ihre Briefe nicht ankamen und die lückenlose Herstellung der ökonomischen Textur nicht gewährleistet war, die nun durch Handelsbeziehungen restituiert wird. Staatlich eingeschränkte Han-

---

33 Christian Fürchtegott Gellert, Leben der Schwedischen Gräfinn von G***. In: Gellert, Gesammelte Schriften. Kritische, kommentierte Ausgabe, hg. von Bernd Witte, Bd. IV, Berlin und New York 1989, S. 1–96, hier S. 36. – Der zwar aufgeklärten und gebildeten, ökonomisch aber nicht interessierten Erzählerin scheint es gar, „als ob uns der Himmel mit Gewalt reich machen wollte" (Gellert, Leben der Schwedischen Gräfinn von G***, S. 32).

34 Thomas Wegmann, Tauschverhältnisse. Zur Ökonomie des Literarischen und zum Ökonomischen in der Literatur von Gellert bis Goethe, Würzburg 2002 (Epistemata. Würzburger Wissenschaftliche Schriften. Reihe Literaturwissenschaft, Bd. 386), S. 48.

35 Vgl. Gellert, Leben der Schwedischen Gräfinn von G***, S. 68 u. ö.; vgl. auch Vogl, Kalkül und Leidenschaft, S. 183f.

36 Vgl. Gellert, Leben der Schwedischen Gräfinn von G***, S. 45 u. ö.

37 Gellert, Leben der Schwedischen Gräfinn von G***, S. 37.

delsmöglichkeiten bedeuten zugleich eingeschränkte Vernetzung, Reisemöglichkeit und Kommunikation.

Bei der allenthalben glorifizierten globalen Vernetzung sind allerdings koloniale Interessen im Spiel, wie Thorowgoods Bemerkung in Lillos *Kaufmann von London* bereits 1731 zeigt. Ein „fleißiger Handelsmann" müsse die über alle Regionen der Welt verstreuten „verschiedenen Reichthümer sammeln, und in sein Vaterland einzuführen suchen".[38] Dieser staatspolitisch verbrämte Entdecker- und Kolonistengeist bildet wenn nicht die Voraussetzung, so doch eine irreduzible Begleiterscheinung ökonomischer Kommunikation und Vertextung, die aus dieser Perspektive ihre scheinbar sakrosankte Glorie einbüßen.

5 Die Poesie des Kaufmanns

Von solch kolonialem Geiste beseelt präsentieren sich die Kaufmannsfiguren in Gustav Freytags Roman *Soll und Haben* (1855), einem der großen Bestseller des 19. Jahrhunderts (der bemerkenswert häufig zur Untermauerung wirtschaftstheoretischer Ausführungen herangezogen wird und dadurch belegt, dass nicht nur Literatur Anleihen bei der ökonomischen Theorie vornimmt, sondern auch umgekehrt[39]). Es ist ausdrücklich der „deutsche Kaufmann", der vermittels seiner Tauschgeschäfte in den slawischen Gebieten die Zivilisation vorantreibt.[40] Das Marktgeschehen wird erneut mit der Metaphorik der Textualität beschrieben, wenn es über slawische Marktstädte heißt, sie seien „kunstvolle Knoten, in denen zahllose Fäden zusammenlaufen, durch welche die kleinen Arbeiter des Feldes verbunden werden mit anderen Menschen, mit Bildung, mit Freiheit und einem zivilisierten Staat".[41] Die kulturschaffende Tätigkeit des Kaufmanns lässt den Warenvertrieb als soziales Netzwerk erscheinen. Ohnehin erscheint die kaufmännische Arbeit als Ermöglichung von Kommunikation, deren Medien nicht zuletzt

---

38 Lillo, Der Kaufmann von London, S. 36.

39 Es ist nicht nur von anekdotischem Interesse, wenn der Wirtschaftstheoretiker und -historiker Werner Sombart im Kontext wissenschaftlicher „Schilderungen von Handel und Gewerbe in früherer Zeit" bemerkt: „Gustav Freytags ‚Soll und Haben' bietet einen reicheren Erkenntnisstoff als zehn langweilige Handels- und Industriegeschichten." (Werner Sombart, Der moderne Kapitalismus. Historisch-systematische Darstellung des gesamteuropäischen Wirtschaftslebens von seinen Anfängen bis zur Gegenwart. Bd. III/2: Das Wirtschaftsleben im Zeitalter des Hochkapitalismus, Berlin 1986, S. 723).

40 Vgl. Gustav Freytag, Soll und Haben. Ein Roman in sechs Büchern. Mit einen Nachwort von Helmut Winter, 3. Auflage, Waltrop und Leipzig 2007, S. 592 ff.

41 Freytag, Soll und Haben, S. 594.

die vertriebenen Waren darstellen, wie Freytag den Kommis Anton Wohlfart dar-
legen lässt:

> [I]ch weiß mir gar nichts, was so interessant ist als das Geschäft. Wir leben mitten unter
> einem bunten Gewebe von zahllosen Fäden, die sich von einem Menschen zu dem anderen,
> über Land und Meer, aus einem Weltteil in den anderen spinnen. Sie hängen sich an jeden
> einzelnen und verbinden ihn mit der ganzen Welt.[42]

Die kaufmännische Tätigkeit macht aus einer fragmentarischen Welt eine Textur.
Kaufmännische Arbeit als „realistische Universalpoesie"[43] besteht weniger darin,
durch den Vertrieb von Waren einen möglichst großen Gewinn zu erzielen, als
in der Verknüpfung verschiedener Menschen.[44] „[W]as das Geld zwischen den
Waren ist, ist der Kaufmann zwischen den Menschen" – er kann, wie Georg
Simmel bemerkt, „alles mit allem in Verbindung [...] setzen".[45] Während Karl
Marx und Friedrich Engels nur wenige Jahre vorher beschreiben, dass die Bour-
geoisie alle Bindungen, die im Rahmen des Feudalsystems zwischen den Menschen bestanden, „unbarmherzig zerrissen und kein anderes Band zwischen
Mensch und Mensch übriggelassen [hat] als das nackte Interesse, als die gefühl-
lose ‚bare Zahlung'",[46] lässt Freytag seinen idealen Kaufmann mittels poetisier-
ter Waren jene Bande, nun erheblich liberaler als unter feudalen Bedingungen,

---

42 Freytag, Soll und Haben, S. 239.

43 Bernd Bräutigam, Candide im Comptoir. Zur Bedeutung der Poesie in Gustav Freytags *Soll
und Haben*. In: Germanisch-Romanische Monatsschrift, 66 / N.F. 35, 1985, S. 395–411, hier S. 403.

44 Zur Analogie der kaufmännischen Tätigkeit mit der Vertextung und literarischer Arbeit vgl.
auch: Claudia Stockinger, Das 19. Jahrhundert. Zeitalter des Realismus, Berlin 2010, S. 152. –
Auch Irmtraud Hnilica greift dies auf und macht zur Leitthese ihrer Untersuchung, „dass die Dar-
stellung des Kaufmanns an die Gestaltung der Künstlerfigur der Romantik anknüpft" (Irmtraud
Hnilica, Im Zauberkreis der großen Waage. Die Romantisierung des bürgerlichen Kaufmanns in
Gustav Freytags *Soll und Haben*, Heidelberg 2012, S. 14; vgl. auch ebd. S. 152 ff.).

45 Georg Simmel, Die Bedeutung des Geldes für das Tempo des Lebens. In: Simmel, Soziologi-
sche Ästhetik, hg. und eingeleitet von Klaus Lichtblau, Bodenheim 1998, S. 93–110, hier S. 101.
– Zur Fähigkeit des Geldes, „Äquivalenzen zwischen Dingen, Gütern, Werten und (Dienst-)Leis-
tungen her[zustellen], die an sich schlechthin nicht gleich, sondern durch den (geldvermittelten)
Tausch eben erst gleichgesetzt werden", vgl. Jochen Hörisch, Geld – Ein Handbuchartikel. In:
Hörisch, Gott, Geld, Medien. Studien zu den Medien, die die Welt im Innersten zusammenhalten,
Frankfurt a. M. 2004, S. 108–118 (Zitat S. 111).

46 Karl Marx/Friedrich Engels, Manifest der Kommunistischen Partei. In: Karl Marx / Friedrich
Engels, Werke, Bd. 4, Berlin 1959, S. 459–493, hier S. 464. – Vgl. zu diesem Zusammenhang Chris-
tine Achinger, Gespaltene Moderne. Gustav Freytags *Soll und Haben*. Nation, Geschlecht und
Judenbild, Würzburg 2007, S. 56.

wieder knüpfen, ohne dabei auf das ‚nackte Interesse' und die ‚bare Zahlung' allein fokussiert zu sein.

Dem gängigen (wenn auch bisweilen überzeichneten) Bild zufolge sind ökonomisch handelnde Menschen an ihren Mitmenschen nicht im Geringsten interessiert, wie etwa eine Polemik von Engels zeigt: „Wenn der einzelne Fabrikant oder Kaufmann die fabrizierte oder eingekaufte Ware nur mit dem üblichen Profitchen verkauft, so ist er zufrieden, und es kümmert ihn nicht, was nachher aus der Ware und deren Käufer wird."[47] In Freytags Roman hingegen wird der Kaufmann grundsätzlich anders gezeichnet. Anton Wohlfart entwickelt ein inniges Verhältnis sowohl zu Waren, in denen die Produzenten gleichsam aufgehoben sind, als auch zu den mittels der Waren verbundenen Menschen. Der Kaufmann wirkt daran mit, „daß jeder Mensch mit jedem anderen Menschen in fortwährender Verbindung erhalten wird".[48] Die weltweite Zirkulation der Waren wird als Harmonie erkennbar, die nicht mehr prästabiliert, sondern durch ökonomisches Handeln geschaffen ist. Der Kaufmann ist selbst schöpferisch und synthetisiert durch seine Handelstätigkeit alle disparaten Teile der Welt.

Die „unausgesetzte Verknüpfung der Menschen untereinander"[49] wird von Werner Sombart zum Wesensmerkmal des kapitalistischen Wirtschaftens erklärt – einem seiner namhaftesten Theoretiker zufolge ist das kapitalistische Wirtschaften also wesentlich auf Vertextung und Kommunikation ausgerichtet. Sombart führt aus, dass der kapitalistische Unternehmer „in der Einsamkeit notwendig verkümmern müßte, weil er vom Kommerzium lebt".[50] Literarische Kaufmänner akzentuieren diese Relation anders. Der Kaufmann ist auf diese Verknüpfung nicht einfach angewiesen. Er stellt sie her und gewährleistet ihren Fortbestand. Erst durch diese (künstlerisch-schöpferische) Tätigkeit ermöglicht der Kaufmann das kapitalistische Wirtschaften. Er verbürgt die gesellschaftlich notwendige wirtschaftliche Zirkulation und wird zum Begründer der Kultur und Bewahrer der Zivilisation überhöht.

Durch seine Affinität zur Textproduktion weist das Wirken des Kaufmanns poetische Aspekte auf, die insbesondere im Medium der Ware ihren Niederschlag finden. Die „Geheimnisse der Warenkunde" werden für Anton Wohlfart „die Quelle einer eigentümlichen Poesie".[51] In den Waren konkretisiert und

---

47 Friedrich Engels, Anteil der Arbeit an der Menschwerdung des Affen. In: Karl Marx / Friedrich Engels: Werke, Bd. 20, Berlin 1962, S. 444–455, hier S. 455.

48 Freytag, Soll und Haben, S. 239.

49 Werner Sombart, Die deutsche Volkswirtschaft im 19. Jahrhundert und im Anfang des 20. Jahrhunderts. Eine Einführung in die Nationalökonomie, 8. Auflage, Darmstadt 1954, S. 70

50 Werner Sombart, Die deutsche Volkswirtschaft im 19. Jahrhundert, S. 70.

51 Freytag, Soll und Haben, S. 59 f.

materialisiert sich für Anton die Arbeit aller „Länder der Erde" und „Rassen des Menschengeschlechts".[52] Nicht als schnöde Handelsobjekte, sondern als Sinnbild internationaler Verflechtungen, die wiederum vom Kaufmann hergestellt und aufrechterhalten werden, gewinnen die im Handelshaus gelagerten Waren ihren Reiz.[53] Der Anblick der Waren beglückt Anton, da Vorstellungen von fremden Ländern und Menschen evoziert werden. Er versucht sich an einer Hermeneutik der Ware: „Wenn er sich Mühe gab, die Eigentümlichkeiten der vielen Waren zu verstehen, so versuchte er auch durch Lektüre deutliche Bilder von der Landschaft zu bekommen, aus welcher sie herkamen, und von den Menschen, die sie gesammelt hatten."[54] Das Verstehen der Ware, auf das er seine kulturellen Interessen ausrichtet, zielt auf die Kenntnis des produzierenden, oder wie es hier vorkapitalistisch idyllisierend heißt, *sammelnden* Menschen. Der Umgang des Kaufmanns mit der Ware ist weniger eine ökonomische als eine gesellschaftliche Tätigkeit.[55] Wirtschaftliches und kommunikatives Handeln sind in der verklärenden Sichtweise des Bürgerlichen Realismus untrennbar.

Die poetogenen Aspekte des Kaufmanns sind mit seiner wirtschaftsanthropologischen Konturierung zusammenzudenken. Seine Stellung zum Wirtschaftsleben zeichnet sich dadurch aus, dass er einer nicht entfremdeten Arbeit nachgeht und anderen Menschen einen Ort in der ökonomischen Textur bewahrt. Nicht abstrakte Ziele wie Profit- oder Nutzenmaximierung stehen im Mittelpunkt, sondern der Mensch selbst ist in dieser idealisierenden Sicht das Zentrum ökonomischer Handlungen.

6 Ein ‚Netz von Eisenbahnen und Telegraphendrähten'

Kommunikativ-ökonomischen Vernetzungen, die nicht durch den Handel treibenden Menschen gewährleistet werden, steht Freytags Roman (stellvertretend

---

52 Freytag, Soll und Haben, S. 60.

53 Generell zum Stellenwert der Ware und des Dinglichen in *Soll und Haben* vgl. Lothar Schneider, Die Diätetik der Dinge: Dimensionen des Gegenständlichen in Gustav Freytags *Soll und Haben*. In: 150 Jahre *Soll und Haben*. Studien zu Gustav Freytags kontroversem Roman, hg. von Florian Krobb, Würzburg 2005, S. 103–120.

54 Freytag, Soll und Haben, S. 61.

55 Vgl. Christine Achinger, „Prosa der Verhältnisse" und Poesie der Ware: Versöhnte Moderne und Realismus in *Soll und Haben*. In: 150 Jahre *Soll und Haben*, hg. von F. Krobb, Würzburg 2005, S. 67–86, hier S. 71.

für weite Teile der deutschsprachigen Literatur des 19. Jahrhunderts) skeptisch gegenüber. Es wird ein anachronistisches Bild guten Wirtschaftens erträumt. Als der Erzähler das Handelshaus charakterisiert, in das Anton eintritt, heißt es:

> Das Geschäft war ein Warengeschäft, wie sie jetzt immer seltener werden, jetzt, wo Eisenbahnen und Telegraphen See und Inland verbinden, wo jeder Kaufmann aus den Seestädten durch seine Agenten die Waren tief im Lande verkaufen läßt, fast bevor sie im Hafen angelangt sind, so selten, daß unsere Nachkommen diese Art des Handels kaum weniger fremdartig finden werden wie wir den Marktverkehr zu Timbuktu oder in einem Kaffernkral.[56]

Die ökonomische Wirklichkeit des Romans wird in eine nicht näher bestimmte Vergangenheit verlegt. Mit Eisenbahnen und Telegraphen werden die Symbole der industriellen und ökonomischen Beschleunigung aufgeboten (die Freytag in seinem Roman aber als Insignien der Moderne ablehnend beurteilt). Insbesondere die Eisenbahn sorgt nicht nur selbst für Verbindungen, sondern ist auch Ergebnis des Zusammenschlusses zahlreicher ökonomischer Akteure durch das prosperierende Phänomen der Aktiengesellschaft. Mit einer beschleunigten Kommunikation, die durch Eisenbahn und Telegrafie ermöglicht wird, korreliert eine beschleunigte Ökonomisierung, die wiederum mit einer *„Entzauberung der Welt"*[57] einhergeht. Der Raum, der Menschen voneinander trennte, konnte nun weit leichter überwunden werden. Das brachte gravierende Folgen für die menschliche Wahrnehmung mit sich, wie Heinrich Heines berühmte Reflexion über die Wirkung der Eisenbahn zeigt. 1843 berichtet er anlässlich der Eröffnung neuer Eisenbahnlinien von einer „Erschütterung, die jeder mitempfindet, der nicht etwa auf einem socialen Isolirschemel steht", und die ein „unheimliches Grauen" auslöst; der Siegeszug der Eisenbahn sei ein Ereignis, das „der Menschheit einen neuen Umschwung" gebe und durch das „ein neuer Abschnitt in der Weltgeschichte" beginne. Selbst der perzeptive Apparat des Menschen müsse sich grundlegend ändern: „Sogar die Elementarbegriffe von Zeit und Raum sind schwankend geworden. Durch die Eisenbahnen wird der Raum getödtet, und es bleibt uns nur noch die Zeit übrig."[58]

---

56 Freytag, Soll und Haben, S. 51.
57 Max Weber, Wirtschaftsgeschichte. Abriß der universalen Sozial- und Wirtschaftsgeschichte. Aus den nachgelassenen Vorlesungen hg. von Siegmund Hellmann und Melchior Palyi, 6. Auflage, Berlin 2011, S. 318.
58 Heinrich Heine, Lutezia. Berichte über Politik, Kunst und Volksleben. Zweiter Theil. In: Heine, Historisch-kritische Gesamtausgabe der Werke, hg. von Manfred Windfuhr, Bd. 14/I. Lutezia II, bearbeitet von Volkmar Hansen, Hamburg 1990, S. 9–145, hier S. 57 f.

Der die allgemeine Vernetzung und Kommunikation befördernde literarische Kaufmann müsste, so wäre anzunehmen, den neuen Hilfsmitteln aufgeschlossen gegenüberstehen, da sie sein Wirken unterstützen könnten, denn, wie es bei Sombart über den des ökonomischen Strukturwandel des 19. Jahrhunderts heißt, „ein immer dichter gespanntes Netz von Eisenbahnen und Telegraphendrähten vermittelt einen rastlosen Verkehr".[59] Doch Eisenbahn und Telegraf sind mit dem Prinzip des spekulativen Wirtschaftens assoziiert, das Freytags wirtschaftsanthropologischer Idealfigur des Kaufmanns fremd ist. Max Weber hebt hervor, die Börsenspekulation habe durch den Bau der Eisenbahnen eine „riesenhafte Ausdehnung" gewonnen: „[S]ie haben die Wertpapiere geliefert, welche die Börsenspekulation geradezu erst entfesselten."[60] Eine Zeit, in der ökonomische Kommunikation durch Spekulation und Revolutionen der technischen Fortbewegungsmittel hergestellt wird, ist Freytag suspekt.

Die Beziehung des Kaufmanns zu seinen Waren ist, Freytags Erzähler zufolge, durch die modernen Entwicklungen eine veränderte, da die Waren bereits verkauft werden, bevor sie überhaupt im Land angekommen sind. Der (als degeneriert zu denkende) Kaufmann moderner Prägung nähert sich dem ökonomischen Menschentypus des Spekulanten an, der ‚luftige' Geschäfte macht, die keinen Bezug zu einer greifbaren Ware aufweisen. Dagegen stehen „feste Gesinnung und ein sicheres Selbstgefühl",[61] traditionelle kaufmännische Solidität und ideologische Selbstvergewisserung jenseits rasanter technischer Entwicklungen. Die von Friedrich Nietzsche gescholtene „Cultur der Handeltreibenden"[62] erhält in der Figur des Kaufmanns ihre poetische Verklärung, die freilich von im 19. Jahrhundert immer bedeutender werdenden spekulativen Geschäften auch und gerade in ihrer Funktion als Stifter von Kommunikation bedroht ist. Das „Problem der Spekulation" sei, so Niklas Luhmann, aus „der Übertreibung des Versuchs, mit Geld Geld zu machen", entstanden.[63] Spekulatives Handeln, insbesondere die Börsenspekulation und die mit ihr zusammenhängende „Loslösung von ökonomischen Referenzen",[64] erscheint als magisch-hermetische Sphäre, die den Menschen dezentriert hat und nicht mehr zur Gewährleistung eines Kommunikationsrau-

---

59 Sombart, Die deutsche Volkswirtschaft im 19. Jahrhundert, S. 63.
60 Weber, Wirtschaftsgeschichte, S. 265.
61 Freytag, Soll und Haben, S. 51.
62 Friedrich Nietzsche, Morgenröthe. Ein Buch über die moralischen Vorurtheile. In: Nietzsche, Sämtliche Werke. Kritische Studienausgabe in 15 Bänden, hg. von Giorgio Colli und Mazzino Montinari, Bd. 3, Neuausgabe, München 1999, S. 9–331, hier S. 155 (Aph. 175).
63 Niklas Luhmann, Die Wirtschaft der Gesellschaft, Frankfurt a. M. 1994, S. 144 (Anm. 13).
64 Urs Stäheli, Spektakuläre Spekulationen. Das Populäre in der Ökonomie, Frankfurt a. M. 2007, S. 40.

mes taugt. Der Kaufmann bedenkt in seinen Waren als Kommunikationsmedien auch die Tätigkeit der Produzenten und verbindet – zumindest in seiner literarischen Idealisierung – über die vertriebenen Waren die Menschen miteinander. Die Objekte des Spekulanten indes sind virtuell oder werden, wie es bei Sombart heißt, „nicht mehr in ihrer individuellen, sondern nur noch in ihrer generellen Eigenart bewertet", so dass es zu einer „,Entpersönlichung' der Ware" komme.[65]

Die nur zeichenhafte Manifestation der Ware, mit der es der Spekulant zu tun hat, wird in Form eines Börsenpapiers völlig entindividualisiert. Ein konkretes, gar persönliches Verhältnis des Menschen zur Ware ist nicht mehr möglich. Die physische Konkretisierung ist ohnehin nur ein Verweis auf etwas anderes und auch als Signifikant ist er von anderen Signifikanten, die auf das gleiche Signifikat verweisen, nicht zu unterscheiden. Zwar sind Wertpapiere ebenso wie Waren imstande, eine globalisierende Wirkung auszuüben; diese wird aber nicht mehr als anthropologische Tätigkeit, sondern als Symbol für Beschleunigung und medialen Wandel gedeutet, da sie weniger vom Menschen als von einem technischen Medium hergestellt wird. Bei internationalen Börsenpapieren, so bemerkt der Ökonom Alfred Marshall 1890, „hält der Telegraph fast genau dieselben Preise auf allen Börsen der Welt. Die bloße Nachricht vom Steigen eines dieser Papiere in Neuyork, Paris, London oder Berlin verursacht ein Steigen auf den andern Plätzen".[66] Während dem Kaufmann zugeschrieben wird, als logistisches Zentrum schöpferisch eine globale Vertextung herzustellen, agieren im Falle der Spekulation die Händler nur noch als ausführendes Organ der vom technischen Kommunikationsmedium verbreiteten Nachricht.

Der Spekulant ist wie der von Joseph Schumpeter beschriebene Unternehmer „ganz besonders traditions- und beziehungslos, der wahre Hebel der Durchbrechung aller Bindungen".[67] Diese ‚Durchbrechung aller Bindungen' wird von der literarischen Poetologie dieses Wirtschaftssubjekts weit weniger positiv gesehen als von der Wirtschaftstheorie, da damit die Befürchtung einhergeht, auch alle menschlichen Bindungen, die vom idealisierten Kaufmann noch hergestellt werden, zu durchbrechen. Unternehmer respektive Spekulant stehen für einen wirtschaftsanthropologischen Paradigmenwechsel, gelten sie doch als „Bahnbrecher des modernen Menschen",[68] für einen Abbruch der ökonomischen Kom-

---

65 Sombart, Die Juden und das Wirtschaftsleben, Leipzig 1911, S. 95.
66 Alfred Marshall, Handbuch der Volkswirtschaftslehre. Erster Band. Nach der vierten Auflage des englischen Originals mit Genehmigung des Verfassers übersetzt von Hugo Ephraim und Arthur Salz, Stuttgart und Berlin 1905, S. 340.
67 Joseph A. Schumpeter, Theorie der wirtschaftlichen Entwicklung. Eine Untersuchung über Unternehmergewinn, Kapital, Kredit, Zins und den Konjunkturzyklus, 6. Auflage, Berlin 1964, S. 134.
68 Schumpeter, Theorie der wirtschaftlichen Entwicklung, S. 134.

munikation und der vom Wirtschaftsakteur geleisteten universellen Vertextung. In den Bildern, die in der Moderne von exemplarischen Wirtschaftssubjekten entworfen werden, wird die eine globale Kommunikation ermöglichende Textur eher zerrissen als synthetisiert. Die realökonomische Aufstiegsgeschichte wird als Verfallsgeschichte der von Menschen gewährleisteten ökonomischen Kommunikation erzählt. Die moderne Fragmentierung gerät wiederum zu einer Herausforderung der literarischen Kommunikation über ökonomische Phänomene, die mit den poetischen Mitteln des 18. und 19. Jahrhunderts nicht mehr bewältigt werden konnte.

Jörg Schuster

Zum Problem der Hermetik zwischen literarischer Kommunikation und Kulturpoetik

Georg Trakl und „Der Brenner"

1 Beglückende Unverständlichkeit oder esoterische Kommunikation? Georg Trakls Lyrik im Kontext der Zeitschrift *Der Brenner*

„Ich verstehe sie nicht; aber ihr *Ton* beglückt mich", urteilte Ludwig Wittgenstein in einem Brief an Ludwig von Ficker vom November 1914 über die Gedichte Georg Trakls.[1] Dieses Diktum rührt an literaturtheoretische Grundfragen, indem es anhand der hermetischen Lyrik Trakls das Verstehen und die emotionale Wirkung von Texten einander gegenüberstellt. Diese scheint unabhängig von jenem möglich zu sein, zu „beglücken" vermögen Gedichte auch dann, wenn uns ihr Sinn verschlossen bleibt, wenn also, methodologisch gesprochen, die Hermeneutik an ihre Grenzen stößt. Stattdessen bezieht sich Wittgenstein mit dem Begriff des „Tons" auf das Gebiet des Akustisch-Musikalischen, auf die Sprech- oder Schreibweise – und damit auf die eher formale Ebene des Stils und des Ausdrucks. Um die spezifische Wirkung eines Gedichts zu erklären, wäre also das Phänomen seines Tons zu beschreiben. Doch können wir dabei von semantischen Fragen ganz absehen? Oder können Gedichte vielleicht sogar glücklich machen, gerade weil wir sie nicht verstehen?

Um auf Georg Trakl zurückzukommen, so ist das angesprochene Problem im Hinblick auf seine Texte bis heute virulent; die Frage, inwiefern man seine Gedichte verstehen kann oder sie sich der Deutung entziehen, gehört zu den nach wie vor heftig diskutierten Problemen der Trakl-Rezeption. „Wie viel [...] Verständlichkeit man den Trakl'schen Gedichten zugesteht und wie viel Unverständlichkeit sie provozieren, markiert [...] das umstrittene Terrain der Trakl-Phi-

---

1 Brief vom 28.11.1914; Ludwig Wittgenstein, Briefwechsel mit B. Russell, G.E. Moore, J.M. Keynes, F.P. Ramsey, W. Eccles, P. Engelmann und L. von Ficker, hg. von Brian F. McGuinness, Georg Henrick von Wright, Frankfurt a. M. 1980, S. 65; Hervorhebung dort.

DOI 10.1515/9783110543209-009

lologie", stellt Gabriela Wacker noch 2013 fest.[2] Grundlegend diskutierten bereits zwei in den 1980er Jahren entstandene Dissertationen die Frage nach Verständlichkeit oder Unverständlichkeit von Trakls Lyrik; sowohl Iris Denneler[3] als auch Sieglinde Klettenhammer[4] hinterfragten das Klischee des hermetischen Dichters kritisch und versuchten den Befund der Unverständlichkeit durch eine Analyse des Entstehungs- und Publikationskontexts sowie der Rezeptionssituation von Trakls Texten zu relativieren. In beiden Fällen spielt für diese Untersuchung die Innsbrucker Zeitschrift *Der Brenner* eine herausragende Rolle, in der Trakl seit 1912 die meisten seiner Werke veröffentlichte und in deren Mitarbeiterkreis um den Herausgeber Ludwig von Ficker er verkehrte. „Heimat und Zuflucht im Kreis eine[...r] edlen Menschlichkeit" hat Trakl den *Brenner* in einem Brief an Ficker[5] einmal genannt – und damit im Grunde eine Paraphrase des Programms der Zeitschrift geliefert, das im Geleitwort zur ersten Ausgabe 1910 als „ein Unterbringen der menschlichen Natur – ein Unterbringen von Menschentum" im Zeichen von „Kultur, Kunst [und] Dichtung" gefasst worden war.[6]

Die Kontextualisierung von Trakls Lyrik im Rahmen dieses Zeitschriftenprojekts, wie sie bereits Denneler und Klettenhammer vornehmen, ist umso reizvoller, als es sich beim *Brenner*, anders als etwa bei der *Aktion* oder dem *Sturm*, nicht um eine genuin ‚expressionistische' Zeitschrift handelt. Zwar veröffentlichen neben Trakl weitere moderne Schriftstellerinnen und Schriftsteller wie Else Lasker-Schüler, Theodor Däubler, Robert Müller, Hermann Broch, Paul Scheerbart und Rainer Maria Rilke Texte in der Halbmonatsschrift – gemessen am tendenziell restaurativen gesellschaftlichen und kulturellen Umfeld Tirols um 1900 handelt es sich also um ein literarisch durchaus avanciertes, gegen philiströse Erstarrung

---

2 Gabriela Wacker, Poetik des Prophetischen. Zum visionären Kunstverständnis in der Klassischen Moderne, Berlin, Boston 2013, S. 267; zu Trakl im Kontext der hermetischen Lyrik der Moderne vgl. grundlegend Christine Waldschmidt, „Dunkles zu sagen". Deutschsprachige hermetische Lyrik im 20. Jahrhundert, Heidelberg 2011.
3 Konstruktion und Expression. Zur Strategie und Wirkung der Lyrik Georg Trakls, Innsbruck 1984.
4 Georg Trakl in Zeitungen und Zeitschriften seiner Zeit. Kontext und Rezeption, Innsbruck 1990.
5 Brief vom 23.2.1913; Georg Trakl, Sämtliche Werke und Briefwechsel. Innsbrucker Ausgabe. Historisch-kritische Ausgabe mit Faksimiles der handschriftlichen Texte Trakls, hg. von Eberhard Sauermann, Hermann Zwerschina, Bd. V.1. Briefwechsel, hg. von Eberhard Sauermann, Frankfurt a. M. und Basel 2004, S. 327.
6 Geleitwort. In: Der Brenner, Bd. 1, H. 1, 1910, S. 1; zitiert wird nach der mustergültigen, sämtliche Hefte der Zeitschrift als Faksimiles sowie den gesamten Text als Transkription präsentierenden und eine komfortable Suchfunktion bietenden Online-Ausgabe: AAC – Austrian Academy Corpus und Brenner Archiv: Brenner Online (http://www.aac.ac.at/brenner)

aufbegehrendes Projekt. Dennoch ist der *Brenner* keine Programmzeitschrift der expressionistischen Moderne; vielmehr enthält er viele überaus traditionalistisch-konventionelle Texte und zeichnet er sich in weltanschaulicher Hinsicht zunächst durch die an Nietzsche orientierte konservativ-vitalistische Kulturkritik Carl Dallagos, dann durch die im Gefolge Dostojewskis und Kierkegaards religiös geprägte Existenzphilosophie Theodor Haeckers aus – eine christlich-theologische Ausrichtung, die sich nach dem Ersten Weltkrieg noch verstärkte.

Der Befund inhaltlicher und ästhetischer Heterogenität provoziert die Frage, inwiefern die skizzierten unterschiedlichen Positionen miteinander in einen Austausch treten, ob hier also von Kommunikation, von einem sich innerhalb des Mediums vollziehenden Dialog die Rede sein kann. Besonders interessant ist diese Frage im Hinblick auf Georg Trakl, besteht doch die begründete Hoffnung, durch das Offenlegen eines solchen Kommunikationskontexts Licht in das Dunkel seiner hermetischen Lyrik zu bringen. Genau in diesem Sinne versucht Sieglinde Klettenhammer, Trakls Gedichte „zu den im ‚Brenner' diskutierten weltanschaulichen und ästhetischen Fragen in Beziehung" zu setzen, um so „die den Gedichten inhärenten Sinnangebote freilegen" zu können; durch die Kontextualisierung solle „die ‚ursprüngliche Appellstruktur' seiner Gedichte rekonstruiert werden".[7] Analog stellt Iris Denneler fest, die Auseinandersetzung Trakls „mit Religion, gesellschaftlichem Verfall und Sexualität" bleibe „bis Mitte 1914 von den Einflüssen des ‚Brenner' geprägt."[8] Die „Kommunikationssituation" des *Brenner* habe Trakl erlaubt, mittels seiner Texte ein „‚Gespräch' mit seinen Freunden aufzunehmen",[9] die Zeitschrift habe für ihn die Funktion erfüllt, die „Wirkungsmöglichkeiten für die ihm eigensten ‚Botschaften' zu sichern", die „nur für Wenige bestimmt" gewesen seien.[10] Durch das „‚Vergessen' [… dieses ursprünglichen] kommunikativen Kontextes" habe „in der Rezeptionsgeschichte der falsche Schein ‚hermetischer' Dichtung entstehen" können.[11] Trakls Gedichte, so lautet die These der Verfasserin, seien „durch die Entsprechung gruppenspezifischer Erwartungsnormen [… gerade] nicht ‚hermetisch'".[12] Unverständlich wäre Trakls Lyrik somit nur für den Leser, der ihren ursprünglichen Kommunikationsrahmen nicht kennt, nicht aber für den, der sich in diesem Kontext befindet – oder ihn rekonstruiert. In diesem Sinne stellt Denneler dar, wie Trakl innerhalb des *Bren-*

---

7 Klettenhammer, Georg Trakl, S. 11.
8 Denneler, Konstruktion und Expression, S. 223.
9 Denneler, Konstruktion und Expression, S. 222.
10 Denneler, Konstruktion und Expression, S. 236.
11 Denneler, Konstruktion und Expression, S. 239.
12 Denneler, Konstruktion und Expression, S. 222.

ner-Kreises – im Kontext christlicher Weltanschauung – zum visionären Seher stilisiert wurde und wie diese imago wiederum seine literarische Produktion beeinflusste.

Damit ist die Kommunikationssituation, in deren Rahmen die Produktion und die partikulare Rezeption von Trakls Texten sich vollziehen, gewiss adäquat beschrieben. Doch folgt aus der Rekonstruktion der Art und Weise, wie eine konkrete Personengruppe zu einer bestimmten Zeit Texte verstand und damit umgekehrt wiederum partiell die Textproduktion beeinflusste, tatsächlich, dass die in Rede stehenden Texte verständlich, völlig dechiffrierbar sind? Man könnte ja stattdessen zugespitzt auch von einem esoterisch manipulierten Fehlverstehen innerhalb einer Community sprechen. Sind Akteure wie zeitgenössische Leser, Zeitschriftenherausgeber und sogar der Autor selbst überhaupt die maßgeblichen Instanzen für das Verstehen eines Texts? Gewiss fällt ein neues Licht auf Texte und verstehen wir sie möglicher Weise anders und besser, wenn wir wissen, wie sie zu ihrer Zeit innerhalb eines bestimmten kommunikativen Kontexts verstanden wurden. Doch geht der Text in seiner formalen und semantischen Komplexität, in seiner Unverständlichkeit nicht über das Ergebnis einer solchen Rekonstruktion seines kommunikativen Kontextes auf? Bleiben nicht Irritationsmomente bestehen, unauflösbare, nicht dechiffrierbare sprachliche Konstruktionen, die sich dem Verstehen widersetzen, auch wenn wir wissen, wie der Text in seinem unmittelbaren Entstehungs- und Publikationsumfeld verstanden wurde? Aber welches wären wiederum die Instanzen, die es erlauben würden, diese Fragen zu beantworten? Klar ist jedenfalls, dass sich mit diesen Problemen der Untersuchungsschwerpunkt verschiebt; nicht mehr Sender und Empfänger als Subjekte innerhalb einer konkreten Kommunikationssituation stehen im Mittelpunkt, sondern die Gemachtheit des Texts selbst. Auf dieser Ebene stellt sich die Frage nach der Verständlichkeit oder Unverständlichkeit und: nach dem „Ton" von Trakls Gedichten auf neue Weise.

2 Komplex-enigmatische Prophetie: Trakls „An den Knaben Elis"

Sehen wir uns daher konkret einen dieser im *Brenner* veröffentlichten, ‚schwierigen' Texte Trakls genauer an, versuchen wir ihn zu verstehen oder nachzuvollziehen, warum wir ihn nicht verstehen, und versuchen wir herauszubekommen, inwiefern eine Rekonstruktion des Kontexts uns auf die Sprünge hilft oder in die Irre führt. Exemplarisch möchte ich dazu Trakls Gedicht „An den Knaben Elis" analysieren, das im Mai 1913 im *Brenner* erschien:

An den Knaben Elis

Elis, wenn die Amsel im schwarzen Wald ruft,
dieses ist dein Untergang.
Deine Lippen trinken die Kühle des blauen Felsenquells.

Laß, wenn deine Stirne leise blutet
uralte Legenden
und dunkle Deutung des Vogelflugs.

Du aber gehst mit weichen Schritten in die Nacht,
die voll purpurner Trauben hängt
und du regst die Arme schöner im Blau.

Ein Dornenbusch tönt,
wo deine mondenen Augen sind.
O, wie lange bist, Elis, du verstorben.
Dein Leib ist eine Hyazinthe,
in die ein Mönch die wächsernen Finger taucht.
Eine schwarze Höhle ist unser Schweigen,

daraus bisweilen ein sanftes Tier tritt
und langsam die schweren Lider senkt.
Auf deine Schläfen tropft schwarzer Tau,

das letzte Gold verfallener Sterne.[13]

Dieses Gedicht erfüllt bestimmt jene Erwartungshaltung, die Trakl im Kontext der Zeitschrift *Der Brenner* entgegengebracht wurde. Seine „Elis"-Gedichte sind „Zeugnisse einer biblisch-prophetischen Aufladung",[14] mit ihnen untermauert der Dichter seine Rolle als visionärer Künder.

Deutlich ist „An den Knaben Elis" durch religiöse Anspielungen geprägt, auch wenn sie teilweise merkwürdig transformiert oder deformiert sind. Das Rufen der Amsel, das im ersten Vers den „Untergang" signalisiert, erinnert auf solch extrem verfremdete Weise an den mit dem Verrat Jesu verknüpften Hahnenschrei, ebenso wie das Bluten der „Stirne" (V. 4) an Stigmata gemahnt. Auf den Bereich des Religiösen und Mythologischen verweisen in der zweiten Strophe

---

13 Der Brenner, Jg. 3, H. 15 (1913), S. 664.
14 Wacker, Poetik des Prophetischen, S. 260; zum Spannungsfeld von Hermetik und Religiosität vgl. auch Hans-Georg Kemper, Zwischen Dionysos und dem Gekreuzigten. Georg Trakl und der Expressionismus. In: Ästhetische und religiöse Erfahrungen der Jahrhundertwenden. Bd. 2. Um 1900, hg. von Wolfgang Braungart u. a., Paderborn u. a. 1998, S. 141–169.

weiterhin die „uralte[n] Legenden" und die „dunkle Deutung des Vogelflugs". Das wohl deutlichste religiöse Motiv des Gedichts ist der „Dornenbusch" in Strophe 4 – im 2. Buch Moses offenbart sich Jahwe bekanntlich in Gestalt eines brennenden Dornbuschs. Durch die Synästhesie des ‚tönenden' Dornbuschs ist auch dieses Motiv transformiert. Seinen prophetischen Charakter erhält das Gedicht aber insbesondere, indem es die Gestalt Elis in den Mittelpunkt rückt. Der Name erinnert nicht nur an die griechische Landschaft Elis und an den verschütteten Bergmann Elis Fröbom in der Geschichte der „Bergwerke zu Falun", wie sie uns besonders in den Bearbeitungen E.T.A. Hoffmanns und Hugo von Hofmannsthals bekannt ist; er erinnert eben auch an die biblischen Propheten Elias und Elisa.[15] Potenziert ist dieser Gestus noch, indem das lyrische Ich sich dem vermeintlichen Propheten gegenüber selbst als Prophet verhält, indem es etwa seinen Untergang verkündet oder ihm hinsichtlich der Prophezeiung Rat erteilt („Laß, wenn deine Stirne leise blutet / uralte Legenden / und dunkle Deutung des Vogelflugs.").

Das Gedicht entspricht somit völlig dem Autorschaftskonzept, wie es im Kontext des *Brenner* im Hinblick auf Trakl etabliert wurde. So charakterisiert Karl Borromäus Heinrich im zweiten Teil seiner „Briefe aus der Abgeschiedenheit" unter dem Titel „Die Erscheinung Georg Trakl's", der im März 1913, zwei Monate vor dem Gedicht „An den Knaben Elis", im *Brenner* erschien, den Dichter „als die Erscheinung eines Sehers. Zu ihm redet die Welt in Bildern, aus ihm tönt sie in Bildern zurück. Sein Auge ist ein Spiegel von Bildern; sein Mund das Echo des Geschauten; seine Seele meistert es in Rhythmus."[16]

Ganz offensichtlich handelt es sich hier um eine Form gelingender literarischer Kommunikation: Die Gedichte Trakls im *Brenner* und die – wenigen – diskursiven Texte der Zeitschrift, die sich wie der Essay von Karl Borromäus Heinrich mit Trakl auseinandersetzen, stehen in einem dialogischen Verhältnis zueinander und stimulieren sich gegenseitig. Der Dichter wird zum Seher stilisiert und kommt in seinen Gedichten diesem Autorschaftskonzept immer wieder nach.

Doch ist eine solche Kontextualisierung ausreichend, um das Gedicht „An den Knaben Elis" zu verstehen? Eine Deutung, die den Text darauf reduziert, ein Dokument von Trakls ‚Sehertum' zu sein, wird seiner Komplexität wohl kaum gerecht. Denn was wird hier eigentlich gesehen, worum geht es in diesem Text genau? Ich habe bereits darauf hingewiesen, dass hier offensichtlich ein Prophet

---

15 Vgl. Wacker, Poetik des Prophetischen, S. 319 ff.; vgl. ferner Ingrid Lacheny, Die Elis-Figur bei Georg Trakl und E.T.A. Hoffmann. Ästhetischer Dualismus und Offenbarungskraft der Bilder. In: E.T.A. Hoffmann-Jahrbuch 20, 2012, S. 127–138.
16 Karl Borromäus Heinrich, Briefe aus der Abgeschiedenheit II. Die Erscheinung Georg Trakls. In: Der Brenner Jg. 3, H. 11 (1913), S. 508–516, hier S. 509.

zum anderen spricht. Auch innerhalb des Gedichts geht es somit um Kommunikation, wenn auch auf eine sehr merkwürdige Art. Einerseits nämlich weissagt das lyrische Ich des Gedichts Elis den Untergang. Dem kontrastiert andererseits aber die Tatsache, dass Elis bereits tot ist, wie es in Vers 12 heißt: „O, wie lange bist, Elis, du verstorben" – eine Aussage, die durch die Interjektion „O", das archaisch-sakral wirkende Hyperbaton („Elis, du" statt „du, Elis") und das Aufeinanderstoßen zweier Hebungen („bist" – „Elis") deutlich hervorgehoben ist. Das Gedicht changiert somit zwischen Verkündigung und elegischer Klage, auf die auch das Symbol der „Hyazinthe" verweist – die Blume geht bekanntlich nach der antiken Mythologie aus dem Blut des von Apollon geliebten und von ihm beim sportlichen Wettstreit getöteten Hyacinthus hervor. Allerdings ist auch dieses Bild bei Trakl transformiert: Die Konstellation von Liebe und Tod wird verkehrt und pervertiert, indem der Mönch in einer Art sexuellem Akt mit seinem totenhaft ‚wächsernen' Finger in den lebenden Blumen-„Leib" eindringt. Solche Umkehrungen und Verfremdungen tragen entscheidend zum paradox-enigmatischen Charakter des Gedichts bei. Besonders prägnant ist dies in den beiden Schlussversen, in denen „schwarzer Tau" und „das letzte Gold verfallener Sterne" enggeführt werden. Dabei kontrastieren nicht nur das für Tod und Vernichtung stehende Schwarz und das Glanz und Reichtum suggerierende Gold miteinander, sondern, in einem Überkreuzungsverhältnis dazu, auch die mit dem Tau assoziierte Frühe und Frische und die morbiden „verfallene[n] Sterne". Anhand solcher Farbkontraste wie anhand der Figur Elis werden immer wieder Leben und Tod, Verfall und Vitalität auf paradoxe Weise einander gegenübergestellt.

Von zentraler Bedeutung innerhalb der komplexen semiotischen Prozesse ist neben der Umkehrung und der Vereinigung von Gegensätzen dabei das Moment der magischen Verwandlung. Nicht nur der „Dornbusch tönt" synästhetisch; zur magischen Transformation und Transgression kommt es noch an zwei weiteren Stellen des Gedichts. In der zweiten und dritten Strophe wird die (ambige) Aufforderung, „uralte Legenden / und dunkle Deutung des Vogelflugs" zu „lassen" – also: bleiben zu lassen oder bestehen zu lassen – durch die Transgressionsbewegung des ekstatischen Gangs abgelöst, der durch die „purpurnen Trauben" zugleich dionysische Züge aufweist:

> Du aber gehst mit weichen Schritten in die Nacht,
> die voll purpurner Trauben hängt
> und du regst die Arme schöner im Blau.

Werden im gesamten Gedicht Körperteile (Lippen, Stirne, Arme, Augen, Schläfen) nur fragmentiert wiedergegeben, so kommt es hier zur Darstellung einer harmonisch-vitalistischen Gebärde; man könnte an ein Jugendstil-Gemälde denken.

Zugleich tritt an die Stelle der Zeichen-Deutung („Deutung des Vogelflugs") die durch den absoluten Komparativ „schöner" markierte, visionär für sich selbst sprechende Körpersprache[17] – Elis wird, wie das Gedicht selbst, zum undeutbar schönen Ensemble von Zeichen. Die von Wittgenstein beschriebene ‚beglückende' Wirkung von Trakls Lyrik wird in evokativen Versen wie diesen besonders nachvollziehbar.

Die wohl frappanteste Verwandlung, die zugleich hervorgehoben ist, indem der Satz hier über die Strophengrenze hinausgeht, ist aber in den Versen 15 und 16 zu beobachten: „Eine schwarze Höhle ist unser Schweigen, // daraus bisweilen ein sanftes Tier tritt". Es ist die einzige Passage, in der statt von der 2. Person Singular, dem angesprochenen Knaben Elis, von der 1. Person Plural, einem „wir", die Rede ist. Bezeichnender Weise vollzieht sich diese Gemeinschaft aber gerade im Schweigen. Die Gleichsetzung von hermetischer Dunkelheit – der schwarzen Höhle – und Schweigen kann dabei poetologisch auf die paradox-unverständliche prophetische Rede des Gedichts bezogen werden – im Sinne eines kommunikativen Akts der Verweigerung von Sinn und Kommunikation. Zugleich bleiben die Verse 15 und 16 durch die Gleichsetzung von Schweigen und schwarzer Höhle in der Schwebe: Einerseits ist – als Umkehrbewegung zum Eintauchen des leblos-wächsernen Fingers *in* den Leib an einen Akt des Gebärens erinnernd – das aus der Höhle tretende Tier ein in sich schlüssiges und – im Vergleich zu den anderen evozierten Bildern – geradezu realistisches Bild. Indem die Höhle aber mit dem Schweigen gleichgesetzt wird, liegt andererseits zugleich die Deutung nahe, dass *das Wort, das sprachliche Bild „sanftes Tier"* aus der schwarzen Höhle des Schweigens tritt, Schweigen sich also in Sprache verwandelt. Die Höhle als metaphorischer Ort der Abgeschiedenheit und Verborgenheit wäre somit der Ort, an dem sich poetische Hervorbringung (poiesis) vollzieht.

3 Wie kommt das sanfte Tier aus der Höhle? Entrückt-vitalistische Visionen

Damit ist das merkwürdige Bild vom aus der schwarzen Höhle des Schweigens tretenden sanften Tier jedoch noch keineswegs ‚entschlüsselt'. Gerade weil es sich um eine rätselhafte poetologische Scharnierstelle handelt, liegt es nahe, von hier aus nach der Stellung des Texts innerhalb seines publizistisch-kommunikativen Kontexts, der Zeitschrift *Der Brenner*, zu fragen. Es geht also genau um

---

17 Vgl. Wacker, Poetik des Prophetischen, S. 320 ff.

jenen eingangs geschilderten Versuch, die scheinbar unverständlichen Verse Trakls besser zu verstehen, indem man sie auf diese Weise in ihren produktions- und rezeptionsästhetischen Rahmen einbettet. Wichtige Hinweise gibt in diesem Zusammenhang jener Essay über Trakl, den Karl Borromäus Heinrich zwei Monate vor dem Elis-Gedicht im *Brenner* als zweiten Teil seiner „Briefe aus der Abgeschiedenheit" veröffentlichte. Dem Text geht ein Motto aus Trakls Gedicht „Helian" voraus: „Schön ist der Mensch und erscheinend im Dunkel."[18] Mit der Abgeschiedenheit und dem Dunkel sind die zentralen Themen des Essays bereits genannt. Die Tradition der Décadence aufgreifend, ist davon die Rede, dass der Künstler „durch Ueberreife seiner Kultur, den Menschen entrückt, in heroischer Selbstgenügsamkeit edel und einsam für sich bleibt"; allerdings heißt es im Hinblick auf Trakl weiter:

> aber dann überwältigte mich wieder die Kraft seiner ganz eigenen Vitalität; auch sah ich, wie sehr des Dichters Weltabkehr fruchtbar ist von der wohlgemeisterten Fülle seiner Bilder und Gesichte. Damit verhält es sich eben wie geschrieben steht: „Einigen teile Ich bloß allgemeine, anderen besondere Dinge mit; einigen offenbare Ich mich auf sanfte Weise in Zeichen und Bildern, jeglichem zuteilend, wessen Ich ihn für würdig halte."[19]

Durch die Gegenüberstellung verschiedener Formen kommunikativen Verhaltens wird die Bedeutung des privilegiert-esoterischen Sprechens unterstrichen – die bildlich-zeichenhafte Offenbarung des Besonderen ist der zentrale Aspekt dieser Trakl-*imago*. Der Dichter zeichnet sich durch „Selbstgenügsamkeit" und „Weltabkehr" aus, er ist „den Menschen entrückt", „edel und einsam". Ergänzt wird dieses Bild durch wichtige Facetten wie Heroismus, Kraft, Vitalität, Sehergabe („Gesichte"), aber auch Sanftheit. Von entscheidender Bedeutung ist, dass „die Weltabkehr fruchtbar" ist, indem sie in einem poietischen Akt eine „wohlgemeisterte[...] Fülle [an] Bilder[n] und Gesichte[n]" hervorbringt. Diese Charakterisierungen sind weit davon entfernt, ‚der' Schlüssel zum Gedicht „An den Knaben Elis" zu sein. Und doch erinnert die sanfte und zugleich vitalistische Offenbarung in Zeichen und Bildern aus der einsamen Weltabkehr heraus auf merkwürdige Weise an die schwarze Höhle, aus der das sanfte Tier hervortritt, oder eben: an das dunkel-höhlenhafte Schweigen, aus der *das sprachliche Bild* „sanftes Tier" tritt.

Versuchen wir dieser Konstellation im Blick auf die Zeitschrift *Der Brenner* noch etwas weiter nachzugehen – auch auf die Gefahr hin, dabei auf Abwege zu geraten. In diesem Sinne möchte ich exemplarisch noch zwei Beispiele aus

---

18 Heinrich, Briefe aus der Abgeschiedenheit II, S. 508.
19 Heinrich, Briefe aus der Abgeschiedenheit II, S. 512.

dem Korpus der Texte präsentieren, die, wie Trakls „An den Knaben Elis", in den Jahren vor dem Ersten Weltkrieg in der Zeitschrift erschienen. In Ludwig Seiferts Gedicht „Jung Georg (Votivbild)", im November 1911 im *Brenner* veröffentlicht, wird eine alpine Vorfrühlingsszenerie geschildert, deren unheimliche Erhabenheit durch das Schweigen verstärkt ist:

> Den Märzenhimmel deckt noch Schneegewölk,
> In das die düstren Felsentürme ragen.
> Die schwarzen Wände rings voll Trotz und Schweigen. [...]
> Die Forste schweigen. Graue Abendstunde
> Schwebt in die tote Alpenschlucht herab.[20]

Dieses Gedicht, das sich, durch den Titelzusatz „Votivbild" unterstrichen, durch völlige Konventionalität und Traditionalität auszeichnet, ist denkbar weit von Trakls Lyrik entfernt. Dass „An den Knaben Elis" und „Jung Georg" mit einem zeitlichen Abstand von nur eineinhalb Jahren im *Brenner* veröffentlicht wurden, ist also primär als extreme Form einer Gleichzeitigkeit des Ungleichzeitigen zu verstehen, wie sie sich eben sogar innerhalb *einer* Zeitschrift manifestieren kann. Die beiden Texte lassen sich daher miteinander in Beziehung setzen, ohne dass man sie ernsthaft vergleichen könnte – etwa wie wenn man ein traditionelles, realistisches Bild und ein abstraktes Gemälde nebeneinander hält. Der Unterschied, aber auch der Reiz des In-Beziehung-Setzens wird besonders deutlich, wenn man die bereits angedeutete minimale motivische Übereinstimmung ins Auge fasst. In Trakls radikal fragmentierter, abstrahierter und verfremdeter Darstellung wird das Schweigen einer schwarzen Höhle gleichgesetzt, bei Seifert fungiert es umgekehrt als konventionelle Metapher innerhalb der Darstellung der schaurigen schwarzen Gebirgsschlucht. Das wird am Schluss des Gedichts aus der Perspektive des durch die Schlucht reitenden jungen Ritters noch einmal verdeutlicht:

> Die Nacht wird stürmisch sein und sternelos.
> Den Knaben-Helden schreckt ihr Schweigen nicht,
> Er reitet ruhevoll zu seiner Tat und groß.[21]

Das Schweigen (in) der Dunkelheit antizipiert hier, wie eine erste Prüfung, die Gefahren, die dem späteren Drachentöter bevorstehen. Aus der Situation des schaurigen Schweigens geht gewissermaßen Georgs Rolle als Held hervor, wie in

---

20 Der Brenner, 2. Jg., H. 11 (1911), S. 345.
21 Der Brenner, 2. Jg., H. 11 (1911), S. 345.

Karl Borromäus Heinrichs Trakl-Porträt aus Entrückung poetisch-heroischer Vitalismus und aus der schwarzen Höhle des Schweigens bei Trakl sanft-animalischer Vitalismus oder: abstrakt-rätselhafte Sprache hervorgeht.

Schon eher vergleichbar mit Trakls Elis-Gedicht ist ein weiteres, ebenfalls im November 1911 im *Brenner* veröffentlichtes Gedicht von Hugo Neugebauer, „Melittas Tod", eine kosmische und monistisch-vitalistische Vision. Das emphatische Telos dieses die Tierkreisbilder schildernden Hymnus ist es, „schauend Eins zu werden mit dem Sein".[22] Im Text sind einige jener Motivverknüpfungen zu beobachten, die sich später in „An den Knaben Elis" finden. Da ist von „Augen, groß wie Monde vor Erstaunen"[23] die Rede, und die angesprochene Melitta ist „der feuchten Höhle [...] müd".[24] Der Schluss der Vision ist wiederum durch Dunkel und Schweigen gekennzeichnet:

> Und ich erwacht'. Und tiefes Dunkel rings
> und tiefres Schweigen, tiefste Einsamkeit.
> Nichts sah ich lang. – Dann dämmerte ein Kreis
> und dämmert' heller und erstrahlt' im Glanz,
> im sanften Silberglanz der Nachtgestirne,
> die Zeichen bildend des Zodiakos.
> Das Erz ertönte des verschlossnen Tors
> von jener Ätherwesen Freudentanz
> um eine Sonne, die der Flut entstieg
> des Lebensstromes, der mit Muttermilch
> ewiger Kindheit, urgezeugter Kraft
> der himmlischen Gestirne Jugend nährt.[25]

Auch hier geht aus dem Dunkel, dem Schweigen und der Einsamkeit etwas rätselhaftes Neues, die Vision strahlender Tierkreiszeichen, eine kosmisch-vitalistische Apotheose des „Lebensstromes" hervor.

---

22 Der Brenner, 2. Jg., H. 12 (1911), S. 378.
23 Der Brenner, 2. Jg., H. 12 (1911), S. 374.
24 Der Brenner, 2. Jg., H. 12 (1911), S. 377.
25 Der Brenner, 2. Jg., H. 12 (1911), S. 381.

4 Wie funktionieren Kontexte? Kulturpoetik als theoretisches Modell

Die Frage, die wir im Hinblick auf diese Kontextualisierungsversuche stellen müssen, lautet freilich: Was nützen sie uns eigentlich genau? Gewiss liefert uns der Kommunikationskontext des *Brenner* einen Rahmen, der es ermöglicht, Trakls „An den Knaben Elis" im Zusammenhang mit prophetischem Sprechen oder vitalistischen Diskursen zu interpretieren. Die Gretchen-Frage, ob wir den Text dadurch besser verstehen, ist damit jedoch noch nicht geklärt. Wenn der Anspruch darin besteht, jedes Detail, jede einzelne Motivverknüpfung, also die poetische Komplexität des gesamten Texts, zu erschließen, so muss der Versuch der Kontextualisierung gewiss als gescheitert angesehen werden. Auch die „ursprüngliche Appellstruktur"[26] oder Trakls „eigenste[...] ‚Botschaften'"[27] haben sich uns nicht erschlossen. Was haben wir denn wirklich davon, wenn wir wissen, dass im *Brenner* in den Jahren vor dem Ersten Weltkrieg Texte veröffentlicht werden, in denen aus dunklem Schweigen und einsamer Entrücktheit heroisch-vitalistische Kräfte hervorgehen? Selbst wenn wir nachweisen könnten, dass diese Analogien auf tatsächlichem kommunikativem Austausch, auf der konkret nachweisbaren Lektüre von Prätexten beruhen (was so unwahrscheinlich nicht ist), handelt es sich eben doch um bloße Analogien, die die Enigmatik von Trakls Gedicht, die suggestive Eigenlogik seiner Bilder zwar vielleicht nachvollziehbar machen, aber nicht auflösen.

Zweifellos kamen durch die im *Brenner* veröffentlichten Beiträge Trakls, Heinrichs, Seiferts oder Neugebauers kommunikative Prozesse in Gang. Aber diese Form der literarischen Kommunikation zu untersuchen und damit zu erklären, wie Texte zeitgenössisch – esoterisch – verstanden wurden und wiederum die Produktion weiterer Texte beeinflussten, ist das eine; das andere ist die Komplexität und Enigmatik etwa von Trakls „An den Knaben Elis", das Teil solcher kommunikativer Prozesse ist, ohne dass die aus ihnen resultierenden Deutungen es ganz erklären könnten. Wenn wir wissen, wie bestimmte Subjekte zu einer bestimmten Zeit den Text verstanden haben, bedeutet das nicht, dass wir den Text verstehen.

Das heißt nicht, dass der Aspekt der literarischen Kommunikation in diesem Zusammenhang unwichtig wäre. Das für Trakls Texte spezifische Störpotential, ihre Unverständlichkeit und die aus ihr resultierende Desorientierung müssen,

---

26 Klettenhammer, Georg Trakl, S. 11.
27 Denneler, Konstruktion und Expression, S. 236.

so hat Norman Ächtler jüngst ausgeführt, „nicht eine Verunmöglichung und den Abbruch literarischer Kommunikation bedeuten [...]. Es ist gerade die vielseitige Rezeption von Werken voll semantischer Komplexität und Hermetik des Ausdrucks, die Gadamer und Iser den Beleg für das menschliche Bedürfnis nach Verstehen und Verständigung bieten [...]."[28]

Im methodologischen Rahmen von Hermeneutik und Rezeptionstheorie ist es also reizvoll, gerade anhand von Trakls Hermetik nach Prozessen literarischer Kommunikation zu fragen. Die Annahme einer für hermetische Lyrik spezifischen „vielseitige[n] Rezeption" ist dabei wohl einerseits zutreffender als die These Dennlers, eine Analyse der literarischen Kommunikation löse den hermetischen Charakter von Trakls Lyrik auf. Wenn die Frage nach der durch einen Text ausgelösten Kommunikation allerdings lediglich darin resultiert, ihn als Beleg für die anthropologische Notwendigkeit des Verstehens und Kommunizierens zu sehen, befinden wir uns andererseits aber auf einem kaum noch zu überbietenden Abstraktionsniveau. Das Interesse gilt somit gar nicht wirklich der Störung von Kommunikationsprozessen. Diese wird lediglich als – gewiss zutreffende – allgemeine Hypothese aus dem Text abgeleitet. Untersucht wird das ‚Störpotential' von Metaphern, geleistet wird dies im Rahmen der formalen Analyse eines Trakl-Gedichts. Genau das scheint mir bezeichnend für die Auseinandersetzung mit Trakls komplexen Texten zu sein: Da eine kontextualisierende Analyse von Kommunikationsprozessen im Hinblick auf den Text zirkulär verläuft – er bleibt unverständlich –, wendet man sich in der Regel lieber gleich der Analyse des Texts in seiner strukturellen Komplexität zu.

Fassen wir also zusammen, welche Möglichkeiten die Beschäftigung mit ‚literarischer Kommunikation' im Hinblick auf Trakls Lyrik bietet, so sind zwei sehr unterschiedliche Tendenzen festzustellen: Werden – wie bei Klettenhammer und Denneler – in der Hoffnung auf eine Dechiffrierung des Texts konkrete Kommunikationsvorgänge untersucht, so erhalten wir eben Aufschlüsse über diese kommunikativen Prozesse, über zeitgenössische esoterische Deutungsmuster; wir gelangen aber nicht zu ‚dem' adäquaten Verständnis des Texts in seiner Komplexität und Vieldeutigkeit. Geht man umgekehrt bereits vom Befund gestörter Kommunikation aus, so verlagert sich das Interesse sehr schnell hin zur Frage nach ihrer Ursache, sprich: Man wendet sich der strukturellen Komplexität des Texts zu. Das Problem besteht offensichtlich darin, dass beides, die kontextualisie-

---

28 Norman Ächtler, ‚Metapher als Störung' – Blumenbergs These und einige Metaphern Trakls. Hermeneutische Perspektiven auf das ‚Prinzip Störung', in: Störungen in Literatur und Medien, hg. von Carsten Gansel. Mitteilungen des Deutschen Germanistenverbandes Jg. 61, H. 4 (2014), S. 333–346, hier S. 344.

rende Untersuchung von Kommunikationsprozessen und die Analyse komplexer literarischer Strukturen, sich sehr schwer miteinander vermitteln lässt. In der Tat handelt es sich hier um zwei völlig unterschiedliche Untersuchungsebenen – die Ebene der Kommunikation zwischen Subjekten auf der einen Seite, die des strukturell komplexen, Bedeutungsüberschuss produzierenden Texts auf der anderen Seite. Ein Ausweg aus diesem Dilemma könnte daher – und dies kann vor dem Hintergrund poststrukturalistischer Theorieangebote nicht überraschen – darin zu sehen sein, das Subjekt als Untersuchungsinstanz auszuklammern, und zwar nicht nur dann, wenn wir die Komplexität des Texts untersuchen, sondern auch, wenn wir nach Kontexten fragen. Darüber, dass das eine Reduktion bedeutet, braucht man nicht zu diskutieren; fragen sollte man aber, inwiefern diese Reduktion methodologisch sinnvoll sein kann. Möglicherweise wird die Reduktion ja durch einen Komplexitätsgewinn in anderer Hinsicht aufgewogen.

Der Versuch, den ich im Blick auf Trakls „An den Knaben Elis" skizzenhaft unternommen habe, verlief in dieser Richtung. Unser Ausgangspunkt war die Irritation über die Unverständlichkeit von Trakls Text. In der Hoffnung, ihn besser zu verstehen, befragten wir seinen Publikationsort, die Zeitschrift *Der Brenner*, als sinnvollen Kontext. In der Tat wurden wir hier fündig, indem wir die poietisch-visionäre Funktion von dunklem Schweigen und einsamer Entrücktheit auch in anderen Beiträgen der Zeitschrift nachweisen konnten. Das hat aber nicht zum völligen Dechiffrieren des Textes geführt, vielmehr sind wir lediglich auf Analogien, auf Kontexte gestoßen, die jene poetologischen Pointen und überraschenden Wendungen des Trakl-Texts etwas weniger befremdlich, etwas vertrauter wirken lassen. Möglicherweise hat mit dieser Spannung aus Vertrautheit und Verfremdung, die sich aus einer kontextualisierenden Lektüre des Elis-Gedichts ergibt, jene ‚beglückende' Wirkung zu tun, die Ludwig Wittgenstein dem Ton von Trakls Lyrik zuspricht.

Worum es also geht, ist, in der strukturalistisch genauen Weise, in der wir das Funktionieren und die Komplexität des Trakl-Texts analysiert haben, auch seine Kontexte zu untersuchen, ohne dass dies zu einer eindeutigen Sinnzuschreibung führen würde. Wir befinden uns damit nicht mehr auf der Ebene der intersubjektiven Kommunikation, sondern auf der Ebene der Intertextualität, der Beziehungen eines Texts zu den Texten einer Kultur. Damit nähern wir uns jenem methodologischen Konzept, das in der Überschrift als Alternative zur literarischen Kommunikation genannt ist, der Kulturpoetik. Diese literaturtheoretische Position geht, mit einem Begriff Stephen Greenblatts, davon aus, dass

Texte mit ‚sozialer' oder ‚kultureller Energie' aufgeladen sind.[29] Diese Terminologie ist bewusst vage; fasst man das Konzept aber als ein das gesamte ‚kulturelle Archiv' umfassendes Intertextualitätsmodell, das die Untersuchung von Verbindungen und semiotischen Effekten zwischen Texten ermöglicht, wird der Nutzen für die Literaturwissenschaft deutlich.[30] Es geht dabei eben nicht um die Frage einer bewussten Bezugnahme von Subjekten oder von deren Texten aufeinander. Ob Trakls sanftes, aus der schwarzen Höhle des Schweigens tretendes Tier eine konkrete Bezugnahme auf Neugebauers Gedicht „Melittas Tod" und dessen Beschreibung einer aus „tiefre[m] Schweigen, tiefste[r] Einsamkeit" hervorgehenden Tierkreis-Vision darstellt, ist im Grunde gleichgültig. Wichtig ist, dass es im zeitgenössischen Diskurs, in diesem Fall konkret: im Korpus der im *Brenner* veröffentlichten Texte zur Verbindung von Schweigen, Einsamkeit sowie vitalistischer poiesis und visionärer Evokation kommt. Die ‚Verknüpfung' von Trakls Gedicht mit dem kulturellen Archiv bedeutet für den Interpreten somit einen Erkenntnisgewinn, ohne dass jedoch aus einem unverständlichen Text ein verständlicher würde. Wir behaupten nicht, den Text zu verstehen, weil wir kommunikative Prozesse rekonstruieren, durch die wir den vom Autor intendierten und von den zeitgenössischen Rezipienten erfassten esoterischen Sinn erschließen könnten. Vielmehr beschränken wir uns – im Rahmen eines intertextuellen und dabei in der Analyse der miteinander verknüpften Texte strukturalistisch genauen Analyse – darauf, Analogien, semiotische Effekte zu untersuchen. Fügen wir ergänzend hinzu, dass die Suche nach solchen Verknüpfungen zwischen Texten, die richtigen Suchbegriffe vorausgesetzt, ganz konkret durch die online-Ausgabe des Brenner ermöglicht wird,[31] so ist damit eine Perspektive aufgezeigt, wie *digital humanities* jenseits des quantitativ-statistischen Ansatzes etwa von Franco Morettis Konzept des *distant reading* sinnvoll praktiziert werden können.

Möglich wurde im Fall unseres Versuchs einer Kontextualisierung von Trakls Gedicht „An den Knaben Elis" so jenseits vereindeutigender Sinnkonstruktion eine Verbindungslinie etwa zwischen den in formaler Hinsicht eher konventionellen Texten Seiferts und Neugebauers und den expressionistischen Gedichten Trakls, wie man sie aus klassischer literarhistorischer Perspektive kaum ziehen würde. Dies wäre ein Beleg dafür, wie man durch die Berücksichtigung nichtkanonisierter Texte Literaturgeschichte neu schreiben kann. Die literaturwis-

---

29 Stephen Greenblatt, Verhandlungen mit Shakespeare. Innenansichten der englischen Renaissance, Über S. David Cackett, Berlin 1990, S. 24.
30 Vgl. Moritz Baßler, Die kulturpoetische Funktion und das Archiv. Eine literaturwissenschaftliche Text-Kontext-Theorie, Tübingen 2005.
31 Vgl. Fußnote 6.

senschaftliche Grundfrage lautet dabei: Welches sind die dem Gegenstand, den literarischen Texten adäquaten, innovativen Fragestellungen und Suchbegriffe?

Im unsrem Fall war es die Irritation über die als poetologische Scharnierstelle ausgemachte Formulierung des aus der ‚schwarzen Höhle des Schweigens‘ tretenden Tiers, die zum Gang ins ‚Archiv‘ mit überaus überraschenden und erhellenden Ergebnissen motivierte. Genau dies ist die Vorgehensweise nach dem kulturpoetischen Text-Kontext-Modell:

> Es ist gerade die Tatsache, daß sich in einem historisch vorgefundenen Text Dinge in einem Kontiguitätsverhältnis finden, die für uns nicht so ohne weiteres zusammengehen, es ist die Kookkurrenz zweier für uns nicht zusammengehöriger Diskurse, die das Staunen auslöst und den Wissenschaftler ins kulturelle Archiv schickt.[32]

Die Irritation über eine merkwürdige Kombination von Lexemen – beispielsweise von Schweigen, schwarzer Höhle und sanftem Tier – führt dazu, im kulturellen Kontext der Zeit nach ähnlichen Verknüpfungen zu suchen. Indem die Kulturzeitschrift *Der Brenner* extrem heterogene Beiträge aufweist, bildet sie ein ideales Korpus für eine solche kulturpoetische Analyse, sie stellt in nuce ein Archiv für einen bestimmten Ausschnitt der Kultur einer Zeit in seiner relativen Heterogenität dar. Um die Genese der literarischen Moderne in der für sie spezifischen Gleichzeitigkeit des Ungleichzeitigen zu untersuchen, ist die Zeitschrift *Der Brenner* als kulturelles Archiv somit von großem Wert. An die Stelle des vom Autor in einem bestimmten kommunikativen Kontext intendierten und von den Rezipienten erfassten und erwarteten Sinns tritt so jene ‚kulturelle‘ oder ‚soziale Energie‘, mit der Texte aufgeladen sind. Unser Gegenstand ist damit nicht mehr die literarische Kommunikation zwischen Subjekten, vielmehr widmen wir uns einer Semiotik oder Poetik der Kultur, die Äquivalenzen zwischen literarischen Texten und anderen Texten der Kultur zu analysieren versucht. Das aber bedeutet,

> daß Texte noch von einer anderen Position als der des Empfängers her lesbar sind, von einer objektivierenden Position außerhalb des Kommunikationsmodells, die den Text [...] – gut strukturalistisch – aus seinem Verhältnis und seiner Differenz zu den anderen Texten seiner Kultur heraus versteht.[33]

Es geht hier also um ein erweitertes Modell von Intertextualität, das in der Analyse von Textverfahren und Praktiken der Bedeutungsproduktion die semiotische

---

32 Baßler, Die kulturpoetische Funktion und das Archiv, S. 213.
33 Baßler, Die kulturpoetische Funktion und das Archiv, S. 65.

Offenheit eines Textes berücksichtigt. Die „Position außerhalb des Kommunikationsmodells" ermöglicht die Rekonstruktion nicht ‚des' vom Autor intendierten und vom Leser verstandenen Sinns, sondern von semiotischen Transfer-Prozessen zwischen Texten. Nicht um ein Verstehen des Unverständlichen mittels einer Rekonstruktion literarischer Kommunikation geht es also, sondern darum, auf hohem Niveau kontextualisierend das Nicht-Verständliche zu analysieren und zu beschreiben. Damit wird die Komplexität des hermetischen Texts nicht reduziert, sondern diskursiv angereichert; die spezifischen Verfahren des Texts werden so nachvollziehbar, ohne dass sie ihrer Unverständlichkeit beraubt würden. Das aus der Höhle des Schweigens tretende, sanfte Tier *ist* eine entrückt-vitalistische Vision, wie wir sie in vielen Texten des *Brenner* diskursiv nachvollziehen können, und es *ist* sie zugleich, aufgrund der suggestiven Eigenlogik, Verfremdung und extremen Verknappung des Bilds, *nicht*. Die Aufgabe besteht darin, diesen – vielleicht: beglückenden – semantischen Schwebezustand durch den ‚Gang ins Archiv', durch eine Analyse intertextuell-diskursiver Verknüpfungen möglichst genau zu beschreiben.

Sabine Kyora

„Wir Gespenster"

Die Expressionisten gehen ins Kino

Dass die Expressionisten ins Kino gegangen sind, ist unumstritten – welche Folgen das für ihre Texte gehabt hat, schon eher. Erst jüngst hat Christoph Kleinschmidt in seinem Band zur Intermaterialität im Expressionismus noch einmal auf diese relativ wenig erforschte Seite des Expressionismus aufmerksam gemacht und damit einen Befund erneuert, den Thomas Anz bereits länger beklagt.[1] Kleinschmidt wendet sich denn auch dem von Kurt Pinthus herausgegebenen *Kinobuch* zu, zu dem unterschiedliche Autoren und Autorinnen Prosaskizzen beitrugen, die als mögliche Handlungsstränge für einen Film gedacht waren, und bezieht ebenfalls eine Auswahl von expressionistischen Gedichten ein, um zu zeigen, wie das neue Medium wahrgenommen und verarbeitet wird.[2]

Im folgenden soll es dagegen zunächst um einen kurzen Blick auf das frühe Kino gehen, damit etwas genauer einzugrenzen ist, was die Expressionisten denn im Kino gesehen haben. Danach will ich an zwei Punkten auf mögliche intermediale Verknüpfungen aufmerksam machen: Zunächst ist die Frage nach dem Status von Subjektivität zu stellen, die in der Kombination von Zuschauer und Erzähler oder lyrischem Ich inszeniert wird. Zweitens wird es mir um Varianten von Döblins „Kino-Stil" gehen, das heißt um mögliche stilistische Bezüge zwischen Film und Literatur.

1 Kino der Attraktionen

Wenn man sich die Filme bis etwa 1912 genauer ansieht, dann sind hier Besonderheiten zu beachten, die gegen die heute gängige Vorstellung von filmischer Narrativität verstoßen, die aber bezogen auf expressionistische Texte interessant sein können. Zunächst bestand eine Filmvorstellung nicht aus einem langen Spielfilm, sondern aus mehreren Programmteilen nach Art des Nummernprogramms im Varieté. Erkennbar ist diese Programmstruktur noch in dem berühmten Zitat

---

1 Vgl. Thomas Anz, Literatur des Expressionismus, Stuttgart und Weimar 2002, S. 150.
2 Christoph Kleinschmidt, Intermaterialität. Zum Verhältnis von Schrift, Bild, Film und Bühne im Expressionismus, Bielefeld 2012.

DOI 10.1515/9783110543209-010

aus Kafkas Tagebüchern: „Im Kino gewesen. Geweint. ‚Lolotte'. Der gute Pfarrer: Das kleine Fahrrad. [...] Vorher trauriger Film ‚Das Unglück im Dock' nachher lustiger ‚Endlich allein.'"[3] Die Titel zeigen die episodische Reihung einzelner kürzerer Filme an, aus denen die Vorstellung bestand.

Zusammenfassen lässt sich das Kino bis etwa 1907 unter dem Begriff des „Kinos der Attraktionen" im Gegensatz zum „Kino der narrativen Integration".[4] Eine Vorstellung bestand in dieser frühen Phase aus unterschiedlichen Programmteilen, die „Ansichten", „Aktualitäten" und fiktionale Kurzfilme umfassen konnten. Während dieses Kino der Attraktionen eher ein Geschehen „zeigt", wird erst in einer späteren Phase im Film eine Geschichte erzählt. Zwar sind auch im frühen Kino schon Ansätze von Narration erkennbar, insgesamt ist aber der Gestus dominanter, dem Zuschauer etwas zu präsentieren, das nicht durch eine erzählerische Logik verknüpft ist. Gekennzeichnet sind die Filme auch durch ihre Kürze, erst ab 1911 gab es den sogenannten „Langfilm", der bis zu einer Stunde dauern konnte.[5] Der Zeigegestus lässt sich auch an den einzelnen „Genres" des „Kino der Attraktionen" erkennen: So haben Ansichten einen dokumentarischen, nichtfiktionalen Charakter. Die Kamera gibt also ein Geschehen wieder, das auch ohne sie stattgefunden hätte, das als optisch besonders Reizvolles aber dem Kinozuschauer gezeigt wird, z. B. in einem einminütigen Film von Guido Seeber 1898 eine schwere Lokomotive, die durch ein Stadtzentrum transportiert wird.[6]

Aktualitäten ähnelten den heutigen Nachrichten, konnten „Staatszeremonien und Kriegsdarstellungen", aber auch „Katastrophenszenarien" sein.[7] Die Kinos warben dabei einerseits mit der Schnelligkeit, mit der die Neuigkeiten zu sehen waren, andererseits waren auch längerere Produktionszeiten möglich. Die Aktualitäten wurden um 1900 nicht nur abgefilmt, sondern auch im Studio nachgestellt. Gegen Ende des Jahrzehnts entwickelt sich zunehmend der Anspruch, dass reale Szenen wiedergegeben werden sollten,[8] ab 1908 waren die Aktualitä-

---

3 Franz Kafka, Tagebücher. 3 Bände, hg. von Hans-Gerd Koch, Michael Müller und Malcolm Pasley, Frankfurt a. M. 1994, 2. Bd., S. 204.
4 Thomas Elsaesser, Filmgeschichte und frühes Kino. Archäologie eines Medienwandels, München 2002, S. 74.
5 Vgl. Corinna Müller, Variationen des Kinoprogramms. Filmform und Filmgeschichte. In: Die Modellierung des Kinofilms. Zur Geschichte des Kinoprogramms zwischen Kurzfilm und Langfilm (1905/6–1918), hg. von Corinna Müller und Harro Segebrecht, München 1998, S. 43–75, hier S. 61.
6 Vgl. Klaus Kreimeier, Traum und Exzess. Die Kulturgeschichte des frühen Kinos, Wien 2011, S. 145–146.
7 Kreimeier, Traum und Exzess, S. 151.
8 Vgl. Kreimeier, Traum und Exzess, S. 153–154.

ten fester Programmbestandteil, ab 1910 gibt es dafür den Titel „Wochenschau".[9] Im fiktionalen Kurzfilm finden sich die ‚trivialen' Genres, die auch in den Äußerungen der Zeitgenossen immer wieder auftauchen, also „Ehebruchsburlesken, Dramolette um Kindesraub oder wilde Kissenschlachten im Internat".[10] Obwohl ab 1911 zunehmend Langfilme gezeigt wurden – eine Vorstellung bestand dann aus zwei fiktionalen Langfilmen und der Wochenschau[11] –, ist es nicht diese Kinovorstellung, die vorwiegend in den expressionistischen Texten auftaucht, sondern die Mischung von Programmteilen, die für das „Kino der Attraktionen" bestimmend war. So schreibt Carlo Mierendorff in seinem Loblied auf das Kino noch 1920, als sich in den zeitgenössischen Vorstellungen längst der Langfilm durchgesetzt hatte:

> Alle fabelhaften Erhebungen des Erdballs vom Großartigen hinab bis ins Gemeine mögen die Films anfüllen: Traum von Policeman, die Goldküste, Fjords und Robbenjäger, Achter auf der Seine, Lustmord und Long-Island, Nigger, Dompteure, Gletscher, Reiterkampf in Peru, elektrischer Stuhl von Sing-Sing, Hamburger Kai, Aufruhr in Mexiko, im Kanoe den Amazonas hinab, Lüstlinge, Lappen und Rentiere [...].[12]

Dass die Programmstruktur des Kinos und der Reihungsstil des Expressionismus dieselbe Struktur der Aufzählung verbindet, ist schon hier unmittelbar einleuchtend.[13] Darüber hinaus kann man vor dem Hintergrund des „Kinos der Attraktionen" die einzelnen Programmelemente wieder erkennen: „Ansichten" von Landschaften oder realen Ereignissen – Fjords und Robbenjäger, Achter auf der Seine, Hamburger Kai –, mögliche Akualitäten – Aufruhr in Mexiko – und fiktionale Kurzfilme über den „Traum von Policeman", den Lustmord, Kanufahrten auf dem Amazonas (wobei die auch zu den Ansichten gehören könnten) oder über „Lüstlinge". In der Aufzählung von Mierendorff stehen die Programmelemente wie in der Kinovorstellung unverbunden neben- bzw. hintereinander. Auch in den Kino-Gedichten von Hardekopf, van Hoddis oder George Grosz findet sich diese Anei-

---

9 Vgl. Kreimeier, Traum und Exzess, S. 150.

10 Kreimeier, Traum und Exzess, S. 163.

11 Vgl. C. Müller, Variationen des Kinoprogramms, S. 64.

12 Carlo Mierendorff, Hätte ich das Kino. In: Die weißen Blätter 7 (1920), H. 2 (Februar), S. 86–92; hier zit. n.: Expressionismus. Manifeste und Dokumente zur deutschen Literatur 1910–1920, hg. von Thomas Anz und Michael Stark, Stuttgart 1982, S. 487–493, hier S. 490; vgl. zur Nähe von Reihungsstil und Programmstruktur: Harro Segebrecht, Literarische Kino-Ästhetik. Ansichten einer Debatte. In: Die Modellierung des Kinofilms, hg. von Corinna Müller und Harro Segebrecht, S. 193–219, hier S. 207 f.

13 Auf die Nähe zwischen den Kinobildern und der parataktischen Form expressionistischer Gedichte hat schon Thomas Anz hingewiesen: Anz, Literatur des Expressionismus, S. 107.

nanderreihung von Programmteilen, nur selten die Wiedergabe einer erzählten Handlung (wie z. B. in Hardekopfs Gedicht „Die Première im Marmor-Kino").

Neben diesen unterschiedlichen Programmteilen einer Vorstellung sind die Kamerapositionen im frühen Kino zu berücksichtigen, die dem Zuschauer den Blick auf das Geschehen eröffnen. Der „Zeigegestus" ist hier dadurch erkennbar, dass die Kamera statisch auf den Raum gerichtet ist – was zum Teil natürlich technische Gründe hat – und einzelne Figuren dann auf Elemente dieses Raumes aufmerksam machen. In den Filmen von George Méliès sieht man das z. B. in der Form, dass innerhalb einer Erfinderwerkstatt in *La Voyage à travers l'impossible* (1904) immer wieder neue Maschinen ins Bild gerollt werden, die der Protagonist als unverzichtbar für die geplante Reise anpreist. Die Kamera folgt also nicht den Protagonisten und ihren Bewegungen, sondern die Protagonisten präsentieren der Kamera – und damit auch dem Zuschauer – etwas. Damit verweist das tatsächliche Bild darauf, dass es Räume gibt, die Kamera und Zuschauer nicht einsehen können. Im Zeigegestus wird allerdings auch der illusionistische Charakter des Films gebrochen, er führt seine Inszeniertheit selber vor. Erkennbar wird diese Tendenz daran, dass die Figuren den Zuschauer fixieren, während sie etwas präsentieren, – dass sie sich also aus der Handlung heraus an ihn wenden.[14] So ermöglicht der Zeigegestus noch Distanz zwischen dem Zuschauer und dem Geschehen auf der Leinwand. Zwar wird im Blick auf die Leinwand und in der Bindung an die Kamera etwas eingeübt, das entscheidend für die Weiterentwicklung von Schnitten und Kameraschwenks sein wird, trotzdem bricht der Zeigegestus die identifikatorische Perspektive.[15] Erst im narrativen Kino werden Kamera und Blick untrennbar verknüpft, der Zuschauer ins Bild hineingezogen. Die Bildtiefe soll die Vorstellung einer Raumtiefe produzieren, die den Zuschauer vergessen lässt, dass er es mit einer Leinwand zu tun hat.

Diese illusionistische Erfahrung, in der die bewegte Handlung auf der Leinwand mit der Illusion des dreidimensionalen Raums verknüpft wird, beschreibt Walter Hasenclever 1913 als charakteristisch für das Kino-Erlebnis: „Von allen Kunstfertigkeiten unserer Zeit ist der Kintopp die stärkste, denn er ist die zeitgenössischste. Raum und Zeitlichkeit dienen bei ihm zur Hypnose von Zuschauern [...]."[16] Zusammengesetzt aus den bewegten Bildern und der Kameraperspektive, die den Raumeindruck entstehen lässt sowie aus dem Blick des Zuschauers

---

14 Vgl. C. Müller, Variationen des Kinoprogramms, S. 60.
15 Vgl. C. Müller, Variationen des Kinoprogramms, S. 49.
16 Walter Hasenclever, Der Kintopp als Erzieher. Eine Apologie, zit. n. Anz/Stark, Manifeste, S. 478–480, hier S. 479.

bewirkt das Kino eine „Hypnose", es absorbiert den Rezipienten und zieht ihn ins Bild hinein.

Diesen ‚Blickwechsel' skizziert auch Alfred Döblin schon 1909: „Drin in dem stockdunklen, niedrigen Raum glänzt ein mannshohes Leinewandviereck über ein Monstrum von Publikum, über eine Masse, welche dieses weiße Auge mit seinem stieren Blick zusammenbannt."[17] Spätestens hier kann man die Darstellung des Kinos und seiner Wirkung in die Subjektentwürfe des Expressionismus einordnen: Schwache Subjekte, die ‚gebannt' werden, die ‚hypnotisiert' sind, begegnen dem ‚weißen Auge'. Damit zeigt sich aber auch, dass das Kino, das die Expressionisten in ihren Texten darstellen, eine Konstruktion ist. In ihrer Schilderung nehmen sie einerseits die Programmstruktur des Kinos vor 1910, sogar vor 1907, auf, verbinden diese andererseits mit der illusionistischen Wirkung, die im Nummernkino und in der Kurzfilm-Ära eher nicht die Regel war, sondern erst die längeren, erzählenden Filme kennzeichnet, die ab 1911 in die Kinos kamen.

2 „Wir Gespenster": schwache Subjekte?

Die Beziehung zwischen Zuschauer und Film kann also als Überwältigtwerden durch die Bilder inszeniert werden, auch die gesamte Anordnung im Kinosaal spielt eine Rolle. So schreibt Jakob van Hoddis zum „Kinematograph": „Und in den dunklen Raum – mir ins Gesicht – / Flirrt das hinein, entsetzlich! Nach der Reihe!"[18] In der Dunkelheit des Raumes bedrängt das Flirren der Bilder das Subjekt, das sich gegen deren Bewegung nicht wehren kann. Wie in der von Hasenclever angesprochenen „Hypnose" ist es der Situation ausgeliefert und wird von den Bildern gesteuert, die Bilder machen etwas mit dem Zuschauern (und zwar mit allen das Gleiche): „Wir schieben geil und gähnend uns ins Freie."[19]

In George Grosz' Gedicht „Kaffeehaus" mischt sich der Film in einen großstädtischen Bilderreigen, der schließlich in dem Ausruf endet: „Ich bin eine Maschine, an der das Manometer entzwei ist – ! / Und alle Walzen spielen im Kreis – / Siehe: *wir sind allzumal Neurastheniker!*"[20] Die Erfahrung des Kinos offenbart also eine

---

17 Alfred Döblin, Das Theater der kleinen Leute. In: Ders., Kleine Schriften I., Olten und Freiburg i. Br. 1985, S. 71–73, hier S. 72.
18 Jakob van Hoddis, Kinematograph. In: Die endlose Ausdehnung von Zelluloid. Eine Anthologie, hg. von Andreas Kramer und Jan Volker Röhnert, Dresden 2009, S. 12.
19 Jakob van Hoddis, Kinematograph, S. 12.
20 George Grosz, Kaffeehaus. In: Die endlose Ausdehnung, hg. von Andreas Kramer und Jan Volker Röhnert, S. 31; zum Zusammenhang von Großstadt-Kino-Literatur als ein

Anschlussfähigkeit an diese bekannte Motivik des Expressionismus: Im Zusammenhang mit dem Kino rufen die Expressionisten psychische Zustände auf, die das Subjekt zu etwas machen, das sich selbst fremd ist. Die Maschinenmetapher nimmt diese Tendenz auf, auch Döblin benutzt sie, wenn er Fabrik und Kino parallelisiert und so das Kino als Verlängerung der Fabrik beschreibt. Im Gegensatz zu van Hoddis und zu Grosz hat diese Metapher bei Döblin eine eindeutige soziale Komponente, sie gilt nur für Arbeiterinnen und Arbeiter.[21] Das zeitgenössische Vokabular von Neurasthenie und Hypnose dient dabei einerseits zur Darstellung der Entfremdung des Subjekts, andererseits zeigt sich gerade in der behaupteten hypnotischen Wirkung des Kinobilds auch eine Tendenz der Entgrenzung des Bewusstseins. Diese wird fortgeführt durch Formulierungen, die sie besonders akzentuieren, etwa in Gottfried Benns Rönne-Novelle „Die Reise":

> Einrauschte er in die Dämmerung eines Kinos, in das Unbewußte des Parterres. [...] Er war eingetreten in den Film, in die scheidende Geste, in die mythische Wucht. Groß vor dem Meer wölkte er um sich den Mantel, in hellen Brisen stand in Falten der Rock; durch die Luft schlug er wie auf ein Tier, und wie kühlte der Trunk den letzten des Stamms. [...] Rönne atmete kaum, behutsam, es nicht zu zerbrechen. Denn es war vollbracht, es hatte sich vollzogen. Über den Trümmern einer kranken Zeit hatte sich zusammengefunden die Bewegung und der Geist, ohne Zwischentritt.[22]

Benns Inszenierung ordnet das Kino einerseits in eine psychologische Reihe ein, die auch in den anderen Texten zu erkennen ist: die hypnotische Erfahrung, die Neurasthenie, hier: das „Unbewußte des Parterres". Andererseits wird die Entgrenzungserfahrung im Kinobild zelebriert. Diese Entgrenzung wiederum scheint durch die direkte Verbindung von Bewegung, also Film, mit dem „Geist" des Zuschauers hervorgerufen zu werden. Der Blick und die Bewegung der Bilder werden als eine Einheit erlebt, weder der restliche Körper noch die Kamera werden dabei wahrgenommen. Hier zeigt sich also sehr deutlich, wie der Zuschauer in das Bild hineingezogen wird, so dass ihm nicht mehr bewusst ist, dass eine Kamera seinen Blick lenkt – bei Benn wird der „Apparat" vollkommen ausgeblendet. Dadurch ist aller-

---

Wahrnehmungszusammenhang siehe: Joachim Paech, Literatur und Film, Stuttgart und Weimar 1997, S. 126.

21 Alfred Döblin, Dionysos. In: Ders., Der deutsche Maskenball von Linke Poot. Wissen und Verändern, München 1987, S. 25–36, hier S. 26 f.; vgl. dazu: Sabine Kyora, (Massen-)Medien. Intermedialität und Subjektivität bei Alfred Döblin. In: Massen und Medien bei Alfred Döblin. Internationales Alfred-Döblin-Kolloquium Berlin 2011, hg. von Stefan Keppler-Tasaki, Bern, Berlin u. a. 2014, S. 275–288.

22 Gottfried Benn, Die Reise. In: Ders., Prosa und Autobiographie in der Fassung der Erstdrucke, Frankfurt a. M. 1984, S. 33–40, hier S. 39.

dings auch nicht mehr klar zu trennen, was die primäre Erfahrung ist: der Entgrenzungswunsch des Subjekts (der möglicherweise auch anders zu befriedigen wäre) oder das Kino, das dieses Begehren erst weckt.

Während Benn die Entgrenzung und das Begehren in der Kinoerfahrung verbindet, verknüpft Ferdinand Hardekopf in seinem Gedicht „Wir Gespenster" (Untertitel: „Leichtes Extravagantenlied") diese beiden Elemente mit der zuvor skizzierten Tendenz der Entfremdung:

> Wir haben all unsere Lüste vergessen,
> In Cinémas suchen wir Grauen zu fressen;
> Erleuchtete Tore locken uns sehr,
> Doch die Angst ist gering – wir brauchen viel mehr.[23]

Die Einverleibung des Bildes macht in diesem Fall die Attraktion des Kinos aus, eine Einverleibung, die allerdings nicht genug Angst(lust) verspricht und das Begehren des Subjekts nicht befriedigt. Denn der Kinozuschauer erscheint hier nicht als der „kleine Mann oder die kleine Frau", vielmehr wird der abgehärtete Großstadtbewohner im Kinogänger erkennbar, der die von Georg Simmel beschriebene Blasiertheit auch mitbringt,[24] wenn er ins Kino geht.

Gegen diesen gerade beschriebenen Kontext stehen Darstellungen, in denen der Film gerade durch das Zeigen der Oberfläche – im Kino der Attraktionen – psychologische Erklärungsmuster außer Kraft setzt und die Illusion der Bilder bricht, so dass der Zuschauer sich nicht in ihnen verlieren kann. Ein Beispiel für diese Form der Kino-Rezeption lässt sich in Johannes R. Bechers Gedicht „Kino" von 1914 finden:

> Kurt schluckt einen Apfelsinenkern.
> Hofdamen ihre seidenen Schleppen raffen.
> Die Schwindsucht-Mutter kann es nicht mehr schaffen.
> Kurt starb an jenem Apfelsinenkern.[25]

Hier wird kein psychologischer, aber natürlich auch kein syntaktischer Zusammenhang zwischen Kurt und einer Mutter, die es „nicht mehr schaffen" kann, hergestellt, also kein Drama im Sinne eines armen, verzweifelten Kindes erzählt, das von der Mutter verlassen wurde, von einer verzweifelten Mutter, die ihm nicht

---

23 Ferdinand Hardekopf, Wir Gespenster. In: Die endlose Ausdehnung, hg. von Andreas Kramer und Jan Volker Röhnert, S. 40.
24 Georg Simmel, Die Großstädte und das Geistesleben. In: Ders., Aufsätze und Abhandlungen 1901–1908, Bd.1, Frankfurt a. M. 1995, S. 116–131, hier S. 121.
25 Die endlose Ausdehnung, hg. von Andreas Kramer und Jan Volker Röhnert, S. 50 f.

rechtzeitig helfen kann. Wenn man aus dem ersten, dem dritten und dem vierten Vers einen Zusammenhang konstruiert, passt wiederum der zweite kaum hinein, er könnte aber als ein Hinweis auf das Kino der Attraktionen gelesen werden, das unabhängig von narrativer Logik in erster Linie interessante Bilder liefert.[26] Das Kino der Attraktionen und die Neigung der Expressionisten zur Groteske zeigen Parallelen, weil sie beide einen ähnlichen „Zeigegestus" vorführen, der den Zuschauer wie den Leser auf Distanz hält, und beide narrative Zusammenhänge kollabieren lassen.[27]

Diese Akzentuierung der Entpsychologisierung zeigt sich in den expressionistischen Texten auch durch die intermedialen Verweise auf triviale Film-Genres, also auf Krimis oder den „Abenteurerfilm / In zehn Episoden: / 1. Die verpfändete Leiche."[28] Beides sind Genres, in denen es nicht um eine psychologisch erklärbare Motivation geht, sondern die mit Typen von Figuren – der Detektiv, die „Leiche" – arbeiten und vor allem eine außergewöhnliche Handlung vorführen wollen. Diese trivialen Gegenstände und Genres des Kinos werden in den Essays zum Thema ebenfalls hervorgehoben, nur die Wertung ändert sich je nach Autor. Während Alfred Lichtenstein „Mord und Totschlag in Hülle und Fülle. Komik bis zum Platzen. Fett aufgemachte Rührung"[29] geißelt, preist Walter Hasenclever das „Geniale[], Kitschige[]"[30] des Kintopps. Noch in Lichtensteins Polemik bleibt die Nähe zwischen expressionistischem Reihungsstil und Kino-Sujets erkennbar. Deshalb soll es zum Schluss noch einmal um den vielzitierten „Kinostil" gehen, also um mögliche intermediale Übernahmen aus dem Film in die Struktur expressionistischer Texte.

3 „Kinostil": starke Konkurrenz?

Die Übernahme von ästhetischen Elementen aus einem Medium in ein anderes Medium bezeichnet Irina Rajewski als „Medientransformation".[31] Die Schwie-

---

26 Vgl. die ähnliche Lesart von Jakob van Hoddis' Gedicht „Kinematograph" bei Harro Segebrecht, Literarische Kinoästhetik, S. 207–209.

27 Vgl. zur expressionistischen Groteske: Anz, Literatur des Expressionismus, S. 169–173.

28 Claire Goll, Pathé-Woche. In: Die endlose Ausdehnung, hg. von Andreas Kramer und Jan Volker Röhnert, S. 23–27, hier S. 26.

29 Alfred Lichtenstein, Retter des Theaters. In: Manifeste, hg. von Thomas Anz und Michael Stark, S. 477f., hier S. 477.

30 Hasenclever, Der Kintopp als Erzieher, S. 479.

31 Irina Rajewski, Intermedialität, Tübingen und Basel 2002, S. 83–85.

rigkeit liegt bei dieser Form von Intermedialität darin, dass charakteristische Merkmale wie etwa Filmschnitt oder Kameraperspektive nur analog im Text verwandt werden können, also ‚übersetzt' werden müssen. Dieser Prozess der Transformation macht dann die eindeutige Identifizierung solcher Verfahren schwer, wenn sie, wie meistens, nicht eindeutig als Transformation gekennzeichnet sind. Diesen Hintergrund sollte man im Blick behalten, wenn man sich dem „Kinostil" zuwendet.

Döblin bettet sein Plädoyer für den Kinostil in die Abrechnung mit der „psychologische[n] Manier" ein.[32] An ihre Stelle soll der Kinostil treten: „Die Darstellung erfodert bei der ungeheuren Menge des Geformten einen Kinostil. In höchster Gedrängtheit und Präzision hat die ‚Fülle der Gesichte[']' vorbeizuziehen."[33] Da es sich hier um einen programmatischen Text Döblins handelt, hat die Forschung immer wieder versucht, den Kinostil in seinen Texten zu finden.[34] An dieser Stelle soll ein anderer Zugang ausprobiert werden, der einerseits die Parallelen eher systematisch benennt und andererseits die Konkurrenz der beiden Medien stärker berücksichtigt. Auffallend sind – wie oben bereits angesprochen – die Nähe zwischen dem Reihungsstil und dem Kino der Attraktionen. Die Beschreibung der Filme als nicht-psychologisch motiviert korrespondiert ebenfalls – wie bei Döblin erkennbar – mit Elementen der expressionistischen Poetik.[35] Kasimir Edschmid fasst diese Maxime in seiner Rede über den „Expressionismus in der Dichtung" zusammen:

Keine Ehegeschichten, keine Tragödien, die aus Zusammenprall von Konvention und Freiheitsbedürfnis entstehen, keine Milieustücke, keine gestrenge Chefs, lebenslustige Offiziere, keine Puppen, die an den Drähten psychologischer Weltanschauung hängend mit Gesetzen, Standpunkten, Irrungen und Lastern dieses von Menschen gemachten und konstruierten Gesellschaftsdaseins spielen, lachen und leiden. [...] Sein Leben [das des „einfa-

32 Alfred Döblin, An Romanautoren und ihre Kritiker. Berliner Programm. In: Ders., Schriften zu Ästhetik, Poetik und Literatur. Olten und Freiburg i. Br. 1989, S. 119–123, hier S. 120: „Man muss erkennen, daß die Romanpsychologie, wie die meiste, täglich geübte, reine abstrakte Phantasmagorie ist. Die Analysen, Differenzierungsversuche haben mit dem Ablauf einer wirklichen Psyche nichts zu tun; man kommt damit an keine Wurzel. Das ‚Motiv' der Akteure ist im Roman so sehr ein Irrtum wie [im] Leben [...]."
33 Döblin, An Romanautoren und ihre Kritiker, S. 121.
34 Vgl. Erich Kleinschmidt, Zwischenwege. Döblin und die Medien, Film, Rundfunk und Fotografie. In: Wirkendes Wort H.3 (2001), S. 401–419; zuletzt Stefan Keppler-Tasaki, Nachwort. In: Alfred Döblin, Wadzeks Kampf mit der Dampfmaschine, Frankfurt a. M. 2013, S. 363–389, hier S. 381–386.
35 Vgl. Sabine Kyora, Concepts of the subject in the avant-garde movements of the 1910s and „Neue Sachlichkeit". In: Neue Sachlichkeit und Avantgarde, hg. von Ralf Grüttemeier, Klaus Beekman und Ben Rebel, Amsterdam 2013, S. 277–295.

chen, schlichten Menschen", S. K.] reguliert sich ohne die kleinliche Logik, ohne Folgerung, beschämende Moral und Kausalität [...]."[36]

Gerade diese Verweigerung von kausalen Verknüpfungen, zu denen psychologische Zusammenhänge gehören, lässt sich natürlich auch am Reihungsstil erkennen. Sie lässt aber auch eine Hypothese darüber zu, wie die Expressionisten das Kino gesehen haben könnten: als Ausdruck dieser Anti-Psychologie. Daraus kann man möglicherweise folgern, dass das Kino der narrativen Integration, das dann wieder die Geschichten erzählt, die Edschmidt benennt, für die Expressionisten an Anziehungskraft verloren hat.[37]

Weil die fehlende psychologische Motivierung von Filmhandlungen einen Teil ihrer Attraktion ausmacht, verwundert es nicht, wenn die Expressionisten die phantastischen Elemente des Films besonders akzentuieren. So spielt Pinthus z. B. in seiner Einleitung zum *Kinobuch* auf einen Film von Georges Méliès an, wenn er die Bilder des Kinos vom Alltag abhebt: „Jeglicher fährt in der Eisenbahn, aber er erlebt nicht, wie der Zug durch ungekannte, exotische Länder rast, wie der Zug plötzlich über Flur und Gebirg fliegt [...]."[38] Auch in Pinthus' Beitrag zum *Kinobuch* wird der Einfluss von Méliès deutlich.[39] Die Phantastik entsteht einerseits durch die episodische Reihung von ganz unterschiedlichen Filmformaten und -inhalten, wie oben bereits als Kennzeichen des Kinos der Attraktionen beschrieben, andererseits durch die Filmhandlungen, wie sie auch in den Texten angedeutet werden: „Der Tank Nummer 220 fährt / Durch den Krater des Mars. / Meg springt mit dem Pferd / vom Nordpol zum Südpol / Durch den glühenden Äquatorstreifen."[40] In Claire Golls Gedicht erkennt man sowohl den abrupten Wechsel von einem Kurzfilm zum nächsten wie das Element des Phantastischen, das wiederum Pinthus auf den Punkt bringt, wenn er konstatiert: „Das Schönste am Kino ist das Wunderbare."[41] Das spezifische Wunderbare des Kinos bezeichnet Pinthus als „mechanisierte Erfindung" – was den technischen Apparat des Kinos auch auf seine Inhalte bezieht. Damit ist das Kino ein Zeichen für die Modernisierung im Sinne der Technisierung – also der sozialen Moderne.[42]

---

36 Kasimir Edschmid, Expressionismus in der Dichtung. In: Manifeste, hg. von Thomas Anz und Michael Stark, S. 42–55, hier S. 47.
37 Vgl. Segebrecht, der das für Carl Einstein zeigt: Literarische Kinoästhetik, S. 213 f.
38 Kurt Pinthus, Einleitung: Das Kinostück [1913]. In: Das Kinobuch, hg. von Kurt Pinthus, Frankfurt a. M. 1983, S. 19–28, hier S. 23.
39 Vgl. Kleinschmidt, Intermaterialität, S. 211.
40 Goll, Pathé-Woche, S. 26.
41 Pinthus, Das Kinostück, S. 27.
42 Vgl. Anz, Literatur des Expressionismus, S. 100 f.

Obwohl Pinthus durchgehend behauptet, das Kino sei keine Kunst oder zumindest keine „hohe" Kunst, sieht er gerade in der Aufnahme des Phantastischen die ästhetische Modernisierung. Es knüpft nämlich an die Romantik an, verstanden als Ausgangspunkt für die Formulierung des Wunderbaren in der Literatur:

> Der im immer gleichen Alltag arbeitende Mensch unserer Tage wird in der Muße alsbald zum Romantiker. Er will nicht nur etwas Realistisches sehen, sondern dies Realistische soll in eine idealere, phantastischere Sphäre erhoben sein. Die Welt soll mit Abenteuern und Seltsamkeiten gespickt sein (wie ein Sonntagsbraten), eine plausiblere Logik soll obwalten, die Schwere und Kausalität soll von den Dingen abfallen. Und all dies findet der Mensch im Kino.[43]

Im Kino treffen also die soziale Moderne, der „arbeitende Mensch unserer Tage", und die ästhetische Moderne, in der die „Kausalität [...] von den Dingen" abfällt, zusammen, allerdings nicht als hohe Kunst, sondern auf der Ebene des ‚Sonntagsbratens'. Damit ist die Konkurrenzsituation von Kino und Avantgarde-Kunst sehr genau benannt. Wie einen Sonntagsbraten kann man das Wunderbare im Kino tatsächlich sehen – genau das ist das Sensationelle, die Romantiker haben es erfunden und verschriftlicht, Leser und Autoren konnten es aber nur imaginieren. Damit ist ein ‚konkret' Phantastisches in der Welt, das die Kausalität umgeht und damit der Programmatik der Expressionisten entspricht. Wollen die Autoren sich dessen Logik nicht beugen, dann bleiben ihnen pointiert formuliert als Reaktionsweisen auf das Kino nur noch zwei Möglichkeiten: Entweder sie entwerfen das Wunderbare und den Bruch der Kausalität in ihren Texten schon auf das Kino bezogen – das probiert eine ganze Reihe der Autoren in Pinthus' *Kinobuch* –, dann sind ihre Texte nicht mehr autonom, sondern nur noch Grundlage der Verfilmung, die Texte verlieren also ihren Avantgardestatus (und die Autoren den ihrigen als autonome Künstler). Oder sie entwerfen Texte, die eine abstrakte und reduzierte Variante konstruieren und damit nicht visualisierbar sind – womit wir wieder beim Kinostil wären, der, von hier aus gedacht, gerade nicht die intermediale Transposition von Kinobildern in den Text darstellt. Er wäre vielmehr das, was die Literatur dem Kino entgegensetzen kann, was sie gegen das Sichtbare, gegen die konkrete Unterbrechung der Kausalität im Film in ihren Texten konstruiert.

Während Pinthus also das Kino in Zusammenhang mit dem Wunderbaren bringt, sieht Franz Pfemfert es als Wiedergabe der Realität:

> Wahrlich: dieser Kino ist der passende Ausdruck unserer Tage. Dieser Abklatsch der nackten Wirklichkeit, diese brutale Bildreporterei konnte nur in einer Zeit zu Ehren kommen, in der

---

43 Pinthus, Das Kinostück, S. 22 f.

die Phantasie in die Leichenschauhäuser und auf die Verbrecherfährten gedrängt ist. Nick
Carter, Kino und Berliner Mietshäuser, diese triviale Dreiheit gehört zusammen.[44]

Auch hier tauchen also die Insignien der sozialen Moderne auf: die Berliner Mietshäuser. Zudem ordnet Pfemfert das Kino in eine Reihe von technischen Innova-
tionen ein, die für ihn im Namen „Edison" symbolisiert sind,[45] und sieht es als
Teil der Trivialisierung von Kunst, die am Erfolg des zeitgenössischen Detektivro-
mans mit der Hauptfigur Nick Carter erkennbar ist. Anders als bei Pinthus geht
es hier aber um die ‚Rettung' der Phantasie vor der Trivialität und Technisierung
der Moderne, die in der Kunst stattfinden soll. Der Blick auf das Kino als „brutale
Bildreporterei" sieht den Film als Weiterentwicklung der Fotografie und unabhängig von phantastischen Elementen der Filmhandlung als ‚realistisch' insofern
an, als die Kamera nur etwas zeigen kann, was real vorhanden ist (und seien es
Pappkulissen einer ‚Marslandschaft'). Die Literatur dagegen zeigt nichts, deswegen kann sie gar kein „Abklatsch der nackten Wirklichkeit" sein – vielleicht ist
gerade das durch das Kino erst richtig deutlich geworden. Die Wendung auf das
eigene Material, die Sprache und zur Abstraktion bekommt so noch einmal einen
sehr konkreten Hintergrund. Obwohl Pfemferts Blick auf das Kino also von der
entgegengesetzten Prämisse ausgeht – den Film anscheinend als rein technische
Wiedergabe von Realität ansieht –, ist das Ergebnis seiner Argumentation durchaus mit Pinthus' Akzentuierung des Wunderbaren vergleichbar. Die spezifisch
literarische Phantasie oder das spezifisch literarische Wunderbare müssen dem
Kino entgegen gehalten werden.

Avantgarde-Autoren müssen sich also nicht mehr nur gegen die Trivialliteratur behaupten, sondern auch gegen das Kino – man könnte vermuten, dass die
Reflexion auf die sprachliche Materialität z. B. in der von Pfemfert mitformulier-
ten „Wortkunst" auch Ausdruck dieser Situation ist. Sie zeigt sich allerdings auch
in einer ziemlich überheblichen Rhetorik in seinem Artikel, in dem er das ‚Volk'
wegen seiner Neigungen zur Trivialität schilt.

Die Komplexität der Medienkonkurrenz auf der einen und die Möglichkeit,
expressionistische Subjektentwürfe mit dem Kino in Zusammenhang zu bringen,
auf der anderen Seite lassen sich als Folgen, die das neue Medium für die Expressionisten hatte, herauspräparieren. Dass die Autoren dem Kino aber insgesamt

---

44 Franz Pfemfert, Kino als Erzieher. In: Kino-Debatte. Texte zum Verhältnis von Literatur und
Film 1909–1929, hg. von Anton Kaes, München 1978, S. 59–62, hier S. 61.
45 Pfemfert, Kino als Erzieher, S. 60.

kaum aus dem Weg gehen konnten, deutete schon Kurt Tucholsky an: „Der Kintopp zieht uns alle an – / Selbst Bassermann, selbst Bassermann."[46]

---

46 Kurt Tucholsky, Kino. In: Die endlose Ausdehnung, hg. von Andreas Kramer und Jan Volker Röhnert, S. 15 f.

Oliver Pfohlmann

„Todesfreude" und Fliegerpfeil

Kriegserlebnis und literarische Kommunikation am Beispiel von Robert Musil

1 Ein „Sturm der Güte"

Robert Musils enthusiastische Reaktion auf den Kriegsausbruch im Sommer 1914 unterschied sich nur wenig von der anderer Intellektueller und manifestierte sich in dem Essay „Europäertum, Krieg, Deutschtum", erschienen in der Septemberausgabe der *Neuen Rundschau*.[1] Der österreichische Autor, von dem bis dahin *Die Verwirrungen des Zöglings Törleß* (1906), der Novellenband *Vereinigungen* (1911) sowie einige Essays und Kritiken erschienen waren, war erst zu Jahresbeginn in Berlin als Literaturredakteur bei Samuel Fischers Zeitschrift angetreten. Sein Beitrag, mit dem sich auch der notorische Einzelgänger Musil in den Chor der Kriegsapologeten einreihte, endet mit den Worten:

> Der Tod hat keine Schrecken mehr, die Lebensziele keine Lockung. Die, welche sterben müssen oder ihren Besitz opfern, haben das Leben und sind reich: das ist heute keine Übertreibung, sondern ein Erlebnis, unüberblickbar[,] aber so fest zu fühlen wie ein Ding, eine Urmacht, von der höchstens Liebe ein kleines Splitterchen war. (P 1022)[2]

Bekanntlich legten die meisten Angehörigen der expressionistischen Generation (zu denen Musil, Jahrgang 1880, zumindest in einem weiteren Sinn zu zählen ist) ihre anfängliche Kriegsbegeisterung rasch ab oder wandelten sich gar, zumal unter dem Eindruck eigener Fronterlebnisse, zu Pazifisten (erinnert sei nur an Franz Jung und Ernst Toller). Musil, der die Weltkriegsjahre zuerst als Offizier im Dolomitenkrieg gegen Italien, später als Propagandaredakteur in Bozen und Wien erlebt hatte, verteidigte dagegen in der Nachkriegszeit das von ihm sogenannte „Sommererlebnis

Die folgenden Ausführungen basieren zum Teil auf meinem Vortrag „Eine ‚Reihe wundersamer Erlebnisse'. Der Dichter Robert Musil im Krieg: Vom ‚Sommererlebnis' bis zur ‚österlichen Weltstimmung'" (Literaturhaus München, 8. Mai 2014), dessen Schriftfassung in den Musil-Studien, Bd. 34 (2015/2016), erscheinen ist.

1 Vgl. dazu: Oliver Pfohlmann, Robert Musil, Reinbek bei Hamburg 2012, S. 67–70.
2 Robert Musil, Prosa und Stücke. Kleine Prosa, Aphorismen, Essays und Reden, Kritik, hg. von Adolf Frisé. Reinbek bei Hamburg 1978, im Folgenden zitiert mit der Sigle „P".

DOI 10.1515/9783110543209-011

im Jahre 1914" (P 1060) gegenüber den Folgen und lehnte nicht zuletzt deshalb in den 1920er Jahren den sich aus seiner Sicht in Phrasen erschöpfenden Expressionismus ab, nachdem er *vor* 1914 die ‚jüngste Generation' bei der *Neuen Rundschau* noch hatte fördern wollen.[3] Es war vor allem die kollektiv anmutende Opferbereitschaft[4] nach Kriegsausbruch, die ihn nachhaltig beeindruckte. In dem 1927 entstandenen Essay-Fragment „Das Gute in der Literatur" heißt es:

> Der Rausch des Kriegs und der Straßenkämpfe – diese Verquickung, welche in dem einen Fall Millionen Menschen, im andern tausende aus allen Angeln ihres Lebens herausriß, waren Erlebnisse, wo die Menschen vom Guten getroffen oder gestreift worden sind. In den Phrasen von der großen Zeit, vom Stahlbad, vom Aufschwung von den Brüdern im Feld[,] vom Sterben für eine große Sache erstarrte ein Funkenregen der Güte, der damals über die Völker niederging. Es klingt paradox in der sogenannten Kriegspsychose einen Sturm der Güte zu sehen; aber man wird sich wohl erinnern, daß die eigentliche, umfassende Empfindung ein Opferwille war und der Haß eigentlich erst später, durch allerhand intellektuelle Reizungen, durchaus nicht allgemein hinzutrat und ein blinder Haß war, da man ja den Gegner gar nicht kannte. Im übrigen ist es falsch, sich die Güte als notwendig friedlich vorzustellen; es hat immer auch ihre kriegerische und orgiastisch religiöse Form gegeben. (M I/6/122)[5]

---

3 Vgl. dazu Oliver Pfohlmann, „Ein Mann von ungewöhnlichen Eigenschaften" – Robert Musil, die „Neue Rundschau", der Expressionismus und das „Sommererlebnis im Jahre 1914". In: Weimarer Beiträge, Band 49, 2003, Nr. 3, S. 325–360, sowie ders., „Glücklich und feldzugsplanend"? Robert Musil, die „Neue Rundschau" und die „Jüngste Generation". In: Musil-Forum Band 33, 2013/14, S. 55–73.
4 Die Forschung hat inzwischen festgestellt, dass die verbreitete Vorstellung einer allgemeinen, klassenübergreifenden Kriegsbegeisterung des ‚deutschen Volkes' im August 1914 erheblicher Differenzierungen bedarf. So stieß die Kriegseuphorie gerade in den Arbeiterschichten und in der Landbevölkerung auf Ablehnung und Skepsis; das ‚Sommererlebnis' dürfte primär ein Phänomen im urbanen Großbürgertum sowie unter den Intellektuellen gewesen sein. Vgl. zu diesem Aspekt: Wolfgang Kruse, Kriegsbegeisterung? Zur Massenstimmung bei Kriegsbeginn. In: Eine Welt von Feinden. Der Große Krieg 1914–1918, hg. von Wolfgang Kruse, Frankfurt a. M., 2. Auflage 2000, S. 159–166; Helmuth Kiesel, Ernst Jünger im Ersten Weltkrieg. In: Ernst Jünger, Kriegstagebuch 1914–1918, hg. von Helmuth Kiesel, Stuttgart 2010, S. 602 f.; Herfried Münkler, Der Große Krieg. Die Welt 1914 bis 1918, Berlin 2013, S. 222–229; sowie Tillmann Bendikowski, Sommer 1914. Zwischen Begeisterung und Angst – wie Deutsche den Kriegsbeginn erlebten. München 2014.
5 Texte aus dem Nachlass Musils werden zitiert nach: Robert Musil, Klagenfurter Ausgabe (KA). Update 2014. Kommentierte Edition sämtlicher Werke, Briefe und nachgelassener Schriften. Mit Transkriptionen und Faksimiles aller Handschriften. Herausgegeben von Walter Fanta. Unter Mitwirkung von Rosmarie Zeller, Klagenfurt 2014. M: „Transkriptionen & Faksimiles/Nachlass: Mappen"; H: „Transkriptionen & Faksimiles/Nachlass: Hefte". Wiedergegeben wird dabei jeweils, sofern vorhanden, die Lesefassung.

Gerichtet war dies gegen all jene, die nach 1918 den Krieg als Folge einer von Materialismus, Rationalismus und Maschinengeist beherrschten Epoche betrachteten. Dass sich der Mensch nur wieder an das Gute erinnern müsse, um den Krieg zu überwinden, oder daran, dass alle Menschen Brüder seien, wie es der Expressionismus behauptete, hielt der Weltkriegsveteran Musil nicht nur für naiv, sondern für eine gefährliche Fehleinschätzung: Denn für ihn hatte sich gerade in der anfänglichen Kriegsbegeisterung nichts anderes manifestiert als ein plötzlich lebendig gewordener Idealismus. Sie war, wie er in seinem Essay „Die Nation als Ideal und Wirklichkeit"(1921) schrieb, ein „dem religiösen verwandtes Erlebnis" (P 1060) gewesen, ein Ausnahmezustand. In diesem waren selbst solitäre Geistesaristokraten wie er, dessen Schreiben zeitlebens im Zeichen einer „rettungslose[n] Einsamkeit des Ich in der Welt und zwischen den Menschen" (P 1026) stand, plötzlich bereit gewesen, ihr Leben für eine vermeintlich höhere Sache zu opfern, und empfanden sich, dem jäh ausgebrochenen Gemeinschaftsgefühl entsprechend, erstmals als „Teilchen" eines größeren Ganzen, „demütig aufgelöst in ein überpersönliches Geschehen" (P 1060).

2 Die literarische Moderne, das „Erlebnis" und der Kriegsausbruch

Thomas Anz hat in seinen Vorschlägen und Anregungen für eine literaturwissenschaftliche Emotionsforschung nachdrücklich an den Einfluss Wilhelm Diltheys erinnert sowie an die gravierende Bedeutung der Begriffe ‚Einfühlung' und ‚Erlebnis' für die literarische Moderne:

> Dominiert heute die Vorstellung, dass ein der Sprachgemeinschaft gemeinsamer Code, ein den Sprechern und Hörern gemeinsames Inventar von Zeichen und von Regeln ihrer Verknüpfung die sprachliche und literarische Verständigung ermöglicht, so schöpfen nach literaturtheoretischen Vorstellungen zu Beginn des 20. Jahrhunderts das Erleben des Dichters wie das Nacherleben des Lesers aus dem alle Subjekte gemeinsam durchströmenden Fluss des Lebens.[6]

---

6 Thomas Anz, Emotionen in Literatur und Wissenschaft. „Einfühlung" als (alter) neuer Weg der Erkenntnis? In: Und noch mal mit Gefühl ... Die Rolle der Emotionen in Kultur und Kulturvermittlung, hg. von Karl Ermert, Wolfenbüttel 2011, S. 6–27, hier: S. 10. (Vgl. auch Thomas Anz, Erkenntnistheorie als Erlebnis- und Einfühlungstheorie in Wissenschaft, Philosophie und Ästhetik um 1900. Hinweise zu einem vernachlässigten Phänomen. In: Literatur und Erkenntnistheorie 1890–1935, hg. von Christine Maillard, Strasbourg 2004, S. 161–166).

Kommunikation, so Anz weiter, findet „demnach zwischen dem mehr oder weniger bewussten, emotional geprägten Erleben des Autors und dem des Rezipienten statt. Ausgetauscht werden nicht primär Bedeutungen, sondern Emotionen."[7] Zu jenen Autoren der literarischen Moderne, für die die Dominanz des „Erlebnis"-Begriffes sowie die Übertragung literarisch evozierter Emotionen kennzeichnend wurde, gehörte auch Robert Musil.[8] Für Musil sollte die Literatur, in Abgrenzung von den Natur- sowie Humanwissenschaften (im Besonderen von der seinerzeit neuen Psychoanalyse), einer „Gefühlserkenntnis[]" (P 997) bei Autor wie Leser dienen, ausgelöst durch die literarische Vermittlung bzw. Erzeugung von „neue[n] ethische[n] Erlebnisse[n]" (H 25/7), die dem „Grenzgebiet der Ahnung, Mehrdeutigkeit, der Singularitäten" (M IV/3/413) angehörten:

> Noch so umfassende Gleichungen elektrodynamischer Wirbelbewegungen ersetzen nicht die Beschreibung eines Gewitters. Ich meine, man soll das, was übrig bleibt, das Erlebnis nennen. (M VI/2/21)

Geht es jedoch nicht um die Beschreibung eines Gewitters, sondern um die von Kriegseindrücken, so stellt eine erlebnisbasierte Poetologie, zumal dann, wenn man, wie Musil, von einem engen Konnex von Ethik und Ästhetik ausgeht,[9] die literarische Kommunikation vor Probleme, die die Emotionalisierung bzw. Sympathielenkung des Lesers betreffen. Manifest wurden sie im Fall dieses Autors bei der Verarbeitung seines zentralen Kriegserlebnisses, des sogenannten Fliegerpfeil-Erlebnisses; ihnen soll in diesem Beitrag nachgegangen werden. Schon vorab kann dabei konstatiert werden: Was von der expressionistischen Generation allgemein gesagt werden kann, gilt im Besonderen, und zwar über die unmittelbare Zeit des Kriegsausbruchs hinaus, auch von Robert Musil: „Nicht als politisches, ökonomisches oder militärstrategisches Geschehen, sondern als qualitativ neue Erlebnisquelle wurde der Krieg [von der expressionistischen Generation; O.P.] so begeistert begrüßt."[10]

---

7 Anz, Emotionen in Literatur und Wissenschaft, S. 10.
8 Vgl. Anz, Emotionen in Literatur und Wissenschaft, S. 15. Vgl. dazu auch Benjamin Gittel, Lebendige Erkenntnis und ihre literarische Kommunikation. Robert Musil im Kontext der Lebensphilosophie, Münster 2013.
9 „Ich habe von Jugend an das Ästhetische als Ethik betrachtet." (H 30/100).
10 Thomas Anz, Literatur des Expressionismus, Stuttgart und Weimar 2002, S. 135.

3 „Dieser Mensch von 1914 langeweilte sich buchstäblich zum Sterben!"

Als ‚Singularität' im Sinne Musils ließ sich die mit dem Kriegsausbruch entzündete Euphorie gerade unter den Intellektuellen nur vor dem Hintergrund einer offenbar als erlebnisarm empfundenen Friedenswelt bezeichnen. Denn im Übrigen war an Musils persönlichem ‚Sommererlebnis' nur wenig singulär, wie ein Vergleich seiner Reflexionen in „Europäertum, Krieg, Deutschtum" mit den Reaktionen anderer Dichter und Denker in jenen Tagen – von Thomas Mann bis Max Scheler – zeigt. Niemals vorher oder nachher wies Musils Denken ein auch nur annähernd ähnliches Maß an Konformismus auf wie in diesem Text: vom Jubel über revitalisierte traditionell-bürgerliche Werte wie „Treue, Mut, Unterordnung, Pflichterfüllung, Schlichtheit" (P 1020) über die Absage an die Friedenswelt bis zur Übernahme der großen Verschwörungstheorie, mit der in Politik und Presse gegenüber der Bevölkerung die Mobilmachung legitimiert wurde. So hätte nach Musil „das Volk im Herzen Europas und mit dem Herzen Europas", die Deutschen, erkennen müssen, „daß von allen Rändern dieses Weltteils eine Verschwörung herbrach, in der unsre Ausrottung [!] beschlossen worden war" (P 1021). Einzig Musils Argumentation, warum sich die literarische Avantgarde auch und gerade jetzt nach Kriegsausbruch noch immer als Avantgarde, als Vorhut, fühlen durfte, erscheint einigermaßen originell – wenn auch aus heutiger Sicht besonders deprimierend. So hätten die modernen Dichter in den Jahren zuvor einen neuen Menschen ja keineswegs mit friedlichen Mitteln gesucht:

> Das Wenden, Durchblicken und zu diesem Zweck Durchlöchern überkommener, eingesessener und verläßlicher seelischer Haltungen: es besteht kein Grund zu verschweigen, daß dies eine der Haupterscheinungen unserer Dichtung war. Dichtung ist im Innersten der Kampf um eine höhere menschliche Artung [...] (P 1021),

so Musil im Sommer 1914. In diesen martialischen Reaktionen auf den Kriegsausbruch nachträglich einen ‚Sturm der Güte' zu sehen, erscheint mindestens gewagt – umso mehr vor dem Hintergrund der Straßenszenen, die Musil im Berlin jener Augusttage beobachtete. Seine Einträge in seinem Arbeitsheft 17 vermitteln in ihrer Gedrängtheit bereits formal die um sich greifende Erregung und lassen inhaltlich eher an Tucholskys Wort von der „Gassenbesoffenheit von 1914"[11] denken: Musil notiert Nottrauungen, Laienprediger und das „häßli-

---

11 Kurt Tucholsky, Deutschland, Deutschland über alles. Ein Bilderbuch von Kurt Tucholsky und vielen Fotografen. Montiert von John Heartfield [1929], Reinbek bei Hamburg 2000, S. 35.

che Singen in den Cafés"; Menschen, die sich vor Züge werfen, „weil sie nicht ins Feld dürfen", andere, die sich Straßenbahnen „wahnsinnig" schreiend und Stock fuchtelnd in den Weg stellen, und endlich einen über die eigene Kühnheit staunenden Diaristen, der sich „einem ziemlich rasch fahrenden Automobil ins Dach" hängt, „um ein Extrablatt zu erlangen." (alle H 17/8 und 17/10) Auch was der schon eingerückte Carl Einstein Musil in jenen Augusttagen berichtete, zeugt nicht gerade von Güte oder Idealismus – wohl aber von Chaos und Anomie:

> in den Kasernen Unordnung, Entfesselung. Mit Ausnahme des Dienstes. Zentimeterhoher Schmutz, Notlager, Trinken. Es wird wie verrückt gestohlen. Koffer erbrochen. Liegen lassen darf man überhaupt nicht. Er [Einstein; OP] sagt, er weiß nicht, was es ist, es sitzt auch in ihm, er braucht keine Bürste, aber er stiehlt zwei, sieht eine dritte und stürzt auf den Mann los: Du hast meine Bürste, nimmt sie mit Gewalt. Ganzen Abteilungen werden die Gewehrverschlüsse entwendet, sinnlos versteckt, verstreut. Selbst die Offiziere sagen nur: wenigstens nicht in der eigenen Kameradschaft stehlen! Richter und Rechtsanwälte sagen einander, als wäre es nichts, [...] hast du nicht meine Koppel geklaut? Man hat das Gefühl, paßt man nicht sehr auf, fallen alle übereinander her. (H 17/10)

Offenbar am meisten beeindruckte Musil dabei der tranceartige Zustand des mobilisierten Schriftstellerkollegen, verbunden mit einer markanten Verlagerung seiner Interessen: „Einstein begeistert; alles andere ausgelöscht. Schläft er bei seiner Frau, hat er nur Interesse für sein Knopfputzmittel. Sein Arbeitszimmer betritt er überhaupt nicht." (Ebd.)

Wie bereits gesagt, beharrte der aus dem Krieg heimgekehrte Dichter nach 1918 darauf, dass das ‚Sommererlebnis' ein „Erlebnis" war, „das nicht erledigt ist" (P 1061). Wer so tat, als wäre es das, riskierte nach Musil – im Rückgriff auf psychoanalytisches Gedankengut – eine kollektive Verdrängung, die „die Ursprünge einer ungeheuerlichen Hysterie in die Seele der Nation" (ebd.) senkte. In seinen Reflexionen in der Zwischenkriegszeit führte Musil das ‚Sommererlebnis' auf ein sich periodisch entladendes allgemeines „Bedürfnis nach ‚metaphysischem Krach'" (P 1090) zurück. Verursacht wurde dieses Bedürfnis nach Musil von einem Defizit an sinnstiftenden Erlebnissen, das er als ein strukturelles Problem für das Leben in der modernen Gesellschaft ansah.[12] Diese kultursoziologische Diagnose Musils setzte deutlich tiefer an als die damals wie später beliebten politisch-ideologischen Antworten wie ‚Nationalismus' oder ‚Kapitalismus'. In ihnen sah Musil wenig mehr als die entlastende Suche nach einem

---

12 Vgl. dazu vor allem Musils Essays „Die Nation als Ideal und Wirklichkeit" (1921), „Das hilflose Europa oder Reise vom Hundertsten ins Tausendste" (1922) sowie das noch während des Krieges entstandene Essayfragment „Das Ende des Krieges" (1918).

Sündenbock und hielt stattdessen dem Leser die unbequeme Einsicht vor: „Wie falsch, die leider oft in Deutschland zu hörende Schulbubenausrede: Wir haben's nicht getan! Sondern die Kaiser, die Generäle, die Diplomaten! Natürlich haben wir's getan: wir haben es gewähren lassen." (P 1062) Musils Einschätzung wird von der heutigen Kulturwissenschaft bestätigt:

> Die literarische Kriegsmetaphorik jener Jahre war Ausdruck eines kollektiven Unbehagens an zivilisatorischen Modernisierungsprozessen, die sich in Deutschland seit der Reichsgründung rapide beschleunigt hatten. Anomische Erfahrungen der Sinnleere, Motivationslosigkeit, Langeweile und Beengung schlugen um in einen zerstörerischen Hunger nach Vitalität, Aktivität und Abenteuer.[13]

Musil erkannte bereits 1918 in dem allgemeinen „Mangel eines höheren Lebensinhaltes" (M IV/3/495) die eigentliche Ursache für den Kriegsausbruch vier Jahre zuvor. Eine „ungeheure Flaute" (ebd.) habe 1914 über ganz Europa gelegen, schrieb er in dem Essay-Fragment „Das Ende des Krieges":

> Dieser Mensch von 1914 langeweilte sich buchstäblich zum Sterben! Deshalb kam der Krieg mit dem Rausch des Abenteuers über ihn, mit dem Glanz ferner unentdeckter Küsten. Deshalb nannten ihn solche, die doch nicht geglaubt hatten, ein religiöses Erlebnis, nannten ihn die Vermauerten ein einigendes Erlebnis. Die im Innersten ungern ertragene Organisationsform des Lebens zerging, Mensch verschmolz mit Menschen [...]. (M IV/3/496)

Im Nachlass zu seinem Hauptwerk *Der Mann ohne Eigenschaften* (1930/32), der dieses kollektive Unbehagen in der Moderne literarisch analysiert wie kein zweiter Roman seiner Epoche, findet sich die Einsicht: „Hauptquelle aller Gewalttaten: daß man nicht weiß, wozu man da ist." (M II/2/15) Daraus, dass diese Diagnose auch für die Nachkriegswelt unverändert gültig war, solange die moderne Gesellschaftsordnung nicht vor dem Hintergrund der Weltkriegserfahrungen modifiziert wurde, und sich deshalb das ‚Sommererlebnis' jederzeit wiederholen konnte, bezog Musil gerade seine Legitimation dafür, nach dem Krieg einen als historischen Roman verkleideten Gegenwartsroman zu schreiben.[14] Vom mentalen Zustand des Protagonisten Ulrich um 1913/14 heißt es später im Roman:

> Er sehnte sich manchmal danach, in Geschehnisse verwickelt zu sein wie in einen Ringkampf, und seien es sinnlose oder verbrecherische, nur gültig sollten sie sein. Endgültig,

---

13 Thomas Anz, Vitalismus und Kriegsdichtung. In: Kultur und Krieg. Die Rolle der Intellektuellen, Künstler und Schriftsteller im Ersten Weltkrieg, hg. von Wolfgang J. Mommsen, München 1996, S. 235–247, hier: S. 237.
14 Vgl. dazu Klaus Amann, Robert Musil – Literatur und Politik, Reinbek bei Hamburg 2007, S. 8 f.

ohne das dauernd Vorläufige, das sie haben, wenn der Mensch seinen Erlebnissen überlegen bleibt. (MoE I 738)[15]

Auch Musils persönlicher Erlebnishunger vor dem Krieg lässt sich auf solche anomischen Erfahrungen zurückführen, wie ihm selbst später nur zu gut bewusst war: „Ich war 1914 in einer Krise" (H 33/105), heißt es in einem Hefteintrag aus der Exilzeit: „Der Krieg kam wie eine Krankheit, besser wie das begleitende Fieber, über mich." (H 33/107)[16] In einer Krise befanden sich offenbar viele Intellektuelle der Zeit, doch wie genau sah sie im Fall Musils eigentlich aus? Schließlich hätte das Jahr 1914 für ihn selbst kaum besser beginnen können als mit seiner neuen, mit großem Engagement angetretenen Stelle als Literaturredakteur in Berlin, mit der Aufgabe, den S. Fischer Verlag und die jüngste Generation, die Frühexpressionisten, zusammenzubringen.[17] Doch konnte er sich mit dem renommierten Posten nur vorübergehend darüber hinwegtäuschen, dass es mit dem *Dichter* Robert Musil 1914 nicht gut aussah. Seine literarischen Projekte wie etwa sein Drama stagnierten;[18] und dass er schon bei seinem zweiten Buch *Vereinigungen* auf fremde Erlebnisse, nämlich die seiner Frau Martha, hatte zurückgreifen müssen,[19] war für einen, wie die Forschungen des Musil-Biografen Karl Corino gezeigt haben, so sehr von realem Input abhängigen Dichter wie ihn kein gutes Zeichen. Was noch an eigenen Stoffen da war, wie seine tragische Beziehung zu Herma Dietz (als Modell für die Frauenfigur der Novelle „Tonka") oder „die Geschichte dreier Personen" (M I/7/36), seine Jugendfreundschaft mit Gustav und Alice Donath,[20] wollte nicht zur Form gerinnen; dem Projekt eines autobiografischen Romans fehlte in der Vorkriegszeit noch der zündende Funke. Vor diesem Hintergrund liest sich Musils erlebnis-basierte Novellentheorie, wie er sie noch im August 1914 in der *Neuen Rundschau* formuliert hatte, wie das unfreiwillige Eingeständnis seines literarischen Burn-outs:

---

15 Robert Musil, Der Mann ohne Eigenschaften. Roman, hg. von Adolf Frisé. I. Erstes und Zweites Buch. Reinbek bei Hamburg 1978. Im Folgenden zitiert mit der Sigle MoE I.

16 Ähnlich formulierte Musil in seinem Essay „Das hilflose Europa": „Ich glaube, daß der Krieg ausbrach wie eine Krankheit an diesem Gesellschaftskörper." (P 1088)

17 Vgl. dazu die Literaturhinweise in Fußnote 3.

18 „Die Schwärmer waren [1914] ein Nebel geistiger Materie, ohne dramatisches Skelett" (H 33/105).

19 Vgl. dazu Karl Corino, Robert Musil. Eine Biographie, Reinbek bei Hamburg 2003, Kapitel 12 und 13.

20 Aus der dann im *Mann ohne Eigenschaften* die Konstellation Ulrich-Walter-Clarisse wurde. vgl. Walter Fanta: Krieg. Wahn. Sex. Liebe. Das Finale des Romans „Der Mann ohne Eigenschaften" von Robert Musil. Klagenfurt und Celovec 2015, S. 202.

In diesem einen Erlebnis [des Novellisten] vertieft sich plötzlich die Welt oder seine Augen kehren sich um; an diesem einen Beispiel glaubt er zu sehen, wie alles in Wahrheit sei: das ist das Erlebnis der Novelle. *Dieses* Erlebnis ist selten und wer es öfters hervorrufen will, betrügt sich. [...] Es ist ohne weiters sicher, daß man große innere Umkehrungen nur ein- oder ein paarmal erlebt; die sie alle Monate erlebten (es wären solche Naturen denkbar), hätten ihr Weltbild nicht so fest verankert, daß seine Losreißung von Bedeutung sein könnte. (P 1465)[21]

Vom Fehlen sinnspendender Erlebnisse hätte auch die nächste Folge seiner für die *Neue Rundschau* geschriebenen „Literarischen Chroniken" künden sollen. Der essayistische Beginn der Sammelrezension entstand im Juli 1914, also bereits vor dem Hintergrund der schwelenden politischen Krise in Europa nach der Ermordung des österreichischen Thronfolgers am 28. Juni. In diesem Text wird die anomische Erfahrung der Sinnleere von Musil bereits der modernen Gesellschaft angelastet:

Der Einzelne als Mensch steht heute in einer unerfaßbar großen Gemeinschaft, mit der ihn Beziehungen wie Staatsgefühl, Rassengleichheit, humanitas verbinden, die, von Ausnahmestunden abgesehen, trotz aller gutgemeinten Beteuerungen unempfindbar bleiben. Er fühlt widerwillig, daß er in etwas Übergroßem aufgeht, von dem er an greifbarer Gegenleistung, außer einigen Bequemlichkeiten, gegen die er rasch abstumpft, eigentlich nur die Garantie erhält, daß es ohne Störung auch weiter so bleiben dürfe. Von all den unerhörten Erlebnissen, die er als Kind auf sich warten glaubte, erlebt er nichts oder ein weniges, das zufällig an seinem Lebensstandort vorbeitreibt. (M VI/2/14)

Die daraus resultierende persönliche Sehnsucht Musils nach einem „Sprung ins Abenteuer", einer „Flucht vor dem Frieden" (beide P 1071), bedeutete zugleich eine „Absage an das bürgerliche Leben" (ebd.). „Familienleben zum Gähnen (aufrichtig gestanden!)" (M IV/3/496), notierte Musil in dem schon erwähnten Essayfragment „Das Ende des Krieges" (1918) über die Zeit vor 1914. Marthas wiedergefundene Briefe aus den Kriegsjahren[22] zeugen davon, wie sehr sich ihre 1911 geschlossene Ehe bei Kriegsausbruch in einer Krise befand.[23]

---

21 Über ein Defizit an mystischen Erlebnissen klagte Musil bereits während seines Studiums, vgl. seinen Hefteintrag vom 6. April 1905: „Da ich augenblicklich nicht reich an solchen Erkenntnissen bin, so ist es meine Aufgabe, bei der Romantik und Mystik in die Lehre zu gehen" (H 11/4).
22 Musil hatte diese Korrespondenz, die vor allem aus Briefen und Karten seiner Frau und seiner Eltern bestand, im April 1917 in Bozen zurückgelassen, wo sie 1980 in einem Keller gefunden wurde (vgl. Corino 2003, S. 1606). Die Briefe wurden in Band 18 der Klagenfurter Ausgabe ediert, im Folgenden zitiert mit der Sigle „B".
23 Vgl. v. a. Marthas Briefe vom 2., 3. und 4. November 1914. Man kann nur spekulieren, ob Musils Ehe ohne die Erfahrungen der Kriegsjahre gehalten hätte. Zu Musils Fluchttendenzen und

Dass Musil die Mobilmachung als Erlösung und Befreiung empfand, lässt sich nicht zuletzt an ihrer vitalisierenden Wirkung auf die Physis des Dichters ersehen, die ja auch von anderen mobilisierten Intellektuellen belegt ist:[24] Musil war noch ein Jahr zuvor wegen Herzrasens und Neurasthenie unfähig gewesen, als Bibliothekar der Technischen Hochschule Wien zu arbeiten. Nun verwandelte er sich – nach seiner Einrückung als Kriegsfreiwilliger zum k.k.-Landsturm am 20. August 1914 in Linz[25] – offenbar ohne gesundheitliche Probleme in einen kletternden, skifahrenden und reitenden Gebirgskrieger. Dabei hatte er das Glück, seinen individuellen Erlebnishunger zunächst relativ ungefährdet stillen zu können, da er nicht auf die Schlachtfelder Galiziens geschickt wurde, sondern zur Grenzsicherung nach Südtirol, das ihm einen ebenso faszinierenden wie riskanten Erfahrungsraum bot.[26] Dort erlebte oder besser gesagt genoss Musil zunächst eine Art alpinen Abenteuerurlaub,[27] der eine stimulierende Mischung aus berü-

---

der gefühlten Befreiung aus dem bürgerlichen Leben durch die Abkommandierung nach Südtirol vgl. auch Corino, Robert Musil. Eine Biographie, S. 502 ff.

24 Erinnert sei an Max Weber, der nach Kriegsausbruch im Alter von 50 Jahren mit dem Aufbau mehrerer Reservelazarette beauftragt wurde. „Hatte er noch am 27. Juli 1914 – vier Tage vor Kriegsbeginn – an den Verleger Paul Siebeck geschrieben: ‚ich bin seit 2 Monaten sehr schlechter Gesundheit [...]‘. Wann ich endlich wieder arbeiten kann, weiß ich nicht', so erwachen nun ganz offensichtlich alle seine Kräfte, wie etwa der mit Max Weber befreundete Heidelberger Kunsthistoriker Carl Neumann registriert: ‚Es war, wie wenn ein alter Löw, der das Reißen schon fast verlernt hat, plötzlich wieder zu Sprung und Schlag ansetzt und vollends zum Menschenfresser wird, wenn er erst einmal gehörig Blut geleckt hat.'" (Dirk Kaesler, Der alte Löwe leckt Blut: August 1914. Max Weber und der Erste Weltkrieg. In: literaturkritik.de, Februar 2014, http://www.literaturkritik.de/public/rezension.php?rez_id=18873, abgerufen am 13.06.2015).

25 Diese Einrückung war eine aktive Entscheidung Musils: Der am 31.12.1912 als Leutnant der Reserve in den nichtaktiven Stand der k.k. Landwehr versetzte Autor hatte sich Anfang August 1914 bei der österreichischen Botschaft in Berlin zum Militärdienst gemeldet. Aufgrund einer Verwechslung bot sich Musil 1914/15 die unerwartete Möglichkeit, sich dem weiteren Kriegsdienst zu entziehen, die er jedoch ausschlug, was Martha Musil ihrem Mann in der Folgezeit mehrmals vorwarf, vgl. dazu B 29.11.1915 sowie: Corino, Robert Musil. Eine Biographie, S. 1606 f.

26 Musils Glück war, bis er nach dem Kriegseintritt Italiens im Mai 1915 selbst bei Kampfhandlungen eingesetzt wurde, ein Topos in der Korrespondenz seiner Eltern und Bekannten: Seine Mutter sprach angesichts einer vorteilhaften Adjutantenstelle von einer „jener unbegreiflichen Schicksalsfügungen, die manchem Liebling der Götter passieren" (Hermine Musil an Martha Musil, B 04.03.1915), Ea von Allesch bezeichnete Musil als „Glückskind" (Ea von Allesch an Martha Musil, B 02.06.1915). Auch Musil selbst notierte am 09.06.1915 in seinem diaristischen Arbeitsheft: „Diese persönliche Vorsicht, die in diesem Krieg bisher meine Schicksale gelenkt hat, berührt mich schon lange" (H I/6).

27 Der Alpen- oder Dolomitenkrieg ab Mai 1915 war jedoch durchaus mit dem vergleichbar, was sich im Stellungskrieg im Westen oder auf den Schlachtfeldern Galiziens abspielte. Vgl. Uwe Nettelbeck, Der Dolomitenkrieg [1976]. Mit einem Nachwort von Detlev Claussen, Berlin 2014.

ckenden Naturerlebnissen, erotischen Erfahrungen (mit seiner Frau ebenso wie mit der Bäuerin Maddalena Lenzi[28]) und vorerst eher latent-irrealer Todesgefahr bot, freilich mit der Aussicht auf eine Abkommandierung nach Galizien als weiterhin über ihm hängendem Damoklesschwert.[29] Abgelegene Orte wie Trafoi am Fuße des Ortlers, wo Musil am 29. November 1914 als Abschnittskommandant eingesetzt wurde, erschienen ihm als „Bärenidyll", und die Erfahrung eines „so weite[n] Wegsein[s] von der Welt" als mit seinem „Begriff von Glück identisch", wie er der Verlegergattin Hedwig Fischer schrieb (B 19.12.1914).[30]

Rekonstruiert man den näheren biografischen Kontext, in dem sich Musils zentrales Kriegserlebnis mit einem italienischen Fliegerpfeil vollzog, zeigt sich: Der von dem Dichter in seinen Nachkriegsessays wiederholt beschworene Erlebnishunger war weit mehr als nur eine nachträgliche „Deckerinnerung", um sich und dem Leser „sein Ja zum Krieg zu erklären", wie jüngst Markus Joch behauptete.[31] Wie dominant der Erlebnishunger bei diesem Autor während seiner Zeit im Krieg tatsächlich war, wurde im Mai 1915 deutlich, nach dem für Österreich-Ungarn überraschenden Kriegseintritt Italiens. Dass Musil in dieser Zeit als Adjutant in dem zunächst noch relativ ruhigen Fersental[32] eingesetzt war und nicht an einem der ‚heißeren' Frontabschnitte, führte im Briefwechsel mit seiner Frau zu Unmutsäußerungen, weshalb Martha Musil zunehmend Angst bekam, ihr Mann könnte „vor lauter Langeweile den Italienern in den Rachen spazieren" (B 24.6.1915), und in ihren Briefen an seine Vernunft appellierte. Selbst als er ab August 1915 zunehmend selbst an Kampfhandlungen beteiligt war,[33] zeigte sich dieser Hunger nicht etwa endlich gestillt, vielmehr sehnte sich der uniformierte Dichter mehr und mehr nach dem ultimativen Thrill: Seiner entsetzten Frau kün-

---

28 Vgl. dazu O. Pfohlmann, S. 74 f., und ausführlich Corino, Robert Musil. Eine Biographie, S. 527–529.

29 Musils Kompanie war die einzige des Bataillons, die vorerst in Südtirol blieb, alle anderen wurden um den 1. Januar 1915 nach Galizien abkommandiert, vgl. dazu Musils Brief an Hedwig Fischer, B 19.12.1914.

30 Zu Musils Glückserfahrungen im Krieg vgl. auch Harald Gschwandtner, Ekstatisches Erleben. Neomystische Konstellationen bei Robert Musil. München 2013 (Musil-Studien Bd. 40), S. 65–83.

31 Markus Joch, Helden der Biegsamkeit. Was trieb Thomas Mann und Robert Musil zur Kriegsapologetik, mit welchen Folgen? In: literaturkritik.de, April 2015, (http://www.literaturkritik.de/public/rezension.php?rez_id=20414, abgerufen am 12.06.2015).

32 Zu Musils Zeit im Fersental vgl. auch Nanao Hayasaka, Robert Musil und der *genius loci*. Die Lebensumstände des „Mannes ohne Eigenschaften", München 2011, S. 233–254.

33 So nahm Musil in seiner Zeit im Fersental an Gefechten auf dem Monte Salubro und der Cima Cista teil, wobei er und sein Landsturm-Bataillon gemeinsam mit zwei Standschützen-Regimentern 30 km Gebirgsfront gegen eine ganze italienische Division hielten. Vgl. Corino, Robert Musil. Eine Biographie, S. 540.

digte er fröhlich an, „zwischen den Kugeln herumtanzen" (B 29.8.1915) zu wollen, und empfand gerade das Beschossenwerden – nicht das Schießen wohlgemerkt! – „als eine Art Glück" (B 9.12.1915):

> Dieses Singen und Fauchen hat etwas Urwaldhaftes, man fühlt Flattern von Kolibris um sich und den Ansprung großer Katzen. – Wenn man allein geht. Zum Beispiel morgens bei klarer Sicht, wenn alles in den Deckungen steckt, spazierengehn ohne äußern Grund. Man hat doch bei jedem Schritt eine gewisse Überwindung nötig. Dann kommt irgendwo auf hundert Meter etwas vorbei, im nächsten Augenblick überströmt einen ein Glücksgefühl. Der Tod ist etwas ganz Persönliches. Du denkst nicht an ihn, sondern – zum erstenmal – spürst ihn. Dann liegt in diesem Vortreten des Willenhaften im Krieg, gegenüber dem Rezeptiven des Friedens auch eine kleine Annehmlichkeit. (Willen im Frieden meist auf Unpersönliches, Weites gerichtet, Geld, Studium und so; im Krieg auf Bewegungen der Beine, fortwährend eng mit dir zusammenhängende Entschlüsse.) (H II/8 f.)

4 „Todesfreude" und Fliegerpfeil

Das wohl bedeutendste Erlebnis, das die Kriegsjahre Robert Musil bescherten, war das sogenannte ‚Erlebnis des Todes'. Im Unterschied zur morbid-kaltblütigen Todesfaszination und -verachtung Ernst Jüngers war Musils ‚Erlebnis des Todes' allerdings eher ein Erlebnis des Lebens, ging es doch um eine gesteigerte Erfahrung desselben aufgrund der gefühlten lustvollen Befreiung von allen unlustvollen Bindungen des bürgerlichen Lebens, der Erfahrung einer ‚Ersparungslust' im Sinne Sigmund Freuds.[34] Es war das Erlebnis „eine[r] sonderbare[n] innere[n] Freiheit", wie es in der Novelle „Die Amsel" heißt, die „in der unbestimmten Nähe des Todes blühte" (P 555):

> Man glaubt immer, daß man im Angesicht des Todes das Leben toller genießt, voller trinkt. So erzählen es die Dichter. Es ist nicht so. Man ist nur von einer Bindung befreit, wie von

---

34 Zu diesem Begriff konstatiert Thomas Anz: „‚Ersparungslust' oder mit Lust verbundene ‚Aufwandsersparnis' sind zentrale, doch von der psychoanalytischen Literaturwissenschaft und wohl überhaupt von der Psychoanalyse in der Nachfolge Freuds wenig beachtete Begriffe in dessen Schrift über den Witz. Sie stellen ein fundamentales Erklärungsmuster, einen geradezu universalen Beschreibungsschlüssel für Unlust- und Lustgefühle bereit. Nach dieser Erklärung wird die Lust dann empfunden, wenn ein anstrengender, dauerhaft geleisteter Aufwand an psychischer Energie mehr oder weniger plötzlich ‚überflüssig' bzw. ‚gespart' wird, z. B. der Aufwand an logischer Denk- und sprachlich korrekter Formulierungsarbeit, der Aufwand zur Unterdrükkung verbotener Wünsche oder der belastende ‚Affektaufwand' etwa des Mitleids, der Angst oder der Scham." (Thomas Anz, Literatur und Lust. Glück und Unglück beim Lesen, München 1998, S. 180).

einem steifen Knie oder einem schweren Rucksack. Der Bindung an das Lebendigseinwollen, dem Grauen vor dem Tode. Man ist nicht mehr verstrickt. Man ist frei. Es ist Herrlichkeit. (H II/65)[35]

Neben dem ‚Sommererlebnis im Jahre 1914' war es für Musil in der Nachkriegszeit gerade das damit eng verwandte ‚Erlebnis des Todes', das ihn den Krieg auch nach 1918 noch rechtfertigen ließ, wie Soma Morgenstern in den 1920er Jahren berichtet:

> Es stellte sich heraus, daß er [Musil] für den Krieg war, weil er im Krieg ‚das große Erlebnis des Todes' erfahren hatte. [...] [Ich hielt] es nicht aus und sagte zu ihm: „Sie denken also, daß es gut ist, wenn Menschen getötet werden, damit der Schriftsteller Musil ‹das große Erlebnis des Todes› auskoste? Was mich betrifft, stehe ich auf dem Standpunkt, daß es für den Schriftsteller, der ‹das große Erlebnis des Todes› haben möchte, nur eine rechtschaffene Gelegenheit gibt, nämlich: seinen eigenen Tod." Musil errötete bis in die Haarwurzeln – damals hatte er noch viel Haar – und schwieg eine sehr peinliche Zeit. Dann sagte er: „Es ist nicht meine Schuld, daß ich den Krieg überlebt habe. Aber Sie haben das Recht so zu reden, ohne einen banalen Eindruck zu machen, weil Sie selbst ein Soldat im Krieg waren – wenn auch als Schriftsteller noch zu jung, um das Erlebnis des Todes richtig einzuschätzen."[36]

Das ‚Erlebnis des Todes' stand im Kontrast zu der von Musil im bürgerlichen Alltag von Augenzeugen berichteten Ängstlichkeit und Über-Vorsicht[37] und war für ihn bis zu seiner Versetzung in die Etappe im Frühjahr 1916 in Südtirol teils ein begleitendes Grundgefühl, teils – nach dem Kriegseintritt Italiens im Mai 1915 – konkrete Erfahrung.[38] „Häufiger als die Augenblicke der Todesfurcht waren die der Todesfreude" (H 33/86), erinnerte sich Musil im Schweizer Exil. Am prägnantesten erlebte Musil diese ‚Todesfreude', als ihn am 22. September 1915 bei

---

35 Dieser Hefteintrag ging später in die Novelle *Grigia* ein: „Von diesem Tag an war er von einer Bindung befreit, wie von einem steifen Knie oder einem schweren Rucksack. Der Bindung an das Lebendigseinwollen, dem Grauen vor dem Tode. Es geschah ihm nicht, was er immer kommen geglaubt hatte, wenn man bei voller Kraft sein Ende nahe zu sehen meint, daß man das Leben toller und durstiger genießt, sondern er fühlte sich bloß nicht mehr verstrickt und voll einer herrlichen Leichtheit, die ihn zum Sultan seiner Existenz machte" (P 241).
36 Zitiert nach: Erinnerungen an Robert Musil. Texte von Augenzeugen, hg. von Carl Corino, Wädenswil 2010, S. 113.
37 Vgl. das Zeugnis Bernard Guillemins in: Corino, Robert Musil. Eine Biographie, S. 169.
38 Etwa auf Patrouillengängen im Fersental, bei einem Artillerieangriff auf eine italienische Stellung am Monte Carbonile, bei Lawinenabgängen, für die er eine „erotische Neugierde" (B 21.2.1935) entwickelte, oder während seiner Teilnahme an der 4. Isonzo-Schlacht im November/Dezember 1915 (vgl. H 33/87 und 86; H II/6 f.).

Fort Tenna offenbar ein Fliegerpfeil knapp verfehlte,[39] abgeworfen aus einem der wenigen italienischen Flugzeuge, die von den Österreichern spöttisch „Franzl", „Seppl" oder „Bombenschani" genannt wurden.[40] Für Musil sollte dieses Ereignis zum exemplarischen Ausnahmeerlebnis werden, für die der „Ausnahmsmensch" (P 1029) Dichter zuständig war, wie er 1918 in der für seine Poetologie grundlegenden „Skizze der Erkenntnis des Dichters" geschrieben hatte.[41]

Überliefert sind vom Fliegerpfeil-Erlebnis drei Bearbeitungsstufen:

1. der Eintrag im Arbeitsheft I vom 22.9.1915 (H I/23) als unmittelbarste Erinnerung,
2. das unveröffentlicht gebliebene Fragment „Ein Soldat erzählt" (M IV/2/197–198), das 1919/20, also relativ bald nach Kriegsende, entstand, sowie
3. als Endstufe die Schilderung in der Novelle „Die Amsel", die zuerst 1928 in der *Neuen Rundschau* veröffentlicht wurde, dann 1936 im Prosaband *Nachlaß zu Lebzeiten*.

Blickt man auf die basalen Kriegs- und Todesszenarien in literarischen Texten und die Regeln ihrer literarischen Emotionalisierung, so ist zunächst zu fragen, welchem Szenario diese drei Darstellungen Musils entsprechen. Nach Thomas Anz ist zu unterscheiden zwischen

– Szenario 1: Tod als zukünftige Möglichkeit, ein Bedrohungsszenario, verbunden mit der Emotion Angst,
– Szenario 2: Tod als gegenwärtiger Vorgang, ein Sterbe-, Trennungs- bzw. Abschiedsszenario, verbunden mit variierenden Emotionen und der Komponente Hoffnungslosigkeit, sowie

---

39 Vgl. Corino, Robert Musil. Eine Biographie, S. 541.

40 Vgl. Manfried Rauchensteiner, Der Erste Weltkrieg und das Ende der Habsburger Monarchie 1914–1918, Wien 2014, S. 413.

41 Zu Musils Fliegerpfeil-Erlebnis und seiner literarischen Verarbeitung vgl. Alexander Honold, Die Stadt und der Krieg. Raum- und Zeitkonstruktion in Robert Musils Roman „Der Mann ohne Eigenschaften", München 1995 (Musil-Studien 25), Kap. 3.2 und 6.3; Manfred Moser, Ing. Dr. phil. Robert Musil. Ein Soldat erzählt. In: Ders., Schreiben ohne Ende. Letzte Texte zu Robert Musil. Wien 1991, S. 43–66; Christoph Hoffmann, „Der Dichter am Apparat". Medientechnik, Experimentalpsychologie und Texte Robert Musils 1899–1942. München 1997 (Musil-Studien 26), S. 187–229; Julia Encke, Augenblicke der Gefahr. Der Krieg und die Sinne. 1914–1934, München 2006, S. 162–172; H. Gschwandtner, Ekstatisches Erleben, Kap. III.2; Oliver Pfohlmann: Eine „Reihe wundersamer Erlebnisse". Robert Musil im Ersten Weltkrieg: Vom August 1914 über das ‚Fliegerpfeil-Erlebnis' bis zur „österlichen Weltstimmung". In: Musil-Forum 34 (2015/16), S. 98-128.

– Szenario 3: Tod als vergangenes Ereignis, ein Erinnerungs- und Verlustszenario, verbunden mit der Emotion Trauer.[42]

Da in allen drei Bearbeitungsstufen Musils ein Ich-Erzähler von einem herannahenden, nur akustisch wahrnehmbaren Fliegerpfeil bedroht wird, der potenziell tödlichen Gefahr aber am Ende entgeht, muss man sie zu Szenario 1: Bedrohungsszenario rechnen, mit dem Unterschied freilich, dass alle drei Ich-Erzähler Musils, auch schon das Ich des diaristischen Hefteintrags, gerade keine Angst empfinden, sondern ab Stufe 2 den nahenden Tod ganz im Gegenteil euphorisch begrüßen.[43] „Und weißt du, wie das war?", erzählt in „Die Amsel" Azwei seinem Zuhörer Aeins. „Nicht wie eine schreckende Ahnung, sondern wie ein noch nie erwartetes Glück!" (P 556) Zugleich weisen die drei Darstellungen jedoch markante Unterschiede auf, über deren Gründe gleich zu sprechen sein wird.

Zunächst zum tagebuchartigen Hefteintrag, der hier vollständig wiedergegeben wird:

> 22. September 1915: Das Schrapnellstück oder der Fliegerpfeil auf Tenna: Man hört es schon lange. Ein windhaft pfeifendes oder windhaft rauschendes Geräusch. Immer stärker werdend. Die Zeit erscheint einem sehr lange. Plötzlich fuhr es unmittelbar neben mir in die Erde. Als würde das Geräusch verschluckt. Von einer Luftwelle nichts erinnerlich. Von plötzlich anschwellender Nähe nichts erinnerlich. Muß aber so gewesen sein, denn instinktiv riß ich meinen Oberleib zur Seite und machte bei feststehenden Füßen eine ziemlich tiefe Verbeugung. Dabei von Erschrecken keine Spur, auch nicht von dem rein nervösen wie Herzklopfen, das sonst bei plötzlichem Schock auch ohne Angst eintritt. – Nachher sehr angenehmes Gefühl. Befriedigung, es erlebt zu haben. Beinahe Stolz; aufgenommen in eine Gemeinschaft, Taufe. (H I/23)

Der gefährliche Augenblick wird von Musil im Arbeitsheft als Initiationserlebnis im Sinne einer Feuer-„Taufe" vermerkt, durch die er sich in eine „Gemeinschaft", offenbar der Kämpfenden oder Kameraden, aufgenommen fühlt. Der titelartige Anfang des Eintrags – „Das Schrapnellstück oder der Fliegerpfeil auf Tenna" – spricht dafür, dass sich der überlebende Soldat gar nicht sicher ist, was genau ihn

---

42 Vgl. Thomas Anz, Freunde und Feinde. Kulturtechniken der Sympathielenkung und ihre emotionalen Effekte in literarischen Kriegsdarstellungen. In: Repräsentationen des Krieges. Emotionalisierungsstrategien in der Literatur und in den audiovisuellen Medien vom 18. bis zum 21. Jahrhundert, hg. von Søren R. Fauth, Kasper Green Krejberg und Jan Süselbeck. Göttingen 2012, S. 335–354, hier: S. 343, vgl. Thomas Anz, Tod im Text. Regeln der literarischen Emotionalisierung. In: Mitteilungen des Deutschen Germanistenverbandes 54, 2007, H. 3, S. 306–327, hier: S. 312.

43 Da sich sowohl in „Ein Soldat erzählt" als auch in „Der Amsel" das erlebende Ich sicher ist, gleich tödlich getroffen zu werden, seinen Tod also als unabwendbar erlebt, wäre zu diskutieren, ob sich diese beiden Bearbeitungsstufen nicht partiell auch dem Szenario 2: Sterbeszenario zurechnen ließen.

da knapp verfehlt hat: ein Schrapnell, also Metallstück oder -kugel einer explodierenden Fliegerbombe oder auch Artilleriegranate – oder eben ein Fliegerpfeil. Da das Geschoss vom Erdboden verschluckt wurde, blieb die Frage im Nachhinein unbeantwortbar. Beide Waffen ähnelten einander insofern, als ihre Wirkung jeweils auf dem Prinzip der (zufälligen) Streuung beruhte. So wurden die im Ersten Weltkrieg von allen Nationen eingesetzten Fliegerpfeile wegen ihrer geringen Trefferquote von Flugzeugen oder Zeppelinen aus meist in großer Zahl auf gegnerische Bodentruppen abgeworfen.[44] Auffallenderweise entfiel jedoch in der weiteren poetischen Verarbeitung Musils die Alternative ‚Schrapnellstück‘, und zwar m.E. aus zwei Gründen: Erstens bringt ein auf den Erzähler abgeschossener bzw. abgeworfener *Pfeil* schon aufgrund seiner Symbolkraft einen poetischen Mehrwert gegenüber einem Schrapnellstück mit sich.[45] Zweitens kann, anders als ein Schrapnellstück, ein Fliegerpfeil, sofern es sich um ein Einzelexemplar handelt, eben jenes Motiv der Intentionalität mit sich führen, das in der weiteren Ausarbeitung des Erlebnisses für Musil mit Blick auf das besondere Emotionalisierungspotenzial dieses Erlebnisses zentral wurde.[46]

Erst ab der zweiten Stufe, dem Fragment „Ein Soldat erzählt" (P 751–756, vgl. M IV/2/197–198), wird nun die ursprünglich erlebte initiierende Feuertaufe zu einem neo-mystischen[47] Erlebnis (wie auch dann später in der Novelle „Die Amsel" von 1928) stilisiert, wobei die sakral anmutende Schönheit des einem Todesvogel ähnelnden, herannahenden feindlichen Flugzeugs den Ich-Erzähler in einen situationsinadäquaten ästhetischen Zustand versetzt:

> Ein Aeroplan glitt wunderbar mit ausgespannten Flügeln in der Luft. Die Unterseite seiner Tragflächen war in italienischem Rot-Weiß-Grün bemalt und die Sonne schien hindurch

---

44 In der „Amsel" heißt es: „Das [Fliegerpfeile; O.P.] waren spitze Eisenstäbe, nicht dicker als ein Zimmermannsblei, welche damals die Flugzeuge aus der Höhe abwarfen; und trafen sie den Schädel, so kamen sie wohl erst bei den Fußsohlen wieder heraus, aber sie trafen eben nicht oft, und man hat sie bald wieder aufgegeben." (P 555)

45 So steht der Pfeil als Symbol sowohl für Schnelligkeit wie für den rasch eintretenden Tod und besitzt zugleich eine phallische Bedeutung, er versinnbildlicht den Strahl der Sonne und damit Erkenntnis und hängt kunstgeschichtlich mit Sinnlichkeit, Wollust und Liebe zusammen. Vgl. Herder Lexikon Symbole, Basel und Wien 1978, S. 124.

46 „Musil exponiert den Fliegerpfeil [...] als archaische Waffe, die sich in ihrer Gerichtetheit von der unberechenbaren Streuung explodierender Schrapnellgeschosse oder Granaten unterscheidet." Encke, Augenblicke der Gefahr, S. 175. Die ästhetische Überzeugungskraft von Musils Entscheidung gegen die Alternative ‚Schrapnellstück‘ führte dazu, dass die biografische Forschung unisono davon ausgeht, der Dichter sei an jenem Tag von einem Fliegerpfeil verfehlt worden.

47 Zum Begriff Neo-Mystik vgl. Uwe Spörl, Gottlose Mystik in der deutschen Literatur um die Jahrhundertwende, München/Wien/Zürich 1997, S. 25 ff.

wie durch das Glasfenster einer Kirche. „Es hat mit Geist wenig zu tun", dachte ich mir, „das zu bewundern; aber wie schön ist es!" [...] Im nächsten Augenblick hörte ich ein leises Singen. [...] „Er hat einen Pfeil abgeworfen", dachte ich mir, denn ein Schuß war es nicht; aber ich erschrack [!] nicht, sondern wurde noch mehr verzückt. Ich wunderte mich bloß, daß niemand etwas hörte. Dann dachte ich, daß der Laut wieder verschwinden würde. Aber er verschwand nicht. Wie er sich mir näherte und perspektivisch größer wurde, war es doch zugleich, als stiege etwas in mir ihm entgegen. Ein Lebensstrahl. Ebenso unendlich. (P 755)

Musils Ich-Erzähler fühlt sich von dem „(himmlische[n]) Gesang" (P 753) des nahenden Pfeiles so ‚verzückt', dass ihm das Erlebnis nicht nur wichtiger ist als der eigene Schutz, sondern provokanterweise auch als die Sicherheit seiner Kameraden, deren Schicksal ihm in diesem Augenblick gleichgültig ist. Moral und soldatische Pflicht werden somit vom ästhetischen Erlebnis außer Kraft gesetzt:

Ich fragte mich: soll ich warnen? Sollen wir in die Deckungen stieben wie Erdmäuse? Ich wollte nicht; ich war egoistisch in einem Erlebnis festgehalten, mochten die andren getroffen werden, ohne etwas davon gehabt zu haben. (P 753)

Der dem von oben nahenden „hohe[n], dünne[n], singende[n] Laut" (P 752) gebannt lauschende Soldat steht, wie Julia Encke bemerkt, für die Passivität des Hörsinnes, während etwa in Jüngers *In Stahlgewittern* der aktive Sehsinn dominiert.[48] Eine Parallele zu Ernst Jünger findet sich jedoch im Hinblick auf die von Musils Ich-Erzähler ekstatisch empfundene Intentionalität des Erlebnisses: Denn es handelt sich um einen „Gesang, der nur für mich da war. Auserwählt" (P 754).[49] Ähnlich notierte Jünger im Krankenlager befriedigt:

In diesem Kriege, in dem bereits mehr Räume als einzelne Menschen unter Feuer genommen wurden, hatte ich es immerhin erreicht, daß elf von diesen Geschossen auf mich persönlich abgegeben wurden.[50]

Psychoanalytiker würden hinter dieser Feier der – für den vom Einsatz von Massenvernichtungswaffen bestimmten Ersten Weltkrieg ja eher untypischen –

---

48 Vgl. Encke, Augenblicke der Gefahr, S. 162.
49 An anderer Stelle setzt Musil die gefühlte Intentionalität in Gegensatz zur realen Zufälligkeit von Tod oder Überleben: „Das persönliche Auserwähltsein trotz der Statistik." (M IV/2/188)
50 Zitiert nach: Kiesel, Ernst Jünger im Ersten Weltkrieg, S. 616.

Intentionalität[51] der erlittenen Gewalt wohl eine das Traumageschehen verleugnende Identifikation mit dem Aggressor vermuten.[52]

Die dritte Bearbeitungsstufe, die Schilderung Azweis gegenüber Aeins in „Die Amsel" (1928), weist gegenüber der zweiten zahlreiche Übereinstimmungen auf. Sie betreffen die für Kriegsdarstellungen eher ungewöhnliche positive Stilisierung des feindlichen Flugzeugs, dessen Erscheinen für den Ich-Erzähler ausschließlich von Schönheit und Mystik geprägt ist,[53] ebenso wie die sakrale Überhöhung und Intentionalität des herannahenden Fliegerpfeiles. Doch gibt es, wie gesagt, auch auffallende Unterschiede. So wird in der Novelle das egoistisch-unmoralische Verhalten des Ich-Erzählers, der um seines Erlebnisses willen darauf verzichtet, seine Kameraden zu warnen, partiell zurückgenommen – vermutlich aus Sorge, der Ich-Erzähler könnte andernfalls die Antipathien des Lesers evozieren:

> Mir ging zwar der Gedanke durch den Kopf, daß wir wie eine Gruppe von Rennbesuchern beisammenstanden und ein gutes Ziel abgaben. Auch sagte einer von uns: Ihr solltet euch lieber decken! Aber es hatte offenbar keiner Lust, wie eine Feldmaus in ein Erdloch zu fahren. [...] Ich hatte mich einigemal gefragt, ob ich warnen solle; aber mochte ich oder ein anderer getroffen werden, ich wollte es nicht tun! (P 555)

Die zweite (und wichtigere) Änderung betrifft den in „Ein Soldat erzählt" vorhandenen Zusammenhang von Sexualität und Gewalt, der in der „Amsel" fast vollständig getilgt wurde,[54] mit Konsequenzen für die Forschung: So erkennt Christoph Hoffmann in seiner einflussreichen diskursanalytisch-medienarchäologischen Studie *Der Dichter am Apparat* (1997), in der allein „Die Amsel", also die

---

51 Vgl. Encke, Augenblicke der Gefahr, S. 175.
52 Nach Harald Gschwandtner vermeidet Musil dabei jedoch, in Kontrast zum ursprünglichen Hefteintrag, jegliche Darstellung eines gemeinschaftsstiftenden Fronterlebnisses, vielmehr handelt es sich um die subjektive Erfahrung eines einzelnen Soldaten – im Unterschied zur zeitgenössischen Verherrlichung kriegerischer Bewährung (etwa bei Ernst Jünger). Vgl. Gschwandtner, Ekstatisches Erleben, S. 76.
53 „Über unsere ruhige Stellung kam einmal mitten in der Zeit ein feindlicher Flieger. Das geschah nicht oft, weil das Gebirge mit seinen schmalen Luftrinnen zwischen befestigten Kuppen hoch überflogen werden mußte. Wir standen gerade auf einem der Grabkränze, und im Nu war der Himmel mit den weißen Schrapnellwölkchen der Batterien betupft wie von einer behenden Puderquaste. Das sah lustig aus und fast lieblich. Dazu schien die Sonne durch die dreifarbigen Tragflächen des Flugzeugs, gerade als es hoch über unseren Köpfen fuhr, wie durch ein Kirchenfenster oder buntes Seidenpapier, und es hätte zu diesem Augenblick nur noch einer Musik von Mozart bedurft." (P 555)
54 Zur Verschränkung von Gewalt und Sexualität in der Literatur der Zeit vgl. Anz, Literatur des Expressionismus, S. 57 f.

publizierte Endfassung, untersucht wird, in Musils säkularer Epiphanie neben experimentalpsychologischem Wissen auch Anspielungen auf die „jungfräuliche Empfängnis des Gottessohnes durch das Ohr Marias".[55] Hoffmann bezieht sich dabei u. a. auf folgende „Amsel"-Passage: „[...] ich muß einfach sagen, ich war sicher, in der nächsten Minute Gottes Nähe in der Nähe meines Körpers zu fühlen" (P 556) sowie auf die dem Text eingeschriebene Metaphorik vom „Lebensstrahl" (P 556), der dem von oben kommenden Laut entgegenkommt. Illustrierend verweist der Medienarchäologe dabei auf eine Darstellung der unbefleckten Empfängnis, die sich am Tympanon des Nordportals der Würzburger Marienkapelle befindet:

Abbildung 1: © Hannelore Piehler, Bamberg

---

55 Hoffmann, „Der Dichter am Apparat", S. 226; vgl. dazu Encke, Augenblicke der Gefahr, S. 175.

Diesem biblischen Übertragungsmodell folgend, bei dem metaphorisch das Jesus-
kind durch den Sprech-Hör-Schlauch von Gott zu Maria ‚rutscht' (man beachte
die Verdickung!), übernimmt Musils Protagonist in der „Amsel", während ihn der
Fliegerpfeil anvisiert, die Rolle Marias und bestimmt sich „als der Auserwählte,
der empfängt und durch den zugleich das Empfangene sich ins Werk setzt und
zur Welt kommt".[56]

Zieht man jedoch die Vorstufe „Ein Soldat erzählt" heran, kommt ein anderes
religionshistorisches bzw. ikonografisches Vorbild in den Blick, das in der Endstufe zwar vermutlich ebenfalls aus Gründen der Sympathielenkung unterdrückt
wurde, aber dennoch als Krypto-Modell auch den verzückten Zustand Azweis in
der „Amsel" bestimmen dürfte. Denn anders als die Darstellung in der „Amsel"
zeichnet sich die in dem Fragment „Ein Soldat erzählt" durch die in ihr eingeschriebene Verschränkung von Gewalt und Sexualität aus.[57] Im Unterschied
zur „Amsel" wird in der früheren Fassung der Laut von oben nicht nur lauter,
sondern er „wurde körperlicher", wie es heißt, „schwoll an" (P 756). Unmissver-
ständlich heißt es: „Als schwölle der Stachel einer Wollust im Fleische." (P 753)
Und nachdem der auf den Ich-Erzähler persönlich gerichtete Pfeil, der ihn bis zur
„Fußsohle" (P 751) hätte durchbohren können, von der Erde verschluckt wurde,
errötet der Soldat „am ganzen Körper" (P 756): „Ich glaube: wie ein Mädchen,
das der Herr angesehen hat." (P 753) Ähnlich berichtet zwar auch in der „Amsel"
Azwei seinem Zuhörer Aeins: „In diesem Augenblick überströmte mich ein heißes
Dankgefühl, und ich glaube, daß ich am ganzen Körper errötete." (P 557) Weitere
erotische Assoziationen verbinden sich mit seinem Zustand jedoch nicht.

Die Sexualisierung der Gefahr, wie sie in „Ein Soldat erzählt" manifest wird,
in der „Amsel" aber nur noch latent vorhanden ist, lässt Marias jungfräuliche
Empfängnis mittels akustischer Einflüsterung als Modell als nicht überzeugend
erscheinen. Ein Blick auf Musils Posse *Vinzenz und die Freundin bedeutender
Männer* (1923) enthüllt das eigentliche Modell für diese literarische neo-mysti-
sche Beinahe-Penetration, nämlich die „vom Pfeil des Himmels getroffene heilige
Therese" (P 428). Die christliche Mystikerin Terese (oder Teresa, Theresa) von
Ávila hatte ihr zentrales Erlebnis in das Bild vom seraphischen Pfeil gefasst, mit
dem ein Engel ihr Herz durchbohrte:

---

56 Hoffmann, „Der Dichter am Apparat", S. 227.
57 Auf diese Verschränkung hat bislang, soweit ich sehe, nur Alexander Honold aufmerksam
gemacht: „[...] aus der Verschränkung der Blick-Vektoren wurde ein ‚Koitus' im Wortsinne, ein
Zusammenkommen zweier anschwellenden Intensitäten, das an seinem Höhepunkt den Berich-
tenden [...] seiner Zurechnungsfähigkeit enthebt." Honold, Die Stadt und der Krieg, S. 249 f.

Es gefiel dem Herrn, daß ich dabei einige Male folgende Vision sah: Ich sah einen Engel neben mir, an meiner linken Seite, und zwar in leiblicher Gestalt [...]. Ich sah in seinen Händen einen langen goldenen Pfeil, und an der Spitze dieses Eisens schien ein wenig Feuer zu züngeln. Mir war, als stieße er es mir einige Male ins Herz, und als würde es mir bis in die Eingeweide vordringen. Als er es herauszog, war mir, als würde er sie mit herausreißen und mich ganz und gar brennend vor starker Gottesliebe zurücklassen. Der Schmerz war so stark, daß er mich diese Klagen ausstoßen ließ, aber zugleich ist die Zärtlichkeit, die dieser ungemein große Schmerz bei mir auslöst, so überwältigend, daß noch nicht einmal der Wunsch hochkommt, er möge vergehen, noch daß sich die Seele mit weniger als Gott begnügt. Es ist dies kein leiblicher, sondern ein geistiger Schmerz, auch wenn der Leib durchaus Anteil daran hat, und sogar ziemlich viel. Es ist eine so zärtliche Liebkosung, die sich hier zwischen der Seele und Gott ereignet, daß ich ihn in seiner Güte bitte, es den verkosten zu lassen, der denkt, ich würde lügen.[58]

Wirkmächtig dargestellt wird diese Vision in Berninis Skulptur *Die Verzückung der heiligen Theresa* (1645–52, siehe Abb. 2). Diese könnte Musil bei seinen Rom-Besuchen 1910 und 1913 in der Kirche Santa Maria della Vittoria mit eigenen Augen gesehen haben. Nachweislich begegnete ihm die heilige Terese in den Arbeiten des Berliner Psychologen Traugott Konstantin Oesterreich.[59] Musil rezipierte dessen Ich-Theorien u. a. für seinen Novellenband *Vereinigungen* (1911); im Nachlass finden sich die heilige Terese betreffende Exzerpte aus Oesterreichs *Die Phänomenologie des Ich in ihren Grundproblemen* (1910) (M II/1/78–80) sowie *Die religiöse Erfahrung als philosophisches Problem* (1915) (M II/1/74 f.), die allerdings aus den frühen 1930er Jahren stammen:[60] Für Oesterreich stand die heilige Terese für einen mystischen Zustand, der gleichermaßen von Aktivität wie Kontempla-

---

58 Teresa von Ávila, Das Buch meines Lebens. Vollständige Neuübertragung, Gesammelte Werke Bd. 1, Herausgegeben, übersetzt und eingeleitet von Ulrich Dobhan OCD, Elisabeth Peeters OCD. Freiburg/Basel/Wien 2001, S. 426 f.
59 Noch ein zweites Modell kommt in Frage: der heilige Sebastian. Auch für ihn findet sich in Musils Texten ein Hinweis: „[...] das schmale Büchergestell gegenüber, an dem Walter zuweilen im Eifer wie Sebastian am Pfahle stand [...]" (MoE I, S. 56). Die übereinstimmende Richtung des (einzelnen) ‚Himmelspfeiles' von oben spricht m. E. jedoch eher für Berninis Skulptur als ikonografisches Vorbild. (Mit Dank für den Hinweis an Luigi Reitani.)
60 Diese Exzerpte entstanden bei der Arbeit an der Fortsetzung des *Mannes ohne Eigenschaften*, Musils Oesterreich-Rezeption lässt sich jedoch bereits für die Jahre 1907/08 nachweisen (vgl. H 11/58). „Traugott Konstantin Oesterreich stellt für Musil wohl die größte Anregung für die Herausarbeitung einer auf Gefühl basierenden Ichpsychologie dar." Silvia Bonacchi, Die Gestalt der Dichtung. Der Einfluss der Gestalttheorie auf das Werk Robert Musils, Bern/Berlin/Frankfurt a. M. 1998, S. 250. Zur mystischen Gefühlsspaltung, bei der zwei sich normalerweise ausschließende Zustände, Aktivität und Kontemplation, koexistieren, der heiligen Terese und Musils Oesterreich-Rezeption vgl. ebd., S. 255 ff. Oesterreich rühmte Tereses Schriften als die „neben denen Augustins psychologisch bei weitem [...] wertvollsten aus der ganzen christlichen

tion gekennzeichnet war, eine Vorstellung, die in Musils Konzeption des ‚anderen Zustands' eingehen sollte.[61]

Abbildung 2: © Jastrow, Wikipedia

Die „sonderbare innere Freiheit", die für Musil „in der unbestimmten Nähe des Todes" (P 555) blühte, ermöglichte ihm folglich in der Verarbeitung seines Kriegserlebnisses zunächst eine Imagination seiner Weiblichkeitswünsche, wie sie sich auch in anderen Werken Musils, vom *Törleß* bis zum *Mann ohne Eigenschaften,* manifestieren.[62] Diese Imagination wurde jedoch in der „Amsel" unterdrückt,

Religionsgeschichte". Siehe: Traugott Konstantin Oesterreich, Die Phänomenologie des Ich in ihren Grundproblemen, Bd. 1, Leipzig 1910, S. 426.

61 Vgl. T.K. Oesterreich, Die Phänomenologie , S. 427.

62 Zu Musils Weiblichkeitswünschen vgl. Corino, Robert Musil. Eine Biographie, S. 31 f. Hier scheint mir zugleich der markanteste Gegensatz zwischen der Kriegsprosa Musils und der Ernst Jüngers zu liegen, der in seinen *In Stahlgewittern* die Gefahr mit einer ‚männlichen' Lust am Er-

und zwar, betrachtet man die unterschiedlichen Fassungen im Hinblick auf das Problem ‚Literarische Kommunikation', vermutlich aus Gründen der Sympathielenkung: Die Figur eines Soldaten, der sich von einem feindlichen Projektil wollüstig penetrieren lassen will, läuft leichter Gefahr, beim zeitgenössischen Leser nach dem verlorenen Krieg auf Unverständnis und Ablehnung zu stoßen, als eine Figur, für die dieser Vorgang – delikat genug – ein primär mystisches Erlebnis darstellt.[63] Die in diesem Fall nachweisbare Unterdrückung des sexuellen Aspekts, um die Anschlussfähigkeit des Textes beim Publikum nicht zu gefährden, bestätigt dabei zugleich Walter Fantas Beobachtung, wonach der späte Musil im Schreibprozess oft „das Krude, oft vordergründig Sexuelle und Gewalttätige, bloß Mimetische der Rohentwürfe in eine sublime Sphäre schillernder Vieldeutigkeit der fertigen Texte [hebt], ins subtil Erotische"[64] – ein Vorgang, der frappierend an jene in Freuds Essay „Der Dichter und das Phantasieren" skizzierte Technik der Milderung, Verhüllung und Erzeugung einer formal-ästhetischen ‚Vorlust' erinnert, mit der dem Analytiker zufolge Autoren zu verhindern suchen, ihr Publikum durch den allzu egoistischen Charakter ihrer Tagträume abzustoßen.[65] Wie hatte Musil noch in „Ein Soldat erzählt" geschrieben: „[...] ich war egoistisch in einem Erlebnis festgehalten, mochten die andren getroffen werden, ohne etwas davon gehabt zu haben." (P 753) – Wenn schon nicht die Kameraden, so sollten aber doch zumindest Musils Leser etwas von diesem Erlebnis haben, und dazu mussten Musils Weiblichkeitswünsche im Fall der Fliegerpfeil-Episode in der „Amsel" bis zur Unkenntlichkeit verhüllt werden.

---

habenen verbindet: „Die Gefahr ist der vornehmste Augenblick seines [des Offiziers; O.P.] Berufs, da gilt es, gesteigerte Männlichkeit zu beweisen. Ehre und Ritterlichkeit erheben ihn zum Herrn der Stunde." (Ernst Jünger, In Stahlgewittern. Aus dem Tagebuch eines Stoßtruppführers, Berlin 1930, 12. Auflage, S. 24).

63 Zum Aspekt Emotionalisierung und Sympathielenkung in literarischen Kriegsdarstellungen vgl. T. Anz, Freunde und Feinde, S. 346 f.

64 Walter Fanta, Die Erfindung der *Tonka*. Eine textgenetische Lektüre des *Tonka*-Dossiers. In: Musil-Forum, Bd. 32, 2011/2012, S. 1–41, hier: S. 38.

65 Vgl. Sigmund Freud, Der Dichter und das Phantasieren (1908). In: Freud, Der Moses des Michelangelo. Schriften über Kunst und Künstler. Einleitung von Peter Gay, Frankfurt a. M. 1993, S. 39 f.

Urte Helduser
Dokument, Zitat, Transformation

Volker Schlöndorffs Film *Der plötzliche Reichtum der armen Leute von Kombach* (1971)

Der 2013 in die Kinos gekommene Film *Die andere Heimat*, in dem der Regisseur Edgar Reitz eine Vorgeschichte zu seiner in den 1980er Jahren ausgestrahlten TV-Serie *Heimat* schildert, mag dem Heimatfilm neue Aktualität beschert haben. Die Anfänge von Reitz' *Heimat*-Projekt reichen in die späten 1960er und frühen 70er Jahre zurück, als eine Reihe von Filmemachern aus dem Umfeld des Neuen deutschen Films das Genre wiederentdeckte.

Volker Schlöndorffs 1971 zuerst im Fernsehen ausgestrahlter und dann ins Kino gekommener, preisgekrönter und viel gelobter Film *Der plötzliche Reichtum der armen Leute von Kombach* gilt – neben Peter Fleischmanns *Jagdszenen aus Niederbayern* (1969) oder *Mathias Kneißl* (1971) von Reinhard Hauff – als eines der prominentesten Beispiele des ‚neuen' oder auch ‚kritischen' Heimatfilms.[1] Wie Reitz' *Die andere Heimat* spielt auch Schlöndorffs Film in der Zeit des Vormärz und teilt mit ihm die Themen der bäuerlichen Armut und Unterdrückung durch eine feudale Obrigkeit sowie der Amerikaauswanderung.

Mit dem ‚kritischen Heimatfilm' knüpfen die jungen Filmemacher des Neuen deutschen Films an ein Genre an, das mit dem *Oberhausener Manifest* (1963) programmatisch für tot erklärt worden war.[2] Der traditionelle Heimatfilm galt als Inbegriff des deutschsprachigen Nachkriegs-Kitschfilms, der in der Beschwörung einer heilen Welt in ländlicher Idylle auch die Verdrängung der NS-Geschichte betrieb.[3] Die ‚kritischen Heimatfilme' zielten auf die Konfrontation dieses popu-

---

1 Vgl. die Studie von Daniel Alexander Schacht, Fluchtpunkt Provinz: Der neue Heimatfilm zwischen 1968 und 1972, Münster 1991. Zum Kontext des „Räuberfilms" vgl. Kristin Vincke, Zwischen historischem Dokument, Sozialromantik und Kitsch: Räuber im Spielfilm. In: Schurke oder Held? Historische Räuber und Räuberbanden, hg. von Harald Siebenmorgen, Sigmaringen 1995, S. 227–237, hier S. 236 f.

2 Zur Parole „Papas Kino ist tot" vgl. Malte Hagener, Eine neue Welle ohne Filme? Das Oberhausener Manifest und die Nouvelle Vague. In: Provokation der Wirklichkeit. Das Oberhausener Manifest und die Folgen, hg. von Ralph Eue, Lars-Henrik Gass, München 2012, S. 225–230, hier S. 225.

3 Vgl. Ruth Esterhammer, Heimatfilm in Österreich. Einblicke in ein facettenreiches Genre. In: Literatur im Film: Beispiele einer Medienbeziehung, hg. von Stefan Neuhaus, Würzburg 2008,

DOI 10.1515/9783110543209-012

lären Heimatmythos und seiner kulturellen Muster, wie sie seit dem 19. Jahrhundert vor allem literarisch stilisiert werden,[4] mit der ‚Wirklichkeit' des ländlichen Lebens.

In Schlöndorffs Film geschieht dies anhand eines historischen Falls, dem Überfall auf eine Postkutsche in der Nähe der hessischen Stadt Gladenbach im Jahr 1822 durch Bauern aus der Gegend. Als Quelle diente eine Fallschilderung von 1825, der ‚aktenmäßige Bericht' des Gießener Kriminalgerichtssekretärs Carl Franz über den *Post-Raub in der Subach, begangen von acht Straßenräubern von denen fünf am siebenten October 1824 zu Giessen durch das Schwerdt vom Leben zum Tode gebracht worden sind*.[5]

Damit nimmt der Film im Werk Schlöndorffs eine Sonderstellung ein. Anders als in den zahlreichen Literaturverfilmungen, mit denen der Regisseur bekannt geworden ist – dem Kombach-Film gehen *Der junge Törless* (1966), *Michael Kohlhaas* (1969) und *Baal* (1970) voraus – bildet hier ein historisches Ereignis und seine Schilderung in einem faktualen Text die Grundlage des Plots. Gerade dies macht den Film hinsichtlich des Verhältnisses von Literatur und Film interessant, denn literarische Texte gehen auf eine ganz spezifische und bislang nicht berücksichtigten Weise in den Film ein.

Zwar ist unter anderem von Schlöndorff selbst gelegentlich auf die Literatur – namentlich auf Georg Büchner und die Brüder Grimm – als Inspirationsquelle für das von ihm gemeinsam mit Margarete von Trotta verfasste Drehbuch hingewiesen worden,[6] evident sind zudem einige explizite Literaturzitate.[7] Dass aber darüber hinaus die Dialoge nahezu vollständig auf literarische Texte des 19. Jahrhunderts zurückgehen, die in einem Montageverfahren in einen neuen Plot überführt wurden, ist dabei übersehen worden.

Wie ich im Folgenden zeigen möchte, ist der Film durch ein komplexes intermediales Verfahren gekennzeichnet, das auf der filmischen Vermittlung literarischer Texte des 19. Jahrhunderts beruht. Zum einen zeichnet sich die (gespro-

---

S. 177–198; Johannes von Moltke, No Place like Home. Locations of Heimat in German Cinema, Berkeley 2005.

4 Zu den literarischen Vorbildern des Heimatfilms vgl. Willi Höfig, Der deutsche Heimatfilm 1947–1960, Stuttgart 1973, S. 19–28.

5 Gießen 1825. Eine mit Linolschnitten von Johannes Nawrath illustrierte Neuausgabe erschien 1978 im Marburger Jonas Verlag.

6 Vgl. Volker Schlöndorff, Licht, Schatten und Bewegung: Mein Leben und meine Filme, München 2008, S. 188.

7 Vgl. hierzu z. B. Eric Rentschler, Calamity Prevails Over the Country. Young German Film Rediscovers the Heimat. In: Film und Literatur: Literarische Texte und der neue deutsche Film, hg. von Sigrid Bauschinger, Bern 1984, S. 50–71, hier S. 64 f.

chene) Sprache im Film durch eine besondere Intertextualität aus, darüber hinaus werden auch literarische Genres und Motive der Literatur des 19. Jahrhunderts vom Märchen über die Dorfgeschichte bis hin zum sozialen Drama adaptiert.[8]

Die Intertextualität ist durch eine Spannung von Dokumentarizität einerseits und homogenisierender Aneignung der Prätexte andererseits gekennzeichnet. Das Prinzip der Dokumentarizität steht in der Tradition der Brecht'schen Verfremdungstechnik[9] und dient vor allem der Ausstellung von Ideologie. Hierfür ist, wie ich zu zeigen versuche, die mediale Inszenierung verschiedener Formen von literarischer Kommunikation von Bedeutung. Im Gegensatz zu solchen Formen „markierter Intertextualität"[10] leisten unmarkierte intertextuellen Bezüge eine historisierende (Re-)Konstruktion des Plots und dienen darüber hinaus der filmischen Aneignung und Transformation literarischer Poetiken des 19. Jahrhunderts.

Als zentrale Prätexte erweisen sich in diesem Zusammenhang, wie bisher übersehen wurde, Erzählungen und Romane Berthold Auerbachs.[11] Schon allein in quantitativer Hinsicht bilden Auerbachs Dorfgeschichten den umfangreichsten Prätext des Films. Die zentrale Bedeutung der Dorfgeschichten Auerbachs ist nicht nur im Hinblick auf die filmische Rezeption dieses literarischen Genres des 19. Jahrhunderts interessant, sondern auch in Bezug auf die Überblendung literarischer (und filmischer) Bilder mit der historischen Fallgeschichte. Dies betrifft nicht zuletzt ein umstrittenes Motiv des Films, das Bild des jüdischen Händlers

---

8 Im Anschluss an das von Ulrich Broich und Manfred Pfister vorgeschlagene Intertextualitäts-Modell lässt sich also zwischen Einzeltextreferenzen und Systemreferenzen unterscheiden, vgl. Broich, Pfister: Bezugsfelder der Intertextualität. In: Intertextualität. Formen, Funktionen, anglistische Fallstudien, hg. von Ulrich Broich, Manfred Pfister, Tübingen 1985, S. 48–57.

9 Zu den auf das epische Theater Brechts veweisenden Mitteln zählen etwa die Erzählstimme im Voice over, die extradiegetische Jazzmusik Klaus Doldingers, der Einsatz von Laienschauspielern und die dialektale Verfremdung. Moeller und Lellis bezeichnen den Film als „die systematischste Anwendung Brechtscher Theorien im gesamten Werk des Filmemachers". (Hans-Bernhard Moeller, George Lellis, Volker Schlöndorffs Filme: Literaturverfilmung, Politik und das „Kinogerechte", Berlin 2011, S. 97.)

10 Broich, Formen der Markierung von Intertextualität. In: Intertextualität, hg. von Broich, Pfister, S. 31–47.

11 Der Name Auerbach taucht – ohne nähere Angaben zu den herangezogenen Werken – lediglich in einem frühen Interview der *Saarbrücker Zeitung* mit dem Regisseur auf, in dem dieser noch während der Dreharbeiten seine Arbeitsweise darlegt: „Ich drehe einen Anti-Schinderhannes, keine romantische Räuberballade, sondern eine Collage aus Dokumentation und Zitaten. [...] Ich benutze für das Drehbuch nur die Protokolle, durchsetze das Ganze mit Zitaten aus der Bauernliteratur von Gellert, Gotthelf, dem Schwaben Auerbach." Diese Aufzählung der Quellen zitiert auch Daniel Schacht in seiner Studie zum Heimatfilm, allerdings ohne der Auerbach-Spur selbst nachzugehen. Vergl. Schacht, Fluchtpunkt Provinz, S. 65.

David Briel. Dieser ist Initiator des Überfalls und der einzige Räuber, dem es gelingt, der Verhaftung und Hinrichtung zu entgehen, und der am Ende des Films nach Amerika aufbricht. Wie Ruth Klüger pointiert feststellt, bedient Schlöndorff mit dieser Gestalt ein antisemitisches Klischee. David Briel repräsentiere den „Trödeljude[n], der Menschen, die noch ärmer sind als er selbst, zu Verbrechen anstiftet, [...] von denen nur er profitiert".[12]

Gleichwohl geht die Figur nicht in diesem Stereotyp auf, handelt es sich bei ihr doch nicht um eine berechnende Ausbeuter- oder Rächerfigur, wie sie in den von Klüger diskutierten Texten und Filmen der Nachkriegszeit etwa bei Zwerenz oder Fassbinder begegnet. Schlöndorffs Figur des jüdischen Händlers kommt in der filmischen Gestaltung eine zentrale Rolle zu. Sie ist besonders eindrücklich in Szene gesetzt und stellt die zentrale Reflexionsinstanz des Films dar. Die Ambivalenz der Gestalt ist vor allem darin begründet, dass sich in ihr verschiedene literarische Figurationen des 19. Jahrhunderts überlagern. Ich möchte im Folgenden deshalb den Prätexten des Films nachgehen und an ausgewählten Filmszenen sein Textmontageverfahren aufzeigen. In Verbindung damit möchte ich die Figur David Briels in ihrer literarischen und filmischen Motivgeschichte situieren.

---

12 Klüger verortet die Figur David Briel im Kontext problematischer Judenfiguren der Nachkriegsliteratur (Anderschs, Grass', Zwerenz') und des Films (Fassbinders), mit deren Gestaltung eine Marginalisierung der Shoah und die Umkehr der historischen Täter/Opfer-Relation verbunden ist. Siehe dazu Ruth Klüger, Katastrophen: Über deutsche Literatur. München 1997, S. 35. Aus filmwissenschaftlicher Perspektive kommt auch Gertrud Koch zu einem ähnlichen Schluss. Koch sieht in Schlöndorffs Darstellung des jüdischen Händlers den Auftakt der in die Diskussion um den sekundären Antisemitismus mündenden problematischen Judendarstellung im Neuen deutschen Film: Koch, Todesnähe und Todeswünsche: Geschichtsprozesse mit tödlichem Ausgang. Zu einigen jüdischen Figuren im deutschen Nachkriegsfilm. In: dies., Die Einstellung ist die Einstellung. Visuelle Konstruktionen des Judentums, Frankfurt a. M. 1992, S. 234–259, hier S. 243–246. Kritik an der antisemitischen Bildlichkeit des Films wurde im Jahr seines Erscheinens in der Allgemeinen unabhängigen jüdischen Wochenzeitung geübt (o. V., Kombach und Schlöndorff. In: Allgemeine unabhängige jüdische Wochenzeitung, XXVI/6, vom 5.2.1971, S. 2). Wie auch Koch feststellt (S. 246), ist die antisemitische Tendenz des Films ansonsten lediglich in der französischen und englischen Rezeption thematisiert worden. Abgesehen von Koch haben auch filmwissenschaftliche Beiträge zu Schlöndorffs Werk diese Diskussion weitgehend ausgespart, vgl. lediglich Rachel Palfreyman, Once Upon a Time in the Critical Heimat Film: ‚Der plötzliche Reichtum der armen Leute von Kombach' und ‚Die Siebtelbauern'. In: Local/Global Narratives, hg. von Renate Rechtien, Karoline Oppen, Amsterdam 2007, S. 39–61. Zuletzt hat Alfons Maria Arns diese Debatte dargestellt: Arns, Der plötzliche und andauernde Reichtum des Strumpfhändlers David Briel von Dexbach. Anmerkungen zu Volker Schlöndorffs Film ‚Der plötzliche Reichtum der armen Leute von Kombach' (BRD 1970/71), 2014, http://schloendorff.deutsches-filmmuseum.de/sammlung/alfons-maria-arns-anmerkungen-zu-der-ploetzliche-reichtum-der-armen-leute-von-kombach-1971/#_ednref16, letzter Aufruf 16.6.2016.

1 Die Fallgeschichte als Dokument

Den wichtigsten Prätext für das Drehbuch stellt die Fallschilderung des Criminalsekretärs Carl Franz dar, die dieser im Jahr nach der Überführung und Hinrichtung der Posträuber anhand der Gerichtsprotokolle verfasst hat.[13] Die filmische Darstellung des Raubs, seiner Planung, der sechs Fehlversuche innerhalb weniger Monate aufgrund der Wetterverhältnisse oder sonstiger Widrigkeiten, des Ablaufs des Überfalls sowie schließlich des Verlaufs der gerichtlichen Ermittlungen, der Inhaftierung und Überführung, bis hin zur Verurteilung der Räuber und ihrer Hinrichtung sowie des Selbstmordes zweier Beteiligter in der Haft geht auf Franz' Bericht zurück.

Schlöndorff übernimmt den Text des historischen Dokuments weitestgehend, liest ihn dabei jedoch ‚gegen den Strich': Wird bei Franz der Postraub als Beispiel krimineller Energie und moralischer Verderbtheit geschildert,[14] so zeichnet Schlöndorff das Porträt verarmter, aus purer Not handelnder Bauern.[15] Deut-

---

13 Franz' ‚aktenmäßige Darstellung' gehört in das im 18. und 19. Jahrhundert populäre Genre der Fallgeschichte im Anschluss etwa an die populären Kriminalfälle des Pitaval (*Causes célèbres et intéressantes* 1734–1743). Zu diesen Fallgeschichten vgl. Ulrike Landfester, Das Recht des Erzählers. Verbrechensdarstellungen zwischen Exekutionsjournalismus und Pitaval-Tradtion 1600–1800. In: Literatur, Kriminalität und Rechtskultur im 17. und 18. Jahrhundert, hg. von Uwe Böker, Christoph Houswitschka. Essen 1996, S. 155–183, Nicolas Pethes, Vom Einzelfall zur Menschheit. Die Fallgeschichte als Medium der Wissenspopularisierung zwischen Recht, Medizin und Literatur. In: Popularisierung und Popularität, hg. von Gereon Blaseio, Hedwig Pompe, Jens Ruchatz, Köln 2005, S. 63–92. Zu stilistischen Aspekten der Fallschilderung Franz' vgl. Ulrich Mayer, Der Postraub in der Subach. In: Mitteilungen des Oberhessischen Geschichtsvereins Gießen, NF 81, 1996, S. 277–297, S. 279. Schlöndorffs Film verwendet auch eine weitere Fallgeschichte, die jedoch im Unterschied zu Franz' Bericht nicht benannt wird, sondern deren Text in die Figurenrede montiert wird. Bei Ludwig Ackers während seines Verhörs getroffener Feststellung, „Ein Unschuldiger kann befangener erscheinen als ein Schuldiger. Der weiß, was er begangen hat, aber ein Unschuldiger weiß, daß er keinen Beweis seiner Unschuld für sich aufbringen kann", handelt es sich um ein Zitat aus Paul Johann Anselm Ritter Feuerbachs Aktenmäßiger Darstellung merkwürdiger Verbrechen, Frankfurt a. M. 1849, S. 346.
14 Detailliert berichtet Franz auch anhand der Aussagen der Räuber den Tathergang, wobei er (offenbar anhand der protokollierten Aussagen) teils in wörtlicher Rede die Kommunikation der Tatbeteiligten bei der Planung des Überfalls wiedergibt. Während Franz die kriminalistische Perspektive wählt und zunächst den Fall, die Ermittlung und dann die Überführung, Verurteilung und Bestrafung der Täter schildert, erzählt der Film chronologisch von der Planung des Überfalls bis zur Hinrichtung der Räuber. Der letzte Teil des Berichts, der die Zeugenaussagen der Räuber wiedergibt, ist weitgehend wörtlich in Filmdialoge überführt worden. Aber auch der Gang der Ermittlung und der Verlauf der Verhöre stimmen mit der Filmhandlung weitgehend überein.
15 Deshalb lässt er den bei Franz angedeuteten Hintergrund der Räuber als Wilddiebe aus – und damit ein genretypisches Motiv des traditionellen Heimatfilms.

lich wird das schon an der Verschiebung des Titels von Franz' Schrift, *Der Post-raub in der Subach*, der zunächst auch den Arbeitstitel für den Film liefert, zu der stilistisch an die Brecht'schen Dramentitel anknüpfenden Genitivkonstruktion *Der plötzliche Reichtum der armen Leute von Kombach*. Der damit verbundene Perspektivwechsel wird zur tragenden Idee des Films: In der Logik des Criminal-inspektors Danz, der die Ermittlungen gegen die Räuber leitet, muss allein das plötzliche Verfügen der verarmten Bauern über Geld diese als Täter überführen, weil, wie auch David Briel in seinem Schlussmonolog feststellt, „Geld Verdacht erweckt bei einem armen Mann".[16]

Hinzu kommt bei Schlöndorff der Aspekt der Amerika-Auswanderung, der als Thema durch weitere Dokumente wie historische Auswandererbriefe und das leitmotivisch eingesetzte Auswanderer-Lied eingeführt wird. Mit dem Thema der Auswanderung ist die wichtigste Differenz zu Franz' Bericht auf der Ebene der *histoire* verknüpft: Der einzige entkommende Räuber, der nach Amerika auswandernde Strumpfhändler David Briel, über den es in Franz' Erzählung heißt, er sei „dem Arme der Gerechtigkeit" durch rechtzeitige Besorgung eines „Hausirschein[s] ins Ausland" entkommen,[17] ist in Schlöndorffs Film – entgegen der historischen Vorlage – als Jude dargestellt.[18]

Im Film wird die Quelle sowohl durch die weibliche Erzählerstimme im *Voice over* zitiert, als auch in den Dialogen wörtlich wiedergegeben. Der dokumenta-rische Charakter bekundet sich darin, dass sie als Quelle direkt benannt wird. Der Film beginnt mit dem Off-Kommentar der weiblichen Erzählerstimme, die im Sinne des Brecht'schen epischen Theaters in das Geschehen einführt:

> Im Jahre 1822 wollten ein paar verarmte Bauern und Tagelöhner aus dem Dorfe Kombach ihrem Elend ein Ende machen und zu Reichtum kommen, indem sie einen Überfall auf den Postwagen mit den kurhessischen Steuergeldern planten. Laut der zeitgenössischen, akten-mäßig ausgezogenen Darstellung des Criminalgerichtssekretärs Carl Franz aus Gießen soll sich das Komplott zum Postraub in der Subach folgendermaßen entsponnen haben.[19]

---

16 Der plötzliche Reichtum der armen Leute von Kombach. Regie: Volker Schlöndorff. BRD 1971. Timecode (im folgenden TC) 1:24:49–1:27:02.

17 Carl Franz, Der Post-Raub in der Subach begangen von acht Straßenräubern von denen fünf am siebenten October 1824 zu Giessen durch das Schwerdt vom Leben zum Tode gebracht worden sind. Actenmäßig ausgezogen und bearbeitet von Carl Franz, Criminalgerichtssekretär zu Giessen. Gießen 1825, S. 91.

18 Auf dieser Diskrepanz begründete sich die Kritik in der Allgemeinen unabhängige jüdischen Wochenzeitung: Kombach und Schlöndorff, S. 2, vgl. außerdem Rainer Lewandowski, Die Filme von Volker Schlöndorff. Hildesheim 1981, S. 123.

19 TC 1:10–1:38.

Im weiteren Verlauf übernimmt die Erzählstimme den Text der Chronik, ohne dass die wörtlichen Übernahmen als solche erkennbar wären. Vielmehr wird die Sprache der Erzählstimme mit historisierenden Formulierungen („aus dem Dorfe Kombach", „soll sich das Komplott folgendermaßen entsponnen haben") an die des Chronik-Texts angepasst. Dies führt zu einer Homogenisierung des gesprochenen Texts, der den Duktus der Zeit der Handlung annimmt.[20]

2 Literarische Dokumente

Dem Prinzip der Dokumentarizität entsprechen auch die mehrfach eingesetzten expliziten literarischen Zitate. Diese dienen vor allem der filmischen Auseinandersetzung mit der historischen Situation, der sozialen Lage der gerade aus der Leibeigenschaft entlassenen, verarmten Bauern des hessischen Hinterlandes wie auch der Darstellung des bäuerlichen Bewusstseins als einer Mischung aus Obrigkeitshörigkeit und ‚naiven' Phantasien über ein durch den Überfall zu erzielendes Leben in schlaraffenlandartigem Wohlstand.[21] In die Diegese eingefügt werden diese Dokumente vor allem durch Formen der literarischen Kommunikation, des gemeinsamen Lesens oder Vortragens von Literatur. So werden die Posträuber mit populären Lesestoffen aus Almanachen und Bauernkalendern konfrontiert, in denen das Bauerndasein idealisiert oder aber vor der Todsünde der Habgier und der Übertretung von Standesgrenzen gewarnt wird. Bei einer Hochzeitsfeier sagt ein Mädchen Gellerts Gedicht „Zufriedenheit mit seinem Zustande" auf,

---

20 Wie ein Vergleich des Films mit dem auf der Drehbuchfassung basierenden, 1970 vom kommunalen Kino Frankfurt herausgegebenen ‚filmtext' verdeutlicht, ist dies Ergebnis einer Veränderung der Filmfassung gegenüber dem Drehbuch. Im „filmtext" finden sich deutlich distanzierende Kommentierungen der Chronik, deren moralische Wertungen hier auch noch kritisch vorgeführt werden. „Mit diesen Worten soll die Anstiftung zur Tat, laut Gerichtsprotokoll, stattgefunden haben. Und der Richter glaubte sich ermöglicht, daraus folgenden Schluß zu ziehen: Mehr bedurfte es schon für den Jacob Geiz nicht, um ihn zu gewinnen. Er war ein gefährlicher Mensch, der das Gesetz weder achtete noch fürchtete, gefühllos für anderer Wohl, dem auch ein Menschenleben nicht zu heilig war, um es im Notfall aufs Spiel zu setzen." Volker Schlöndorff, Der plötzliche Reichtum der armen Leute von Kombach. Reihe „Filmtexte". Kommunales Kino Frankfurt. Frankfurt a. M. 1970, S. 2. Auch darüber hinaus zeigt ein Vergleich der Drehbuchfassungen mit dem fertigen Film eine zunehmende Lösung von der Quelle. In der Filmfassung werden sogar Zitate aus der Quelle fingiert, wenn es zum Beispiel heißt: „Nachdem Heinrich sich der Komplizität des Landschützen Volk versichert hatte, schreibt die Chronik, stand der Ausführung des Unternehmens nunmehr nichts im Wege." (TC 17:20–17:29).
21 Vgl. Schacht, Fluchtpunkt Provinz, S. 84 f.

ein anderes Kind liest offenbar aus seinem Lesebuch: „Aufs Herz kommt es an, ob man durch Geld glücklich oder unglücklich werde",[22] dazu fährt die Kamera über die Gesichter der in einer Küche versammelten Räuber, die sichtlich berührt schweigen. Literatur wird hier als Ideologie präsentiert, die die Bauern in ihrer ‚Unmündigkeit' hält und die feudale Unterdrückung stützt. Hervorgehoben wird dies auch dadurch, dass es jeweils (Schul-)Kinder sind, an denen das ‚Eintrichtern' dieser Stoffe und deren mechanisches Aufsagen oder Repetieren vorgeführt wird. Auf der darstellerischen Ebene wird dieser Effekt durch den Einsatz von LaienschauspielerInnen verdoppelt, die etwa als Zeugen vor Gericht genauso mechanisch und mit Versprechern vortragen wie die Kinder ihre auswendig gelernten Schulbuchtexte. Der damit einhergehende Illusionsbruch wird schließlich noch durch die unterschiedlichen regionalen Dialekte und sprachlichen Akzente der DarstellerInnen gesteigert.

Im Gegensatz dazu steht das gezielt zitierende bzw. rezitierende Sprechen des Schauspielers Wolfgang Bächler in der Rolle des David Briel. Im Brecht'schen Sinne markiert es eine Distanz zur Rolle.[23] Dies entspricht auch der das Geschehen kommentierenden und reflektierenden Funktion dieser Figur.[24] Zudem wird durch sie das filmische Verfahren reflexiv. Das zitierende Sprechen verweist auf den dokumentarischen Charakter und hebt die filmische Auseinandersetzung mit Literatur hervor.[25] Gerade Davids Rolle basiert auf literarischer Kommunikation. Wenn er den im Regen im Wald ausharrenden, auf die Geldkutsche wartenden Räubern aus Auswandererbriefen vorliest, in denen die paradiesischen Zustände, die die Bauern in Amerika erwarten, bildreich beschworen werden, dient das der Motivierung des Überfalls.[26] Damit stiftet er eine Art Gegendiskurs

---

22 Diesen Satz aus Jeremias Gotthelfs erst 1852 entstandener Erzählung *Der Besenbinder von Rychiswyl* konnten die Kombacher Posträuber natürlich noch gar nicht kennen.
23 Vgl. auch die entsprechende Regieanweisung im „filmtext": Schlöndorff, Der plötzliche Reichtum der armen Leute von Kombach, S. 1.
24 Vgl. dazu auch Arns, Der plötzliche und andauernde Reichtum.
25 Dazu gehört auch, dass Schlöndorff die Figur mit einem Schriftsteller, dem Lyriker und Romanautor Wolfgang Bächler besetzt.
26 „Hier in Amerika fließen Milch und Honig, denn die Kühe grasen das ganze Jahr hindurch auf fetten Weiden und Bienen findet man im Überfluss in hohlen Bäumen. Man kann soviel Vieh halten wie man will. Man braucht kein Futter dafür zu holen. Bloß im Winter, morgens und abends und das Land ist so gut, man braucht es in zwanzig und dreißig Jahren nicht zu düngen. Und man kann es alle Jahre bepflanzen oder besäen und es wird bloß einmal umgepflügt, dann ist es gut. Es ist hier nicht wie in Deutschland, dass man das wenige, das man im Schweiße seines Angesichts gewonnen hat, an Steuern, Abgaben und Beischlägen bezahlen muß. Hier ist der Bauer auch mit Herr. Wir essen mehr Fleisch als ihr Brot und trinken mehr Kaffee und Wein als ihr Wasser. Milwaukee 1821." (TC 22:55–24:10) Der von David vorgelesene Brief erweist

zu den literarischen Dokumenten der Unterdrückung. In seiner Zitatsprache verschränkt sich literarische Kommunikation, wie sie auf der diegetischen Ebene des Films praktiziert wird, mit der Auseinandersetzung des Films mit Literatur. Jenseits der ‚dokumentarischen‘, markierten intertextuellen Elemente handelt es sich bei dem Strumpfhändler David Briel nämlich um eine hochgradig literarisch vermittelte Figur, die gleichzeitig literarisches und filmisches Figurenzitat ist. Dies wird über eine Analyse der verdeckten, unmarkierten intertextuellen Bezüge des Films deutlich.

3 Verdeckte intertextuelle Bezüge

Im Gegensatz zu den ausgestellten literarischen Dokumenten stehen nämlich die in die Figurenrede montierten Zitate unterschiedlichster Texte des 19. Jahrhunderts. Gerade die Szenen, die über Carl Franz' Fallschilderung hinausgehen, beruhen nahezu vollständig auf meist wörtlichen Übernahmen aus verschiedenen Prätexten von Bauernpredigten[27] bis zur Kriminalgeschichte, die nicht markiert sind, also nicht als Zitate erkennbar sind. Vor allem Berthold Auerbachs Erzählungen kommt hier eine herausragende Bedeutung zu. Dienten die vielfältigen literarischen Vorlagen wohl zunächst dazu, auf pragmatische Weise einen Dialogtext für das Drehbuch zu produzieren,[28] so werden mit der literarischen (Figuren-)Sprache des frühen 19. Jahrhunderts auch die Poetiken der Texte trans-

---

sich als Montage verschiedener historischer Auswandererbriefe. Teile finden sich etwa in Albert Bernhard Faust, Das Deutschtum in den Vereinigten Staaten in seiner geschichtlichen Entwickelung, Wiesbaden 1912, S. 52 sowie in Anton Ebner, Matthias Patrick, Georg Stadler, Lehrbuch der Geschichte und Sozialkunde: Vom Wiener Kongress bis zur Gegenwart, Salzburg 1968, S. 68.

27 Der Pfarrer, der den inzwischen gefangenen Posträubern am Sarg ihrer durch Selbstmord der Hinrichtung zuvorgekommenen Komplizen ins Gewissen redet (TC 1:16:10–1:16:48), spricht einen Text aus Anton Westermayers „Bauernpredigten". Vgl. Anton Westermayer, Bauernpredigten, die auch manche Stadtleute brauchen können, auf alle Sonn- und Festtage des Kirchenjahres, zugleich ein Hausbuch für's katholische Landvolk. Bd. 1, Regensburg 1848, S. 46 f.

28 Schlöndorff selbst begründet seine Vorliebe für Literaturverfilmungen mit der Schwierigkeit, einen Drehbuchtext zu verfassen: „I have enormous difficulties with writing, and I try to avoid it whenever possible. That is one reason I started my film career with adaptations from literature. I thought they were the bases for good scripts. All I did was to rework them into scripts. I am a bad writer of original scripts." Barry und Greg Thomson: Volker Schlöndorff. An Interview. In: Film Criticism, H. 1, 1976, S. 26–37, hier S. 31. Für den Kombach-Film hat vor allem Margarete von Trotta literarische Quellen zusammengestellt, vgl. Schlöndorff, Licht, Schatten und Bewegung, S. 188.

portiert und verschoben. Auf diese Weise verknüpft der Film zwei in ihrer ästhetischen Verfasstheit differente Texte: Das soziale Drama Georg Büchners wird mit dem poetischen Realismus der Prosa Berthold Auerbachs konfrontiert.[29]

Zu den aufgrund seiner Bekanntheit schon häufiger entdeckten Prätexten gehört ein Satz aus Büchners *Woyzeck*:[30] „der Herrgott wird den armen Wurm nicht drum ansehen, ob das Amen drüber gesagt ist, eh er gemacht wurde", mit dem Büchners Woyzeck sich gegen den Vorwurf der Amoral aufgrund seines unehelichen Kindes zur Wehr setzt.[31]

Der Einsatz dieses Satzes in der entsprechende Filmszene basiert jedoch auf einer weitaus komplexeren Zitatmontage: Das Büchner-Zitat wird hier nämlich in einen Dialog eingefügt, der weitgehend aus Zitaten aus Berthold Auerbachs Roman *Barfüßele* von 1856 konstruiert ist. Die Filmszene zeigt die Rückkehr des Posträubers Heinrich Geiz vom zweiten gescheiterten Überfallversuch im Gespräch mit seiner Geliebten Sophie. Sophie (gespielt von Margarethe von Trotta) beklagt sich, dass mit dem Scheitern des Überfalls ihre Heiratspläne zunichte gemacht wurden: „So müssen wir weiter in Sünd' leben. Besser, ich wäre nie nach Offenbach gegangen in den Dienst, dann hätt' ich dich nie gesehen in deinem roten Rock. Jetzt hab' ich den Balg und er wird immer weiter leben in Sünd."[32]

Handelt es sich bei Sophie um eine fiktive Figur, die in der historischen Postraub-Fallgeschichte nicht vorkommt,[33] so verweist sie auf die Gestalt der Marie

---

29 Zum „literarischen Idealrealismus Auerbachs" vgl.: Jörg Schönert: ‚Die gemeine Wirklichkeit zu einer andern machen' - Auerbachs literarischer Idealrealismus. In: Berthold Auerbach. Ein Autor im Kontext des 19. Jahrhunderts, hg. Christof Hamann, Michael Scheffel. Trier 2013, S. 7–26.

30 Georg Büchner, dessen zusammen mit Ludwig Weidig verfasste Flugschrift *Der hessische Landbote* im „filmtext" ebenfalls zitiert wird (Schlöndorff, Der plötzliche Reichtum der armen Leute von Kombach, S. 1), steht mit seinem sozialen Drama *Woyzeck* aus der Zeit des Vormärz für die literarische Tradition, in die sich auch der kritische Heimatfilm und insbesondere Schlöndorffs Kombach-Film stellt. Zu Verbindungen zwischen politischen Weggefährten Büchners aus der Gießener „Gesellschaft für Menschenrechte" zu den historischen Posträubern vgl. Ariane Martin, Geschlecht, Gewalt, soziale Frage. Die Volkslieder in Büchners Dramen. In: Dies., Bodo Morawe, Dichter der Immanenz. Vier Studien zu Georg Büchner, Bielefeld 2013, S. 45–128, hier S. 51.

31 Bei Büchner rechtfertigt sich Woyzeck mit diesem Satz gegenüber dem Hauptmann, der ihm sein sündiges Leben vorwirft. Georg Büchner, Woyzeck. Studienausgabe. Nach der Edition von Thomas Michael Mayer hg. von Burghard Dedner, Stuttgart 2005, S. 89 f.

32 TC 21:12–21:26.

33 Franz erwähnt lediglich, dass einer der Täter sich dadurch verdächtig gemacht habe, dass er nach dem Postraub plötzlich in der Lage gewesen zu sei, die für seine seit längerem geplante Heirat erforderlichen 200 Gulden „Receptionsgelder" aufzubringen, und geheiratet habe. Franz, Der Post-Raub in der Subach, S. 31.

aus Büchners *Woyzeck*: Wie Woyzecks Geliebte Marie, die sich in den Tambour-major mit seiner stattlichen Uniform verliebt, ist auch Sophie vom ‚roten Rock' des Soldaten Heinrich angezogen, wie Marie mit Woyzeck, so hat auch Sophie ein uneheliches Kind mit Heinrich.[34] Dieser antwortet nun mit Woyzecks Satz, der weitere Dialog und der weitere Handlungsverlauf gehen aber auf Auerbachs *Barfüßele* zurück:

> HEINRICH: Der liebe Gott wird den Wurm nicht drum ansehen, ob das Amen drüber gesagt ist, eh' er gemacht wurde. – Gell, Johannes.
> SOPHIE: Du willst es umbringe!
> HEINRICH: Was?
> SOPHIE: Du sollst den Namen nicht sagen, eh' es getauft ist. Sonst erstickt's. Das würd' dir passe.
> HEINRICH: Du bist ja irr.[35]

Der Aberglauben Sophies, eine Nennung des Kindsnamens vor der Taufe bringe Unglück, begegnet in Auerbachs Roman. Ein fast gleichlautender Dialog findet sich hier in einer anderen Figurenkonstellation und einem völlig anderen Hand-lungszusammenhang wieder, zudem taucht der Name Johannes hier als Figuren-name auf.

> *„Heiß' ihn nicht so, ehe er's ist,"* antwortete Amrei mit einer seltsamen Mischung von Tönen und die alte Köchin aus der Küche rief: „Das Barfüßele hat Recht, *man darf ein Kind nicht bei seinem Namen nennen, eh' es getauft ist: das ist lebensgefährlich."*
>
> Amrei lachte und die Rosel schrie:
> „Warum lachst du?"
> „Soll ich heulen?" sagte Barfüßele, „ich hätte Grund genug, aber ich mag nicht."
> „Wart', ich will dir zeigen was du mußt," schrie Rosel: „da!" und sie riß Barfüßele nieder auf den Boden und schlug ihr in's Gesicht.
> „Ich will mich ja ausziehen, laß los!" schrie Barfüßele, aber Rosel ließ ohnedies ab, denn wie aus dem Boden herausgewachsen, stand jetzt *Johannes* vor ihr.[36]

---

34 Im „filmtext" wird außerdem statt „Offenbach" (wo Heinrich Geiz tatsächlich stationiert war und seine „Geliebte" kennengelernt hat, wie Franz in seinem Bericht festhält, Franz, Der Post-Raub in der Subach, S. 21), „Darmstadt" genannt, also die kurhessische Residenzstadt des Großherzogtums Hessen, die gleichzeitig Schauplatz des Lebens und Werks Büchners ist.
35 TC 21:51–22:07.
36 Berthold Auerbach, Barfüßele. In: Gesammelte Schriften, 1. neu durchgesehene Gesammt-ausgabe, Band 9. Stuttgart/Augsburg 1857, S. 207 (Hervorheb. U.H.).

Aus dem Streit zwischen den beiden Frauen (allerdings um einen „Bräutigam") entspinnt sich ein handgreiflicher Konflikt. Dieser hat ebenfalls ein Pendant in der Filmhandlung. So wie im Roman Rosel Barfüßele zu Boden reißt und schlägt, wird im Film die wütende Sophie von Heinrich überwältigt und schließlich vergewaltigt.

Die Filmszene basiert damit auf entkontextualisierten Passagen heterogener literarischer Texte, die zu einem filmischen Intertext montiert werden. Beide Texte liefern nicht nur wörtliche Figurenrede, sondern sind auch hinsichtlich ihrer Poetik für den Film sowie insbesondere für die Figurenzeichnung des Strumpfhändlers relevant.

Die maßgeblich von Berthold Auerbach und seinen Schwarzwälder Dorfgeschichten (1843–54) geprägte Gattung der Dorfgeschichte gilt als direkter literarischer Vorläufer des Heimatfilms.[37] Schlöndorffs Film zitiert sowohl die Texte als auch genretypische Motive. Vor allem der Roman Barfüßele bildet einen zentralen Prätext.

Nicht zuletzt die vielfältigen Märchenbezüge des Kombach-Films sind über Auerbachs Roman vermittelt. Wie schon bei Auerbach dienen die Märchenmotive im Film der Evokation dörflicher Idylle.[38] Ein solches Figurenzitat aus Barfüßele stellt etwa die „Gänseliesel" des Films dar.[39] Mit der neoromantisch anmutenden

---

37 Verbindungen zwischen Auerbachs Dorfgeschichten und dem neuen Heimatfilm Edgar Reitz' stellt Bettina Wild her. Siehe dies., Kollektive Identitätssuche im Mikrokosmos Dorf. Berthold Auerbachs Schwarzwälder Dorfgeschichten und die Heimat von Edgar Reitz In: Berthold Auerbach (1812–1882). Werk und Wirkung, hg. von Jesko Reiling, Heidelberg 2012, S. 263–284. Vgl. zu Auerbachs Dorfgeschichten und zum literarischen Genre der Dorfgeschichten: Michael Neumann, Marcus Twellmann, Dorfgeschichten. Anthropologie und Weltliteratur. In: Deutsche Vierteljahrsschrift für Literaturwissenschaft und Geistesgeschichte, H. 1/88, 2014, S. 22–45, zur Bedeutung Auerbachs S. 28 f., speziell zu Auerbachs Schwarzwälder Dorfgeschichten vgl. Jörg Schönert, Berthold Auerbachs „Schwarzwälder Dorfgeschichten" der 40er und 50er Jahre als Beispiel eines ‚literarischen Wandels'? In: Zwischen Goethezeit und Realismus. Wandel und Spezifik in der Phase des Biedermeier, hg. von Michael Titzmann, Tübingen 2002, S. 331–345; Bettina Wild, Topologie des ländlichen Raums. Berthold Auerbachs „Schwarzwälder Dorfgeschichten" und ihre Bedeutung für die Literatur des Realismus. Mit Exkursen zur englischen Literatur, Würzburg 2011 sowie Marcus Twellmann, Literatur und Bürokratie im Vormärz. Zu Berthold Auerbachs Dorfgeschichten. In: Deutsche Vierteljahrsschrift für Literaturwissenschaft und Geistesgeschichte, H. 4/86, 2012, S. 578–608. Zu Auerbach vgl. zuletzt: Berthold Auerbach (1812–1882). Werk und Wirkung, hg. von Jesko Reiling, Heidelberg 2012 und Berthold Auerbach. Ein Autor im Kontext des 19. Jahrhunderts, hg. von Christof Hamann, Michael Scheffel, Trier 2013.

38 Vgl. Schacht, Fluchtpunkt Provinz, S. 84.

39 Bei Auerbach ist die Titelfigur eine Gänsemagd. Im Film wird daraus die Freundin des Posträubers Josef Acker. Auch die Figurenrede wird übernommen. Während bei Auerbach

Märchenszenerie der ‚barfüßigen' Gänseliesel,[40] die ihre Gänse durch das Hoftor treibt und mit ihrem Geliebten, dem Posträuber Josef Acker, im Mairegen unterm Baum Schutz sucht, ist eine (wenn auch gebrochene) filmische Emotionalisierungsstrategie verbunden, die auch der Inszenierung von Heimat dient.[41]

Wie genau der Film die idyllisierende Funktion des Märchens aus Auerbachs Roman übernimmt, zeigt deutlich ein Szenenausschnitt, der wiederum ein Märchen der Brüder Grimm aus zweiter Hand, nämlich über die Vermittlung von Auerbachs Roman, zitiert. Die Szene zeigt die Hochzeit von Heinrich Geiz und Sophie, die nun mit dem Geld aus dem im siebten Anlauf endlich geglückten Überfall möglich geworden ist. Die heitere und gelöste Atmosphäre des Fests kontrastiert mit der bedrückenden Stimmung, die im ersten Teil des Films mit der Darstellung der bäuerlichen Armut und der frustrierenden Fehlversuche des Überfalls einhergeht. Im Freien, offenbar im Garten eines im Hintergrund sichtbaren Fachwerkhauses, sind Tische aufgestellt, einige Paare tanzen zur Musik, David Briel sitzt mit weiteren Gästen am Tisch und spricht:

> Wie ist die Welt doch prächtig eingerichtet. Da haben die Leute ein Haus hergestellt und Stühle und Bänke und Tische und eine Küche, mit einem Herd, darauf brennt das Feuer und da haben sie Kaffee und Milch und Zucker und Kuchen und das scheene Geschirr und das alles richten sie her für uns, es ist gerade wie im Märchen ‚Tischlein deck dich'.

> Aber Knüppel aus dem Sack gehört auch dazu, und Goldesel streck dich![42]

Bei dem Wort „Knüppel" zeigt er Geldstücke in seiner Hand. Das für das Fest und den gedeckten Tisch erforderliche Geld wird symbolisch an die Gewalt geknüpft, die notwendig war, um es zu bekommen.

Scheint David hier das Grimm'sche Märchen „Tischlein deck dich" zu zitieren, so ist dieser Märchenprätext ebenfalls direkt über Auerbachs Roman *Barfüßele* vermittelt. Im Dialog des Paares Barfüßele und Johannes findet sich die wörtliche Vorlage:

---

allerdings das Märchen Wirklichkeit wird – die Gänsemagd ‚Königin' (nämlich Frau des Großbauern) werden kann –, werden die Märchenvorstellungen der Filmfiguren desillusioniert.
40 Auf solche „folkloristischen" Elemente verweisen auch Moeller und Lellis, Volker Schlöndorffs Filme: Literaturverfilmung, Politik und das „Kinogerechte", S. 101.
41 Vgl. Thomas Anz, Weh dem, der (k)eine Heimat hat! Über Gefühle, Räume und Szenarien in Friedrich Nietzsches freigeistigem Herbstgedicht „Vereinsamt" und den Versuch des Autors, sich emotionalen Missverständnissen zu widersetzen. In: literaturkritik.de, Nr. 11, November 2015, http://literaturkritik.de/public/rezension.php?rez_id=21324, letzter Aufruf 16.6.2016.
42 TC 49:15–50:25.

Am ersten Wirthshaus vor dem Thor kehrten sie ein und Amrei sagte, als sie mit Johannes in der Stube war und dieser einen guten Kaffee bestellt hatte: *„Die Welt ist doch prächtig eingerichtet! Da haben die Leute ein Haus hergestellt und Stühle und Bänke und Tische und eine Küche, darauf brennt das Feuer und da haben sie Kaffee und Milch und Zucker und das schöne Geschirr und das richten sie Alles her,* wie wenn wir's bestellt hätten, und wenn wir weiter kommen, sind immer wieder Leute da und Häuser und Alles drin. *Es ist gerade wie im Mährlein: Tischlein deck' dich!"*

„Aber Knüppel aus dem Sack! gehört auch dazu," sagte Johannes, griff in die Tasche und holte eine Hand voll Geld heraus, „ohne das kriegst du nichts."[43]

Dient die Überblendung von Knüppel und Geld der Vermittlung der märchenhaften Idylle mit der ‚knüppelharten' Realität des Tauschprinzips, so wird in der Filmszene daraus eine doppeldeutige Botschaft. Mit dem Geldstück in der Hand rechtfertigt der Jude David die Gewalt als notwendiges Mittel zur Erreichung der materiellen Grundlage für das im Hochzeitsfest aufscheinende bäuerliche Glück.

Ist es bei Auerbach der Sohn eines wohlhabenden Großbauern, der an das Realitätsprinzip des Geldes mahnt, so wird in Schlöndorffs Film das Geld symbolisch mit dem Stereotyp des jüdischen Händlers verknüpft.[44] Auerbachs Text wird damit in einen Motivzusammenhang versetzt, der der Botschaft des Werks des schwäbischen Erzählers diametral entgegensteht. Auerbachs Dorfgeschichten können nämlich geradezu als strategische Unterlaufung dieser Assoziation von „Juden" und „Geld" gelten, wie sie im 19. Jahrhundert im antisemitischen Klischee des jüdischen Händlers in literarischen Texten Gustav Freytags oder Wilhelm Raabes literarisch geprägt wurde.

Dennoch dürften für die Gestaltung der Figur des David Briel Auerbachs Dorfgeschichten bedeutsam gewesen sein. Die scheinbar selbstverständliche Gemeinschaft von Bauern und jüdischem Händler, die im *Kombach*-Film auffällt, hat nämlich ihr Pendant in den Erzählungen Auerbachs. Wie Hans Otto Horch in einem Aufsatz zur „Funktion jüdischer Nebenfiguren in Berthold Auerbachs Dorfgeschichten" gezeigt hat, schildert Auerbach immer wieder jüdische Figuren als Teil der Dorfgesellschaft. Auch hier, so Horch, „fällt [...] die Selbstverständlichkeit auf, mit der Juden und Nichtjuden im Dorf zusammenwohnen"[45].

43 Auerbach, Barfüßele, S. 228 f. (Hervorheb. U.H.)

44 Zum Vorstellungskomplex von Juden und Geld vgl. den Katalog zur Ausstellung „Juden. Geld. Eine Vorstellung" des Frankfurter Jüdischen Museums aus dem Jahr 2013, darin vor allem den Beitrag von Liliane Weissberg: Vorstellungen. In: Juden. Geld. Eine Vorstellung, hg. von Fritz Backhaus, Liliane Weissberg und Raphael Gross. Frankfurt a. M. u. a. 2013, S. 14–28.

45 Hans Otto Horch, Heimat, Fremde, „Urheimat". Zur Funktion jüdischer Nebenfiguren in Berthold Auerbachs Dorfgeschichten. In: Confrontations – Accommodations, hg. von Mark Gelber.

Wie die jüdischen Figuren Auerbachs ist auch David Briel Teil der bäuerlichen Gemeinschaft und gleichzeitig wie die jüdischen Figuren bei Auerbach in einer Außenseiterstellung, die auch filmisch immer wieder in Szene gesetzt wird, etwa wenn David steht oder im Hintergrund sitzt, während die anderen essend um den Tisch verteilt sind.[46] Auch er tritt, wie die jüdischen Figuren in Auerbachs Dorfgeschichten, die ebenfalls Händler oder Advokaten sind, als Ratgeber und Experte in ökonomischen oder juristischen Fragen auf, aber auch als Tröster und immer wieder als Vertreter des Humanen.

Es sind auch bei Auerbach jüdische Figuren, über die Heimat thematisiert wird, insbesondere auch in Verbindung mit der zeitgenössischen Amerika-Auswanderung. Horch sieht darin eine literarische Strategie des jüdischen Schriftstellers Auerbach, die „deutsch-jüdische Existenzproblematik in den Bereich der Dialektik von Fremde und Heimat" zu ‚transponieren'.[47] Auch das zeitgenössische Thema der Amerika-Auswanderung wird von Auerbach im Zusammenhang des Heimatdiskurses behandelt.

Wie Christof Hamann zeigt, schildert Auerbach das Massenphänomen der Amerika-Auswanderung des 19. Jahrhunderts als eine tendenziell ‚pathologische' „Denormalisierung", als Konsequenz seines Volks-Konzepts, das von einem „notwendigen Zusammenhang von (Heimat-)Boden und Individuum bzw. Volk"[48] ausgeht. Der Aufbruch in die ‚neue Welt', deren Verheißungen auch Schlöndorffs Film anhand von Auswanderer-Briefen des 19. Jahrhunderts dokumentiert, erweise sich in Auerbachs Auswanderungserzählungen als „Irrweg"[49]. So wird

---

Tübingen 2004, S. 149–171, hier S. 154. Horch sieht darin einen „Reflex der autobiographischen Erfahrung Auerbachs in seinem Heimatort Nordstetten, die zugleich als nicht untypisch für die Situation der Dorf- und Kleinstadtjuden vor allem in Süddeutschland gelten kann."

46 Vgl. Klüger, Katastrophen: Über deutsche Literatur, S. 26. Davids Einzelgängerstatus ist, wie Ruth Klüger betont hat, auch darin begründet, dass er im Unterschied zu den Bauern keine Familie hat. Dies hat er ebenfalls mit den Judenfiguren Auerbachs gemeinsam.

47 Vgl. Horch, Heimat, Fremde, ‚Urheimat', S. 154. Zu Auerbachs Auseinandersetzung mit dem Antisemitismus und zu den antisemitischen Kampagnen gegen ihn vgl. zuletzt Kurt Oesterle „Vergebens gelebt und gearbeitet!" Wie Berthold Auerbach am Antisemitismus seines Ex-Freundes Richard Wagner zerbrach. In: Berthold Auerbach (1812–1882). Werk und Wirkung, hg. von Jesko Reiling. Heidelberg 2012, S. 401–420 sowie Albrecht Regenbogen: Kulturkampf und Antisemitismus. Zur Demontage Berthold Auerbachs – oder: Antimodernismus contra intellektuelles Netzwerk In: Berthold Auerbach (1812–1882). Werk und Wirkung, hg. von Jesko Reiling, Heidelberg 2012, S. 421–442.

48 Christof Hamann, Anormales Amerika – Auerbachs Volkskonzept im Kontext des Auswanderungsdiskurses um 1850. In: Berthold Auerbach. Ein Autor im Kontext des 19. Jahrhunderts, hg. von Christof Hamann, Michael Scheffel, Trier 2013, S. 129–147, S. 130.

49 Hamann, Anormales Amerika, S. 135.

im Roman Barfüßele das Scheitern der Amerika-Auswanderung des Bruders der Titelheldin geschildert, der nach einigen Jahren vollends verarmt und ‚verwildert' aus den USA in das ‚Heimatdorf' zurückkehrt.

Wie Horch betont, schildert Auerbach die Prekarität des Heimatbezugs der Schwarzwälder Juden auch mit Blick auf ihre gesellschaftliche Stellung im Vergleich zu den Bauern. In der Erzählung „Die Kriegspfeife" stellt der Erzähler angesichts des bevorstehenden Durchzugs französischer Truppen durch ein Schwarzwald-Dorf fest:

> Am Übelsten waren aber die Juden dran. Wenn man dem Bauer auch Alles nimmt, seinen Acker und seinen Pflug kann man ihm doch nicht forttragen; die Juden aber hatten all ihr Vermögen in beweglicher Habe, in Geld und Waren; sie zitterten daher doppelt und dreifach.[50]

Auch diese Stelle geht in Schlöndorffs Film ein. Sie lässt sich als direkter Prätext für die zentrale Schlusseinstellung lesen. Dabei wird jedoch die Aussage abermals in ihr Gegenteil gewendet. Die Szene zeigt David Briel, das Hinterland verlassend, auf dem Weg in die ‚neue Welt'. Aus dem Nebel kommend, geht er an einem Acker entlang auf die Kamera bzw. die Zuschauer zu. Seinen Bauchladen wirft er als nicht mehr benötigten Ballast ab. Im *Voice over* ist sein Monolog zu hören:

> Mich hat das Geld frei gemacht. Die Bauern können mit Geld nichts anfangen, weil sie ihrer Lebtag nur Erde zwischen den Fingern gehabt haben. Sie können sagen, wenn sie die Erde anfassen, ob sie gut ist für Kartoffeln, für Korn oder für Wein. Aber wenn sie Geld zwischen den Fingern haben, wissen sie nicht damit umzugehen. Sie dürfen es nicht vorzeigen, weil Geld Verdacht erweckt bei einem armen Mann. Und dahin gehen, wo man ihn nicht kennt, kann der Bauer nicht, weil sein Land nicht mitgeht und er sich fürchtet vor der Fremde. Ich aber bin frei. Ich habe kein Haus und kein Land, das mich hält. Ich kann gehen, wohin ich will. Die neue Welt erwartet mich. New York. Philadelphia. Boston. Chicago. Los Angeles. San Francisco. Mississippi. New Orleans. Florida. Buffalo. Arizona. Ohio. Texas. Arkansas.[51]

Der Jude David Briel reflektiert die Gründe für das Scheitern seiner Komplizen, deren Hinrichtungsszene als Parallelmontage mit Davids Wanderung zu sehen ist. In Umkehrung der bei Auerbach getroffenen Auffassung wird für Schlöndorffs David Briel die fehlende Bindung an das Land gerade zum Vorteil gegenüber den Bauern. Diese Transformation des Motivs aus Auerbachs Erzählung wird zur Schlüsselstelle für den Film. Die Anrufung der US-Staaten als Verheißungen einer

---

50 Berthold Auerbach, Die Kriegspfeife. In: Gesammelte Schriften, 2. Gesammtausgabe, Band 1. Stuttgart 1863, S. 43–67, hier S. 57.
51 TC 1:24:49–1:27:02.

neuen, besseren Heimat stellt das Heimat-Modell der Dorfgeschichte und des Heimatfilms auf den Kopf. Heimat ist hier – anders als bei Auerbach[52] – nicht an Herkunft oder den ‚Boden‘, sondern an die Möglichkeit des materiellen Wohlergehens geknüpft. Mag in diesem Bild eine positive Ausdeutung des Ahasver-Motivs aufscheinen,[53] so ist dieses doch in seinen historischen Bezügen schief. Aus der Auswanderung als letztem Ausweg der verarmten hessischen Landbevölkerung des 19. Jahrhunderts, wie der Film sie zunächst durch Zitate historischer Auswandererbriefe dokumentiert,[54] ist das Projekt des Juden geworden, der sich von den der ‚Scholle‘ verhafteten Bauern distanziert und sich mit dem gestohlenen Geld auf eine individuelle Glückssuche in Amerika begibt.[55]

Der Ausgang des Films steht somit zunächst quer zu den historischen Gegebenheiten, die er zu schildern vorgibt, darüber hinaus ist er gleichzeitig auch problematisch hinsichtlich des Bezugs zu seiner Entstehungszeit. Dieser Bezug wird nämlich nicht zuletzt dadurch akzentuiert, dass David Briel US-Staaten aufruft, die es im Jahr des Postraubs 1822 noch gar nicht gab.[56] Mit dem Verweis auf die Gegenwart des 20. Jahrhunderts wird so auch das antisemitische Klischee des ‚reichen jüdischen Amerikas‘ aufgerufen. Indem Schlöndorff die Auswanderung des Juden David Briel als selbstgewählte Suche nach materieller Verbesserung inszeniert, verschiebt er die Geschichte jüdischer Amerikaauswanderung im 20. Jahrhundert als Flucht vor Verfolgung und der NS-Vernichtungspolitik. ‚Der Jude‘ wird zum Überlebenden und die deutschen Bauern, wenn nicht zu seinen, dann doch zu Opfern.

4 Intermediale Konstellationen

Mag diese problematische Konstruktion zunächst auf einem banalen ‚Missverständnis‘ der historischen Quelle über den Postraub, Franz’ „aktenmäßigen

---

52 Ist die Auswanderung auch ein zentrales Thema der Prosa Auerbachs, so wird dies hier doch keineswegs als genuin jüdisches Unternehmen dargestellt. Vielmehr, so Horch, stelle Auerbach das Zusammenleben von Juden und Christen in der neuen Heimat Amerika als Anknüpfen an die Gemeinschaft der Schwarzwälder Heimat dar. Horch, Heimat, Fremde, „Urheimat“, S. 155.
53 Vgl. dazu Mona Körte, „Wir, die wir die Helden des Mährchens sind, wissen es selbst nicht.“ Ahasver-Dichtungen in der Literatur des 19. Jahrhunderts. In: Jahrbuch für Antisemitismusforschung, 4, 1995, S. 39–62.
54 „Im Gesuch eines Bäckergesellen aus Allendorf heißt es, ‚ganz ohne Aussicht, fast ohne Körperbedeckung und nicht das tägliche Brot mehr, stehe ich, mein Weib und beide Kinder tränend hier, und erkenne, dass in Europa für uns kein Heil ist.“ (TC 20:52–21:05).
55 Auf diese widersprüchliche Konstruktion weist auch Klüger hin, vgl. Klüger, Katastrophen, S. 26.
56 Vgl. Moeller und Lellis, Volker Schlöndorffs Filme, S. 101.

Bericht", beruhen, wonach ein „Strumpfhändler" mit dem Vornamen David die Assoziation auslöst, es müsse sich um einen Juden handeln,[57] so wird diese Vorstellung im Film genau mit den kulturellen Mustern aufgeladen, die diese Fehllektüre gestiftet haben. Die filmische Gestaltung des David Briel lässt sich auf divergierende literarische Prätexte zurückführen, die zudem in ein Spannungsverhältnis zur historischen Fallgeschichte treten. Als zentral erweist sich eine Konstellation aus Auerbachs *Dorfgeschichten* und Büchners *Woyzeck*.

Das Bild des jüdischen Händlers ist bereits in Büchners *Woyzeck* prägend ausgestaltet worden. Bekanntlich erwirbt Woyzeck das Messer, mit dem er Marie ersticht, bei einem Juden.[58] Die Gestalt des jüdischen Trödlers und Komplizen des Kriminellen kommt auch in Franz' Bericht vor, in dem zwei der Posträuber im Verhör angeben, Uhren bei einem Juden gekauft zu haben.[59] Diese Aussagen fehlen jedoch im *Kombach*-Film. Stattdessen wird das Stereotyp des jüdischen Händlers in der filmischen Gestalt des David Briel zitiert. In der publizierten Fassung des „filmtexts" gibt die Regieanweisung auch einen Hinweis, der diese Zitatabsicht belegt. David Briel sei, so wörtlich, „fast die Karikatur des jüdischen Händlers im 19. Jahrh[undert]".[60] In der filmischen Gestaltung ist dieses Motiv eher zurückgenommen. Die äußere Erscheinung mit schwarzem Mantel und Hut und darunter hervorschauenden, an Stirnlocken vage erinnernden grauen Strähnen deutet diese Bildlichkeit nur an. Im Durcheinander der unterschiedlichen von den Schauspielern gesprochenen Dialekte vermischt sich die alemannische Mundart des Darstellers Wolfgang Bächler stellenweise mit einer Art Literaturjiddisch („scheene

---

57 Vgl. dazu Schlöndorffs Auskunft in einem Interview: „Dass David Briel wie ein Bilderbuch-Jude aussieht, müssen wir hinnehmen können, das ist mein Standpunkt. Obwohl ich schon vor Drehbeginn wusste, dass ich mich geirrt hatte (Briel war kein Jude), liess ich die Figur, denn an ihr soll ja gezeigt werden, dass ein Hausierer im Gegensatz zum Bauern ohne die Verbundenheit zur Erde ist – daher löst er sich und entkommt äusserlich." Wilhelm Ringelband, Doppelstart Bildschirm-Leinwand. Interview mit Volker Schlöndorff. In: Die Tat (Zürich), Nr. 61 vom 13.3.1971.
58 Vgl. dazu Klüger, Katastrophen, S. 96–98.
59 „Vor langer Zeit habe er [Jost Wege] in Friedberg von einem Juden eine tombackene Uhr gekauft [...]." Franz, Der Post-Raub in der Subach, S. 56. „Er [Jost Wege] habe die Uhr seines Vaters auf dem Johannimarkt zu Biedenkopf im Trunk verloren und deshalb in Mühlheim bei einem Juden eine andere gekauft." Franz, Der Post-Raub in der Subach, S. 63.
60 „Er trägt einen etwas zu langen schwarzen Rock, ausgebeulte Hosen, den Hut im Genick, den Holzkasten mit der Ware auf dem Rücken. Spitzbart (fast die Karikatur des jüdischen Händlers im 19. Jahrh.)" Schlöndorff, Der plötzliche Reichtum der armen Leute von Kombach (filmtext), S. 1.

Geschirr").[61] Als „Jud" wird David einmal angesprochen, in einem Gespräch des Bauern Geiz über die von der Obrigkeit eingetriebenen Schuldzinsen.[62]

Am prägnantesten wird das Stereotyp des jüdischen Händlers wohl durch die von ihm angebotene Ware bedient. Davids Ausruf „seidener Strümpf" und sein Echo durch die ihn nachäffend um ihn herumlaufenden Kinder begleiten leitmotivisch die Auftritte der Figur. Das Anpreisen der ,dernière mode de Paris' markiert die Diskrepanz zu seiner historischen Vorlage. Der in Franz' Bericht genannte „Strumpfhändler David Briel von Dexbach" hat wohl eher die Produkte des heimischen, im hessischen Hinterland ansässigen Textilgewerbes – Wollstrümpfe – verkauft.[63] Auch Auerbachs Judenfiguren verkaufen keine seidenen Strümpfe. Vielmehr handelt es sich hier um ein Motiv, das vor allem filmisch geprägt ist. Schlöndorff bedient sich dieses Bildes noch in seiner *Blechtrommel*-Verfilmung von 1979. Darin bietet – abweichend von der Romanvorlage – der jüdische Händler Sigismund Markus der von ihm verehrten Agnes Matzerath „seidene Strümpfe" an und schenkt sie ihr dann,[64] ebenso wie David Briel im *Kombach*-Film der Braut Sophie zur Hochzeit seidene Strümpfe schenkt.[65]

Hier knüpft Schlöndorff direkt an ein Motiv der judenfeindlichen Karikatur. Der jüdische Hausierer, der seinen ,Ramsch' als Luxusware anpreist, gehört zum Inventar antisemitischer Hetzbilder, nicht zuletzt des NS-Propagandafilms. In Gustav Ucickys *Heimkehr* (1943) bietet der jüdische Händler Salomonsohn zunächst schmeichlerisch „die neuesten Spitzenmuster direkt aus Paris" an und entpuppt sich dann als dämonische Gestalt, die den Deutschen den Untergang wünscht.[66]

In Schlöndorffs Film wird das Stereotyp des Trödlers zitiert, wenn auch ohne das Attribut der Heimtücke. Es wird mit einem philosemitischen Bild eines (scheiternden) Sozialrevolutionärs und Intellektuellen überblendet, der mit Büchners

---

61 Vgl. Matthias Richter, Die Sprache jüdischer Figuren in der deutschen Literatur (1750–1933): Studien zu Form und Funktion, Göttingen 1995 sowie Lea Schaefer, Was braucht es für einen Juden. Sprachliche Imitationen in Literatur und Film, literaturkritik.de Nr. 6, Juni 2013; http://literaturkritik.de/public/rezension.php?rez_id=18008 (letzter Aufruf 8.7.2016).

62 „GEIZ: [...] und der Zins hat alles aufgefressen: So wird man Taglöhner. Ist es nicht so, Jud? DAVID: So isses." (TC 33: 04–33:11). Vgl. hierzu auch Schacht, Fluchtpunkt Provinz, S. 87.

63 Vgl. Elsa Blöcher, Eine Betrachtung zu ,Die armen Leute von Kombach'. In: Beiträge zur Geschichte des Hinterlandes. Gesammelte Aufsätze. Bd. 2, hg. von Hinterländer Geschichtsverein, Biedenkopf 1985, S. 393–394, hier S. 394.

64 In Grass' Roman ist dagegen lediglich von „im Ramschhandel erworbenen, doch tadellosen Damenstrümpfen" die Rede. Günter Grass, Die Blechtrommel, Frankfurt a. M. 1963, S. 47.

65 Wörtlich heißt es im „filmtext": „David von Dexbach, mit neuem Hut, den er tief im Nacken trägt wie den alten, schenkt der Braut Seidenstrümpfe aus Paris", S. 18. Die Filmszene zeigt, wie David der Braut ein mit einer Schleife versehenes Päckchen überreicht (TC 46:22–46:32).

66 Heimkehr. Regie: Gustav Ucicky. D/A 1941. (TC 11:50–12:30).

Hessischem Landboten die Bauern über das Unrecht der feudalen Unterdrückung aufklären will.[67] Der durch ihn initiierte Postraub ist zwar als politischer Befreiungskampf gerechtfertigt, dient aber letztlich nur seinem individuellen Nutzen und führt die Bauern ins Verderben. Die Tradition der „klischierten antisemitischen Bildersprache"[68] wird so nur teilweise gebrochen, vor allem bleibt es bei der „ikonographischen Gleichsetzung von jüdischem Händler und Kapitalismus".[69]

Wie auch Gertrud Koch betont hat, handelt es sich bei David Briel um eine „Kunstfigur".[70] Hierzu wird er nicht zuletzt durch seine intertextuelle und intermediale Gestaltung. In David Briel verdichtet sich das für den Film konstitutive Zitatverfahren. In ihm überkreuzen sich die literarischen Bilder Büchners und Auerbachs mit der antisemitischen Karikatur zu einem Deutungsmuster, das dem Verständnis der historischen Wirklichkeit dienen soll. Allerdings wird der Anspruch des Films auf historische Dokumentarizität gerade hier zugunsten klischierter Bilder verlassen. An die Stelle einer filmischen Auseinandersetzung mit der Literatur des 19. Jahrhunderts tritt die Camouflage der Texte Berthold Auerbachs, deren zentrale Funktion für Dialoge und Bildlichkeit im *Kombach*-Film und seiner Rezeption vollständig untergegangen ist.

---

67 „When we began to make a film like The Sudden Wealth of the Poor People of Kombach we tried to find out why there had never been a revolution in Germany. [...] They [= die Posträuber] don't know the fact that there is something right in the action of robbing the tax carriage. They don't realize it is not just a robbery but a very elementary action with some unconscious element of upheaval. And certainly the last one – well, he is a sort of unconscious rebel." Thomson und Thomson, Volker Schlöndorff. An Interview, S. 35 f.

68 Schlöndorffs David Briel steht in der Tradition einer „klischierten antisemitischen Bildersprache", die kennzeichnend für die filmische Darstellung literarischer Judenfiguren des 19. Jahrhunderts ist, wie Dagmar van Hoff an der Figur des jüdischen Händlers aus Büchners Woyzeck in Georg Klarens DEFA-Verfilmung von 1947 zeigt. Dagmar von Hoff: Von Woyzeck zu Wozzeck – Georg C. Klarens Verfilmung. In: Ariane Martin, Dagmar von Hoff, Intermedialität, Mediengeschichte, Medientransfer. Zu Georg Büchners Parallelprojekten „Woyzeck" und „Leonce und Lena", München 2008, S. 91–138, hier S. 131 f. Die Kontinuität solcher Bilder wird daran deutlich, dass Wolfgang Bächler, der Darsteller der jüdischen Figur David Briel im *Kombach*-Film, auch in Werner Herzogs Verfilmung von Büchners *Woyzeck* von 1979 den jüdischen Händler spielt.

69 Koch, Todesnähe und Todeswünsche, S. 244.

70 Koch, Todesnähe und Todeswünsche, S. 244.

Christine Kanz

Gefühlsgedächtnis

Der Literaturstreit um Christa Wolf aus der Perspektive ihrer
letzten Texte

1 Die Mauer im Kopf

Der letzte Beleg kam angesichts ihrer Beerdigung und der anschließenden öffentlichen Zeremonie.[1] Christa Wolf war am 1. Dezember 2011 in Berlin verstorben.
Die *Nicht*-Präsenz von Intellektuellen, Politikern und Kollegen aus dem Westen
an diesem Morgen auf dem Dorotheenstädtischen Friedhof in Berlin und dann
abends in der Berliner Akademie der Künste war frappierend; Günter Grass war
als einziger prominenter Westschriftsteller gekommen. An diesem Tag wurde
wieder einmal mehr als deutlich, dass die Mauer zwischen Ost- und Westdeutsch-
land auf einem mentalen und emotionalen Level weiter existiert. Fragt man nach
konkreten Gründen, sieht man sich mit einer ganzen Liste charakteristischer
Eigenschaften konfrontiert, mit denen Westdeutsche ‚die‘ Ostdeutschen hinsichtlich ihrer Alltagsbewältigung, ihres Benehmens oder ihrer Arbeitsweisen
charakterisieren, und umgekehrt. Insgesamt besehen ist es dementsprechend
nicht wahr, dass es nach 1989 die *eine* deutsche Literatur in einem vereinigten
Deutschland gibt. Das scheint lediglich eine Idee zu sein, die in vielen Köpfen
fortbesteht – unterstützt von jährlich aufgefrischten medialen Inszenierungen
und öffentlichen Vorträgen, und das meistens aus einer *west*deutschen, politischen Perspektive.

Die spezifisch *westliche* Perspektive formte auch maßgeblich das Image
Christa Wolfs in den letzten beiden Jahrzehnten ihres Lebens: Die einst inter-
national gefeierte Autorin wurde unter anderem bezichtigt, während des DDR-
Regimes eine Art „autoritätsgläubige Stillhalteliteratur"[2] verfasst und sich dann
nach dem Zusammenbruch des DDR-Systems wie ein Stasi-Opfer oder sogar eine
Dissidentin verhalten zu haben, obwohl sie doch selbst für eine kurze Zeit mit der
Stasi kooperiert hatte.

---

1 Zentrale, in diesem Beitrag vorgestellte Argumente wurden in kürzerer Form bereits dargelegt
in: Christine Kanz, To Be Recognized Again. Christa Wolf's Paradigm of Sincerity. In: German
Studies Review 2, 2013, S. 373–379.
2 Vgl. Thomas Anz, „Es geht nicht um Christa Wolf". Der Literaturstreit im vereinten Deutschland, München 1991, S. 8 ff.

DOI 10.1515/9783110543209-013

Bedenkt man all das und vor allem die veränderte Haltung gegenüber Christa Wolf als Schriftstellerin und als Person seit den frühen 1990er Jahren, als es erst zum sogenannten „Literaturstreit" und dann zur IM-Hetzkampagne gekommen war, stellt sich die Frage, wie ihre Texte heute – nach ihrem Tod – gelesen werden, ihre einst so gefeierten Meisterwerke, die *vor* 1989 geschrieben und publiziert wurden, wie etwa *Nachdenken über Christa T.* oder *Kassandra*. Und wie sind ihre jüngeren Texte zu beurteilen, die *nach* dem Mauerfall geschrieben wurden? Hat sich die öffentliche Einstellung ihr als Schriftstellerin gegenüber im Licht ihres Todes verändert?

Um einer Beantwortung dieser Fragen im Folgenden etwas näher zu kommen, soll die Aufmerksamkeit zunächst auf die Repräsentation von *Aufrichtigkeit* in Christa Wolfs Texten gelenkt werden, auf ihre Glaubwürdigkeit als Autorin und ihre Rolle als ‚moralische Autorität', die sie aus Sicht ihrer Leserinnen und Leser in Ost und West jahrzehntelang innehatte. Diese Rolle verstand sie über viele Jahre aufrechtzuerhalten, nährte sie etwa durch Statements wie dem folgenden, das sie ihrer Figur Günderrode in *Kein Ort. Nirgends* (1979) in den Mund legt: „[A]lles, was wir aussprechen, muß *wahr* sein, weil wir es *empfinden*: Da haben Sie mein poetisches Bekenntnis."[3]

Wolfs eigenes Schreiben legt Zeugnis ab von dem Versuch, dieses „poetische Bekenntnis" in ihren Texten einzulösen. Sprache war für sie ein Indikator von Aufrichtigkeit und eine „wahre" Stimme, eine Stimme, die auf der Basis *erfahrener Empfindung* beruhte. Im Folgenden werde ich mich hauptsächlich auf diese Verknüpfung von ‚*Aufrichtigkeit*' und der „wahren" Stimme *erfahrener Empfindung* konzentrieren.

2 Angst und Trauer als Indikatoren von ‚Aufrichtigkeit'

Indem ich eine Linie aufzeigen werde von Wolfs *vor* 1989 geschriebenen Texten, wie etwa *Nachdenken über Christa T.* oder *Kassandra*, zu den Texten, die *nach* dem Fall der Mauer und *nach* dem „Literaturstreit" geschrieben und publiziert wurden, wie *Medea* oder *Leibhaftig*, nehme ich den historischen Kontext dieser Werke in den Blick, um die Parameter des Begriffs „Erfahrung", wie er von Wolf bestimmt wird, herauszufiltern. Ich werde dabei zeigen, dass Wolf nicht davor zurückscheute, negativ besetzte Affekte darzustellen, mit der Absicht, ihren

---

3 Christa Wolf, Kein Ort. Nirgends, Darmstadt und Neuwied 1983, S. 36 f.

jeweiligen Protagonistinnen zu erlauben, über eine „wahre" Stimme Kritik zu formulieren. Indem ich einige Interpretationen der Darstellungen von Angst und Trauer in ihren Texten vorstelle, möchte ich letztlich herausfinden, wie all das sich zu der in den Feuilletons der frühen 1990er Jahren so oft beschworenen und selbst nach ihrem Tod vielfach wieder angeführten, „verlorenen Integrität" der früheren „IM Margarete" verhält.

Wolfs 1968 veröffentlichter Roman *Nachdenken über Christa T.* erzählt von einer weiblichen Figur, die an Leukämie gestorben ist und deren Sensibilität die Ich-Erzählerin mit der Oberflächlichkeit der, wie sie sie nennt, „Hopp-Hopp-Menschen" kontrastiert, der „Tatsachenmenschen" und der „Phantasielosen",[4] die Verwirrung und Furcht in Christa T. erzeugt hatten. Die Erzählerin beschreibt Christa T.s „Hang, zu dichten, dichtzumachen die schöne, helle, feste Welt, die ihr Teil sein sollte."[5] Denn „Dichten, dicht machen, die Sprache hilft."[6]

In den Reflexionen der Erzählerin über Christa T. wird deutlich, dass die *Sprache* und das *Schreiben* die einzigen Mittel sind, Verwirrung und Furcht zu begegnen, und zwar für beide Protagonistinnen, für die Ich-Erzählerin genauso wie für deren verstorbene Freundin Christa T. In *Kassandra* hingegen ist es die Protagonistin selbst, deren Erinnerungen und Reflexionen den täglich zu ertragenden Widerspruch zwischen den *eigenen* Wünschen und den Ansprüchen *anderer* problematisieren. Die „Befreiung" ihrer Angst, von der sie selbst spricht, ist also ein Kampf darum, zu einem Subjekt mit einer eigenen Geschichte zu werden. Anstatt zu schweigen, wie es sich für eine Frau zu ihrer Zeit gehört, prognostiziert Kassandra Ereignisse, die später tatsächlich eintreten. Sie realisiert: „[I]nsgeheim verfolge ich die Geschichte meiner Angst. Oder, richtiger, die Geschichte ihrer Entzügelung, noch genauer, ihrer Befreiung."[7]

Kassandras „Unkenrufe" setzen ihre „Geschichte" der Angst in Bewegung, und sie lösen Furcht innerhalb ihrer Umgebung aus. In der Folge wird sie für ihre Worte bestraft, indem sie als Wahnsinnige eingestuft und damit aus der Gemeinschaft ausgeschlossen wird.[8]

Aus Kassandras Perspektive wird Krankheit durch die Unterdrückung von Gefühlen verursacht. Entsprechend spricht sie vom „listigen Bündnis zwischen

---

4 Wolf, Nachdenken über Christa T., Darmstadt und Neuwied, 1983, S. 55.
5 Wolf, Nachdenken, S. 26.
6 Wolf, Nachdenken, S. 23.
7 Wolf, Kassandra. Erzählung, Frankfurt a. M., 1989, S. 42.
8 Sie hatte gewusst, dass sie drei Formen der Strafe erwarten würden, wenn sie gegen die gesellschaftlichen Normen verstoßen würde: „Priamos der König hatte drei Mittel gegen eine Tochter, die ihm nicht gehorchte: Er konnte sie für wahnsinnig erklären. Er konnte sie einsperren. Er konnte sie zu einer ungewollten Heirat zwingen." (Wolf, Kassandra, S. 92).

unseren unterdrückten Äußerungen und den Krankheiten";[9] und darum besteht sie darauf, ihre Gefühle artikulieren zu dürfen, auch Furcht und Wut. Ihr konvulsivischer Körper wird zu einer Art Seismograf, der Angst artikuliert und der für Wahrheit und ‚Aufrichtigkeit' einsteht. Er wird zum Austragungs- und Aufzeichnungsort ihres „Gefühlsgedächtnisses"[10] und formiert auf diese Weise die eigene Geschichte Kassandras. Gewiss ist dieses Konzept des Körpers als Medium von ‚Authentizität' und Aufrichtigkeit ein heute anarchronistisch anmutendes Relikt der „neuen Subjektivität", wie sie Thomas Anz in seiner 1989 erschienenen Habilitationsschrift *Gesund oder Krank?* als sich herausbildendes Phänomen innerhalb der deutschen Literatur der 1970er- und 1980er Jahre beschrieben hat.

Wir müssen uns in diesem Kontext freilich auch daran erinnern, dass gerade der Affekt der Angst in den Augen der Aufklärer, aber auch aus Sicht der Vertreter des DDR-Regimes als kontraproduktive Kraft gesehen wurde, die missbilligt und abgelehnt wurde. In diesem Kontext *muss* das Bestehen auf der Artikulation von Angst, noch dazu in der Öffentlichkeit, als Ausdruck von Kritik und Protest gelesen werden. Es waren gerade solche mit kritischem Potential aufgeladene Darstellungen, aufgrund derer Wolf über viele Jahre als eine Schriftstellerin angesehen worden war, die nicht nur für Wahrheit und Integrität eintrat, sondern auch selbst, als Person, für Wahrheit und Integrität einstand. Ich denke, dass der mediale Aufschrei, der der Veröffentlichung ihrer Erzählung *Was bleibt* Anfang Juni 1990 folgte, nur deshalb eine solche Wirkmächtigkeit erhalten konnte, weil Wolf eben bis dahin als *die* Verkörperung von Aufrichtigkeit und Glaubwürdigkeit schlechthin angesehen worden war. Daher musste sie sogar die glühendsten VerehrerInnen ihrer Texte enttäuschen, als es plötzlich tatsächlich möglich schien, dass die verspätete Veröffentlichung der Erzählung *Was bleibt* ein kalkulierter Versuch gewesen sein könnte, sich selbst als Opfer des DDR-Systems darzustellen.

Viele ihrer LeserInnen werden sich noch heute gut daran erinnern, was geschehen war: Anfang Juni 1990 verursachte die Veröffentlichung von *Was bleibt*, 1979 geschrieben und 1989 überarbeitet, einen der größten deutschen Literaturskandale der zweiten Hälfte des 20. Jahrhunderts. Alles begann im Westen: Die Feuilleton-Abteilungen führender Zeitungen und Magazine wie der *Frankfurter Allgemeine Zeitung*, *Die Zeit* oder *Der Spiegel* publizierten scharfe Attacken gegen Christa Wolf. Bald darauf folgten Angriffe in den französischen Medien,

---

9 Wolf, Kassandra, S. 47.
10 Wolf, Kassandra, S. 23.

in anderen europäischen Zeitungen und schließlich auch in US-amerikanischen Zeitungen wie der *New York Times*.[11]

Was so Empörendes hatte Christa Wolf in *Was bleibt* geschildert? Sie hatte *einen* Tag im Leben einer Frau in der früheren DDR beschrieben. Die Protagonistin weist auffällige Ähnlichkeiten mit der Autorin selbst auf. Der Text basiert auf Selbst-Interviews und Monologen der Protagonistin, die vor selbstquälerischen Fragen nicht zurückschreckt. Hinzu kommt, dass ihr überaus an Aufrichtigkeit und moralischer Integrität gelegen ist. Beides dient der Beibehaltung ihrer Selbstachtung. Die belastende Erkenntnis, unaufhörlich von drei Stasi-Offizieren beobachtet zu werden, gehört dabei zu ihrer alltäglichen Erfahrung und macht sie wütend und ängstlich zugleich.

Ärger und Furcht scheinen zu den Gefühlen zu gehören, die in irgendeine Richtung gelenkt werden müssen. In Wolfs Text werden sie von der Protagonistin verschriftlicht, sie werden zu Literatur. Das Schreiben funktioniert hier gleichsam als moralischer Schild gegen Bedingungen, die sonst unerträglich würden; aber: „Die Gedanken sind frei …,“ wie der oft zitierte Titel eines Volksliedes lautet, das von der Bürgerrechtsbewegung der DDR wiederbelebt wurde. Es ist kein Zufall, dass Wolfs Text *Was bleibt* mit den Worten beginnt: „Nur keine Angst", um dann in den folgenden Passagen die zahlreichen Ängste der Protagonistin bzw. des Wolf-Doubles aufzuführen.[12]

Einmal mehr wird hier deutlich, dass für Wolf die literarische Darstellung von Angst, Wut und Trauer ein Mittel war, ein Gespür für Menschlichkeit zu erhalten oder weiter zu vertiefen. Es lässt sich hier ein *Erzählmuster* ausmachen, das in fast allen Texten Wolfs in irgendeiner Weise durchscheint: Laut Christa Wolf ist es die Hauptaufgabe des Schriftstellers, belastende Bedingungen zu beschreiben und Schmerz, Ärger und Furcht zu artikulieren, um Veränderung denkbar zu machen, letztlich zu ermöglichen. Es liegt auf der Hand, dass solch eine öffentliche Präsentation negativer Gefühle einen Verstoß gegen den in der DDR existierenden Imperativ bedeutete, eine fröhliche und optimistische Genossin zu sein.

Die mehr oder weniger versteckten, oft nur zwischen den Zeilen auszumachenden Andeutungen der Widersprüche innerhalb des sozialistischen Systems waren gerade ein Grund dafür gewesen, dass Wolf so viele AnhängerInnen sowohl in West- als auch in Ostdeutschland gehabt hatte.

---

11 Vgl. Anz, „Es geht nicht um Christa Wolf", S. 7 ff.
12 Wolf, Was bleibt. Erzählung, Frankfurt a. M. 1990, S. 7.

3 Was bleibt von Christa Wolf?

Im Anschluss an ein Seminar im Jahr 1990, das an der kleinen, vergleichsweise idyllischen Universität Bamberg stattfand, gab Thomas Anz, zusammen mit einigen Studierenden, einen Band heraus, der die zentralen Dokumente enthält, die nach der Veröffentlichung von *Was bleibt* die Diskussion in den Feuilletons bestimmt hatten. Aus seiner Sicht war der öffentliche Furor 1990 lediglich eine willkommene Gelegenheit für einige Intellektuelle, die politischen Ereignisse, die dem Fall der Mauer vorausgegangen waren, und deren Folgen für die Literatur öffentlich zu kommentieren. Es ging nicht um die Autorin selbst. Aus diesem Grund wurde der 1991 erschienene Band mit dem Biermann-Zitat *„Es geht nicht um Christa Wolf"* betitelt.[13] Die Autorin selbst allerdings weigerte sich, einen eigenen Beitrag für den Band zu schreiben, gab jedoch später bei einigen Gelegenheiten öffentliche Kommentare ab. So betrachte sie sich als Opfer einer „Hetzkampagne",[14] das unter der Anschuldigung, eine Verfasserin „deutscher Gesinnungsästhetik" zu sein, wie die gehässige Floskel von Ulrich Greiner in der *Zeit* lautete, zu leiden hatte.[15] Bereits eine ihrer Reden im Herbst 1989 liest sich in der Rückschau wie ein vorgezogener Kommentar zur Debatte. Sie hatte folgendermaßen geendet:

> Wir müssen unsere eigenen ‚Schwierigkeiten mit der Wahrheit' untersuchen und werden finden, daß auch wir Anlaß haben zu Reue und Scham. Wir wollen uns doch nicht täuschen lassen: Ehe die Erneuerung unserer Gesellschaft nicht in die Tiefe von Selbstbefragung und Selbstkritik eines jeden einzelnen vorgedrungen ist, bleibt sie symptombezogen, missbrauchbar und gefährdet.[16]

Für die Autorin, die für so viele LeserInnen Aufrichtigkeit, Wahrhaftigkeit und Glaubwürdigkeit verkörperte,[17] musste literarische Ästhetik mit Moral und Integrität verknüpfbar sein. Wolf war lange Zeit verehrt worden, nicht *weil* sie die DDR repräsentierte, sondern weil sie in einem permanenten *Konflikt* mit diesem Staat zu stehen schien, dessen Gründungsutopie – die Errichtung einer menschlichen Gesellschaft – sie von ganzem Herzen unterstützt hatte.

---

13 Der Liedermacher Wolf Biermann in seinem Beitrag zur Debatte, hier zitiert nach Anz, „Es geht nicht um Christa Wolf", S. 9.

14 Wolf, hier zitiert nach Anz, „Es geht nicht um Christa Wolf", S. 239.

15 Ulrich Greiner, Die deutsche Gesinnungsästhetik. Noch einmal: Christa Wolf und der deutsche Literaturstreit. In: Die Zeit, 02.11.1990.

16 Vgl. Anz, „Es geht nicht um Christa Wolf", S. 24 f.

17 Vgl. Anz, „Es geht nicht um Christa Wolf", S. 25.

Dieser permanente Konflikt kann in jedem ihrer Hauptwerke mindestens zwischen den Zeilen ausgemacht werden, von *Nachdenken über Christa T.* bis zu *Stadt der Engel*, dem letzten großen Roman. Vor diesem Hintergrund ist es nicht weiter überraschend, dass die ihr gegenüber seit Juni 1990 erhobenen Anschuldigungen einen massiven Effekt hatten. Plötzlich stand Christa Wolf im Zentrum eines Skandals – die Inkarnation moralischer Integrität war selbst zu einer skandalisierten Person geworden.

Zwei Jahre später sollte freilich noch Übleres folgen. Wolfs bereits angeschlagene Glaubwürdigkeit wurde noch zweifelhafter, als sie sich mit einem Bekenntnis in der *Berliner Zeitung* an die Öffentlichkeit wandte, in dem sie von früheren kurzzeitigen Aktivitäten als ‚Informelle Mitarbeiterin' berichtete. Die kurze Zeit dieser Kooperation war etwas, was sie schlicht „vergessen" hatte. Erst angesichts ihrer 43 Bände umfassenden, sogenannten „Opfer-Akte" hatte sie sich wieder daran erinnert.[18]

Wolfs lange Suche nach der Wahrheit schloss also Selbsttäuschung und Amnesie nicht aus. Die kurze Einlage als Stasiinformantin der dreißigjährigen, enthusiastischen und wohl reichlich naiven Sozialistin hatte aus einer einzigen, handgeschriebenen Notiz bestanden. Sie enthielt unbedeutende Informationen über einen Schriftstellerkollegen. Er selbst nahm Wolfs verspätete Entschuldigung an und verteidigte sie öffentlich gegen die medialen Anfeindungen.[19] Wolfs sogenannte „Täter-Akte" enthielt darüber hinaus ein paar harmlose Berichte über Treffen mit anderen Kollegen. Sie waren nicht von ihr selbst geschrieben, sondern offensichtlich von Stasiagenten getippt worden. Selbstverständlich muss dieser geringe Umfang von Berichten *von* Wolf mit der großen Zahl von Spitzelberichten *über* Wolf und ihren Mann kontrastiert werden, um das Verhältnis zwischen ihr und der Stasi angemessen beurteilen zu können. Dennoch scheint sich die öffentliche Meinung über Christa Wolf nicht grundsätzlich ins Positive (zurück-) verwandelt zu haben, wie das geteilte oder sogar schlicht fehlende Medienecho kurz nach ihrem Tod gezeigt hat.

Wolfs letzter autobiografischer Roman *Stadt der Engel oder The Overcoat of Dr. Freud* beschreibt die Hetzkampagne und die Verletzung, die diese bei ihr bewirkte, während ihres von ihr selbst so bezeichneten „Exils auf Zeit" im Frühjahr 1993, das sie in Santa Monica bei Los Angeles, dem einstigen *Weimar*

---

18 Vgl. *Akteneinsicht Christa Wolf. Zerrspiegel und Dialog. Eine Dokumentation*, hg. von Hermann Vinke, Hamburg 1993, S. 11.
19 Walter Kaufmann, „Leserbrief an den SPIEGEL", hier zitiert nach *Akteneinsicht Christa Wolf*, hg. von H. Vinke, S. 158.

on the Pacific,[20] Zufluchtsort zahlreicher deutscher Intellektueller während des Nationalsozialismus, zubrachte: Gefühle der Scham und des Schmerzes überwältigten sie, weil sie ihre IM-Tätigkeit „vergessen" hatte. Sie wollte herausfinden, wer die Person war, die sich vor mehr als dreißig Jahren zu dieser Mitarbeit hatte bewegen lassen und welche Erklärung es für ihre Amnesie gab. Denn, so muss ihre Protagonistin – und offensichtliches fiktives *Alter Ego* – erkennen: „Es geht um Gedächtnis, es geht um Erinnerung: Mein Thema seit langem."[21]

Die Frage, ob und wenn ja, weshalb eine solche Erinnerungslücke zustandekommen kann, ist im Text zentral. Freilich ist eine Antwort darauf nicht leicht zu finden und das Buch keine leichte Lektüre, auch wenn es durchaus einige leichtfüßige und sogar humorvolle Beschreibungen des gelegentlich unbeschwerten Alltags in Los Angeles gibt.

Gewiss lag es nahe, dass Christa Wolf im Frühjahr 1993 ausgerechnet an Günter Grass schrieb:

> Freud hat mal gesagt, in einer milden Depression könne man ganz gut schreiben, also scheint meine Depression milde zu sein, denn ich schreibe, um an diese Person von vor dreißig Jahren noch mal heranzukommen und diese Kälte, dieses Fremdheitsgefühl loszuwerden.[22]

Auch Grass hatte schließlich in seiner kontrovers diskutierten Autobiografie *Beim Häuten der Zwiebel* versucht, an seine lange verdrängten Ichanteile – seine frühe, bislang der Öffentlichkeit verschwiegene Mitgliedschaft in der „Waffen-SS" – heranzukommen.[23] Auf den im Brief an ihn genannten Psychoanalytiker wird mit dem Untertitel *The Overcoat of Dr. Freud* angeknüpft. Das im Roman erwähnte „Innenfutter" von Dr. Freuds *overcoat* ist nicht nur ein Beispiel für das eben gar nicht so seltene ironische Zwinkern in diesem Text, sondern verweist konkret auf die von Freud beschriebenen Mechanismen des Unbewussten, die gemäß seiner

---

20 Ehrhard Bahr, Weimar on the Pacific. German Exile Culture in Los Angeles and the Crisis of Modernism, Berkeley 2007.

21 Christa Wolf, Stadt der Engel oder The Overcoat of Dr. Freud, Berlin 2010, S. 202.

22 Christa Wolf, Brief an Günter Grass vom 21.3.1993, hier zitiert nach Robert Weninger, Streitbare Literaten. Kontroversen und Eklats in der deutschen Literatur von Adorno bis Walser, München 2004, S. 148.

23 Günter Grass, Beim Häuten der Zwiebel, Göttingen 2006. Vgl. dazu u. a. Günter Grass, Warum ich nach sechzig Jahren mein Schweigen breche. Interview. In: Frankfurter Allgemeine Zeitung, 11.8.2006.

Theorie nicht nur Traumatisches, sondern auch Schmerzlich-Peinliches bis zum ‚Vergessen' unkenntlich machen können.[24]

Einem anderen Buch, in dem sich Wolf mit der eigenen Vergangenheit auseinandergesetzt hatte, dem Roman *Medea* von 1996, fehlt es demgegenüber merklich an Humor. Zentriert auf eine weibliche Außenseiterin, könnte das Buch als Abrechnung mit den Medienprotagonisten der literarischen Debatte um *Was bleibt* von 1990 gelesen werden. Wie bereits in *Kassandra,* interpretiert Wolf hier einen Mythos um. Das Motiv der Kindsmörderin Medea wird in eine Figur transponiert, die unfähig ist, ihre eigenen Kinder zu töten, die von den Menschen um sie herum jedoch als furchterregend, unzivilisiert und wild angesehen wird. Liest man diesen Text, wird schnell deutlich, dass Medeas Umgebung ihre außerordentliche Integrität, Ehrlichkeit und Klugheit verdächtig sind. Darüber hinaus kennt Medea die Wahrheit über die Stadt Korinth, die auf einem Verbrechen gegründet ist. Zahlreiche Rezensionen listeten die offensichtlichen Parallelen zwischen Medea und Wolf auf, und die Schriftstellerin wurde für ihre ‚selbstgerechte, larmoyante Sündenbock-Prosa' kritisiert. Nicht nur die ästhetische Komplexität dieses polyvokalen Texts wurde bisher weitgehend übersehen, sondern auch ein ganz bestimmter Satz erhielt keine öffentliche Aufmerksamkeit. Am Ende der Novelle hat Medea gelernt, „dass wir nicht nach unserem Belieben mit den Bruchstücken der Vergangenheit verfahren können, sie zusammensetzen oder auseinanderreißen, wie es uns gerade passt."[25] Sehr deutlich ist auch dieser Satz als eine der vielen Selbstanklagen zu lesen, die sich durch das gesamte Spätwerk Wolfs ziehen.

Ihr 2002 erschienener Roman *Leibhaftig* kann als Reflexion über den Niedergang des DDR-Regimes und über die Wende gelesen werden, wobei „Wende" ein Wort ist, das Wolf sich weigerte, in den Mund zu nehmen (zumindest ohne Anführungszeichen). Als die Protagonistin in *Leibhaftig* ernsthaft krank wird und fast stirbt, denkt sie an die wichtigen Episoden in ihrem Leben zurück. Die LeserInnen lernen ihre Träume kennen und partizipieren an ihren Fieberfantasien. *Dieses* Mal diagnostizierte die Literaturkritik eine Parallele zwischen der sterbenden Protagonistin und dem langsamen Niedergang des Sozialismus.[26] Die auffäl-

---

24 Wolf, Stadt der Engel. S. 336. – Im Fall Wolfs entstand das Gefühl der Peinlichkeit offensichtlich erst im Nachhinein; Grass bezeichnet sein aus dem Verschweigen resultierendes, jahrzehntelanges „Schuldgefühl" als „Schande" (Grass, Warum ich nach sechzig Jahren mein Schweigen breche).

25 Christa Wolf, Medea. Stimmen. Roman, München 1996, S. 103.

26 Vgl. Volker Hage, Auf Leben und Tod. In: Der Spiegel, 18.2.2002, S. 199; Stephan Maus, Kassandra im Kernspintomographen. Christa Wolfs Erzählung Leibhaftig. In: Frankfurter Rundschau, 20.3.2002.

ligste Passage, die diese Parallele tatsächlich nahelegen würde, vielleicht etwas zu offensichtlich, ist jene Textstelle, in der die Patientin ihre Ärzte drängt, die Wurzel all dessen zu finden, was sie befallen habe.

Die Ärzte, so bittet sie, sollen zur „Wurzel des Übels" vordringen, „zum Eiterherd, dorthin, wo der glühende Kern der Wahrheit mit dem Kern der Lüge zusammenfällt."[27] Wieder werden Wolfs LeserInnen mit der Schilderung eines intensiven Drangs nach Wahrheit konfrontiert, dieses Mal jedoch mit einer Wahrheit, die sowohl mit Täuschung als auch mit Selbsttäuschung durchsetzt scheint. Diese fortwährende Suche nach Wahrheit, verbunden mit unablässiger Selbstbefragung, ist auch in Wolfs zum Teil autobiografischen Essays auszumachen, die 2006 veröffentlicht wurden. Einer davon beschreibt eine Unterhaltung der Schriftstellerin bei einem Abendessen mit ihrem Mann und einigen Freunden. Sie sucht nach bestimmten Worten, die aus ihrer Sicht grundlegend sind für eine *menschliche* Gesellschaft. Heute, so behauptet sie, seien diese Worte verschwunden. Sie lauten: „redlich, rechtschaffen, unbestechlich, wahrhaftig, freundlich, liebevoll, schmerzlich".[28]

Die Belege für Wolfs unablässige Suche nach der Wahrheit und nach dem Menschlichen in ihrem Werk sind zahllos. Wenn man die Texte Wolfs liest, wird klar, dass für sie Emotionen, inklusive negativer Affekte wie Angst, Trauer, Scham und auch Schuld, zum Menschlichen dazugehören und für Wahrheit und Aufrichtigkeit einstehen.[29] Die Autorin bestand vor allem auf dem Recht *jedes* Menschen zu trauern. Doch gerade das Trauern gehörte zu den missbilligten Emotionen in der früheren DDR, und gehört es noch immer in deren ‚untotem' Nachleben: Während des Prozesses der sogenannten Vereinigung hatte jede/r glücklich zu sein, oder, anders formuliert: Die meisten Deutschen fühlten sich verpflichtet, fröhlich und glücklich zu wirken.

4 Schreiben gegen den irrationalen Wahn

Mehr als fünfzehn Jahre später, in einem Essay im selben Band von 2006, einem Beitrag über Nelly Sachs, verwendet Wolf geradezu mit Verachtung ein Wort,

---

27 Christa Wolf, Leibhaftig. Erzählung, München 2002, S. 138.
28 Christa Wolf, Kenntlich werden. Vorwort. In: Wolf, Der Worte Adernetz. Essays und Reden, Frankfurt a. M. 2006, S. 15.
29 Vgl. Christine Kanz, Angst und Geschlechterdifferenzen. Ingeborg Bachmanns „Todesarten"-Projekt in Kontexten der Gegenwartsliteratur, Stuttgart und Weimar 1999, S. 94.

welches das gegenwärtige Deutschland am besten charakterisiere: *„Spaßkultur".*[30] Aus ihrer Sicht hat eine Spaßgesellschaft mit Neo-Nazi-Symbolen an der Wand ihr menschliches Potential verloren.

In dem zuvor schon erwähnten Essay über die Unterhaltung in größerer Runde bei einem Abendessen fragen Wolf und ihre Freunde sich, wie dem irrationalen Hass auf alles Unbekannte und Fremde zu begegnen sei und wie das Menschliche bewahrt oder wieder gewonnen werden könne. Ob das überhaupt möglich sei? Wolf artikuliert ihre Hoffnung, dass dies möglich sei, und zählt „Gegenmittel" gegen das Unmenschliche auf: „Als Gegenmittel gegen irrationalen Wahn, die ich am eigenen Leib erprobt habe, fallen mir ein: Namen von Schriftstellern, Titel von Büchern, Schicksale von literarischen Gestalten."[31] Dass Wolf in ihren fiktionalen Texten realpolitische Ereignisse und Debatten aufgreift, ist angesichts von deren meist autobiografischem Charakter nicht weiter überraschend; in *Stadt der Engel* wird denn auch die Debatte um ihre Person zum literarisierten Gegenstand. Es werden Dokumente, Briefauszüge etwa, zitiert, die diesem Roman einen gleichsam semi-dokumentarischen Charakter verleihen. Wolfs eindringliche ‚Suche nach Wahrheit' bedurfte am Ende mithin faktualer Versatzstücke, um ihre eigene in Zweifel gezogene Glaubwürdigkeit zu untermauern. Ihren fiktionalen Texten kam der Status von Beweismaterial zu, die ihr Ringen um die ‚aufrichtige' Erinnerung und ihr Leiden an der verlorenen Anerkennung als moralische Instanz belegen sollten.

Die bisherigen Überlegungen zusammenfassend muss auf den Beginn des Beitrags verwiesen werden: Der mediale Aufschrei nach Erscheinen des Buchs *Was bleibt* konnte nur deshalb solche enormen Ausmaße annehmen, weil Wolf bis zu dessen Veröffentlichung stets als Schriftstellerin gegolten hatte, die ihren hohen Anspruch auf Aufrichtigkeit und Redlichkeit selbst erfüllte. Daher schien die späte oder gar verspätete Veröffentlichung diese Glaubwürdigkeit in Zweifel zu ziehen. Das Bild von Christa Wolf als moralische Autorität begann zu bröckeln, sogar bei ihren loyalsten AnhängerInnen, und es wurde weiter beschädigt, nachdem ihre IM-Aktivitäten enthüllt worden waren. Allerdings, und hierin ist Thomas Anz zuzustimmen, bot diese Debatte die erste größere Gelegenheit, kulturelle und ästhetische Differenzen zwischen ost- und westdeutschen Schriftstellern zu erörtern. Darüber hinaus erhöhte sie den Druck, sich mit einem repressiven Regime auseinanderzusetzen – wenigstens *dieses* Mal.

---

30 Christa Wolf, ... der Worte Adernetz. Nelly Sachs heute lesen. In: Wolf, Der Worte Adernetz. Essays und Reden, Frankfurt a. M. 2006, S. 93.
31 Wolf, Kenntlich werden, S. 13.

Deutschlands Intellektuelle, zumindest diejenigen, die zur älteren Generation gehörten, hatten Anfang der 1990er Jahre noch mit den Selbstvorwürfen zurechtzukommen, sich nie wirklich mit der Nazivergangenheit auseinandergesetzt zu haben. Die Debatte um Wolf nahmen einige von ihnen zum Anlass, sich der jüngeren Vergangenheit zu stellen. Dabei war es weniger Christa Wolfs Vergangenheit, um die es ging, sondern die Re- oder Dekonstruktion der eigenen Wahrheit.

Alexandra Pontzen

Lesen, Lernen, Leben

Wirklichkeitslektüre und literarische Kommunikation bei Sibylle Lewitscharoff, Annette Pehnt und Judith Schalansky

Wie alle Formen der Kommunikation muss auch die literarische erlernt, praktiziert und tradiert werden, denn wie alle anderen Formen der Kommunikation
folgt auch sie eigenen Regeln der Kodierung und Dekodierung, eigenen Ritualen
der Inszenierung und eigenen Sanktionierungen, wo sie scheitert. Gleichgültig,
ob man literarische Kommunikation als (Selbst-)Verständigung des Individuums
qua Literatur, als Verständigung mit Literatur oder über sie versteht – Ausgangs-
basis ist immer der Akt der Lektüre, das Lesen als basale Kulturtechnik wie als
„Inbegriff des hermeneutischen Prinzips".[1]

Innerhalb einer Phänomenologie des Lesens gilt als zentrale Binnendiffe-
renzierung die Unterscheidung zwischen ,pragmatischem' und ,literarischem'
Lesen. Letzteres ist als „literarische Kommunikation dadurch bestimmt, dass das
kommunikative Handeln geltenden literarischen Konventionen folgt",[2] dass also
zum Beispiel, unter den Vorzeichen ästhetischer Konvention, Fiktionalität als
solche erkannt und akzeptiert wird, indem Text und Rezipient auf die Forderung
nach Wahrheitstreue verzichten, oder Vieldeutigkeit und Widersprüchlichkeit
von Lesarten, anders als beim pragmatischen Lesen gewünscht, hier provoziert
und goutiert werden. Die Verwechslung pragmatischen und literarischen Lesens
kann folgenschwer sein; auch davon handeln, seit ihren Anfängen, die sogenannte Schöne Literatur und deren literarische Kommunikation. Das lenkt den
Blick auf jene Institutionen, Schulen und Hochschulen, in denen Lesen und seine
impliziten und kontextuellen kommunikativen Konventionen gelehrt, gelernt
und erprobt werden.

Will man also etwas über Tradierung und Modifikation literarischer Kommunikation erfahren, rücken solche Texte ins Zentrum des Interesses, die ihrerseits
Lektüremodelle von Wirklichkeit thematisieren und zugleich rezeptionsästhe-
tisch illustrieren. Die folgenden Überlegungen gelten drei jüngst erschienenen
Romanen, die in Bildungsinstitutionen angesiedelt sind; ihre Schauplätze sind

---

1 Gabriele Müller-Oberhäuser, Lesen/Lektüre. In: Metzler Lexikon Literatur- und Kulturtheorie.
Ansätze – Personen – Grundbegriff, hg. von Ansgar Nünning, Stuttgart und Weimar 1998, S. 308.
2 Gebhard Rusch, Kommunikat, literarisches. In: Metzler Lexikon Literatur- und Kulturtheorie.
Ansätze – Personen – Grundbegriff, hg. von Ansgar Nünning, Stuttgart und Weimar 1998, S. 269.

DOI 10.1515/9783110543209-014

ein Gymnasium im heutigen von Entvölkerung bedrohten Mecklenburg-Vorpommern (in Judith Schalanskys *Der Hals der Giraffe*[3]), die süddeutsche Exzellenz-Universität „Sommerstadt", hinter der sich Freiburg verbirgt, in den Jahren nach der Bologna-Reform (in Annette Pehnts *Hier kommt Michelle*[4]) sowie Hörsaal und Arbeitszimmer des Münsteraner Philosophen Hans Blumenberg in den 1980er Jahren (in Sibylle Lewitscharoffs Roman *Blumenberg*[5]). Bei ihr verweist der Eigenname auf akademischen Kontext und gelehrten Überbau; Schalansky und Pehnt situieren ihre Texte qua Untertitel als *Bildungs-*[6] resp. *Campusroman* in literarischen Traditionen, die der Idee der ‚Bildung' und deren Realisierung in Schule und Universität verbunden sind.

Die Lern- und Bildungsprozesse werden von einer Biologielehrerin, einer Anglistik-Dozentin und einem Philosophie-Professor initiiert und zielen darauf ab, Lebenswirklichkeit ‚lesbar', d. h. dekodierbar und verständlich zu machen. Die institutionellen Rahmenbedingungen dafür sind bei Schalansky von der historischen Zäsur der Wiedervereinigung, bei Pehnt von der hochschulpolitischen Zäsur der ‚Bologna-Reform' und bei Lewitscharoff von der traditionellen ‚Ordinarienuniversität' geprägt und beeinflussen die Weltsicht der Lehrenden. Deren jeweilige – evolutionsbiologische, literarhistorische oder metaphorologische – Lesart der Wirklichkeit findet als Darstellungsperspektive Eingang in die Erzählweisen der Romane. Sie liefern dem Rezipienten je nach Erzählverfahren entweder den alleinigen (bei Schalansky), einen privilegierten (bei Lewitscharoff) oder einen mit anderen konkurrierenden (bei Pehnt) Zugang zur Diegese.

Ob er will oder nicht, geht auch der Leser bei ihnen in die Schule des Lesens. Wie das genau funktioniert, welchen Stellenwert dem Lesen im konkreten und metaphorischen Sinne eingeräumt wird und wie sich die Bildungsidee zur Erzählpraxis der Romane verhält, soll mein Aufsatz herausarbeiten. Sein roter Faden ist die rezeptionspsychologische Wirkung der Texte. Sie verhandeln nämlich nicht nur thematisch, d. h. im institutionellen und literarischen Sinne, den Prozess literarischer Kommunikation als Alltag von Studierenden und Lehrenden der Litera-

---

3 Judith Schalansky, Der Hals der Giraffe. Bildungsroman, Berlin 2011.
4 Annette Pehnt, Hier kommt Michelle. Ein Campusroman, hg. von Friedemann Holder, Freiburg 2010.
5 Sibylle Lewitscharoff, Blumenberg. Roman, Berlin 2011.
6 Die Autorin selbst bezieht den Untertitel sowohl auf die literarische Tradition, die Bildungsidee, die sie in ihrer erwachsenen Protagonistin umgekehrt sieht, als auch auf den Schauplatz Schule und die Medialität des Buches und seine Anschaulichkeit (vgl. Judith Schalansky, Interview mit Anna Engel auf der Frankfurter Buchmesse 2011, verfügbar unter: http://www.zeit.de/video/2011-10/1220816308001#autoplay [07.12.2011].

turwissenschaft, sondern sie provozieren durch ihre (doppelbödige) Erzählweise auch eine Standortbestimmung des Lesers.

Eingangs stelle ich an Pehnts Roman dar, wie implizite Lektürevorgaben den Leser nötigen, in Sachen Bologna und in Sachen Campusroman Stellung zu beziehen und sich hochschulpolitisch und literarästhetisch zwischen Traditionspflege und Popularisierung zu entscheiden (I).

Lewitscharoffs *Blumenberg* wird dann (II), vor dem Hintergrund der Frage nach der Funktion des Lesens für das Weltverständnis des Lesenden, interpretiert, d. h. über eine theoretische Kontextualisierung daraufhin untersucht, welche ästhetische Intention mit welchen diskursiven Mitteln verfolgt wird. Das hat, soweit ich sehe, bisher niemand unternommen; die Kritik ergeht sich vielmehr in respektvollem Unverständnis. Das ist, wie ich zeigen möchte, ein von der Erzählweise provozierter Einschüchterungseffekt. Abschließend (III) soll an Schalanskys *Der Hals der Giraffe* vorgeführt werden, wie eine ideologische Weltsicht und eine autoritäre Erzählhaltung sich selbst unterminieren, sodass der Lektüreprozess in der Tat zu einem Bildungserlebnis wird – für die Hauptfigur wie für den Rezipienten.

1 Universität, Literaturwissenschaft und Literatur zwischen Nischenexistenz und Trivialisierung – Annette Pehnt: *Hier kommt Michelle. Ein Campusroman, Bd.1*

„Dieser Roman ist larmoyant, verbittert, arrogant, ungerecht und unpsychologisch; er enthält Stereotypen, Versatzstücke, Gesellschaftskritik, Verhöhnungen, Polemik und ein negatives Weltbild",[7] heißt es über *Hier kommt Michelle*. Kein Wunder, dass Piper, der Hausverlag der Autorin, das Manuskript ablehnte;[8] in einem linksalternativen Freiburger Kleinverlag[9] jedoch entwickelte er sich zum

---

7 Pehnt, Michelle, S. 11.

8 Mit der Begründung, um, wie der Lektor Thomas Tebbe versichert, ‚Autorenprofil' und ‚symbolisches Kapital' Pehnts schützen zu wollen (vgl. Anja Hirsch, Ähnlichkeiten mit Lebenden sind beabsichtigt. In: Frankfurter Allgemeine Zeitung vom 22.07.2011, verfügbar unter: http://www.faz.net/artikel/C30437/literaturbetriebsposse-aehnlichkeiten-mit-lebenden-sind-beabsichtigt-30469960.html [16.08.2011] und Gespräch der Verf. mit Thomas Tebbe in Bamberg anlässlich der Poetik-Dozentur von Pehnt am 22. Juli 2011).

9 In der „Edition text-mission" der Freiburger Buchhandlung Jos Fritz.

Verkaufsschlager und wurde von der FAZ als „vergnügliche[r] Schlüsselroman"[10] und vom Germanisten Gerd Roellecke als „ironischer Campusroman zu ernsten Themen" gewürdigt, dies übrigens in *Forschung und Lehre*, der Zeitschrift des Deutschen Hochschulverbandes.[11] Das vorläufige Ende der „Literaturbetriebsposse":[12] Piper nimmt den Roman doch ins Programm und Pehnt leitet im darauffolgenden Jahr 2012 die „Bayerische Akademie des Schreibens" im Literaturhaus München.

Das hätte man ahnen können, hätte man das oben zitierte vernichtende Urteil kontextualisiert: Es findet sich im Vorwort des Romans, an einer paratextuellen Nahtstelle, und muss ironisch verstanden werden. Über die Subtilität dieser Ironie lässt sich streiten, vor allem, wenn man sie im Zusammenhang des zentralen Themas betrachtet: der Auswirkungen der Europäischen Studienreform Bologna auf das Studium der Literaturwissenschaften. Der Roman schildert sie, sprachlich schlicht und ganz nach den Regeln der Trivialliteratur, am Beispiel von Studienanfängerin Michelle (Lehramt Deutsch/Englisch) und konfrontiert deren Erfahrungen mit der ebenso stereotypen Perspektive der Anglistik-Mittelbaudozentin Heike Blum. In deren Sprechstunde soll Michelle ihr Hausarbeitsthema besprechen, hat aber

> keine Ahnung.
> Was soll ich denn machen, fragte sie, charmant und zu allem bereit, was Heike Blum ihr vorgeschlagen hätte. Aber Heike Blum wollte eben das vermeiden.
> Heike Blum: Sie sollen selbst ein Thema entwickeln, verstehen Sie?
> Michelle: Was denn zum Beispiel?
> Heike Blum: Na eine Fragestellung, eine Hypothese, die Sie aus der Arbeit an dem Text gewinnen.
> Michelle: Aber ich habe den Texte doch noch gar nicht gelesen!
> Heike Blum: ????[13]

Das vierfache Fragezeichen „????"[14] illustriert wechselseitiges Unverständnis angesichts der gegenseitigen Erwartungen. Studentin und Dozentin trennt die unter dem Namen *Bologna* apostrophierte Europäische Studienreform,[15] die

---

10 Anja Hirsch, Ähnlichkeiten mit Lebenden sind beabsichtigt. In: Frankfurter Allgemeine Zeitung vom 22.07.2011, verfügbar unter: http://www.faz.net/artikel/C30437/literaturbetriebsposse-aehnlichkeiten-mit-lebenden-sind-beabsichtigt-30469960.html [16.08.2011].
11 Gerd Roellecke, Bologna greift um sich. In: Forschung & Lehre, 10/2011, S. 789, verfügbar unter: http://www.forschung-und-lehre.de/wordpress/Archiv/2011/ful_10-2011.pdf [04.12.2011].
12 Hirsch, Ähnlichkeiten.
13 Pehnt, Michelle, S. 36.
14 Pehnt, Michelle, S. 36 f.
15 Vgl. http://www.bmbf.de/pubRD/bologna_deu.pdf [20.07.2011].

2010, im Erscheinungsjahr von Pehnts Roman, umgesetzt sein sollte. In Michelle und Heike Blum stehen sich eine *Bologna native* und eine noch vom Humboldt-schen Studienideal geprägte *Bologna immigrant* gegenüber. Der Roman insze-niert die Missverständnisse zwischen den unterschiedlich sozialisierten akade-mischen Generationen als interkulturelle Alteritäts-Erfahrungen. Sie kreisen um die Bedeutung des (Literatur-)Studiums generell – Identitätsbildung oder Berufs-ausbildung? – und um die Bedeutung des Lesens für dieses Studium; das wiede-rum hat Folgen für das Erzählen.[16]

„Wissen Sie, was Studieren eigentlich bedeutet? Bedeuten kann?"[17] wird Michelle eindringlich gefragt, um ihr, der ahnungslosen *Bologna native*, klar zu machen, dass ihr Bedeutendes entgeht. Was das aber genau ist, wodurch sich das Goldene Zeitalter der Vor-Bologna-Ära auszeichnete, kann deren Fürspre-cherin nicht sagen. Sie beschwört floskelhaft „wissenschaftliche Neugier"[18] – ein Mantra, das Michelle, ohne es zu verstehen, schließlich nachspricht, um ein Erasmus-Stipendium und eine Hilfskraftstelle zu erlangen.

Jenseits der Satire liegt die heuristische Leistung des Textes darin: Einerseits der naiven Michelle einen von ihr nicht erfahrenen und nicht erfahrbaren Verlust zu evozieren, sodass sich dem Leser die sentimentalische Perspektive auf die Naive eröffnet; und andererseits den vor-Bologna sozialisierten Lesern nachvoll-ziehbar zu machen, warum Michelle an ihrem verschulten und reglementierten Studium gar nichts problematisch findet, außer den Mangel an noch präziseren Arbeitsanweisungen.[19]

Der Roman wird so zum Lackmustest für den Rezipienten. Er muss sowohl in Sachen Hochschulpolitik Position beziehen als auch in Sachen Romanästhetik: Pehnt rekurriert auf die Folie des Campusromans und aktualisiert dessen Per-sonal, indem sie zwei traditionell dort unterrepräsentierte Gruppen ins Zentrum stellt, eine Studen*tin* und eine Dozentin des Mittelbaus;[20] mit Blick auf die ‚Modu-

---

16 Vgl. hierzu ausführlicher: Alexandra Pontzen, Romanreform? Campusroman meets Bologna, Göttingen 2013, S. 111–128.
17 Pehnt, Michelle, S. 46.
18 Pehnt, Michelle, S. 27, 37, passim.
19 Allenfalls irritiert Michelle die für sie inhaltsleer bleibende Klage jener Dozenten, die ihr Unvermögen, ein positives und ‚ursprüngliches' Verständnis vom Studieren glaubhaft zu machen, hinter dem zitathaften Jargon eingeweihter Eigentlichkeit verstecken. In dieser Unfähigkeit öffnet sich ein Abgrund des Unausgesprochen-Unaussprechlichen, der wahrscheinlich von der Autorin nicht intendiert ist, der aber als logische Verlegenheitsstelle das leere Zentrum der larmoyanten Klagen über den Wechsel der Zeiten darstellt, denen *Hier kommt Michelle* Gehör verschafft.
20 Neu gegenüber früheren und zeitgenössischen deutschen Universitätsromanen, wie Viktoria Stachowicz sie in ihrer Untersuchung *Universitätsprosa* charakterisiert, sind die Fokussierung

larisierung des Studiums' gliedert sie ihren Roman nicht mehr in Kapitel, sondern in ‚Module'.

Auch poetologisch folgt *Hier kommt Michelle* der Gattungstradition. Literaturtheoretische Kategorien, die Michelle im Studium kennenlernt, werden in die darstellerische Praxis des Romans überführt und schließlich als (ironische) Fortschreibung romantischer Ironie zu der Frage zugespitzt, wer den Roman eigentlich erzählt. In Frage kommen dafür Heike Blum, eine verbitterte Dozentin für *Creative Writing*, oder gar Michelle selbst. Damit wird offen gehalten, welche akademische Generation, prä- oder post-Bologna, die Definitionsmacht über die Institution Universität und über das mit ihr liierte literarische Genre des Campusromans besitzt.

Die Prognose ist jedoch deutlich: Wenn die Universität am Ende des Romans in Flammen aufgeht, ist das für Michelle „ein ganz großes Fest, vielleicht das größte, das sie in ihrem Leben feiern wird".[21] Das Ende der alten Universität fällt zusammen mit dem Ende des Campusromans als Gattung: Pehnts Text nämlich ist darstellungstechnisch so simpel, monoton und vorhersehbar, die Dialoge eher Skripts ohne Regieanweisungen, das dominierende *telling* meist nur resümierender Bericht, dass von einem ‚Erzählen' nicht mehr die Rede sein kann.

„Das Erzählen in der Krise" ist deshalb nicht nur Studienlektüre, die Michelle Kopfschmerzen verursacht,[22] sondern ein Befund, den der Roman durch seine eigene Machart autopoetisch illustriert. Auf der Handlungsebene zeigt er das ‚Lesen in der Krise': Michelle nämlich liest – schon aus Zeitgründen – keine Romane, sondern ausschließlich Zusammenfassungen: „Michelle hat Orwell nie gelesen, sich aber die Zusammenfassungen gut gemerkt."[23] Diese vorgeblich neuen Lesegewohnheiten der Bologna-Studentengeneration bedient der Roman, wenn er traditionelle epische Verfahren in eine vermeintlich zeitgemäße intermediale Form transponiert;[24] an die Stelle der narrativen Evokation treten Fotos und auf der letzten Seite, also am buchstäblichen Ende des Romans, werden

---

auf die Figurenperspektive der Studentin und die Einbeziehung des Mittelbaus als spezifische Gruppe, über die, so Stachowicz, „kein so fest umrissenes Vorstellungsbild" existiere und die „weder die Freiheit noch eine so typische Entwicklung wie die Studenten Aufzeige[sic]". (Vgl. Viktoria Stachowicz, Universitätsprosa. Die Selbstthematisierung des wissenschaftlichen Milieus in der deutschen Literatur des 20. Jahrhunderts, Trier 2002, S. 173).

21 Pehnt, Michelle, S. 138.
22 Pehnt, Michelle, S. 138.
23 Pehnt, Michelle, S. 137.
24 Das Verfahren nimmt zudem prominente Beispiele auf, etwa David Lodges Wechsel des erzählerischen Romanduktus zum skizzenhaften Genre des Filmskripts am Ende des nun schon klassischen Campusromans *Changing Places*. (Vgl. David Lodge, Changing Places. A Tale of Two

„Räume für Gedanken und Kritzeleien"[25] bereitgestellt. Das Layout umrahmter rechteckiger Freiflächen zitiert die didaktisierten Einführungen, die seit der Bologna-Reform den Buchmarkt überschwemmten und deren Lektüre sich, so Jürgen Kaube in der FAZ polemisch, „an die Stelle von Originaltexten schiebt".[26]

Das, was als narrative Schlichtheit und ästhetischer Mangel ausgelegt werden kann, erscheint also bei Pehnt zugleich als Ausdruck eines zeitgemäßen literarischen Präsentationsstils, zielgruppen- und effizienzorientiert, nicht mehr auf ästhetische Erfahrung ausgerichtet, sondern auf kurzweilige Aufbereitung anwendungsbezogener Information. *Hier kommt Michelle* wäre also eine Serviceleistung für einen neuen Typus Leser, der das Lesen scheut und doch mitreden will.[27]

Erzähltechnisch ist der Roman eine Kippfigur: naiv gelesen einfache Trivialliteratur, zeigt er seine komplex theoretisierbare Simplizität nur einem traditionell gebildeten Leser: Der empfindet dann, dass er mit der alten Universität auch das ‚alte' Lesevergnügen eingebüßt hat.[28]

2 Einschüchterungspoetik und Trost der Lektüre – Metaphorologie als aufgeklärte Religion. Sibylle Lewitscharoff: *Blumenberg. Roman*

In einem paradoxen Entsprechungsverhältnis zu Pehnts Bologna-kritischem Trivialroman steht Sibylle Lewitscharoffs Gelehrten-Legende *Blumenberg*, ein

---

Campuses, London 1975; deutsch: Ortswechsel, übersetzt von Renate Orth-Guttmann, München 1986).

25 Pehnt, Michelle, S. 139.

26 Jürgen Kaube, Studium und Lektüre. Ohne Vorkenntnis, 2008, verfügbar unter: http://www.faz.net/artikel/C31373/studium-und-lektuere-ohne-vorkenntnis-30149170.html [12.01.2014].

27 Da wirkt es wie eine einverständige Replik, wenn Gerd Roelleckes Besprechung des Romans in *Forschung & Lehre* in der Rubrik „Lesen und lesen lassen" erscheint (vgl. Gerd Roellecke, Bologna greift um sich. In: Forschung & Lehre, H. 10, 2011, S. 789). Dass der eher leichtgewichtige Roman im Organ des Deutschen Hochschulverbandes Beachtung und in Roellecke einen Sympathisanten findet, bestätigt seine seismografische Rolle im Selbstreflexionsprozess aktueller Geistes- und Literaturwissenschaft.

28 Ein Verfahren, das, nebenbei bemerkt, wenn es von Autorinnen wie Marlene Streeruwitz oder Elfriede Jelinek angewandt wird, eher in Gefahr steht, als unreflektierte Schlichtheit rezipiert zu werden, als bei Autoren wie Rainald Goetz oder Benjamin von Stuckrad-Barre, denen man offenbar zutraut, bewusst und intentional Trash zu produzieren.

einhellig als ,anspruchsvoll' gepriesener und mit mehreren Preisen (Kleist-Preis, Ricarda-Huch-Preis, Marieluise-Fleißer-Preis und Wilhelm-Raabe-Literaturpreis) ausgezeichneter Roman. Angesiedelt an einer klassischen Universität Humboldtscher Ideale von ,Einsamkeit und Freiheit' (Helmut Schelsky), in einem Fach mit prononciert theoretischem Anspruch, zeigt er hochmotivierte Philosophie-Studenten und einen brillanten Gelehrten und gerät zum (unfreiwilligen?) Plädoyer für Praxisbezug und Didaktisierung des Studiums. Denn die begabten Studenten scheitern existenziell, nicht zuletzt am menschlich unzugänglichen Blumenberg.[29]

Von ihm sind seine Schüler „schier überwältigt", können aber „höchstens zehn Prozent, wahrscheinlich weniger aufnehmen" von dem, was er sagt.[30] Faszination bei gleichzeitiger Überforderung kennzeichnet auch die Haltung der Kritik gegenüber dem Roman: „Sein Geheimnis gibt er nicht preis",[31] huldigt Ijoma Mangold dem Genie eines Textes, den er nicht zu deuten weiß.[32] Verehrung ohne Verständnis ist der Effekt einer Einschüchterungspoetik. Sie evoziert mit einer Mischung aus Bildungshuberei, pseudorätselhafter Intertextualität und ältlichem Gelehrtenhumor das Milieu einer konservativ-weltfremden Ordinarienwelt. Deren Anspruch auf intellektuelle Autorität verkörpert erzähltechnisch eine *Master lecture*. Sie macht sich dadurch unhintergehbar, dass sie ihren Welterklärungsanspruch, der psychisch entlastet und ästhetisch erfreut, an den Verzicht auf begriffliche Klärung bindet.

Doch konkret: Dem Philosophen Blumenberg erscheint während seiner allnächtlichen Schreibtischarbeit ein ,leibhaftiger Löwe', den außer ihm und einer alten Nonne niemand sehen kann und der ihn die letzten 14 Jahre seines Lebens

---

29 „Die Koryphäe", so Lewitscharoff, sei für das Gros der Studierenden ungeeignet und „gefährlich", sie ziehe „Untergeher" an und befördere sie bei ihrem Untergang. Vgl. Sibylle Lewitscharoff, Interview mit Denis Scheck auf der Frankfurter Buchmesse, 2011, verfügbar unter: http://www.zeit.de/video/2011-10/1218595203001 [12.01.2014].

30 Lewitscharoff, Blumenberg, S. 29.

31 Ijoma Mangold, Der Trost des Löwen. Sibylle Lewitscharoffs „Blumenberg" ist ein kühner Roman. Sein Geheimnis gibt er nicht preis. In: *Die Zeit* vom 08.09.2011.

32 Mit der Fabel des Romans können die durchweg anerkennenden Besprechungen wenig anfangen, noch weniger mit dem ,Plot' des Ganzen. Sie loben stattdessen Sprache, Anspielungsreichtum und Intertextualität des Romans, ohne sie indes zu seiner Interpretation zu nutzen.

begleitet. Währenddessen kommen vier Blumenberg verehrende Studenten,[33] von ihrem Professor unbemerkt, zu Tode.[34]

Diesen „Blumenbergianern"[35] gelingt nicht, was Blumenberg gelingt, ein geordnetes, dem Lesen, Denken und Schreiben gewidmetes Leben im ‚Gehäus‘ und unter dem Schutz des Löwen, in Anspielung auf den heiligen Hieronymus.[36] Die Studenten werden deshalb in dem Zwischenreich zwischen Tod und Ewigkeit, in dem alle Figuren sich als Tote wiederbegegnen, Sprache und Individualität verlieren und der Vergessenheit anheimfallen (wie auch die Nonne!) – im Unterschied zu Blumenberg, den sein Löwe mit einem Prankenschlag befreit und der Unvergänglichkeit versichert.

Blumenbergs Leistung liegt darin, gegenüber dem Absolutismus der rücksichtslosen und gleichgültigen Wirklichkeit Entlastung zu finden in dem Versuch, die Wirklichkeit als einen bedeutsamen und lesbaren Text zu verstehen. Prätext dieser Konstellation ist Hans Blumenbergs Untersuchung *Die Lesbarkeit der Welt* (1981). Sie zeichnet exemplarisch Versuche nach, die Welt durch die Art ihrer Beschreibung und ikonografischen Abbildung lesbar zu machen und so weniger sinn- und zusammenhanglos erscheinen zu lassen. Dies gewährleisten für Blumenberg Mythos und Metapher. Als nicht-begriffliche Rede verweist die Metapher über die buchstäbliche Bedeutung des Wortes hinaus auf einen übertragenen Sinn und stiftet, indem sie Analogien unterstellt, Zusammenhang – wohlweislich

---

33 Der Rezensent in *Volltext* akzentuiert, zu Recht, die Seitenhiebe auf die Post-68er mit ihren intellektuellen, ideologischen und alltagspraktischen Steckenpferden, als die Isa, Gerhard, Richard und Hansi gezeichnet werden: „[...] eine Post-68er-Generation, die ihre besten Jahre mit autistischem Spintisieren, krampfigem Rebellieren und einem Deutschlandhass dahingehen lässt, der sich aus einer reichlich abstrakten, jedoch edelmütig dünkenden Dritte-Welt-Fürsorge speist, die von dürren kapitalismuskritischen Parolen lebt", S. Nummer 4, Der göttliche Löwe. In Sibylle Lewitscharoffs Roman „Blumenberg" erscheint das Numinose in Tiergestalt, 2011, verfügbar unter: http://volltext.net/magazin/magazindetail/article/5323 [09.01.2014].
34 Das letzte Kapitel schließlich schildert Begegnung und Gespräch aller Toten, inklusive Blumenbergs und seines Löwen, in einer Art Zwischenreich und hinterlässt die Rezensenten besonders ratlos. Ulrike Vedder und Erik Porath haben inzwischen darauf hingewiesen, welche Rolle Antonello da Messinas Gemälde „Heiliger Hieronymus im Gehäuse" für das Ende des Romans spielt, das „bildliche Szenarien der Kunstgeschichte in narrative Handlungsoptionen" überführe. (Ulrike Vedder und Erik Porath, Sibylle Lewitscharoffs Tiere. In: Text + Kritik: Sibylle Lewitscharoff, hg. von Carlos Spoerhase, Juli 2014, S. 36–45, hier S. 43).
35 Lewitscharoff, Blumenberg, S. 41.
36 Zu weiteren kunsthistorischen Bezügen vgl. Thomas Döring, „Gelehrter und Löwe im Bild". Kunsthistorische Anmerkungen zu Sibylle Lewitscharoffs Roman „Blumenberg". In: Sibylle Lewitscharoff trifft Wilhelm Raabe. Der Wilhelm Raabe-Literaturpreis 2011, hg. von Hubert Winkels, Berlin 2012, S. 13–40.

im Bewusstsein der Sprecher, Hörer und Leser, nicht in der Realität. Diese beiden Sphären nicht zu verwechseln, darum geht es in Lewitscharoffs Roman.

Exemplifiziert wird das auf der Handlungsebene an den scheiternden n der vier Blumenbergadepten, die ihren ,Fehllektüren' zum Opfer fallen. Besonders deutlich führt das die Selbstmörderin Isa vor. Ihren „Fall" interpretiert die auktoriale Erzählinstanz als Geschichte einer „Verliebten [...], die sich im Irrealis verfangen hat" und der, „überstäubt [...] mit falschem Zucker, [...] kein Genuß in der Wirklichkeit mehr möglich ist."[37] Isa ist eine moderne Variante der realitätsvergessenen lesenden Frau à la Madame Bovary. Ihr Welterleben ist unter dem Einfluss von Virginia Woolfs Roman „dallowayisiert";[38] während sie die sexuelle Realität ihrer Beziehung mit ihrem Freund kaum wahrnimmt, erotisiert sie ihr imaginäres und völlig einseitiges Verhältnis zu Blumenberg auf der Folie des sado-masochistischen Romans *Die Schöne des Herrn*[39] von Albert Cohen, um schließlich unter dem Einfluss von Bruce Springsteens Lied „The River"[40] über gescheiterte Lebensträume Suizid zu begehen.

Die näheren Umstände werden im Erleben der Figur psychoanalytisch metaphorisiert, etwa in einem wenig benutzten Perlentäschchen „mit rotem Innenfutter", das Isa in Anspielung auf ihr unbefriedigtes Sexualleben „Geschlechtstäschchen"[41] nennt und von dem sie in der Todessekunde fürchtet, dass ihr „[Augen]brauenstift das Innenfutter verschmiert".[42] Das zumindest unterstellt die Erzählinstanz und nährt damit den Verdacht, dass Isa, die sich in Paris bei Lacan einer Analyse unterziehen wollte, selbst ihrem Suizid interpretatorisch nicht gewachsen ist, indem die von ihr intendierten emphatischen Lebens- und Lektüremodelle von der Banalität der Realien korrigiert, genauer ,verschmiert' werden. Dass Isa ein antiquiertes Rollenmodell fortschreibt, ist offensichtlich; ob das ein *undoing gender by doing gender* bezweckt, wäre zu diskutieren.[43]

---

37 Lewitscharoff, Blumenberg, S. 82.

38 Lewitscharoff, Blumenberg, S. 56.

39 Vgl. Lewitscharoff, Blumenberg, S. 51.

40 Vgl. Lewitscharoff, Blumenberg, S. 49. Die intertextuellen Verweise und Zitate „es goß in Strömen" (S. Lewitscharoff, Blumenberg. S. 52, 72) deuten indes auf Springsteens Lied „Built to Last".

41 Lewitscharoff, Blumenberg, S. 79.

42 Lewitscharoff, Blumenberg, S. 86.

43 Vgl. etwa auch die distanzierende Figurenreflexion Blumenbergs über Maria Aegyptiaca: „[...], er war keine Frau. Auch war ihm die Vorstellung unsympathisch, mit ausgedörrten Gebeinen in der Wüste zu liegen, über sich einen Löwen als Grabwächter. [...] Den eigenen Sohn als Löwen mißkennen und ihn zerreißen im bacchantischen Wahn, zu so etwas konnte sich nur

In ihrer Häufung und Narrativierung wirken auch die Tode der anderen Studenten grotesk[44] und entwerten die vorhergehenden Leben.[45] Blumenberg hingegen wird von seinem Löwen nicht nur zu Lebzeiten ausgezeichnet, sondern auch der Vergänglichkeit ‚entrissen'. Die im Roman dominierende Trostfunktion des Löwen,[46] übrigens auch gegenüber den Anfechtungen im akademischen Betrieb,[47] hat einen Prätext in den posthum unter dem Titel *Löwen* bei Suhrkamp[48] erschienenen Essays Hans Blumenbergs,[49] in denen er feststellt: „Auch ohne naturschützerische Gebärde muß gesagt werden, dass eine Welt ohne Löwen trostlos wäre."[50]

Das Diktum enthält, verbunden mit der Kernidee von Blumenbergs Metaphorologie, die Poetik von Lewitscharoffs Roman, und zwar sowohl als Handlungs- wie als Darstellungspoetik.[51] Die poetische Technik des Romans und die Selbstreflexion der Figur Blumenberg auf das, was ihr geschieht, illustrieren und kommentieren sich wechselseitig wie *pictura* und *scriptura* eines Emblems. Der Löwe, der „mit einem Tatzenschlag den Weltzusammenhang wiederherstellte,

---

eine im wilden Griechenland aufgekommene Frau hinreißen lassen, präziser: die Zuspitzung der Frau: die antike Mutter." (Lewitscharoff, Blumenberg. S. 14).

44 Sie werden narrativ inszeniert als Folgen jenes „Absolutismus der Wirklichkeit", dem der Mensch qua Existenz schutzlos ausgeliefert ist und der in der Endlichkeit seiner Lebenszeit mündet: Der einzig wissenschaftlich erfolgreiche Schüler Blumenbergs, Gerhard, stirbt durch Hirnschlag unmittelbar nach der Erstberufung zum Philosophieprofessor (vgl. Lewitscharoff, Blumenberg. S. 84), der politisch linksengagierte Frauenheld Richard wird in Südamerika (nach Heidegger-Lektüre) durch ein junges Mädchen in einen Hinterhalt gelockt und von Einheimischen ermordet; der reiche Schönling Hansi kollabiert und stirbt in einer Berliner U-Bahn-Station nach dem vergeblichen Versuch, Passanten durch seine Vorträge zu erwecken.

45 Die Konfrontation mit Schmerz und der Endlichkeit des Lebens gehört zu den existenziellen Fragen, denen der Blumenberg des Romans sich vorrangig widmet und aus denen er die grundsätzliche Trostbedürftigkeit des Menschen ableitet. Beim realen Autor Blumenberg hat diese Frage, soweit ich sehe, keinen so zentralen Stellenwert.

46 Dominierend wohl auch im Verhältnis zu den Schriften des realen Hans Blumenberg.

47 Nicht nur hilft der Löwe gegen nächtliche Erinnerungen an Blumenbergs Verfolgung als Jude im Dritten Reich (vgl. Lewitscharoff, Blumenberg. S. 127), auch „beschützt [...er] ihn vor der Todesfurcht" (Lewitscharoff, Blumenberg. S. 126), vor dem Neid auf die Kollegen Habermas und Taubes (vgl. Lewitscharoff, Blumenberg. S. 130), er schenkt „Trost" (Lewitscharoff, Blumenberg. S. 152), „Kraft und Zuversicht" und ermöglicht Schlaf (vgl. Lewitscharoff, Blumenberg, S. 159).

48 Hans Blumenberg, Löwen. Mit einem Nachwort von Martin Meyer, Berlin 2010.

49 Vom Löwen als Begleiter des Gelehrten nach dem Vorbild des heiligen Hieronymus bis zum unverwundbaren Nemëischen Löwen vgl.: Lewitscharoff, Blumenberg, S. 12.

50 Hans Blumenberg, Löwen. Klappentext.

51 Vedder/Porath urteilen mit Fokus auf dem Löwen ähnlich, wenn sie feststellen, es gehe in den „philosophie- wie kulturhistorischen Bemühungen um eine Fassung des Tiers". (Vedder/Porath, Sibylle Lewitscharoffs Tiere. S. 40–42, hier S. 41).

über dessen Verlust zu philosophieren bei gleichzeitiger Trauer um diesen Verlust seine [Blumenbergs] nächtlichen Geschäfte waren",[52] übernimmt damit eine Aufgabe, die Blumenberg dem Mythos und der Metapher, also Formen der vor- oder unbegrifflichen Rede, zugeschrieben hat. Der Blumenberg des Romans interpretiert die Metapher als Sprachform des Ausweichens vor den strikten Anforderungen des Realismus,[53] und ‚Realismus' bezeichnet für ihn jenes Prinzip, das als „herrisches Einfallen der Sachen in die Worte"[54] den Menschen der Fähigkeit beraubt, Trost zu spenden oder zu empfangen.

Der Löwe widerlegt qua Existenz die aufklärerische Rede von der Macht des Realismus – ‚augenscheinlich' und diskursiv. Dem ‚Realismus' als ideengeschichtlichem Feindbild in Blumenbergs Theorie entspricht der Realismus als literarästhetisches Feindbild in der Erzählweise des Romans.[55] Deswegen führt die Frage nach der ‚Realität' des Löwen,[56] seinem ontologischen Status, in die Irre,[57] ja bedeutet eine Art erzähltheoretischen Hinterhalt. Das ahnt auch Blu-

---

52 Lewitscharoff, Blumenberg, S. 38 f.

53 „Aber schon die exegetischen Künste der Vervielfältigung des Schriftsinns haben diesen Realismus aufgeweicht, und die Metapher ist die Sprachform des Ausweichens vor seinen strikten Anforderungen." Hans Blumenberg, Schiffbruch mit Zuschauer. Paradigma einer Daseinsmetapher, Frankfurt a. M. 1997, S. 98.

54 Lewitscharoff, Blumenberg. S. 23.

55 Silke Horstkotte, die „Blumenberg" wie andere Romane der Autorin der „metafiktionalen Kategorie" zurechnet, betont den Zusammenhang zwischen Erzählweise und Fiktionalitätsangebot des neuzeitlichen Romans und dem von „imaginärer Virtualität" gekennzeichneten Wirklichkeitsbegriff der Neuzeit, den Hans Blumenberg skizziert (in: Höhlenausgänge, Frankfurt a. M. 1989, S. 14). Vgl. Silke Horstkotte, Ontologische Singularitäten. Über Roman und Schöpfung bei Sibylle Lewitscharoff. In: Text + Kritik: Sibylle Lewitscharoff, hg. von Carlos Spoerhase, Juli 2014, S. 56–63, hier S. 61.

56 Die Figur Blumenberg schwankt zwischen den Optionen Halluzination (Lewitscharoff, Blumenberg, S. 10), Hirngespinst (Lewitscharoff, Blumenberg, S. 39), Realität (Lewitscharoff, Blumenberg, S. 19, 34) und „Wunder!" (Lewitscharoff, Blumenberg, S. 123).

57 Übernimmt der Rezipient aber die Reflexion der Figur, sieht er sich vor der Alternative zweier Lesarten, die den Roman nicht zureichend erfassen, nämlich *Fantastischer Realismus* oder *moderne Heiligen-Legende*. Für letzteres spräche neben dem ikonographisch dominanten Bezug auf Hieronymus-im-Gehäus auch Blumenbergs Deutung des Löwen als „Wunder" (Lewitscharoff, Blumenberg, S. 123) und als „Einbruch des Absoluten" (Lewitscharoff, Blumenberg. S. 146), der „nicht mitteilbar" ist (Lewitscharoff, Blumenberg, S. 146). Komplexer gestaltet sich eine Realismus-Lesart, die angesichts des Unwahrscheinlichen und nicht intersubjektiv Beglaubigten nur als akademische Variante von Fantastischem Realismus verstanden werden könnte: In Blumenbergs von Routine geprägter „Dienstgeschicklichkeit als bestallter Philosoph" (Lewitscharoff, Blumenberg. S. 26) und in der Abgeschlossenheit seiner Gelehrtenexistenz tritt ein ‚Riß' auf, der wie der Riß in der Wand seines Arbeitszimmers (vgl. Lewitscharoff, Blumenberg, S. 40) auch motivgeschichtlich auf den Einbruch des Fantastischen in die Wirklichkeit verweist

menberg: „Ich bin in einen Hinterhalt gelockt worden, dachte er, man hat mich mit einem fundamentalen Schwindel konfrontiert, um meine geistigen Kräfte zu testen."[58]

Der „fundamentale Schwindel", mit dem Blumenberg konfrontiert wird, besteht darin, dass er zum Objekt seiner eigenen Theorie gemacht wird: Der Roman nimmt seine Metaphorologie beim Wort in einem poetologischen Experiment, das eruiert, wie ein Erzählen aussähe, das die Trostkraft der Metapher wörtlich nähme, ohne zu verschleiern, dass die Metapher eine Deutung und keine Beschreibung der Wirklichkeit liefert, also eine logische Verlegenheitsstelle überbrückt. Blumenberg ist auf der Handlungsebene Teil dieses Experiments, auf der Darstellungsebene aber zugleich Beobachter, der metatextuell kommentiert, was der Löwe konzeptionell und poetisch leistet: „der Löwe *verkörpert* [...] das Wunder"[59] und verleiht der Unbegrifflichkeit „Gestalt".[60]

Der Löwe ist also im strengen Sinne nicht metaphorisch in seiner psychischen Bedeutung für Blumenberg – da hat er eher die Qualitäten eines Symbols. Er vertritt aber metaphorisch die Bedeutung der Metapher für Blumenbergs Konzept von der Lesbarkeit, also Deutbarkeit der Welt als imaginären Trost angesichts ihres realen Absolutismus, und er vertritt in der Narration die Rolle des Ineffabile, das

---

(man denke etwa an E. A. Poes „The Fall of the House of Usher"). Dann wäre auch für den Leser nicht zu klären, welche der beiden Welten den höheren ‚Realitätsgehalt' hätte. Im Unterschied zum Fantastischen, wie Tzvetan Todorov es definiert, bestimmt dieser Zweifel aber ebenso wenig die fiktionale Welt des Romans wie Verunsicherung ihren Helden zeichnet.

58 Lewitscharoff, Blumenberg, S. 18 f.

59 Lewitscharoff, Blumenberg, S. 87 (Hervorhebung AP). Vgl. auch: Er verfügt über die „Zeige- und Bestätigungskraft der Wunder" (Lewitscharoff, Blumenberg. S. 87).

60 Im Zusammenhang seiner *Theorie der Unbegrifflichkeit* heißt es zur Gestaltwerdung: „Unbegrifflichkeit will mehr als die ‚Form' von Prozessen oder Zuständen, sie will deren ‚Gestalt'." (Hans Blumenberg, Schiffbruch. S. 101). Der fiktive Blumenberg des Romans nimmt auf diesen Veranschaulichungs- und Konkretionsaspekt direkten Bezug, wenn er empfindet, „dass in Gestalt des Löwen eine außerordentliche Ehre ihm widerfuhr, gleichsam eine Ehrenmitteilung der hohen Art war überbracht worden, von langer Hand vorbereitet und nach eingehender Prüfung ihm gewährt." (Lewitscharoff, Blumenberg, S. 9 f.).

Gestalt wird,[61] ohne berührbar zu sein.[62] Als „Fleischwerdung des Gedankens"[63] dient die Metapher der Erzählbarmachung eines gedanklich abstrakten Stoffes.

Mit anderen Worten: An die Kraft der Metapher muss man so glauben, als sei sie real, um die Wirklichkeit im Zaum zu halten, indem man ihr Sinn und Ordnung zuschreibt; man darf aber nicht vergessen, dass das ein kultureller Akt ist, dessen Macht sich nicht auf die Wirklichkeit erstreckt, sondern lediglich auf ihre Interpretation. *Blumenberg* führt vor, dass diese Lektion sich nicht im Hörsaal lernen lässt, weder vor noch mit ‚Bologna'.

3 Ideologie und Erlebte Rede – Szientistische Scheuklappenlektüre versus ästhetische Bildsamkeit. Judith Schalansky: *Der Hals der Giraffe. Bildungsroman*

Die Bildungsskepsis teilt Lewitscharoff mit der Hauptfigur in Judith Schalanskys *Hals der Giraffe*, mit Inge Lohmark, einer fünfundfünfzigjährigen Lehrerin für Biologie und Sport. Auch sie hält die Realität für eine „unbarmherzige Abfolge von überraschenden Ereignissen",[64] verständlich allein aus evolutionsbiologischer Perspektive. Die wendet Lohmark auf alle Erscheinungen des sozialen, politischen und privaten Lebens an, und sie erweist sich, so scheint es, als geeignet, die Wirklichkeit adäquat zu erfassen: Das Gymnasium, an dem Lohmark unterrichtet und das nach der Wende in „Charles Darwin" umbenannt wurde, muss wegen Schülerschwund schließen. Der Kalauer „Das Darwin stirbt aus"

---

61 Eine andere – metaphorische – Wendung für diese Art der Erscheinung lautet ‚ins Licht treten' (vgl. Lewitscharoff, Blumenberg, S. 21).
62 Auch dies in einem wörtlich zu verstehenden Sinne, insofern der Löwe im Roman unberührt bleibt: So wie die Figur Blumenberg im Hinblick davor zurückscheut, durch eine „Handprobe" (Lewitscharoff, Blumenberg, S. 123) zu überprüfen, ob der Löwe, der „als Zuversichtsgenerator" „fungiert […]" (Lewitscharoff, Blumenberg, S. 129), ‚real' ist, und sich dazu entscheidet, diese Frage in der Schwebe zu lassen, so bleibt sie auch narrationsstrategisch in der Schwebe.
63 So Sibylle Lewitscharoff im Interview mit Jürgen Wiebicke, 2011, verfügbar unter: https://gpodder.net/podcast/das-philosophische-radio-im-wdr-5-radio-zum-mitnehmen/5-121 [11.01.2014].
64 Schalansky, Giraffe, S. 104. Die pädagogischen Konsequenzen dieser Weltsicht lauten dementsprechend: „Kurzkontrolle war noch das Lebensnahste, was die Schule zu bieten hatte. Vorbereitung auf die Realität, auf die unbarmherzige Abfolge von überraschenden Ereignissen." (Schalansky, Giraffe, S. 104).

pointiert Lohmarks Weltsicht und verweist zugleich auf ihre Lesart der jüngeren politischen Geschichte, in der die DDR im Kampf um *survival of the fittest* unterlag. Das gibt Darwin Recht und falsifiziert seinen Gegner Jean-Baptiste de Lamarck. Dessen Theorie von der Vererbbarkeit erlernter Eigenschaften hatte der sowjetischen Biologie als wissenschaftliche Grundlage nicht nur für eine quasi Umerziehung von Pflanzen und Tieren gedient,[65] sondern war auch die Basis eines sozialistischen, ganz auf Erziehung setzenden Menschenbildes.

„Das Darwin stirbt aus" enthält in nuce das Programm einer sich selbst abschaffenden Ideologie, in Gestalt einer sich aus dem Text herausschreibenden Erzählinstanz. Das betrifft die selbstreferentielle Ebene des Romans, die aber, wie auch bei Pehnt und Lewitscharoff, nicht vom Thema der ‚Lektüre von Welt' in Bildungsprozessen und bei der Lesesozialisation (auch der des Rezipienten) zu trennen ist:

> ‚Setzen' sagte Inge Lohmark, und die Klasse setzte sich. Sie sagte ‚Schlagen Sie das Buch auf Seite sieben auf', und sie schlugen das Buch auf Seite sieben auf.[66]

Diese Eingangssätze des Romans richten sich nicht allein an die Schüler, sondern auch an den Leser, der, indem er liest, „das Buch auf Seite sieben auf[geschlagen]" hat und auf den folgenden Seiten eben jene Kapitelüberschriften und Kolumnentitel wiederfindet, die Lohmark eingangs als Unterrichtsgegenstände ankündigt. Solche Autoreferentialität durchzieht als ständige Verschränkung von Erzählinhalt, Erzählweise und Buchgestaltung den gesamten Roman. Das ist nicht nur ästhetischer Mehrwert oder postmoderne Spielerei, sondern erweitert den Bildungsanspruch, den der Roman im Untertitel trägt, über das ‚Bildnerische' der Anschauung auf eine intermediale Rezeption durch den Leser. Dessen Bildungsdrang wird gleichermaßen bedient wie subversiv unterminiert, insofern seine Erwartungen enttäuscht werden: Entgegen der Gattungstradition steht nicht der Entwicklungsprozess eines männlich adoleszenten Schülers im Zentrum, sondern die Desillusionierung einer alternden Lehrerin, die überzeugt ist: „Der

---

65 Innerhalb ihres biologistischen Weltbildes sieht sie Versuche, die evolutionsbiologische Zwangsläufigkeit in Richtung eines „schöpferischen Darwinismus" (Schalansky, Giraffe, S. 140) zu korrigieren, als gescheitert an: Im Kommunismus unternommene Zucht-Versuche, Pflanzen auch an ungastliche Umgebungen anzupassen, resümiert sie als „Versommerlichung des Weizens" (Schalansky, Giraffe, S. 140). „Die Erziehung der Hirse. Die Eroberung des Brots. Das Land als Labor" (Schalansky, Giraffe, S. 139) in Gestalt einer instrumentellen „proletarische[n] Biologie" (Schalansky, Giraffe, S. 142) haben die Wissenschaft ebenso diskreditiert wie die schulische Wissensvermittlung.
66 Schalansky, Giraffe, S. 7.

Bildungstrieb, das war Zeugung, Ernährung und Reproduktion."[67] Die feministisch-biologische Korrektur der männlich-idealistischen Folie des Bildungsromans steht im Einklang mit der genetisch fundierten Überzeugung der Heldin: „Männer sind Nicht-Frauen" und: „Das Ypsilon ist nur dafür da, dass die Entwicklung zum Weiblichen unterdrückt wird",[68] denn: „Nicht nur die Fortpflanzung war weiblich, auch der Wissensvorsprung."[69] Der im Lehrberuf als *déformation professionelle* verstetigte Wissensvorsprung, die deterministisch-utilitaristische Weltsicht und autoritäre Überlegenheit bestimmen Lohmarks Verhältnis zu ihrer Umgebung und zum Leser, denn der gesamte Roman besteht ausschließlich aus Erlebter Rede. Es existiert also kein außerhalb des Bewusstseins von Inge Lohmark angesiedeltes Korrektiv zu ihrer monoman monoperspektivischen Sicht und Rede. Insofern ist der autoritäre Duktus der Figur zugleich der der Erzählweise: „Bei ihr gab es kein Mitspracherecht und keine Wahlmöglichkeit. Niemand hatte eine Wahl. Es gab die Zuchtwahl und sonst nichts."[70]

Im lakonisch verknappten, stakkatohaft ungeduldigen, böse pointierenden, zuweilen witzigen Stil der Rede werden alle menschlichen und sozialen Phänomene auf einen biologistischen Kern hin reduziert, kulturelle, kreatürliche, soziale und historische Erscheinungen in momenthafter Scheinplausibilität kurzgeschlossen. Zu den rezeptionspsychologischen Ködern gehört die suggeriert authentische Eins-zu-eins-Entsprechung von Gedanke und Rede durch die Verweigerung von *political correctness:*[71]

> Was man alles nicht mehr sagen durfte: Neger, Fidschis, Zigeuner, Zwerge, Krüppel, Sonderschüler. Als ob damit irgendwem geholfen wäre. Sprache war doch dazu da, klarzumachen, was gemeint war. Die Wirbellosen nannte man schließlich auch wirbellos. Immer gab es irgendwas, das man nicht sagen durfte.[72]

Was in der Evolutionstheorie keinen Platz hat, hat auch keine Existenzberechtigung: „Im neuen Lehrplan wurde tatsächlich behauptet, dass Homosexualität eine Variante des Sexualverhaltens sei. Als ob das Geschlechtsleben Varianten

---

67 Schalansky, Giraffe, S. 153.
68 Schalansky, Giraffe, S. 122.
69 Schalansky, Giraffe, S. 135. Ihren Wissensvorsprung nutzt Lohmark nicht nur, um die Familienverhältnisse ihrer Schüler durch Blutgruppenbestimmung in Unruhe zu versetzen: „Mal sehen, ob wieder ein Kind dabei war, das danach keinen Vater mehr hatte." (Schalansky, Giraffe, S. 135).
70 Schalansky, Giraffe, S. 9 f.
71 So schreibt Lohmark „im Sport die Verlierer an die Tafel [...]. Aber wer sonst sollte nach dem Unterricht die Matten und Geräte wegräumen?" (Schalansky, Giraffe, S. 137).
72 Schalansky, Giraffe, S. 112.

nötig hätte!"[73] Und: „Der Enddarm war nun mal kein Geschlechtsorgan. Die Schwulenkrankheit. Es war wirklich das klügste aller Viren."[74]

Am Thema Homosexualität wird deutlich, wie Lohmarks Ideologie, die durch sie infiltrierte Weltsicht und die diese wiedergebende Erzählweise der Erlebten Rede sich unterminieren. Als Lohmark beginnt, sich für eine Schülerin zu interessieren, wandelt sich die Tiefenstruktur der Rede: An die Stelle kurzschlüssigen szientistischen Analogisierens tritt bildhaft-assoziatives Verknüpfen, ohne dass die Oberflächenstruktur der lakonischen Verknappung das zu erkennen gäbe. Die unerklärliche homoerotische Attraktion bleibt so auch vor dem Bewusstsein der Figur camoufliert. Als Chiffre des homoerotischen Begehrens dient die Mischgeschlechtlichkeit der Schnecken.[75] Die sich in Parthenogenese fortpflanzenden langsamen „Zwitter" sind zum einen Gegenbild zur Heterosexualität mit ihren „hastig ausgeführte[n] Geschlechtsakte[n]";[76] zum anderen bilden sie in ihrem Paarungsverhalten das utopische Modell einer Vereinigung über die Generationengrenzen hinweg: „Jung mit alt. [...] Die Trennung verlief nicht zwischen den Geschlechtern, sondern zwischen jung und alt."[77]

Während das Unkontrollierbare als Durchbruch des Verdrängten ins Bewusstsein und in den Diskurs der Hauptfigur dringt und deren Ordnung aufweicht,[78] verliert Lohmark auch auf der Handlungsebene die Kontrolle und muss, nicht etwa, wie sie fürchtete, wegen ihrer erotischen Vorliebe, sondern wegen Vernachlässigung ihrer Aufsichtspflicht einem Mobbing-Opfer gegenüber, ihren Posten verlassen. Sie scheitert letztlich an der Macht der Schwachen. Der Lese- und Lernprozess des Rezipienten besteht darin, das in der Erlebten Rede Ausgesparte zu erschließen und das Strukturmuster dieser Leerstellen zu dekodieren. Auch ohne externe Relativierungsinstanz lässt sich so, subversiv, der autoritäre Welterklärungsanspruch gegen den Strich lesen.

---

73 Schalansky, Giraffe, S. 128.

74 Schalansky, Giraffe, S. 129.

75 Die Schnecken sind ein Leitmotiv, vgl. auch: Schalansky, Giraffe. S. 132 und passim.

76 Schalansky, Giraffe, S. 121.

77 Schalansky, Giraffe, S. 102.

78 So zerfallen die vorgeblichen Analogien von Biologie, Gesellschaft und Sozietät, die sich nur noch als sprachliche, nicht mehr aber als inhaltliche Zusammenhänge aufrechterhalten lassen: „Zellerneuerung um jeden Preis. [...] Die Zelle war politisch. Die Familie die kleinste Zelle der Gesellschaft. [...] Die Pyramide der Lebensalter. An der Spitze stand die Familie. Welche Familie? Sie hatte einen Mann, der Strauße liebte, und eine Tochter, an die sie sich kaum noch erinnern konnte. Die Zelle, der Ort aller Krankheiten, allen Übels. Dass Vater einfach so gestorben war. Ihre Haare waren weiß geworden." (Schalansky, Giraffe, S. 143).

4 Ein Resümee

Die behandelten Romane setzen sich thematisch und diskursiv mit von Autoritäten entwickelten Lektüremodellen von Wirklichkeit auseinander. Diese Lektüremodelle finden auf Figurenperspektive als Welterklärungsmodelle im Sinne von Ideologien, Weltsichten oder Interpretationsmodellen Anwendung und schreiben sich im Erzählerdiskurs fort. Der variiert zwischen dem monoman-exklusiven Alleinerklärungsanspruch einer Ideologie in der Form Erlebter Rede (bei Schalansky), den konkurrierenden Interpretationsweisen von Bildung und Institution in Gestalt eines doppelbödig reflexiv-trivialen Erzählens (bei Pehnt) und der Unterordnung differenter Lebensmodelle unter eine Master-Lesart (bei Lewitscharoff). Narratologisches Programm und thematische Fokussierung auf Bildungsprozesse stehen in einem Spiegelverhältnis. Auf den ersten Blick entspricht die Erzählhaltung der explizit privilegierten Weltsicht – die Satire scheint Bologna-kritisch (Pehnt), das bildhafte Erzählen trostspendend (Lewitscharoff), der darwinistische Blick auf die Welt nüchtern und illusionslos (Schalansky).

Genauer betrachtet unterminieren die Romane aber den Anspruch ihrer Erzählinstanzen, zum einen, indem sie ihn in ein Spannungsverhältnis zur Tradition des literarischen Genres setzen (wie bei Pehnt und Schalansky), zum anderen, indem sie seine Verbindlichkeit implizit in Frage stellen. Das versetzt die Rezipienten in die Situation, die Texte mit und gegen ihre eigene Programmatik und Poetik lesen zu können. Insofern sind die Romane von besonderem lesesoziologischem und rezeptionspsychologischem Interesse. Dieses Kriterium ist in den Diskussionen um Gegenwartsliteratur bis dato unterbelichtet. Gegenwärtigkeit wird dominant thematisch definiert (etwa in Richard Kämmerlings *Das kurze Glück der Gegenwart*[79]), es fehlt indes ein Verständnis von Gegenwärtigkeit als Kriterium der Ästhetisierung (d. h. der Sinnlich-Wahrnehmbarmachung) von Erfahrung und deren Kommunikation qua Literatur. Genau das leisten die vorgestellten Bücher in mehrfacher, auch intermedialer Hinsicht. Dabei spielt das buchgestalterische Element eine wichtige Rolle – die Übernahme der druckgraphischen Spezifika von didaktisierten BA-Einführungen in Pehnts Campusroman oder die Kolumnentitel, Illustrationen und der DDR-Leineneinband früherer Biologiebücher bei Schalansky[80] verweisen materialiter auf die Autoreferentia-

---

79 Richard Kämmerlings, Das kurze Glück der Gegenwart. Über Deutschsprachige Literatur seit '89, Stuttgart 2011. Das Buch enthält überarbeitete und gekürzte Passagen von Artikeln, die zuvor bereits in der *Frankfurter Allgemeinen Zeitung* erschienen sind.
80 Der Roman wurde von der Stiftung Buchkunst zum schönsten Buch des Jahres 2012 gekürt (vgl. http://www.stuttgart-liest-ein-buch.de/sleb2015-der-hals-der-giraffe-typografisch-seziert/). Die

lität des Erzählens. Diese aktualisiert sich in den Romanen über die Auseinandersetzung mit männlichen Denk- und Narrationstraditionen (von Darwin über David Lodge als paradigmatischem Autor von Campusnovellen bis zu Hans Blumenberg). Das führt bei Pehnt und Schalansky zu neu ‚gegenderten' Erzählentwürfen; allerdings wirkt, das zeigt Pehnts Fall, Trivialität als ironische Travestie weiblicher Autorschaft immer noch schädlich auf die Positionierung einer Autorin im literarischen Feld. Lewitscharoff, die gender- und formenkonservativ erzählt, gelang es, sich im literarischen Feld als *Poeta docta* zu positionieren – auch dies eine Leistung literarischer Inszenierung als gelenkter Kommunikation zwischen Werk und Leserschaft. Angesichts eines so machtstrategischen Erfolgs von Einschüchterungspoetik muss man anerkennen: „Gut gebrüllt, Löwe/Lewitscharoff!"

Autorin, Mediengestalterin und Typographin, erklärt im Interview, sie „mochte Leineneinbände immer, und es sind auch vor allem viele naturwissenschaftliche Werke, die dann eine tolle Tierprägung da drauf haben, eine Grafik. Das bot sich an. Gleichzeitig ist es eine Art Nichtgestaltung. Es ist von der Anmutung her etwas, was jetzt nicht schreit, sondern rein über die Materialität eigentlich geht." Siehe: Ulrich Rüdenauer, Ein haptisches Kunstwerk. Sie ist nicht nur Autorin, sondern auch Buchgestalterin – Judith Schalansky (Deutschlandfunk 19.10.2011; verfügbar unter http://www. deutschlandfunk.de/ein-haptisches-kunstwerk.700.de.html?dram:article_id=85269). Die poetologische Bedeutung des Leineneinbands wurde im Zusammenhang der späteren Auflagen deutlich, als Lieferengpässe die Autorin zu grundlegender Kritik am kapitalistischen Markt anregten, vgl.: https://freestland.wordpress.com/2012/01/14/judith-schalansky-leinenzwang-bei-suhrkamp/.

Susanne Berkenheger
Liebe Analphabeten!

Zur Psychopathologie der Autor-Leser-Interaktion in multilinearer Hyperfiction

„Wahnsinn!", denkt die Hyperfiction-Autorin, „meine Leser berühren mit ihren zarten Fingerspitzen (beziehungsweise ihren zarten Mauszeigern) meine ureigenen Autorinnenworte, um mir per Touch (oder Klick) ihre geheimen Wünsche zuzuflüstern. Mit meinen eigenen Worten sprechen die mit mir! Wie überaus schmeichelnd und aufregend! Endlich wird mal meine Bedeutung erkannt!" Andererseits erfährt dieselbe sich informierende Autorin (z. B. von der Wissenschaftlerin Marie-Laure Ryan), dass ihre Leser Hyperfiction gar nicht lesen, sondern nur klicken. Und wenn die Autorin ehrlich ist, macht sie es selbst als Leserin von Hyperfiction mitunter ebenso.). „Was für ein Affront! Diese Analphabeten!", flucht die empörte Autorin. Die Leser wiederum denken: „Wahnsinn, diese Autorin geht aber mal auf mich ein! Die reagiert ja auf das, was ich klicke. Die erzählt nur mir ganz persönlich diese Geschichte genau so. Anderen Lesern erzählt sie sicher viel langweiligeres Zeug. Wie überaus schmeichelnd und aufregend! Endlich erkennt mal wer meine individuelle Bedeutung!" Das glauben die Leser in den ersten Minuten ihrer Lektüre. Eine Viertelstunde später fragen sich die ersten, gerade entstehenden Analphabeten: „Hört diese Autorin mir eigentlich zu, oder was?" Und sie schimpfen: „Diese Autorin ist doch höchst abgelenkt. Während sie so tut, als interessiere sie sich speziell für das, was ich hier in ihrem Text klicke, denkt sie doch in Wahrheit ständig an all die anderen Leser, die irgendwas ganz anderes klicken. Und an keinen Leser denkt sie richtig. So eine oberflächliche Heuchlerin! Was für eine Affront!"
In dieser verzwickten Double-Bind-Beziehung agieren also Autor und Leser multilinearer Hyperfiction miteinander. Da fragt man sich schon: Kann so überhaupt Fiction funktionieren, und falls ja, was für eine.

So. Der Einstieg in diesen Text wäre geschafft – einigermaßen. Und jetzt? Wie weiter? Der Rest der Seite leuchtet mich hell an. Oder ist es ein Raum? Mit fünf leeren Stühlen drin, die zusammen mit mir einen Kreis bilden, denn ich sitze auf dem sechsten. Noch bevor ich diese Frage klären kann, klopft es.

„Ja, bitte?"

Die Tür springt auf, eine junge Frau hinterher, fast noch ein Mädchen mit fliegenden Zöpfen, die Kleidung in Fetzen, Blutstriemen an Gesicht und Beinen.

„Bin ich zu spät?" keucht sie und: „Diese Taxis! Nie sind sie da, wo man sie braucht. Gerade nach Bombenexplosionen. Fürchterlich!" Angewidert klaubt sie sich einige Pelzhaare aus dem Mund.

DOI 10.1515/9783110543209-015

Immer wieder erstaunlich, was für Personen ich kenne, denke ich und sage: „Veronika, wie schön, dass du da bist." Veronika ist die Hauptperson meines ersten Hypertexts *Zeit für die Bombe*. „Zu spät?", wiederhole ich ihre Frage und antworte mir selbst: „Nein gar nicht, du kommst gerade recht." Und weil sie immer noch unentschlossen vor mir steht, deute ich auf den Stuhl zu meiner Linken: „Setz dich doch!"

Doch bevor sie darüber auch nur nachdenken kann, kommt ein gutaussehender junger Mann durch die offenstehende Tür geschlendert, streckt von hinten die Hände nach den letzten Fetzen ihrer Pelzjacke aus, fragt: „Darf ich behilflich sein?", während er bereits das Fell von ihrem Rücken zupft, und flüstert in ihren Nacken: „He, kennst du eigentlich den schwarzen Fisch?"

Ha! Schwarzer Fisch! Dann kann das niemand anders sein als: „Ed, hallo! Wie schön!", rufe ich aus. Ed stammt aus meinem zweiten Hypertext *Hilfe!*, den Veronika natürlich gar nicht kennt. Deshalb reagiert sie verwirrt:

„Hä? Welcher schwarze Fisch?", fragt sie und sinkt auf den Stuhl neben mir.

„Veronika, das ist …". versuche ich die beiden miteinander bekannt zu machen und die Fischsache zu klären. Da tönt es von der Tür:

„Schwarzer Fisch? Tjaha, ich kenne ihn!" Wir schauen alle drei und sehen: eine wilde Gestalt mit langen Haaren und in einem selbstgefertigten Fellumhang, als habe sie die letzten zehn Jahre auf einer einsamen Insel verbracht. Robinson Crusoe? In keiner meiner Hyperfiction kommt Robinson Crusoe vor. Oder doch? Mit leichten, federnden Schritten kommt die zottelige Person näher. Mann oder Frau? Schwer zu sagen.

Ed mustert die Gestalt kurz, dann stößt er ein fragendes „Du?" aus.

„Ähm …", sag ich, „hallo, herzlich willkommen, Herr, äh Frau …".

Ein lautes „Augen auf" reißt mich aus meiner peinsamen Lage. Die Stimme gehört zu einer Frau in einem engen weißen Bademeisterkittel. Ihre grünen Schlappen schmatzen aufreizend auf dem Linoleumboden, als sie den Raum betritt. Ah! Meine Schwimmmeisterin aus meinem gleichnamigen Hypertext.

„Nichts als Ärger hat man mit diesen Praktikanten!", stöhnt sie und lässt sich ungefragt auf einen Stuhl fallen, schlägt die Beine übereinander und wedelt mit einem ihrer Schlappen. Worauf Ed und sein Kumpan oder Kumpanin ebenfalls auf zwei Stühle nebeneinander sinken. Die Schwimmmeisterin quietscht gerade grundlos hell auf, als eine weitere weibliche Person mit einem Tablet in der Hand hereinkommt und die Tür hinter sich zuwirft.

„Entschuldigung", murmelt sie, schmeißt sich auf einen Stuhl und wirft mir von dort einen schnellen, scharfen Blick zu, bevor sie beginnt, auf ihrem Tablet herumzutippen. Es handelt sich um eine Person, die oft mit mir verwechselt wird: nämlich die Erzählerin aller meiner Hypertexte. Sie scheint heute nicht besonders gut drauf zu sein. Und das, wo unser Verhältnis eh schon getrübt ist. Angeblich verlange ich Unmögliches von ihr. Sagt sie.

So. Alle Stühle sind besetzt.

„Herzlich willkommen!", rufe ich in die Runde, „Ihr wisst ja, warum ich euch hier zusammengerufen habe: Es sind mir einige Probleme und Beschwerden über die multilineare Hyperfiction zu Ohren gekommen, die wir heute besprechen und, wer weiß, klären wollen."

Da mir immer noch nicht klar ist, wer diese Robinson-Crusoe-Figur ist, schlage ich gewitzt vor, mit einer Vorstellungsrunde zu beginnen. „Mich als eure Autorin kennt ihr wohl alle, deshalb gebe ich das Wort gleich weiter an meine Nachbarin zur linken, Veronika, die als erste heute hier eintraf – trotz äußerst widriger Umstände. Stimmt's?"

„Ich, äh ...".

„Lass gut sein, Veronika!", wird sie von der Erzählerin unterbrochen. „Diese widrigen Umstände werden nur wieder mir angelastet. Das kenne ich schon."

„Na ja ...", beginnt Veronika, aber die Erzählerin lässt sie nicht zu Wort kommen:

„Ich weiß genau, was diese sogenannte Autorin ..." – sie wirft mir einen vernichtenden Blick zu – „... mir vorwirft. Ich würde zu viel mit den Lesern tratschen, anstatt mal die Geschichte zu erzählen oder euch, meine Figuren, ordentlich zu skizzieren. Pfff! Seit Jahren dieselbe Leier. Sicher hat sie euch vor meinem Eintreffen nach Kräften gegen mich aufgehetzt? Stimmt's? Dabei: Was soll ich denn tun? Wenn Leser in so einer multilinearen Erzählung rumklicken, kann ich die doch nicht einfach ignorieren. Die sind dann nämlich ebenso handelnde Personen wie ihr. Nur meist total verwirrte handelnde Personen. Statt wirklich vernünftig aktiv zu werden, stehen sie an allen möglichen und unmöglichen Ecken der Geschichte im Weg rum. Da ist es doch das Mindeste, dass ich als Erzählerin ein paar orientierende Worte mit diesen desorientierten Lesern wechsle."

„Orientierende Worte?" stößt Veronika ungläubig hervor. „Du verwirrst die doch nur noch mehr. Und was wir, die handelnden Personen der Geschichte, treiben, ist dir doch total egal."

„Das ist doch eine hundsgemeine Unterstellung!" schimpft die Erzählerin, guckt mich finster an und fordert: „Sag du auch mal was!" Ausgerechnet ich soll jetzt dazu was sagen! Gerade hat sie mich noch angeschwärzt. Aber ich komme sowieso nicht dazu, auch nur Piep zu machen, weil sie sofort in hohen Tönen weiterredet.

„Natürlich seid ihr mir extrem wichtig. Ihr seid doch meine Figuren! Ohne euch bin ich nichts. Deshalb rede ich ja dauernd mit diesen Lesern. Damit die dranbleiben, damit die weiterklicken, wie sollen die denn sonst von euch erfahren. Und: Die sind nicht gerade einfach, diese Internetleser. Ganz schwer, mit denen irgendeine Bindung aufzubauen. Die wollen nämlich Freiheit. Freiheit für den Leser? Was für ein Schmarrn. Denn wer muss denn für diese angebliche Leserfreiheit bezahlen? Ich! Ich als Erzählerin. Während die Leser in lauter verschiedene Ecken des Textes auseinanderlaufen, habe ich alle Hände voll zu tun, sie irgendwie wieder einzusammeln, damit sie wenigstens die wichtigsten Szenen mitkriegen. Hölle! Da muss man ganz schön grell und laut sein, sonst hören die einen nicht. Die reagieren meist nur auf krasse Oberflächenreize. Ohne die nehmen die einen gar nicht wahr. Denen kann man nicht mit tiefen Charakterstudien kommen oder filigranen Erzählstrukturen."

„Schon klar!" unterbricht Veronika bitter, „Deswegen muss man auch immer wieder Hauptpersonen von Bomben zerfetzen lassen!" Anklagend deutet sie auf ihre blutige Stirn und die zerfetzten Klamotten. „Aber das ist nicht mal das Schlimmste. Denn schon vorher, bevor ich in diesem Text zerrissen werde, beziehungsweise bevor der Leser weiß, dass ich immer schon total zerfetzt und zerrissen bin, von Anfang an, schon da werde ich wie eine Irre durch Moskau gehetzt – ohne Sinn und Verstand. An keiner einzigen Häuserecke darf ich mich mal anlehnen, um vielleicht mal darüber nachzudenken, was ich überhaupt da mache und warum. Wie zum Geier soll man denn so einen Charakter darstellen?"

„Wenigstens weißt du, dass du eine Frau bist. Guck mich mal an", stöhnt Robinson Crusoe und fährt sich durch die langen Haare. „Allein schon diese Frisur!"

Die Erzählerin schreit: „Jetzt reicht's aber doch mal: Was ist denn mit der Frisur?"

„Die sieht grässlich aus. Aber im Originaltext habe ich überhaupt keine Frisur, überhaupt kein Aussehen, keine Klamotten, keinerlei Vorlieben oder Abneigungen und nicht mal ein Kurzzeitgedächtnis, geschweige denn eines, das weiter zurückreichen würde. Mit jedem Leserklick habe ich komplett vergessen, was ich bis dahin erlebt habe, Alzheimer, in der höchsten Stufe. Nur dass ich so tun muss, als sei das alles total normal. Dabei: Vollkommener Wahnsinn ist das!" Robinson Crusoe guckt die Erzählerin finster an: „Was hat dich da nur geritten?"

Die Erzählerin starrt mit feuchten Augen vor sich hin und führt einige herzzerreißende Schluchzer auf.

Ed wirft ihr einen kurzen Blick zu, dann säuselt er, so laut, dass alle es hören können, in die neben ihm sitzende grässliche Frisur hinein: „Vielleicht leidet sie an einer multiplen Persönlichkeitsstörung und die hat sie dann leider auf dich übertragen, mein armer Liebling!"

„Ihr seid total gemein!", platzt es aus der inzwischen haltlos schluchzenden Erzählerin heraus, „Ihr Un...".

Doch Ed redet ungerührt weiter Richtung Haargewirr: „Jedenfalls wird mir jetzt manches klar. Ich dachte immer, es liegt an mir und diesem blöden schwarzen Fisch, mit dem ich – dank eines Einfalls dieser Erzählerin – immer wieder ankommen muss. Du weißt, was ich meine: Kaum wird es mal schön gemütlich auf unserem Eisbärfell, springst du total ungemütlich auf und davon. Fast hätte mich das in eine künstlerische Krise gestürzt. Wollte schon meine gesamten lyrischen Fischmeldungen wegschmeißen."

„Das ist ungeheuerlich!", schnieft die Erzählerin.

„Leute, Leute, jetzt beruhigt euch mal wieder, wir ...", säusle ich. Doch Robinson Crusoe schnaubt so laut, dass ich nicht mal selbst verstehe, was ich sagen wollte.

„Da gibt es gar nichts zu schnauben, Jo!", schimpft die Erzählerin.

Jo!!??? Robinson Crusoe ist Jo? Meine Leserstellvertreterfigur aus der Hyperfiction *Hilfe!*. Hätte nie gedacht, dass Jo so aussieht. Tatsächlich hatte ich bis heute überhaupt keine Vorstellung, wie Jo aussieht. Wie auch? Jo hat es ja bereits ganz richtig erklärt: In jeder Szene ist Jo jemand anderes, mal Mann, mal Frau, je nachdem, wie der jeweilige Leser klickt.

„Ja, ich wollte nur sagen", sagt Jo, „dass ich ja so ein Text gewordener Leser der Erzählerin bin und ...".

„Eben! Eben!" ergänzt die Erzählerin, jetzt wieder gefasster. „Ohne mein ständiges Geplapper mit diesen überaktiven Lesern gäbe es dich nämlich gar nicht, Jo! Schon mal darüber nachgedacht? Und schon gar nicht als Hauptperson. Nur weil mich diese Leser so derart ablenkten, kam die Autorin hier ..." – die Erzählerin fuchtelt dabei mit ihrem Finger in meine Richtung – „... auf die Idee, einen Leserstellvertreter in der Geschichte mitspielen zu lassen. Damit nämlich ihr, die Figuren der Geschichte, mit diesem Typen sprechen könnt, und ich das dann nicht mehr tun muss. Denn ja, vielleicht ist schon was dran, dass ich in *Zeit für die Bombe* ein bisschen mehr auf die Leser als zum Beispiel auf dich, Veronika, die tragende Person der Geschichte, geachtet habe. Aber: Immerhin hat dies in Hilfe zu einer neuen starken Hauptperson geführt!"

„Ähm, na ja, stark, also das ist schon bisschen die Frage, wenn man nicht mal weiß, ob man Frau oder Mann sein soll oder ob man vielleicht mal zum Frisör muss."

„Das weiß ich doch auch nicht", ruft die Erzählerin empört dazwischen, „multilineare Texte sind halt kein Computerspiel, in denen ein immer gleicher Charakter mit der immer gleichen Frisur sich von Level zu Level schießt. Das ist ...".

Es gelingt mir ein „Bitte! Bitte!" dazwischen zu werfen, bevor Jo weiterschimpft: „Jedenfalls, ich soll da eine Figur sein, aber wie bitte soll man eine Figur sein, wenn man gleichzeitig alle möglichen Figuren sein soll. So was zerreißt einen. In der allerersten Version von *Hilfe!* war es viel schöner. Da war es klar, dass mir Ed und sein schwarzer Fisch gefällt", seufzt Jo und wirft ein Lächeln über Ed.

„Okay, Okay", unterbreche ich, „ich muss hier schon mal kurz anmerken, dass es sich bei dieser allerersten Version von *Hilfe!* nur um eine rein lineare Probeversion handelte, mit der ich das Design ausprobieren wollte." Die Erzählerin nickt heftig. Jo fährt unbeirrt fort:

„Na ja, jedenfalls, Ed ist und bleibt meine erste Liebe. Und ich bin halt eine Frau und nicht auch noch ein Mann, das geht nicht! Ich weigere mich", ruft Jo aus und greift nach Eds Hand. Ed läuft rot an, zieht seine Hand zurück, räuspert sich und erklärt ebenso bestimmt wie rätselhaft: „Der schwarze Fisch ist überhaupt nicht schwarz!"

Danach: Stille. Alle überlegen. Auch ich. Was soll das denn heißen?

„Wenn es nur das wäre", wirft schließlich die Schwimmmeisterin ein, „bei mir hat sich die Erzählerin auch noch als Programmiererin eingemischt. Ich muss mich nicht nur mit einer Leserstellvertreterfigur, dem sogenannten Praktikanten, herumschlagen, sondern noch mit einem zweiten komplett fiktiven Leser, einem Virus, welcher mit einem zweiten Mauszeiger die allermeisten Aktionen des Lesers durchkreuzt. Da wird man verrückt, wenn man auf so was reagieren muss. Solche Erzählkonstruktionen, in denen fast nur noch Leser und Leserstellvertreter vorkommen, können sich nur Verrückte ausdenken!"

„Pah!" stößt die Erzählerin aus. „Von wegen! Diese Hyperfiction ist gar nicht so übel, wie ihr behauptet. Da guckt mal ins Internet! Es ist nämlich total richtig, die Leser ins Zentrum zu stellen. Könnt ihr im Internet alles nachlesen." Triumphierend hält die Erzählerin ihr Tablet in die Höhe.

„Leser, Leser, Leser!" schnaubt die Schwimmmeisterin und wedelt heftig mit dem übergeschlagenen Bein. „Immer kommst du mit diesen Lesern an, Leser hier, Leser da. Aber was machst du dann in meinem Text mit diesen Lesern? Na? Na?" Die Erzählerin brütet stumm vor sich hin, streicht offensichtlich ohne Sinn auf ihrem Tablet herum.

„Ich weiß nicht, ob ihr das wisst", setzt die Schwimmmeisterin an und schaut verschwörerisch in die Runde, „aber in meinem Text nimmt die Erzählerin diese Leser, die ihr angeblich so am Herzen liegen, quasi als Gefangene. Das ist echt der Hammer! Von wegen Leserfreiheit! Nur die Gewitztesten können sich überhaupt aus den Fängen dieses Textes wieder befreien. Denn bei jedem Befreiungsversuch öffnen sich immer wieder neue Fenster mit neuen Texten drin. Und selbst wenn der völlig verzweifelte Leser den Browser schließt, lässt sie ihn immer noch nicht los, sondern dann kommt noch ein Fenster von außerhalb des Bildschirms hergeschossen. Also so, Leute, so sieht doch keine gute Leser-Erzählerinnen-Bindung aus, oder?" Schweigen im Raum, Entsetzen in den Gesichtern. Nur die Erzählerin starrt tief getroffen vor sich hin. Ab und an japst sie:

„Es ist nichts. Macht nur weiter. Nehmt auf mich keine Rücksicht. Nein, nein."

Veronika wirft ihr einen fast sorgenvollen Blick zu.

„Kann es sein", überlegt sie dann zögerlich, „dass sie neidisch auf uns ist? Ich mein, neidisch darauf, dass manche Leser uns womöglich lieber mögen könnten als sie? Denn ich meine, in meinem Text (*Zeit für die Bombe*), ist es schon auffällig, wie häufig sie sich immer dann zu Wort meldet, wenn ich gerade versuche, mich in einer Szene zu bewähren. Ständig drängelt sie sich mit ihren Kommentaren und ihrem Gequatsche mit dem Leser dazwischen."

„Ja ja, redet nur, als wäre ich gar nicht da. Das macht nichts. Gar nichts. Mich nimmt ja eh nie jemand wahr", kiekst beleidigt die Erzählerin.

„Nun ja", so Jo, „mir scheint, als sei sie im Laufe der Zeit immer zerrütteter geworden. Das Dazwischengequatsche in *Zeit für die Bombe* konnte ja noch als liebenswerte Schrulle durchgehen, der Entwurf meines eigenen geschlechts- und gesichtslosen Charakters als charmant naiver Versuch, aber was sie mit dem Leser nach den Berichten der Schwimmmeisterin in der *Schwimmmeisterin* macht, das kann kaum mehr als liebenswert oder charmant naiv durchgehen, das ist ja am Rande des Wahnsinns, und...".

Ein lautes Aufschluchzen der Erzählerin unterbricht Jos Redeschwall, worauf die Schwimmmeisterin nervös mit dem Fuß wippt, solange bis es ihren Schlappen vom wippenden Fuß schleudert, hinauf zur Decke und von dort direkt hinunter auf den Kopf der Erzählerin katapultiert. „Aaah!" Die kreischt, springt auf und stürzt schreiend zur Tür hinaus. Totenstille! Nur das auf dem Boden gelandete Tablet piepst.

Vier Augenpaare richten sich auf mich – erwartungsvoll. Ich rutsche unruhig auf dem Stuhl hin und her. Habe ein schlechtes Gewissen. Die Geiselnahme des Lesers, dem als Praktikant der Schwimmmeisterin gar nichts anderes übrig bleibt als ihren Befehlen Folge zu leisten, war ja nicht allein die Schuld der Erzählerin. War ja auch meine Idee. Oder besser gesagt, meine Reaktion auf ihr ständiges Gemecker, das sei nicht mehr zu schaffen mit diesen ganzen Lesern. Und diese Leserstellvertreterfigur in *Hilfe!*, die alle möglichen Leser repräsentiere, sei da echt überhaupt keine Hilfe. Da könne sie auch gleich mit jedem Leser persönlich sprechen. Und so weiter. Und so fort. Ich räuspere mich, weiß aber dann nicht, was ich sagen soll und lehne mich für einen Moment nur ermattet zurück. Das Tablet piepst ein letztes Mal, dann schaltet es sich ab. Schließlich hole ich Luft:

„Nun gut" sag ich, „die Erzählerin wird zurückkommen, sobald sie sich beruhigt hat. Bis dahin sollten wir ihre Abwesenheit nutzen."

Unwirsches Geraune ertönt. Das sind aber auch ein paar Gurken! Aber die können mich jetzt nicht beeindrucken. Überhaupt nicht. Unbeirrt fahre ich fort: „Wir", deklamiere ich, „haben jetzt die einmalige Gelegenheit, etwas anzusprechen, was ich der Erzählerin lieber nicht schon wieder unter die Nase reiben wollte. Es geht nämlich darum, dass diverse Forschungen ergeben haben, dass die Leser von Hyperfiction im Internet nicht lesen, sondern nur klicken. Derartige Erkenntnisse kann ich als Autorin natürlich nicht ignorieren. Und ihr als Figuren solltet euch, so hart es auch für euch sein muss, ebenfalls damit auseinandersetzen."

Ich hatte es schon befürchtet: Statt des angemessenen Nachdenkens, welches auf meine Worte eigentlich hätte folgen müssen, pöbelt mich Veronika an:

„Deshalb hast du die Erzählerin nicht zurückgehalten! Du wolltest, dass wir sie vergraulen."

„Ich äh ...".

„Hol' sie zurück! Der schwarze Fisch befiehlt es!", rezitiert Ed anscheinend verträumt, aber doch wach genug, um mir ins Wort zu fallen. Jo sinkt mit geschlossenen Augen an Eds Schulter, um dann wie im Traum Folgendes von sich zu geben:

„Ohne Erzählerin sind wir nichts. Allenfalls reine Theaterfiguren werden wir dann."

Ah, Theaterfiguren! Das ist ein gutes Stichwort. Ich schaue auf.

„Wäre das denn so schlimm?", will ich wissen. „Meine Theaterfiguren (zum Beispiel aus *Kampf der Autoren* oder *Ich sterbe gleich, Schatz*) haben sich bislang jedenfalls noch nie beschwert!" Allgemeines Aufgeheule.

„Wir wollen nicht umschulen."

„Wir sind Hyperfictionfiguren und keine Theaterfiguren."

„Diese Theaterfiguren kommen ja vielleicht aus dem Internet, aber die treten dort nicht auf. Weil das nämlich gar nicht funktioniert. Schon gar nicht in multilinearen Texten!"

„In solchen Texten kann keiner ohne Erzähler auftreten."

„Aus sicherer Quelle weiß ich, dass sie, diese Autorin, genau das bereits mehrfach versucht hat. Nur weil man ihr sagte, das funktioniere nicht, hat sie die Erzählerin widerstrebend weiterbeschäftigt."

„Diese Autorin muss die Erzählerin zurückholen! Jetzt sofort!"

Ach je. Kapieren sie denn gar nichts? Ich schüttle den Kopf.

„Das bringt doch nichts. Merkt Ihr denn nicht, wie sie euch manipuliert? Noch vor wenigen Minuten habt ihr euch beschwert, sie würde sich mehr für die Leser als für euch interessieren. Anstatt sich dafür mal zu entschuldigen, ist sie nur recht theatralisch rausgerannt. Auf derartige Aktionen darf man nie eingehen."

„Pfff!" stößt die Schwimmmeisterin aus und wendet sich an ihre drei Kollegen. „Leute, vielleicht haben wir die Falsche beschuldigt. Vielleicht ist gar nicht die Erzählerin schuld an unserer kargen charakterlichen Ausstattung, sondern die Autorin."

Ich räuspere mich. Was ist denn hier los? Vier Personen proben den Aufstand gegen ihre Autorin? Die Schwimmmeisterin unterbricht meine Gedanken.

„Schließlich ist die Erzählerin nur eine Angestellte der Autorin."

Angestellte?, denke ich amüsiert. Na ja.

„Wahrscheinlich", so die Schwimmmeisterin weiter, „wahrscheinlich hatte die Erzählerin gar keine andere Wahl, als sich so zu verhalten."

„Wie jetzt?", setze ich an, aber Jo spricht lauter als ich:

„Warum holen WIR die Erzählerin nicht zurück?"

„Ja, wir schwimmen ihr hinterher", verspricht Ed mit samtiger Stimme und streicht Jo übers Haar.

„Auf die Schlappen!" befiehlt die Schwimmmeisterin und springt in ihren auf dem Boden liegenden rechten Schuh. Auch Veronika ist bereits auf den Beinen und ruft „Taxi! Taxi!", bevor sie zur Tür hinausstürzt.

„Erzählerin, wir kommen!" ruft hinterherschlappend die Schwimmmeisterin. Jo legt das Tablet der Erzählerin auf einen Stuhl, wird dann von Ed an der Hand hinausgezogen.

„Komm Jo!"

„Halt! Wartet!" rufe ich, doch die Tür ist bereits ins Schloss gefallen.

„Na Toll!", rufe ich entnervt aus. Wie soll ich mit solchen Leuten zusammenarbeiten, geschweige denn einen Text verfassen? Wenn die bei der kleinsten Schwierigkeiten davonrasen? Seufzend klappe ich das Notebook auf meinem Schoß zu, stelle es auf den Boden, stehe auf, gehe zum Fenster und schaue ratlos auf die belebte Einkaufsstraße. Ach, guck mal da, sind sie das nicht? Da hinten laufen sie. Jo mit den Zottelhaaren, von denen ich bis heute noch gar nichts gewusst hatte, im Schlepptau von Ed, der Jos Hand nicht mehr loslässt, und jetzt gerade auf das hintere Ende eines Schlappen tritt, welcher der Schwimmmeisterin gehören könnte, zwei Zöpfe wie die von Veronika baumeln drüber. Nur von der Erzählerin ist nichts zu sehen. Die schämt sich jetzt hoffentlich.

Dass es um die Erzählerinnen-Figuren-Bindung nicht zum Besten stand, hatte ich schon mitgekriegt. Nicht umsonst hatte ich der Erzählerin keine weiteren Texte zum Erzählen gegeben. Aber dass das Verhältnis offensichtlich so gestört ist, überraschte mich jetzt doch etwas. Was ist nur los mit dieser Erzählerin? Liegt es am Medium Internet? Oder an der Multilinearität? Oder schlichtweg daran, dass ich ihr nie verheimlicht habe, dass ihre Leser zwar da sind und lustig in ihren Geschichten rumklicken, diese aber meistens gar nicht lesen? Macht sie dieses Wissen verrückt? Versucht sie deshalb, immer im Mittelpunkt zu stehen und die Leser mit absurden Provokationen zu manipulieren? Häufig tritt sie auch unbeholfen anzüglich oder verführerisch auf. Sie wechselt rasch und unvermittelt ihren stets oberflächlichen Gefühlsausdruck, pflegt einen übertrieben impressionistischen beziehungsweise expressionistischen Sprachstil, will mit visuellen Effekten Aufmerksamkeit erhaschen, neigt zur Selbstdramatisierung und Theatralik und zeigt ein übermäßiges Bedürfnis nach Aufmerksamkeit, Bestätigung, Anerkennung und Lob. Und so weiter und so fort. Kurz: Sie ist wohl das Paradebeispiel für eine Person mit einer ausgewachsenen histrionischen Persönlichkeitsstörung. Zu ihrer Ehrenrettung sei allerdings angemerkt, dass wir alle – wegen der ganzen Medien – inzwischen unter dieser Störung leiden sollen, mehr oder weniger halt. Sagt zumindest der Psychologe Peter Winterhoff-Spurk. Der Histrio sei der neue Sozialcharakter unserer Gesellschaft. Schuld daran sei – neben den ganzen Medien – vor allem die zunehmende Bindungsunsicherheit. Bindungsunsicherheit? Da haben wir's ja schon. Denn was könnte die Bindung einer Erzählerin an ihre Leser wohl mehr verunsichern als das Wissen, dass – egal an welchen offenen Enden sie ihre Erzählung gerade weitertreibt – an jeder Textverzweigung Leser verloren gehen, weil die einem der anderen angebotenen Links folgen? Wer hat die überhaupt gesetzt? Die Erzählerin selbst? Oder waren es autonome Abspaltungen ihrer selbst? Hat ein multilinearer Text nicht nur eine, sondern viele Erzählerinnen, die alle miteinander um die Leser konkurrieren? Hach je. Solche Fragen können eine Erzählerin schon quälen und zu immer drastischeren Inszenierungen drängen.

Draußen sehe ich den letzten Zipfel von Jos Haaren hinter einer Häuserecke verschwinden und erinnere mich mit Schrecken daran, wie ich die arme malträtierte Erzählerin immer wieder auch noch damit quälte, dass selbst die Leser, die ihr gerade folgten, gar nicht lasen, was sie erzählte. Höchstens wenn sie ihnen mal was besonders Krasses vor die Augen warf. Oh Mann! Das hätte ich ihr verheimlichen sollen. Ich hätte sie schützen müssen. Dass ich es nicht tat, lässt nur einen Schluss zu: Ich selbst bin eine ebenso üble Histrionikerin und werde ganz zu Recht immer mit meiner Erzählerin verwechselt. Und jetzt werfe ich mich noch nicht mal ein bisschen für sie ins Zeug! Hole sie zurück oder renne ihr wenigstens mal pro forma hinterher. Mensch Meier! Verunsichert blinzle ich in die Sonne. Ein Kichern vor der Tür reißt mich aus meinen Selbstvorwürfen.

„Sollen wir?", höre ich eine Stimme, die stark nach der Erzählerin klingt. Kurzes Getuschel, dann. Es klopft.

„Moment, gleich, ich muss nur noch kurz diesen Text abschließen", sage ich und tippe: *Um das angespannte Verhältnis zwischen Autorin, Erzählerin, Figuren und Lesern zu verbessern, hatte ich, die Autorin, schließlich die Idee, aus meinem ersten Hypertext „Zeit für die Bombe" eine App für Smartphones und Tablets zu machen. Die „reizarme" Umgebung einer App, die eher einem Buch als einer Website ähnelt, so dachte ich mir, müsste doch das Lesen womöglich soweit entspannen, dass Hyperfiction-Leser tatsächlich lesen, bevor sie klicken. Eine ungewohnte Vorstellung! Sie irritierte mich derart, dass ich sicherheitshalber sogleich beschloss, eine ganze Batterie zusätzlicher Meta-Links in diese App einzubauen. Merkwürdigerweise sollten sie alle nur auf eines abzielen: den Lesern mehr Kontrolle und Übersicht über den Text zu geben. Kontrolle? Übersicht? Was für ein wahnwitziger Gedanke! Mit den neuen Meta-Links könnte der Leser in der App fast wie in einem Buch nach Lust und Laune herumblättern. Damit stünde er aber nicht mehr auf einer Stufe mit meinen Figuren, sondern plötzlich mit mir, der Autorin. Oweia. Download der entsprechenden App über Google Play.*
So.

„Okay, ihr könnt reinkommen!"

Register

Sachregister

Personen und Werke